教育部哲学社会科学系列发展报告
MOE Serial Reports on Developments in Humanities and Social Sciences

中国农民状况发展报告2011（政治卷）

Chinese Peasants Development Report Volume of Politics 2011

徐勇 刘义强 等著

北京大学出版社
PEKING UNIVERSITY PRESS

图书在版编目(CIP)数据

中国农民状况发展报告2011(政治卷)/徐勇,刘义强等著.—北京:北京大学出版社,2012.10

(教育部哲学社会科学系列发展报告)

ISBN 978-7-301-21296-7

Ⅰ.①中… Ⅱ.①徐… ②刘… Ⅲ.①农民-政治思想-调查报告-中国-2011 Ⅳ.①D422

中国版本图书馆CIP数据核字(2012)第227534号

书　　　名:**中国农民状况发展报告2011**(政治卷)
著作责任者:徐　勇　刘义强　等著
责任编辑:倪宇洁
标准书号:ISBN 978-7-301-21296-7/D·3183
出版发行:北京大学出版社
地　　　址:北京市海淀区成府路205号　100871
网　　　址:http://www.pup.cn
电子信箱:ss@pup.pku.edu.cn
电　　　话:邮购部62752015　发行部62750672　编辑部62753121
出版部62754962
印　刷　者:北京宏伟双华印刷有限公司
经　销　者:新华书店
730毫米×980毫米　16开本　27印张　474千字
2012年10月第1版　2012年10月第1次印刷
定　　　价:55.00元

序　言

中国是一个农业和农民大国，如何将庞大的农民人口顺利带入现代世界，是决定中国现代化建设成败的关键因素。可以说，在中国，谁抓住了农民，谁解决了“三农”问题，谁就抓住了中国政治发展的命脉。当前，我国进入了现代化建设的关键时期，国际国内的政治和经济局势充满大变动，尤其是广大农村和农民经过了30年改革开放实践，正在呈现出大发展、大变动和大分化的格局。一方面，国家实施了免除农业税、统筹城乡发展以及建设社会主义新农村的各种深刻改变农村面貌的重大政策，“三农”发展面临前所未有的有利局面；另一方面，农村和农民群体不仅在过去的快速发展中集聚了相当多的矛盾和问题，而且正在呈现出代际更替的新格局，如新生代农民工和青年农民的新特性、社会分化中的农民贫困、农民生产生活的信息化和全球化以及农业人口的性别变化等新情况、新问题，亟待进一步的改革和发展来予以解决。总体而言，就是古老的农业文明正在迅速消逝，而新兴的文明正在各个方向和领域迅速发育和生长，这是一个关键而又充满变数的关口。这种异常复杂的历史和文明“接点”，对党和政府的执政能力是一个重大的考验，也为我们社会科学界提供了观察文明历史变迁的绝佳时机。

作为教育部人文社会科学重点研究基地之一，华中师范大学中国农村研究院（原中国农村问题研究中心）一直以来以“顶天立地”作为咨政服务的宗旨。“顶天”就是紧紧围绕国家目标开展研究，“立地”就是进行扎实的田野调查，以咨政服务应用化、社会化为目标，着力打造高水平的咨政平台，努力建设成为中国农村研究领域的国家级“智库”。自2006年以来，华中师范大学中国农村研究院经过长期的农村实证观察和分析认识到，面对农民的现代发展这样一个关乎国家前途和命运的重大问题，我们的系统性、持续性和实证性研究十分缺乏，大量的片段调查和肤浅研究难以支撑科学结论，进而为党和国家的决策服务，为社会科学的理论创造奠定基础。基于此，我们从2006年以来设计并实施了一项名为“百村十年观察”的历时性、系统性农村调查计划，通过科学抽样在全国选择了258个村、4000个农户进行为期十年、二十年乃至上百年的长时段的定户定点跟踪观察，以及时有效地长期观测农民的基本状况和发展走向，克服当前我国农村和农民研究领域存在的薄弱环节,并为大变革时代的中国农村和农民发展“拍照留影”。“百村十年观察”平台现已建成有5000多农户、289个村庄、100个乡镇和50个县(市)构成的立体调查网络。

这注定是一项亟需大量的人力、物力以及耐心和坚持的事业。2010年教育部启动的人文社会科学研究报告项目为我们加强研究成果的针对性、应用性,提供了一个良好的契机和经费的支持。我们以《中国农民发展状况年度报告》为名的研究报告项目得到教育部立项支持。以此为基础,我们组织长期进行农村调研的专家讨论设计了调研计划、研究主题以及调查问卷,并决定将此年度报告分解为《中国农民状况发展报告(政治卷)》、《中国农民状况发展报告(经济卷)》以及《中国农民状况发展报告(社会文化卷)》,每年集中力量完成一个报告,同时积累下一年的资料,每三年一个循环。这样既能保证研究的完整性,又可以使每年的研究报告主题更为集中,而三年的周期则使得我们的观察有一定的时间、空间维度,避免短期内重复观察必然产生的雷同感。

根据项目立项报告,我们将每年的工作计划概括为:建设一支研究团队、实施一个观察计划、出版一本年度报告、组织一个成果发布会、提交若干份决策咨询报告以及建设一个中国农村数据库。经过一年多的努力,一支精干的研究报告调查和分析团队初步成型,并于2011年暑假和寒假实施了农民发展状况的全国农村调查。此外,2011年12月28日,我们在北京举办了“中国农民状况发展报告”研究成果新闻发布会,建设了专门的“中国农民发展状况专题数据库”,以此研究为基础撰写的多份研究报告已呈送给中央有关部门,其中4份报告为中央领导同志所批示,3份报告得到民政部等相关主管部门的采纳。

这本研究报告,是我们对调查数据初步进行综合分析的产品。观察之后立即成文,缺乏足够的时间来仔细审视和研究,缺憾在所难免,期待学界以及有心的读者给我们提出批评和建议。

编者谨识

目　　录

上篇　综 合 报 告

中篇　分 层 报 告

下篇　专 题 报 告

上　篇

综合报告

第一章　中国农民政治发展状况综合分析

经过改革开放三十多年的努力，中国的经济社会发展取得了巨大的成就，但中国处在从传统的农业社会向现代工业社会、从计划经济体制向市场经济体制转型的基本格局仍未改变，全面建设小康社会和实现社会和谐是当下努力的目标。当然，作为一个农业人口占比重很大的传统型农民大国，在社会转型和利益格局深刻变化的过程中，如何更好地促进农村和农民的发展有重大的政治社会意义和战略性价值。

本报告是中国农民发展状况年度报告中的政治生活发展状况卷，以农村民主法制建设和政治稳定等问题为轴心，以农民为主体考察其不同地域、不同群体在政治建设和法治建设相关问题上的基本情况、主要问题和发展趋向。报告的研究采用实证数据分析的方法进行分析，数据主要依赖两项大型调查：其一是本课题组于 2011 年 7—8 月组织华中师范大学中国农村研究院的 38 名博士、硕士研究生对全国 14 个省的 38 个村庄进行了“中国农民政治发展状况”的专项调查（简称“千户调查数据”）（文中除特别说明使用“百村政治专题数据”外，均使用的是“千户调查数据”），调查从农民的政治认知、政治态度、政治参与和政治评价与认同等四个方面展开。为了保证调查的科学性，调查涉及除港澳台地区的中国广大农村地区，选取的是普通的农村村庄；在调研对象的选择上，按照所调研村庄农户经济条件分为好、中、差，分别按照 1∶3∶1 的比例选择农户；而年龄分布，遵循老年、中年和青年相对平均的原则，并保证至少要有 10% 左右的妇女对象；在政治身份上，按照每村至少调查 2 户村干部家庭的原则进行抽取。本次调查，针对 38 个村庄，按照每个村庄 30 份问卷的原则，共发放问卷 1140 份，回收问卷 1134 份，其中有效问卷 1111 份。其二是，依托华中师范大学中国农村研究院的“百村观察”项目平台于 2011 年 7—8 月做的“农民政治发展状况”的专题调研（简称“百村政治专题数据”），本次专题调查共涉及“百村观察”项目平台 289 个村庄中的 270 个村庄的 4794 个农户，从数据的广泛性和代表性上进一步充实了课题的研究工作。专题调查涉及农民的政治了解度、政治认知度和政治参与度三个方面。通过对两项数据的综合分析和研究比较，将能比较全面地对近年来中国农民的政治发展状况进行系统评估和分析。

为了系统分析近几年来农民的政治生活状况,本综合报告将分别从农民的政治认知状况、民主生活状况、政策反应状况、社区与社会认同状况、法律生活状况、交往诉求与期待状况等六个方面进行具体分析,以发现农民政治发展状况的一般特征、主要问题和挑战。

通过研究分析,我们发现:第一,当前农民的政治认知水平较高,对基本政治常识有较高认知,对政治事务的关注度呈现较高水平,权利意识也居于高位;第二,农民的民主生活状况较为良性,对民主选举、民主参与的期待较高,但是其民主实践的水平仍然有限,制约着农村基层民主的发展;第三,农民对政策反应状况较为理性,对国家政策的评价较高,但对腐败的评价较为让人担忧,政治反应中的非理性行为也蕴含着一定的风险;第四,农民对社区生活和农村生活都较为满意,但对想成为城市人的期待不减,对市场和社会的信任意识已经形成,但对贫富差距、社会风气的评价仍然显示着一定的社会认同风险;第五,农民的法律意识较高,对法律的使用意愿和未来期待都较高,但法律的使用仍然不足,并没有成为农民维权的首要选择方式;第六,农民的交往状况反映着农民的理性和积极追求发展的内容,利益诉求上仍对村庄权威有着较高的期待,但农民对未来政治发展的期待需要农民自身和政府的进一步努力来实现。

一、农民的政治认知状况

(一)农民对基本政治常识的了解度

1. 对主要政治干部的知晓状况

根据"百村政治专题数据",如表1-1和图1-1所示,农民对不同层次干部的政治了解度存在较大差异。知道国家主席是谁的农民占有效样本数的比重为93.2%,知道村级干部的农民所占比重也达到了94.6%,两者均超过了九成;而知晓县、乡主要干部的农民占比较低,分别为37.2%和41.3%。可见,农民对主要政治干部的知晓呈现出对中央和村级干部的了解度明显高于县乡两级的状况,如果按照自上而下的政治层次来看,呈现出明显的"U"型结构。

表 1-1　农民对不同层次干部的知晓度　（单位:%）

知晓状况	知晓对象			
	国家主席	所在地县委书记	所在乡镇党委书记	所在村村支书
不知道	6.8	62.8	58.7	5.4
知道	93.2	37.2	41.3	94.6
合计	100.0 (4779)	100.0 (4768)	100.0 (4758)	100.0 (4778)

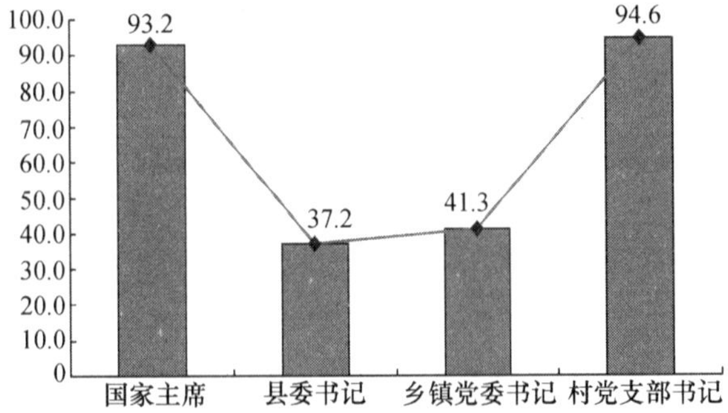

图 1-1　农民对不同层次干部的知晓度(单位:%)

2. 对国家层面政治的基本认知

对于国家层面的基本政治发展状况,我们考察的是农民对“全国人民代表大会是否是我们国家的最高权力机关”的认知判断,调查显示,有 77.7% 的农民对此持肯定的态度,体现出近八成的农民对最高国家权力机关有着较清楚的认知。进一步对农民的学历水平与认知状况作交叉分析(根据 Pearson 卡方检验可知,不同学历水平的农民对“全国人民代表大会是我们国家的最高权力机关”的认知存在显著差异($p=0.00<0.05$)),如表 1-2 和图 1-2 所示,在 1111 份有效样本数据

表 1-2　不同学历水平的农民对国家最高权力机关的认知状况

知晓状况	学历水平			
	小学及以下	初中	高中或中专	大专及以上
知道				
频数	233	387	193	50
占比(%)	67.0	79.5	86.5	94.3
不知道				
频数	115	100	30	3
占比(%)	33.0	20.5	13.5	5.7

($N=1111$)

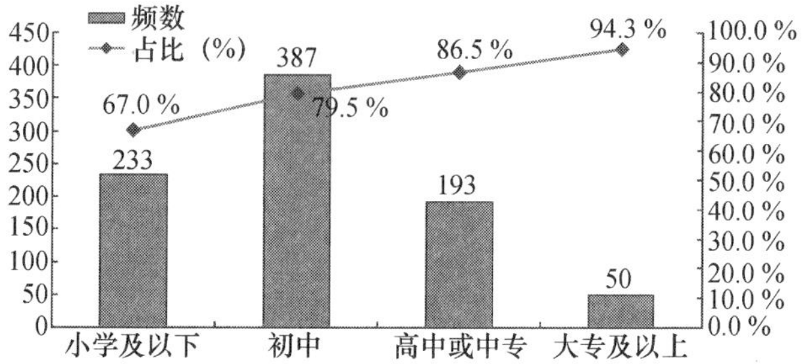

图 1-2　不同学历水平的农民对国家最高权力机关的知晓状况(单位:个,%)

中,小学及以下、初中、高中或中专、大专及以上四个不同学历层次的农民表示知道的人数分别为233人、387人、193人和50人,占比分别为67.0%、79.5%、86.5%和94.3%。由此可见,农民的学历水平越高,对国家层面的基本政治发展状况的知晓度越高。

此外,从政治身份来看,村干部、村民小组干部和普通村民对"全国人大是我国的最高权力机关"的知晓比例分别为89.0%、82.0%和76.5%,如表1-3和图1-3所示,呈现出一种梯度递减趋势。可见,农民的政治身份越高,对国家层面基本政治的知晓度也越高。

表 1-3　不同政治身份的农民对国家的最高权力机关的认知状况　(单位:%)

全国人大是国家的最高权力机关	职务		
	村干部	村民小组干部	普通农民
否	11.0	18.0	23.5
是	89.0	82.0	76.5
合计	100.0 (82)	100.0 (50)	100.0 (978)

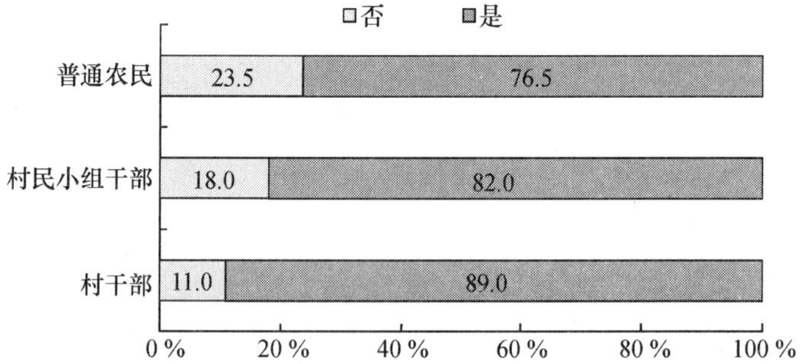

图 1-3　不同政治身份的农民对国家的最高权力机关的认知状况(单位:%)

3. 对村民自治的认知状况

农民是生活在农村基层社会的,中国在农村基层实行的是村民自治制度,考察农民对村民自治的认知状况也就具有一定的意义。据"百村政治专题数据",在有效的4766份样本数据中,"知道"村民自治的农民占比55.5%,略过半数。从政治身份和政治面貌来看,如表1-4所示,身份是干部的农民对村民自治表示"知道"的比例为89.7%,而非干部的农民对村民自治的知晓度仅为51.6%。另外,从政治面貌来看,党员与非党员对村民自治的知晓度分别为80.4%和49.3%。从数据统计来看,担任干部职务的农民对村民自治的知晓度明显高于普通农民,党员对村民自治的知晓比例也明显高于非党员。可见,在对村民自治的认知上,干部和党员的认知水平明显高于普通民众。

表1-4 不同政治身份和政治面貌的农民对村民自治的知晓度 (单位:%)

	您知道村民自治吗		合计
	知道	不知道	
政治身份			
干部	89.7	10.3	100.0(534)
非干部	51.6	48.4	100.0(3991)
(N=4525)			
政治面貌			
党员	80.4	19.6	100.0(922)
非党员	49.3	50.7	100.0(3816)
(N=4738)			

(二)农民的政治关注度

1. 对国家事务的关切感

农民对国家事务与自己有多大关系的认知反映着其政治关注感,调查发现,不同学历水平的农民在对"国家大事都是当官的该操心的事,与我们老百姓无关"的认知上存在显著性差异($p=0.00<0.05$),如表1-5和图1-4所示,具体来说,小学及以下、初中、高中或中专、大专及以上等不同学历水平的农民对此持非常不同意的比例分别为2.2%、5.5%、6.7%和7.5%,而不同意的比例分别为32.8%、44.8%、44.8%和37.7%,另外,不清楚的比例也呈现出明显与学历水平的正相关关系,比例分别为8.6%、11.3%、13.5%和18.9%。可见,学历水平越高的农民,选择"'不清楚'国家事务与我们老百姓关系状况"的比例越高。

表1-5 不同学历水平的农民对国家事务的关切感认知 (单位:%)

受教育程度	国家大事都是当官的操心的事,与我们老百姓无关					合计
	非常同意	同意	不清楚	不同意	非常不同意	
小学及以下	12.4	44.0	8.6	32.8	2.2	100.0 (348)
初中	8.2	30.2	11.3	44.8	5.5	100.0 (487)
高中或中专	7.2	27.8	13.5	44.8	6.7	100.0 (223)
大专及以上	3.8	32.1	18.9	37.7	7.5	100.0 (53)

($N=1111$)

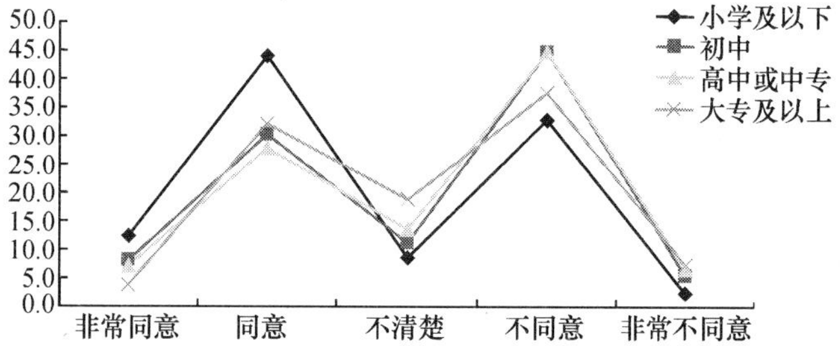

图1-4 不同学历水平的农民对国家事务的关切感差异(单位:%)

从政治身份来看,如表1-6所示,村级干部、村民小组干部和普通农民对"国家大事都是当官的该操心的事,与我们老百姓无关"表示不赞同的比例分别为64.6%、44.0%、44.0%。可见,村级干部对国家事务的关切度明显高于村民小组干部和普通农民,说明政治身份越高的农民关注国家事务的程度越高。

表1-6 不同政治身份的农民对国家事务关切度上的差异 (单位:%)

职务	国家大事都是当官的该操心的事,与我们老百姓无关					合计
	非常同意	同意	不清楚	不同意	非常不同意	
村支部或村委干部	11.0	17.1	7.3	58.5	6.1	100.0 (82)
村民小组干部	10.0	30.0	16.0	34.0	10.0	100.0 (50)
普通农民	8.9	35.8	11.3	39.5	4.5	100.0 (979)

($N=1111$)

2. 对地方事务的关注度

据1111份有效样本数据显示，农民在对村务公开和乡镇的政务公开表示关心的状况如下：对村里搞的村务公开表示十分关心的人数为531人，占比47.8%，而不清楚和不同意的比例分别为20.6%和31.6%；在对“我十分关心乡镇政府的政务公开”的同意程度上，同意、不清楚和不同意所占比例分别为34.3%、24.6%和41.1%，如表1-7所示。对比也发现，农民对村务的关注度相对高于对乡镇政府的政务的关注度，超出约十三个百分点，如图1-5所示。可见，农民对地方政治事务的关注度相对来说水平较低，均未过半数，但也呈现出对村务的关注度高于对乡镇政务的关注水平的差异。

表1-7 农民对地方事务的关注状况

	同意	不清楚	不同意	合计
我十分关心村里搞的村务公开的内容				
频数	531	229	351	1111
占比(%)	47.8	20.6	31.6	100.0
我十分关心乡镇政府的政务公开				
频数	381	273	457	1111
占比(%)	34.3	24.6	41.1	100.0

注：缺失值为1。

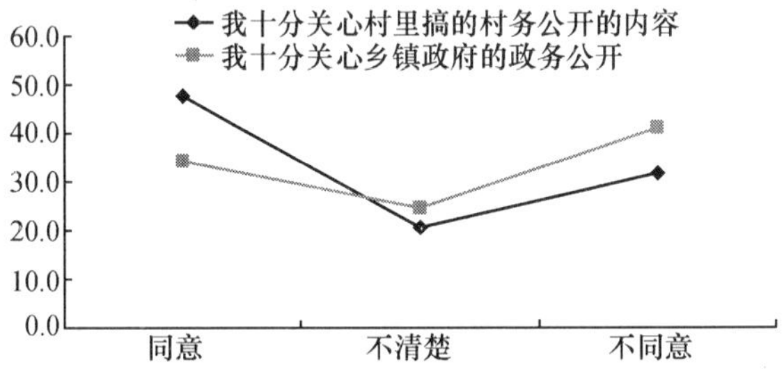

图1-5 农民对村务公开和政务公开的内容表示关注的对比差异(单位：%)

3. 农民的政治认知方式

据1110份有效样本数据(如表1-8所示)，农民对应经常看电视上的新闻节目表示同意的人数为881人，占比为79.4%，将近八成，而不清楚和不同意的人数分别为54人和175人，占比分别为4.8%和15.8%，而对农民是否看报纸的考察中，在有效的1110份样本数据中，如图1-6所示，只有占比38.0%的422位农民表示有看报纸的习惯。可见，电视和报纸已经成为现代社会的重要传播媒介，但农民获取政治信息的主要方式是电视新闻。

表1-8 农民使用电视获取政治信息的状况

	同意	不清楚	不同意	合计
我经常看电视上的新闻节目				
频数	881	54	175	1110
占比(%)	79.4	4.8	15.8	100.0

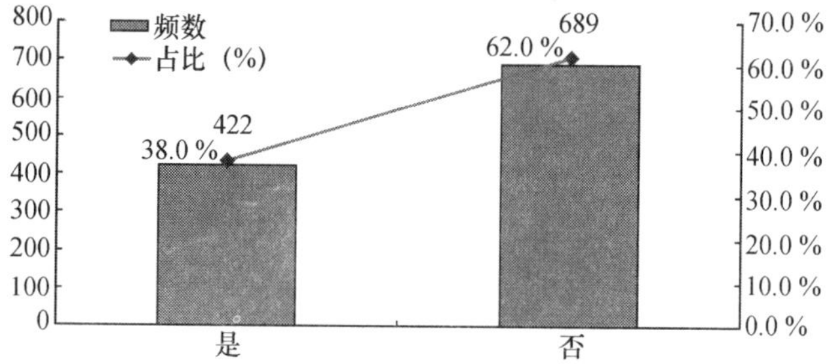

图1-6 农民看报纸与否的状况对比差异

(三) 农民的权利意识

1. 农民眼中的选举权和被选举权

选举权和被选举权是农民的基本政治权利,调查显示,在有效的1111份样本数据中,有1023人对“根据宪法的规定,年满十八周岁的中国公民有选举权和被选举权”表示知晓的占比为92.1%;在对法律规定村主任必须由村民选举才能担任的认知判断中,有占比90.6%的农民表示认同;询问农民是否知晓国家主席和总理是人大代表选举出来的,数据表明有826人持肯定态度,占比74.3%,见图1-7。可见,农民对基本选举权利的知晓水平很高。

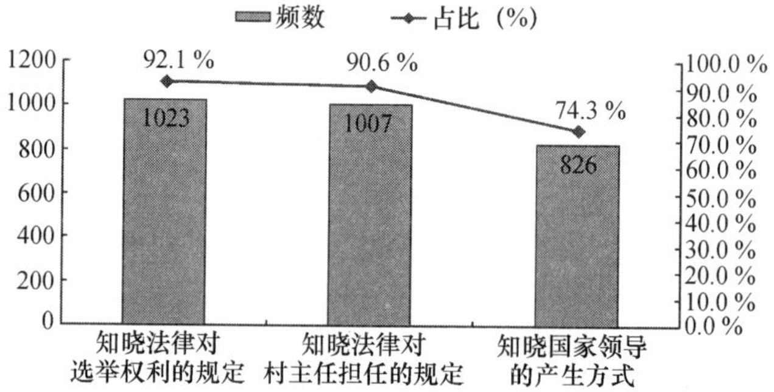

图1-7 农民对选举权利的认知状况

2. 农民眼中的监督权利

在1111份有效样本数据中,对"政府干部的工作必须接受老百姓监督"表示非常同意和同意的人数分别为193人和701人,占比分别为17.4%和63.1%,不清楚、不同意和非常不同意的比例分别为12.1%、5.9%和1.5%,见图1-8。可见,有逾八成的农民对监督权有着基本的政治认知。

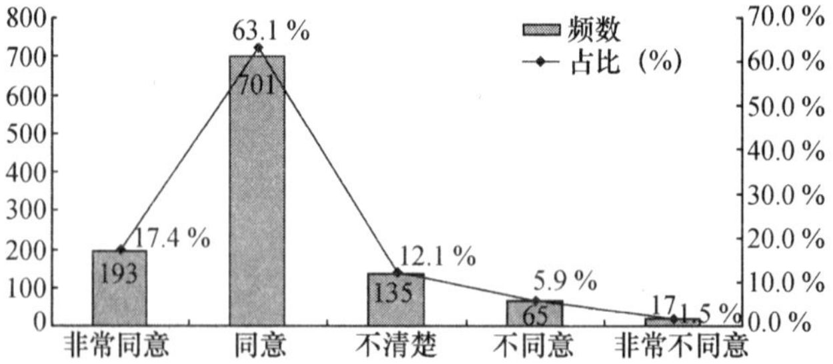

图1-8 农民对监督权的认知状况

进一步分区域来看,如表1-9和图1-9所示,东部、中部、西部地区农民认为政府干部的工作必须接受老百姓监督比例分别为86.7%、80.0%和76.7%;不同意的占比分别为2.8%、7.5%、10.7%。可见,东部地区农民对监督权的认知度最高,从东部到西部呈现一种梯度递减趋势。

表1-9 不同地区农民对自身监督权的认知差异 (单位:%)

所属区域	政府干部的工作必须接受老百姓的监督					合计
	非常同意	同意	不清楚	不同意	非常不同意	
东部	14.3	72.4	10.5	1.4	1.4	100.0 (210)
中部	20.5	59.5	12.5	6.1	1.4	100.0 (639)
西部	12.2	64.5	12.6	8.8	1.9	100.0 (263)

(N = 1111)

从学历水平来看,农民对"政府干部的工作必须接受老百姓的监督"的认同度也呈现一种梯度趋势,如图1-10所示,小学及以下、初中、高中或中专、大专及以上四个不同学历水平的农民对此的认同度分别为76.2%、81.4%、82.5%和92.5%,可见,学历水平越高的农民对监督权的认知度越高。

不过,在对农民的监督意愿进行分学历考察发现,如图1-11所示,据有效的

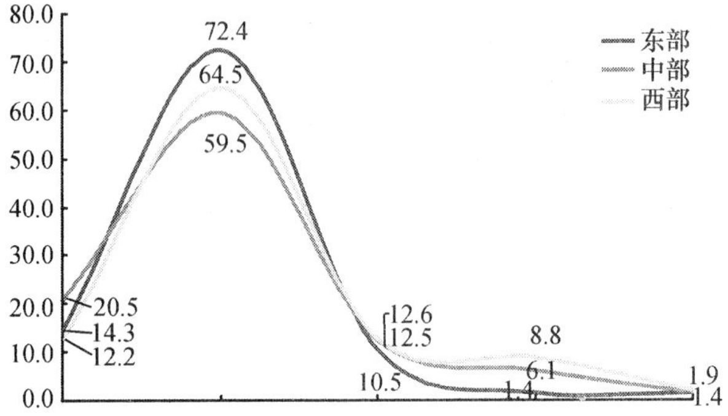

图 1-9 不同地区农民对自身监督权的认知差异(单位:%)

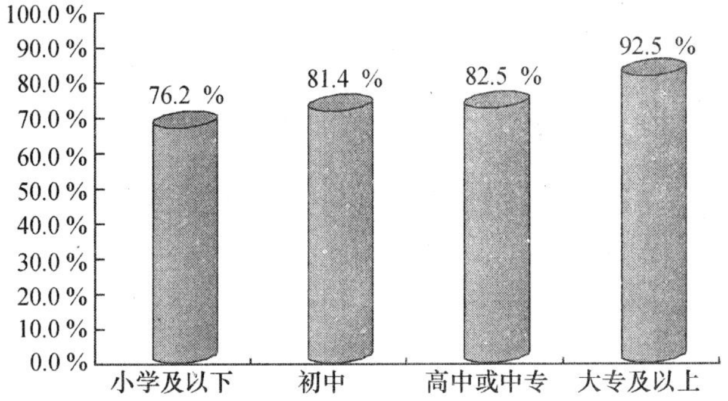

图 1-10 不同学历的农民认同政府干部的工作必须接受老百姓的监督差异(单位:%)

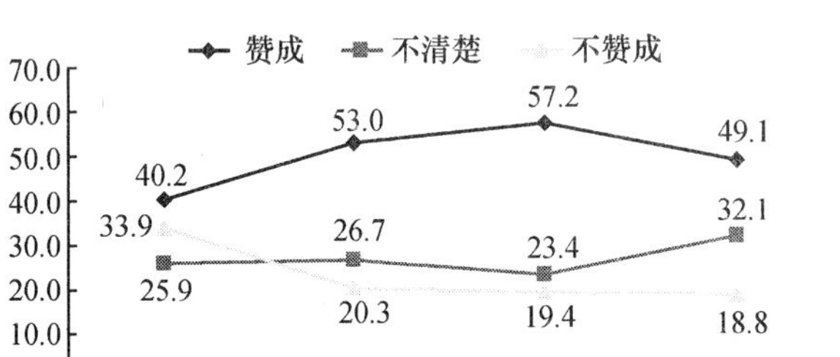

图 1-11 不同学历农民的检举意愿差异(单位:%)

1111 份样本数据,小学及以下、初中、高中或中专、大专及以上学历中,农民乐意揭发干部的不廉洁行为的比例分别为 40.2%、53.0%、57.2% 和 49.1%,可见,初高中学历水平的农民愿意行使监督权的意愿相对高于小学及以下和大专及以上学历的农民,农民的监督意愿并没有随着自身的学历水平的增长而提高,呈现一种倒"U"型结构。

3. 对维权渠道的认知

对维权渠道的认知，在1111份有效样本数据中，村级干部、村民小组干部和普通村民表示知道去哪里反映意见的比例分别为75.6%、62.0%和55.5%，如图1-12所示，可见，从村级干部到普通村民，农民对维权渠道的认知呈现一种明显的梯度递减趋势。

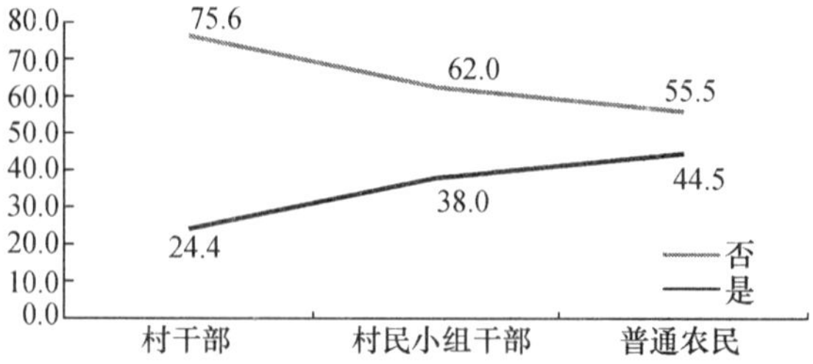

图1-12　身份不同对利益诉求渠道的认知差异(单位:%)

考察农民的学历水平与对维权渠道的认知状况，根据Pearson卡方检验可知，不同学历水平的农民在对利益诉求渠道的认知上存在显著差异($p = 0.00 < 0.05$)，据1111份有效样本数据显示，小学及以下、初中、高中或中专、大专及以上学历水平的农民对维权渠道的认知比例分别为47.7%、58.9%、67.3%和62.3%，见图1-13。可见，小学及以下学历水平的农民对维权渠道的认知水平明显较低。

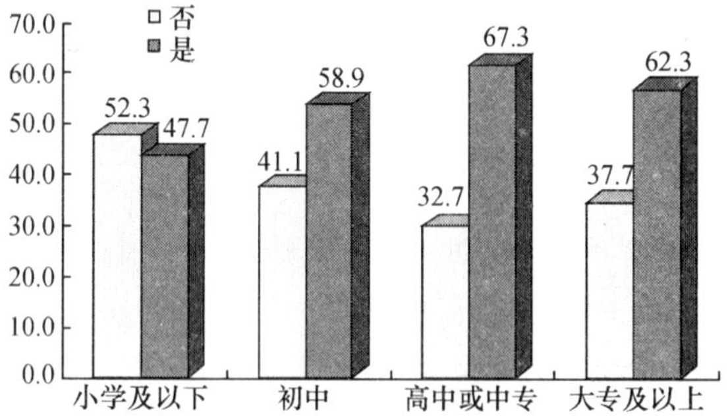

图1-13　不同学历水平的农民对利益诉求渠道的认知差异(单位:%)

二、农民的民主生活状况

中国在农村基层实行的是村民自治制度，作为村民自治主体的农民是如何行使民主选举、民主决策、民主管理和民主监督以实现自我管理、自我服务和自我教育目标的，他们的民主生活状况如何，这些都是值得研究的问题。

（一）农民眼中的民主选举

1. 农民参与民主选举的状况

根据“百村政治专题数据”，我们调查了农民是否参加了上一届村委会选举的状况，在有效的4764份样本数据中，有3743位农民表示参加了上一届村委会选举投票，占比为78.6%。进一步分析发现，性别不同和政治面貌不同的农民在参加上一届村委会选举上存在显著性差异（$p=0.00<0.05$），如表1-10所示，男性和女性的调查参与比例分别为80.0%和71.4%，党员和非党员的参与比例分别为90.7%和75.6%。可见，农民参与民主选举的调查比例接近八成，但是男性和党员的比例明显较高。

表1-10 性别及政治面貌与参加选举的相关性分析 （单位：%）

	您是否参加了上一届村民委员会选举：		合计
	没参加	参加	
性别			
男	20.0	80.0	100.0(3992)
女	28.6	71.4	100.0(766)
（$N=4758$）			
政治面貌			
党员	9.3	90.7	100.0(926)
非党员	24.4	75.6	100.0(3810)
（$N=4736$）			

2. 农民对参加投票选举的认识

分析农民对参加选举的动机，根据Pearson卡方检验可知，学历不同的农民在参加投票的动机上存在显著差异（$p=0.00<0.05$），如表1-11和图1-14所示，小学及以下学历的农民中，认为参与选举只是随大流的最多，占比达52.0%，随着学历的提高，其从众比例降低，占比分别是33.5%、28.4%、26.4%。不管是哪个学历水平的农民，认为参与选举最主要原因是法律规定的义务；其次是因为选举令人受到尊重；以获取误工补贴为动机而参加选举的人非常少，四种学历的农民分别所占的比重均不到4.0%。可见，农民的选举动机较为良性，主要是履行法律规定的义务，但是学历越低，其从众心理越严重。

表 1-11　不同学历的农民对民主选举动机的差异分析　（单位：%）

受教育程度	当你参加村里开展选举时，促使你去投票的考虑是：				合计
	受到尊重	法律规定	获取误工补贴	随大流从众	
小学及以下	12.9	32.8	2.3	52.0	100.0 (348)
初中	18.5	44.3	3.7	33.5	100.0 (486)
高中或中专	18.9	49.1	3.6	28.4	100.0 (222)
大专及以上	26.4	45.3	1.9	26.4	100.0 (53)

（$N = 1111$）

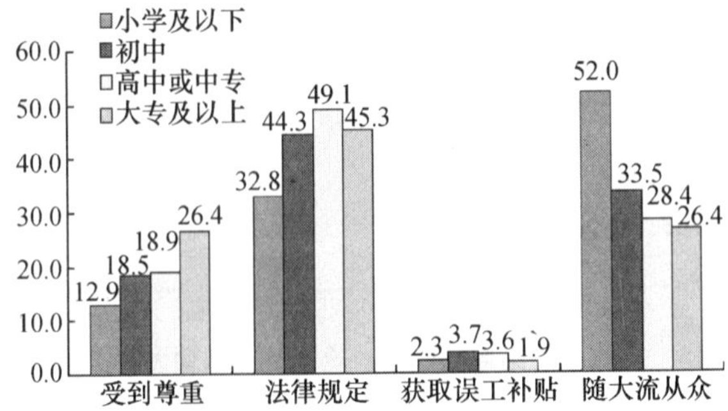

图 1-14　不同学历的农民对民主选举动机的差异（单位：%）

从农民的政治身份上进行分析[根据 Pearson 卡方检验可知，具有不同政治身份的农民在对选举权的认知上存在显著差异（$p = 0.00 < 0.05$）]，如表 1-12 和图 1-15 所示，普通农民认为参加投票是法律规定的责任和随大流从众的比例相当，均约占四成；村民小组干部对投票动机的认知上也呈现出双极格局，认为是法律规定的责任和随大流的比例分别为 44.0% 和 34.0%，但村支部或村委干部认为参加投票主要是履行法律规定的责任，占比为 60.6%，而且认为是受到尊重的比例也明显较高，为 25.9%。此外，不论何种政治身份的农民，对于投票是为了获得务工补贴的比例均很低。由以上数据分析可知，农民较为肯定参加投票是法律规定的责任，尤其是村支部或村委干部，不过普通村民和村民小组干部的从众心理较为严重，而且政治身份越高的农民认为参加投票有受到尊重的比例也越高。

表 1-12　政治身份不同的农民对选举权的认知差异　（单位:%）

职务	当你参加村里开展选举时,促使你去投票的考虑是:				合计
	受到尊重	法律规定	获取误工补贴	随大流从众	
村支部或村委干部	25.9	60.6	4.9	8.6	100.0 (82)
村民小组干部	22.0	44.0	2.0	34.0	100.0 (50)
普通农民	16.4	40.0	3.1	40.5	100.0 (979)

($N=1111$)

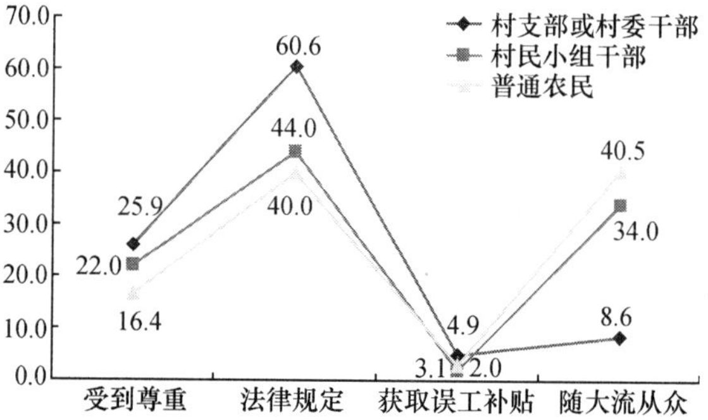

图 1-15　政治身份不同的农民对选举权的认知差异(单位:%)

3. 农民对选举权利的重视程度

调查显示,不同学历水平的农民对选举投票权的重视程度存在显著性差异(根据 Pearson 卡方检验,对不同学历的农民对“不管是选村干部还是选人大代表,我都十分珍惜手中的选票”的认知做交叉分析,发现 $p=0.00<0.05$),见表 1-13。大专及以上学历水平的农民选择“非常同意”的最多,占比为 15.1%;其次是高中或中专学历水平的农民,所占比重为 14.8%;再次是初中学历水平的农民和小学及以下学历水平的农民,占比分别为 13.8% 和 7.2%。无论是什么学历水平的农民均有四至五成选择“同意”。在“不同意”这一选项的数据分布中,大专及以上学历水平的农民最少;其次是高中或中专学历水平的农民;再次是初中学历水平的农民;最后是小学及以下学历水平的农民。数据表明,小学及以下学历水平的农民对选举权的重视程度最低,其他学历水平农民的重视程度约六成。

进一步从政治身份上分析也发现:村级干部对“不管是选村干部还是选人大代表,我都十分珍惜手中的选票”表示非常同意和同意的比例分别为 24.4% 和

表 1-13　不同学历的农民对民主选举态度的差异　（单位：%）

受教育程度	不管是选村干部还是选人大代表，我都十分珍惜手中的选票					合计
	非常同意	同意	不清楚	不同意	非常不同意	
小学及以下	7.2	40.5	24.1	27.3	0.9	100.0 (348)
初中	13.8	49.5	16.8	18.3	1.6	100.0 (487)
高中或中专	14.8	54.3	13.5	15.7	1.8	100.0 (223)
大专及以上	15.1	45.3	24.5	15.1	0.0	100.0 (53)

（$N=1111$）

63.4%；村民小组干部的占比分别为 14.0% 和 54.0%；普通村民的比例分别为 10.8% 和 45.8%，如表 1-14 和图 1-16 所示。可见，农民对行使投票权的重视程度呈现出村级干部、村民小组干部到普通村民的梯度递减趋势。

表 1-14　不同政治身份的农民对民主选举权利的重视程度　（单位：%）

政治身份	不管是选村干部还是选人大代表，我都十分珍惜手中的选票					合计
	非常同意	同意	不清楚	不同意	非常不同意	
村支部或村委干部	24.4	63.4	4.9	7.3	0.0	100.0 (82)
村民小组干部	14.0	54.0	18.0	14.0	0.0	100.0 (50)
普通农民	10.8	45.8	20.0	21.9	1.5	100.0 (979)

（$N=1111$）

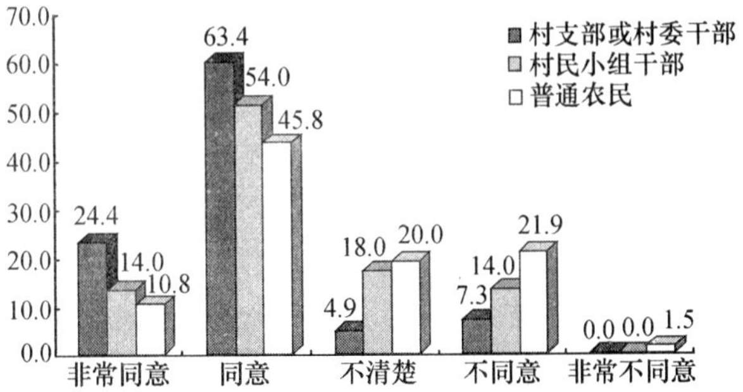

图 1-16　不同政治身份的农民对民主选举权利的重视程度差异（单位：%）

4. 农民对民主选举效果的评价

对于老百姓自己选的干部的评价,在有效的1110份样本数据中,有占比39.2%的农民表示不怎么样,持不清楚态度的农民占比22.8%,可见,有近四成的农民认为老百姓选的干部也不怎么样。

表1-15　农民对自己选的干部的评价

老百姓自己选的干部也不怎么样	同意	不清楚	不同意	合计
频数	435	253	422	1110
占比(%)	39.2	22.8	38.0	100.0

注:缺失值为1。

根据"百村政治专题数据",在有效的4720份样本数据中,对最近一届的村委会选举的评价,认为"非常好"和"比较好"的人数分别为587人和1983人,占比分别为12.5%和42.0%;而态度为"一般"、"不太好"和"很不好"的比例分别为32.5%、9.8%和3.2%,见图1-17。可见,农民对上一届村委会选举的满意度刚过半数。

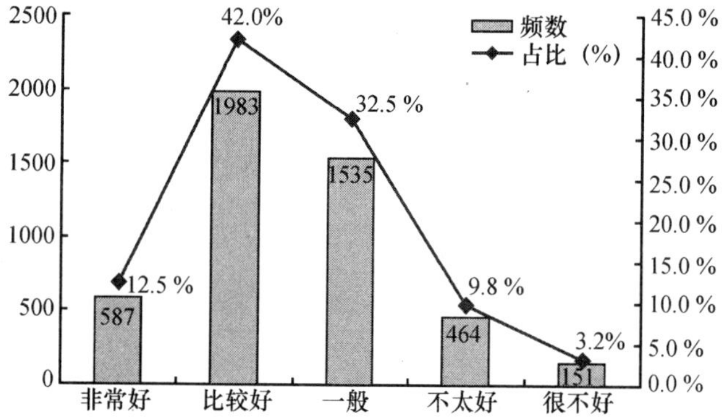

图1-17　农民对上一届村委会选举的评价

(二)农民的组织参与状况

1. 农民参与基层组织的水平

农村基层党组织、村民自治组织和其他社会组织是农村基层治理的组织载体,也是农民组织化参与的重要途径。从农民参与农村组织的状况来看,如表1-16所示,农民对村民理财小组、村民代表会议、村民委员会或者村党支部、农村民间宗教组织、个体户或私营企业家协会、新农村建设理事会、农村红白理事会和农民经济合作社等组织的参与比例分别为 4.7%、10.3%、7.5%、1.3%、2.8%、2.1%、1.4% 和 2.6%，比例合计为 32.7%，另有 77.2% 的农民选择没有参与以上组织。可见，农民的组织参与水平很低，但对村级政治组织如村委会等的参与水平明显高于一般的社会组织。

表 1-16　农民对农村组织的参与状况

	频数	占比(%)
村民理财小组	52	4.7
村民代表会议	114	10.3
村民委员会或者村党支部	83	7.5
农村民间宗教组织	14	1.3
个体户或私营企业家协会	31	2.8
新农村建设理事会	23	2.1
农村红白喜事理事会	15	1.4
农民经济合作社	29	2.6
以上都不是	858	77.2

注：本题为多选题，所以有效百分比可能≥100.0%。

2. 农民的组织参与意愿

虽然农民的组织参与实践水平很低，但是考察农民的政治参与意愿可以发现，见表 1-17 和图 1-18，农民的组织参与意愿可以描述如下：希望成为“村民理财小组”、“村民代表会议”和“村民委员会或者村党支部”成员的人数分别为 127、

表 1-17　农民对农村组织的参与意愿状况

	频数	占比(%)
村民理财小组	127	11.4
村民代表会议	279	25.1
村民委员会或者村党支部	138	12.4
农村民间宗教组织	19	1.7
个体户或私营企业家协会	148	13.3
新农村建设理事会	49	4.4
农村红白喜事理事会	33	3.0
农民经济合作社	124	11.2
以上都不是	194	17.5
合计	1111	100.0

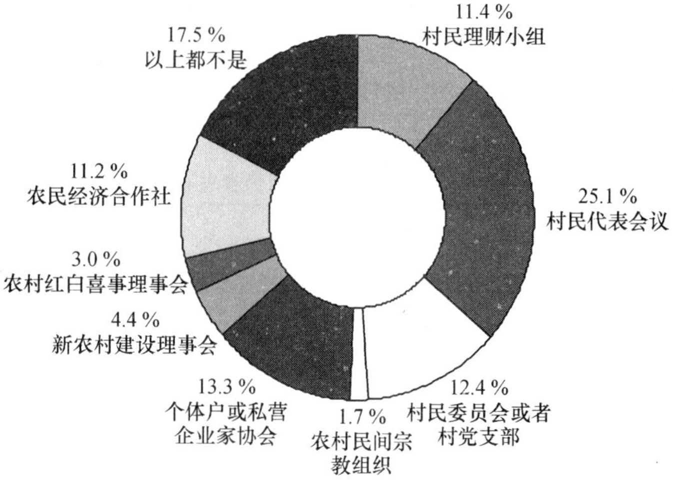

图 1-18 农民对农村组织的参与意愿状况(单位:%)

279 和 138 人,占比分别为 11.4%、25.1% 和 12.4%;而表示愿意成为"农村民间宗教组织"、"个体户或私营企业家协会"、"新农村建设理事会"、"农村红白喜事理事会"、"农民经济合作社"等农村社会性组织的人数分别为 19 人、148 人、49 人、33 人和 124 人,占比分别为 1.7%、13.3%、4.4%、3.0%、11.2%;而表示对以上组织没有什么参与期待的比例仅占 17.5%。可见,农民的组织参与期待超过八成,且呈现出参与农村政治组织的意愿明显高于一般性社会组织的状况。

(三)农民的民主能力行使状况

1. 农民表达意见的能力

考察农民是否会积极在村里会议上提意见,调查表明,在有效的 1111 份样本数据中,农民对经常积极发言表示非常同意和同意的人数分别为 50 人和 337 人,占比分别为 4.5% 和 30.3%,比例合计为 34.8%,尚低于表示不同意的 43.9% 的比例,见图 1-19。可见,农民在村庄治理中表达意见的能力很有限,积极发表意见的比例约三成。

根据"百村政治专题数据"也能得出同样的结论,如表 1-18 所示。如果分性别和政治面貌来看,数据显示,男性农民和女性农民表示在村民会议上提出过意见的比例分别为 32.7% 和 17.7%,党员和非党员的农民提出过意见的占比分别为 61.7% 和 21.6%,可见,农民整体表达意见的能力较低,但也呈现出差异,男性农民高于女性,党员高于非党员。

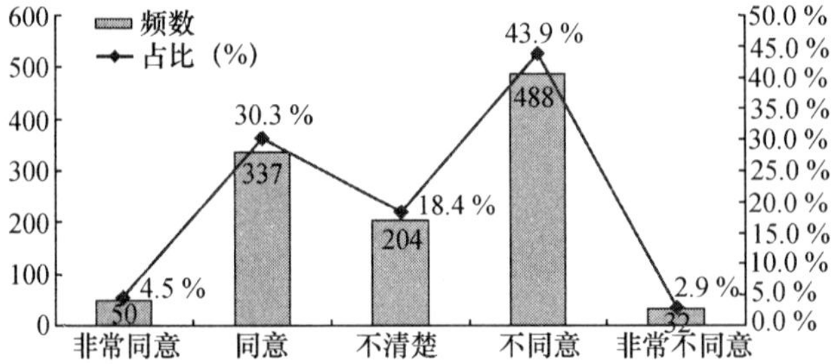

图 1-19　农民对“村里开会讨论问题时，我经常积极发言”的同意程度

表 1-18　性别和政治面貌与意见表达的相关性分析　（单位：%）

	您是否在村民会议上提出过意见和建议？		合计
	没提出过	提出过	
性别			
男	67.3	32.7	100.0(3272)
女	82.3	17.7	100.0(667)
（N=3939）			
政治面貌			
党员	38.3	61.7	100.0(832)
非党员	78.4	21.6	100.0(3085)
（N=3917）			

2. 农民参与公共事务的能力

对于村里的公益事业和集体的事，据 1111 份有效样本数据显示，有 765 人表示会积极参与，占比为 68.9%，体现出农民对于公共事务的参与积极性较高。考察农民对如果邻居不是村干部却非常热心村里的公益事业的看法，据 1102 份有效样本数据显示，持非常赞同并支持他的人数有 793 人，占比为 72.0%；而认为他可能别有用心，想从中捞钱也占有一定的比例，为 14.7%；另外，认为他可能想当干部，是假积极和他是傻瓜，浪费时间做无所谓的事均占比例很小，分别为 8.6%

表 1-19　农民对邻居热心村里公益事业的看法

	频数	占比(%)
赞同并支持他	793	72.0
认为他可能别有用心	162	14.7
认为他想当干部，是假积极	95	8.6
他是浪费时间做无所谓的事情	52	4.7

（N=1102）

和4.7%,见表1-19。可见,农民不仅自身对村里公共事务的参与较为积极,对于村里热心公益的人的支持度也相对较高。

3. 农民行使监督权的能力

根据“百村政治专题数据”,考察农民行使监督权的能力状况,调查显示,在有效的4666份样本数据中,明确表示对村务、财务和政务进行过监督的农民占比28.2%,而以政治面貌为自变量进行分析,根据Pearson卡方检验可知,不同政治面貌的农民在对村务、财务、政务监督上存在显著差异($p=0.00<0.05$),如表1-20所示,党员农民和非党员农民对村务、财务和政务进行过监督的比例分别为56.0%和21.1%。由此可见,农民行使监督权的能力有限,但党员的民主监督能力明显高于非党员。

表1-20 政治面貌对村民实行监督权的相关性分析 (单位:%)

政治面貌	您是否对贵村的村务、财务、政务进行过监督?			合计
	财务政务未公开	无	有	
党员	7.8	36.2	56.0	100.0(918)
非党员	9.9	69.0	21.1	100.0(3720)

($N=4794$)

(四)农民眼中的基层民主效果

1. 农民对村民自治的评价

根据“百村政治专题数据”,考察农民对村民自治发挥作用的评价,据有效的4681份样本数据显示:分别有492人和1480人认为村民自治的作用很大和较大,占比分别为10.5%和31.6%;对村民自治作用评价“一般”的人数最多,为1697人,占比36.3%;此外,认为村民自治“作用不大”和“没有作用”的比例分别为17.3%和4.3%,见图1-20。从农民对村民自治作用评价很大和较大的比重来看,农民对村民自治运作的总体效果评价不高。

对农民是否是干部与对村民自治的评价做交叉分析,在有效的4521份样本数据中,认为村民自治“非常有用”和“比较有用”的比重分别为42.1%和23.0%,均高于非村干部群体选择的30.2%和8.8%,选择“作用不大”的村干部占比为23.6%,选择“作用不大”的非村干部所占比重为38.2%,不管是否是村干部,认为村民自治“没有作用”的人都相当少,分别占1.0%和4.8%,见表1-21和图1-21。可见,担任干部职务的农民对村民自治发挥作用的评价明显高于普通农民。

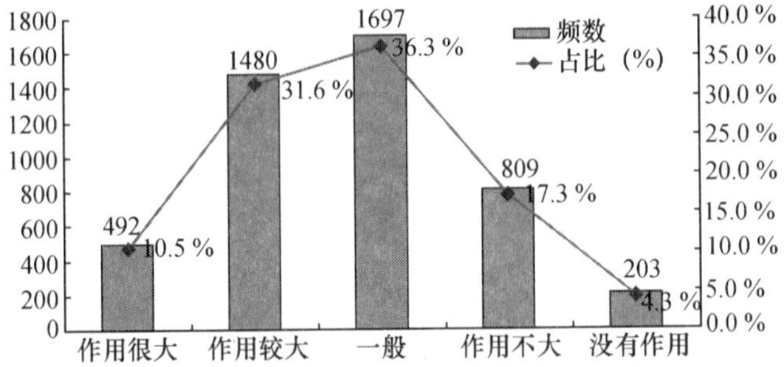

图 1-20　农民对村民自治发挥的作用的评价状况

表 1-21　是否是干部的农民对村民自治作用的评价差异　（单位：%）

是否干部	您认为村民自治发挥的作用大吗：					合计
	非常有用	比较有用	一般	作用不大	没有作用	
是	42.1	23.0	10.3	23.6	1.0	100.0 （530）
否	30.2	8.8	18.0	38.2	4.8	100.0 （3991）

（$N = 4521$）

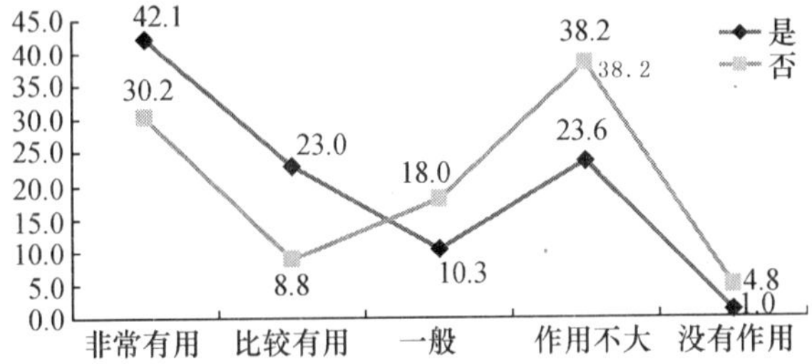

图 1-21　是否是干部的农民对村民自治作用的评价差异（单位：%）

2. 农民对参与村庄管理作用的评价

根据“百村政治专题数据”，在对参与村庄管理作用的评价上，有 4711 位农民回答了这个问题，且是有效的，如图 1-22 所示。认为参与村庄管理“非常有用”和“比较有用”的分别有 576 人和 1862 人，占比分别为 12.2% 和 39.5%；评价“一般”的比例为 28.4%；另分别有 735 人和 202 人表示“作用不大”和“没有作用”，占比分别为 15.6% 和 4.3%。数据统计显示，有 51.7% 的农民对参与村庄管理给予了肯定的评价，说明农民对参与村庄管理的作用评价不高。

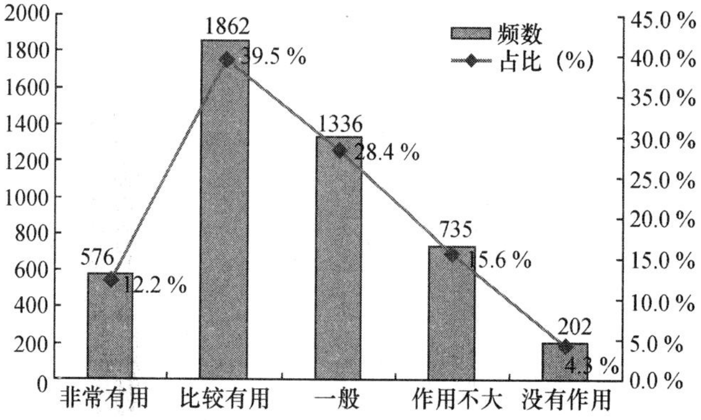

图 1-22　农民对参与村庄管理作用的评价

3. 农民对村庄干部的评价和期待

至于对村庄干部工作的评价，据“百村政治专题数据”，就全国总体状况来看，在有效的4760份样本数据中，持“非常满意”和“比较满意”的比例分别为13.3%和44.5%，分地区来看，对村庄干部的评价，东部地区、中部地区和西部地区的满意比例合计分别为61.1%、53.5%和59.8%，见表1-22和图1-23，除了中部地区的农民的评价相对较低外，东、西部地区农民的评价比例相差不大。可见，农民对村庄干部的评价水平维持在五成以上，但是分地区的考察发现，东部地区的农民对村庄干部的评价最高，中部最低。

表 1-22　分地区的农民对村庄干部的评价状况　　（单位:%）

地区		您对村庄干部的工作满意吗？					合计
		非常满意	比较满意	一般	不太满意	很不满意	
全国总体	频数	632	2119	1357	524	128	4760
	占比(%)	13.3	44.5	28.5	11.0	2.7	100.0
东部地区	频数	151	611	327	128	29	1246
	占比(%)	12.1	49.0	26.3	10.3	2.3	100.0
中部地区	频数	196	752	571	210	45	1774
	占比(%)	11.1	42.4	32.2	11.8	2.5	100.0
西部地区	频数	285	756	459	186	54	1740
	占比(%)	16.4	43.4	26.4	10.7	3.1	100.0

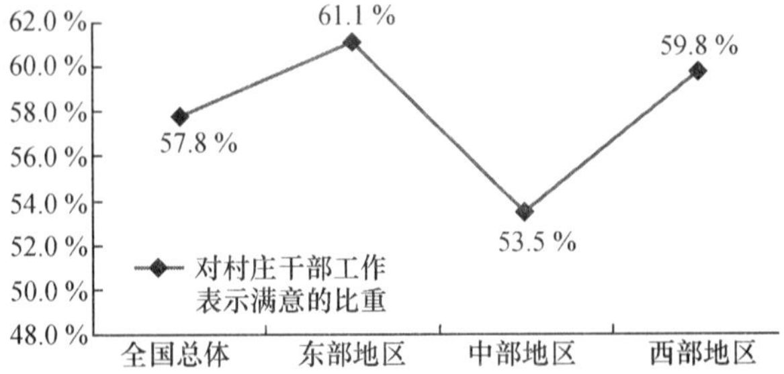

图 1-23　分地区的农民对村庄干部表示满意的差异对比(单位:%)

就对村庄干部的期待而言,据 1111 份有效样本数据显示,分别有 189 人和 631 人对"农村要搞好,没有包青天式的干部不行"表示"非常同意"和"同意",占比分别为 17.0% 和 56.8%;而对此表示"不同意"和"非常不同意"的比例都很低,分别为 6.4% 和 0.4%;另有 19.4% 的农民持"不清楚"的态度,见图 1-24。可见,农民对包青天式干部的期待较高,超过七成。

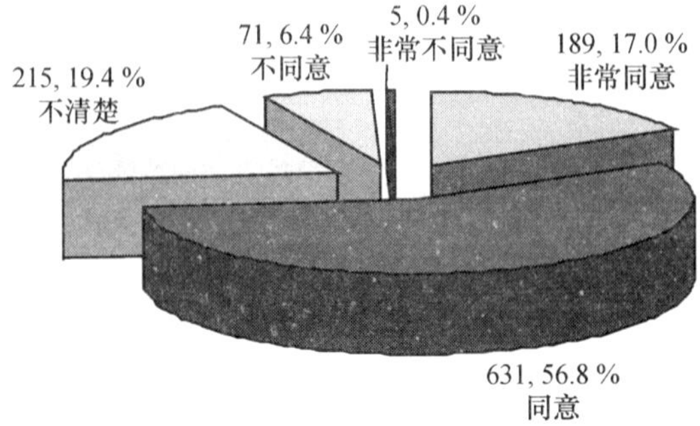

图 1-24　农民对农村包青天式干部的期待状况

三、农民的政策反应状况

(一) 农民眼中的农村政策

1. 农民对国家惠农政策的评价

根据"百村政治专题数据",在有效的 4754 份样本数据中,农民认为国家的惠农政策"非常好"和"比较好"的人数分别为 1475 人和 2495 人,占有效样本总数的比重分别为 31.0% 和 52.5%;对惠农政策持一般态度、不太好和很不好的比例分别为 13.8%、2.5% 和 0.2%,比例都很低,见图 1-25。从数据显示的有占比

83.5%的农民对国家的惠农政策持肯定态度可见,农民对国家惠农政策的评价很高。

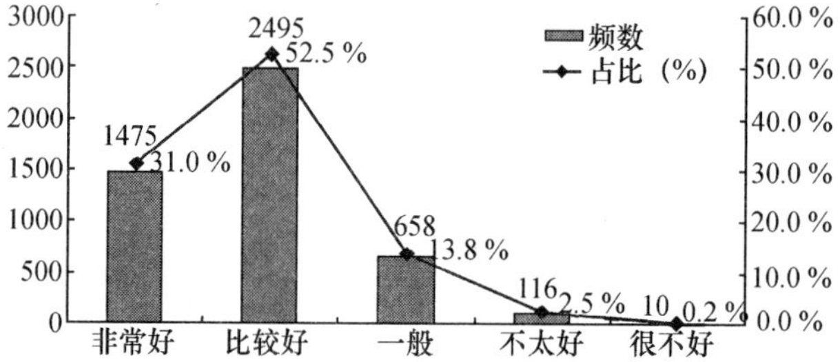

图 1-25 农民对国家的惠农政策的评价

2. 分年龄段和分区域的农民对国家农村政策的评价

分年龄段来看,30 岁以下、30—39 岁、40—49 岁、50—59 岁、59 岁以上各个不同年龄层次的农民认为中央的农村政策很受欢迎的比例分别是 75.2%、82.2%、86.2%、84.5%、89.5%,如表 1-23 所示。从这些数据,我们可以看出,农民对中央的农村政策普遍有着较高的认同,除 50—59 岁的特殊年龄段外,基本呈现出年龄与认同度的正相关关系。

表 1-23 不同年龄段的农民对农村政策的评价 (单位:%)

年龄	农民对农村政策的评价					合计
	非常同意	同意	不清楚	不同意	非常不同意	
30 岁以下	10.6	64.6	21.2	2.7	0.9	100.0(113)
30—39 岁	17.2	65.0	12.9	3.7	1.2	100.0(163)
40—49 岁	19.1	67.1	9.4	3.3	1.1	100.0(362)
50—59 岁	23.1	61.4	11.7	3.8	0.0	100.0(264)
59 岁以上	23.0	66.5	8.1	1.4	1.0	100.0(209)

($N=1111$)

就地区来看,如表 1-24 所示,东部地区、中部地区、西部地区的农民认为中央的农村政策受欢迎的比例分别是 82.8%、84.3%、87.0%,呈现出地区经济发展水平越高,农民对中央的农村政策满意度越低的状况。

表 1-24　不同区域农民对农村政策的评价　（单位:%）

所属区域	农民对农村政策的评价					合计
	非常同意	同意	不清楚	不同意	非常不同意	
东部地区	23.3	59.5	10.0	4.8	2.4	100.0(210)
中部地区	15.3	69.0	12.4	2.8	0.5	100.0(639)
西部地区	27.1	59.9	10.3	2.3	0.4	100.0(262)

（N=1111）

（二）农民对政策执行工作的评价和反应

1. 农民对执行政策的地方干部的评价

据 1111 份有效样本数据显示，农民对“地方干部多数是好的”的认同比例为 56.5%，分年龄段来看，30 岁以下、30—39 岁、40—49 岁、50—59 岁及 59 岁以上的农民对地方干部的评价较好的比例分别为 46.9%、46.7%、57.5%、59.1%、64.6%，见图 1-26。可见，年龄越大的农民对地方干部的满意度越高。

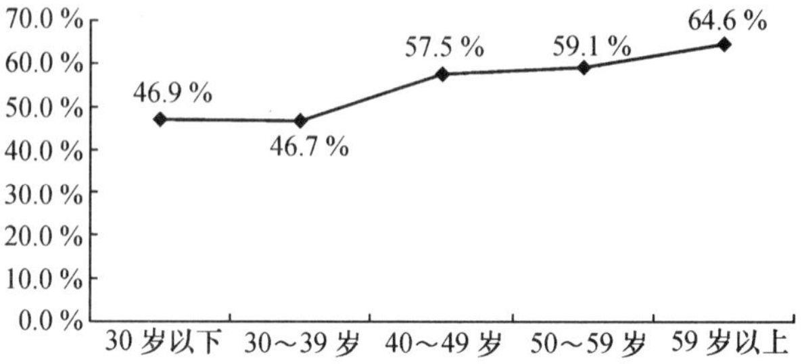

图 1-26　不同年龄段的农民对地方干部的较好评价的比重差异对比（单位:%）

从不同收入段来看，从最低收入到最高收入段，农民对地方干部多数是好的认同比例分别为 67.0%、59.0%、50.5%、48.6%、58.3%，见图 1-27。数据分析表明，收入水平和农民对地方干部的较好评价的比重之间呈现一种扁平的“U”型结构。

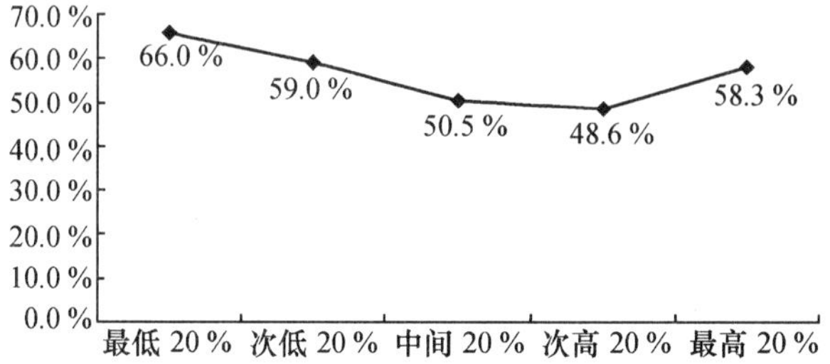

图 1-27　不同收入层的农民对地方干部多数是好的的认同比例差异（单位:%）

2. 农民对官员腐败的认知

据 1110 份有效样本数据显示,农民对现在当官的很多都有腐败行为的同意程度呈现如下状况:表示“非常同意”和“同意”的人数分别为 178 人和 636 人,占有效样本总数的比重分别为 18.0% 和 57.3%,比例合计为 75.3%,“不清楚”、“不同意”和“非常不同意”的比例分别为 13.7%、10.8% 和 2.2%,见图 1-28。可见,农民普遍认为现在当官的很多都有腐败行为。

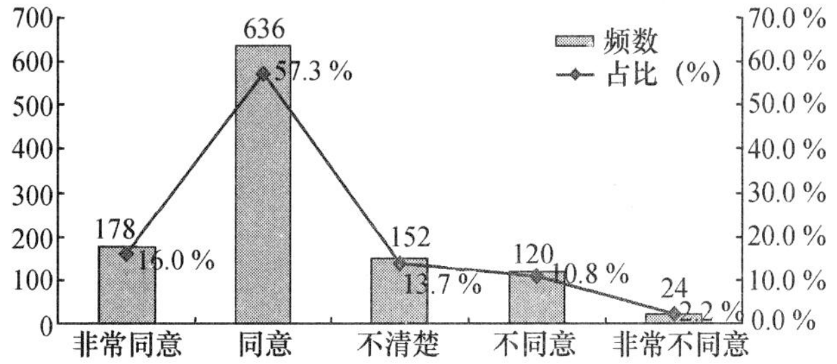

图 1-28 农民对官员有很多腐败行为的同意程度差异

根据“百村政治专题数据”也得出了当前腐败问题上所呈现的风险,见表 1-25。在有效的 4727 份样本数据中,农民认为当前腐败程度“非常严重”和“比较严重”的比例分别为 33.2% 和 22.0%;持“一般”态度的占比也达 28.2%;而认为“不太普遍”和“完全没有”的比例分别为 14.3% 和 2.3%。从认为非常严重的超过三分之一和严重程度占比超过五成,可见农民认为当前的腐败现象较严重。

表 1-25 农民对当前腐败严重程度的认知评价

	非常严重	比较严重	一般	不太普遍	完全没有
频数	1571	1038	1332	676	110
占比(%)	33.2	22.0	28.2	14.3	2.3

(N = 4727)

分区域分析农民对腐败的未来认知状况,如表 1-26 和图 1-29 所示,东部地区、中部地区和西部地区的农民对当官的越来越腐败表示同意的比例分别为 69.6%、77.1% 和 61.0%。可见,西部地区农民对腐败的未来认知比重最低,中部最高。

表 1-26 分地区比较农民对腐败的同意评价 （单位：%）

区域分布	对“当官的越来越腐败”的同意评价					合计
	非常同意	同意	不清楚	不同意	非常不同意	
东部地区	17.1	52.5	15.2	13.3	1.9	100.0(210)
中部地区	21.6	55.5	11.1	9.9	1.9	100.0(639)
西部地区	13.7	47.3	19.5	13.0	6.5	100.0(262)

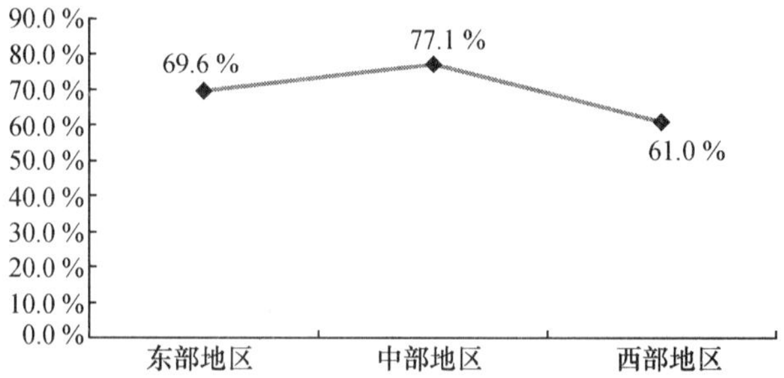

图 1-29 分地区比较农民同意当官的越来越腐败的比重差异（单位：%）

3. 农民对国家政策执行中出现偏差的政治反应

当农民知晓当地政府或干部搞“土政策”时，据 1104 份有效样本数据显示，“集合一些村民一起提意见”的最多，有 558 人，占比为 50.6%；选择“打官司”、“上访”和“向媒介反映”的比例分别为 2.4%、9.4% 和 8.1%；而“委曲求全”和“不关心”分别占比 12.5% 和 15.9%；另有占比 1.1% 的人选择“贿赂干部”只为自己个人，见表 1-27 和图 1-30。分析表明，农民对地方“土政策”的反应较为理性，但应引起重视的是选择“委曲求全”和“不关心”的也占了一定的比例。

表 1-27 农民对政策执行中出现偏差的政治反应

	上访	提意见	向媒介反映	打官司	委曲求全	贿赂干部	不关心
频数	104	558	90	26	138	12	176
占比（%）	9.4	50.6	8.1	2.4	12.5	1.1	15.9

（$N = 1104$）

对于惠农资金，我们询问了农民对乡镇干部把国家本来要给农民的钱款（如种田补贴）扣下不发的政治反应，分受教育程度来看，如表 1-28 所示。在 1098 份有效样本数据中，表示不关心和无所谓的农民以小学及以下文化程度的最多，占比合计为 21.5%，而初中、高中或中专、大专及以上学历所占的比例分别是 12.0%、11.9%、13.5%；从小学及以下到大专及以上学历的农民表示虽然很气

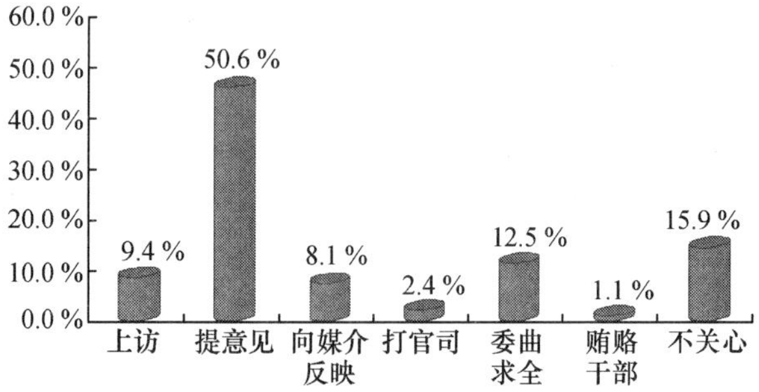

图1-30 农民对当地政府或干部搞"土政策"的政治反应状况(单位:%)

愤,但只是"口头上说一说",并没有实质上的行动的比例分别是33.7%、28.1%、25.3%、40.4%;选择"通过村干部把款项要回来"的比例分别是22.1%、31.8%、27.1%、25.0%;认为要"向上级反映意见"的比例分别是22.7%、28.1%、35.7%、21.1%。通过此分析,我们可以发现,针对乡镇扣下惠农钱款,农民的普遍政治反应以"十分气愤,但只是说说算了"、"积极动员说服村干部去要回来"和"说服、动员熟悉的邻居朋友一起向上级反映意见"为主,另外,学历越低的农民选择不关心和无所谓的比例相对来说是最多的。可见,农民在遇到侵害自身利益的行为时,政治反应一般较为理性,但也有消极的一面。

表1-28 不同学历水平的农民对乡镇政府将国家的惠农资金扣着不发的政治反应

(单位:%)

受教育程度	不关心	气愤,但只说说	动员村干部要回来	向上级反映意见	无所谓	合计
小学及以下	13.7	33.7	22.1	22.7	7.8	100.0(344)
初中	6.9	28.1	31.8	28.1	5.1	100.0(481)
高中	4.1	25.3	27.1	35.7	7.8	100.0(221)
大专及以上	7.7	40.4	25.0	21.1	5.8	100.0(52)

($N=1098$)

从不同区域考察"农民对乡镇将国家的惠农资金扣着不发"的政治反应,据1098份有效样本数据,东部地区的农民表示"不关心"、"气愤,只是说说算了"和"无所谓"的比例分别为11.4%、37.6%和9.0%,在三个区域中均居于最高位。而中部和西部地区的农民的政治反应以"动员村干部要回来"和"向上级反映意见"为主,中部地区农民的占比分别为25.9%和30.5%,西部地区农民的占比分别为33.2%和29.4%。可见,针对乡镇干部歪曲国家惠农政策的反应,中西部地区农民的政治反应较为理性，而东部地区农民的挫折感较强，只是说说的比例较高。

表 1-29　农民对政策执行歪曲的政治反应方式　　（单位：%）

所属区域	不关心	气愤，但只说说	动员村干部要回来	向上级反映意见	无所谓	合计
东部地区	11.4	37.6	25.3	16.7	9.0	100.0(210)
中部地区	7.3	31.2	25.9	30.5	5.1	100.0(626)
西部地区	8.8	20.6	33.2	29.4	8.0	100.0(262)

（$N=1098$）

（三）村庄土地分配中的农民政治反应

1. 农民对村组干部决策的支持情况

农民对村组干部决策的支持度，如图 1-31 所示，对村组干部的决策表示支持的比重为 70.3%，“不清楚”和“不同意”的比重分别为 19.7% 和 10.0%。从对村组干部决策的支持度超过七成可见农民普遍支持村组干部的决策。

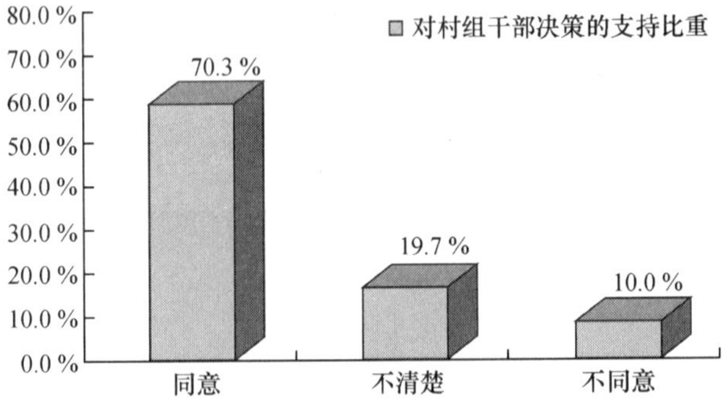

图 1-31　农民对村组干部的决策的支持比重差异（单位：%）

2. 农民获取土地分配信息的方式

当询问农民“如果村里有人议论土地分配等关系到大家利益的事情，你不清楚是怎么回事。你会怎么了解具体情况”这一问题时，1108 个有效样本数据表明，有 490 人选择“向关系好的村民打听”，占比为 44.2%；其次是“私下问负责的村组干部”，占比达 26.6%；直接“在村组会议上问村组干部”的有 214 人，占比 19.3%；还有占比 9.9% 的农民认为“不是我一个人的事，我不管”。可见，农民在获取村庄土地分配等公共信息上倾向于选择私人关系途径。

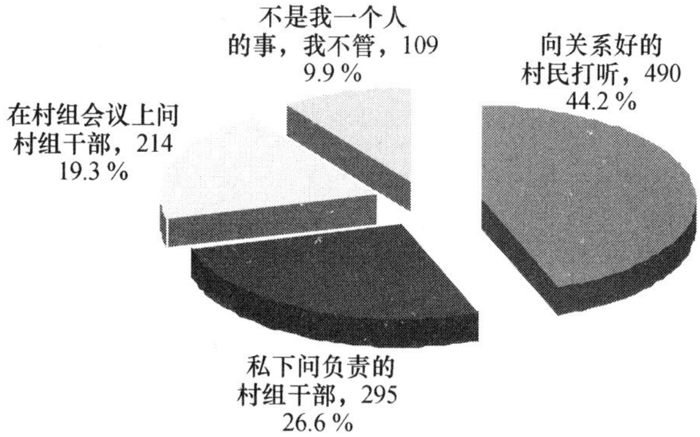

图 1-32 农民获取村庄土地分配信息等的途径选择

3. 农民在土地利益受损时的政治反应

土地是农民最重要的农业生产资料，据 1089 份有效样本数据，当土地分配方案侵犯了农民的利益时，如图 1-33 所示，79.3% 的农民会选择“给村干部提意见”;10.6% 的农民会“吵闹围堵干部”;7.4% 的农民选择“上访”;2.4% 的农民选择“找有权威的人协调”;0.3% 的农民选择“威胁出台政策的人”。由此可见，大多数农民在村庄土地分配等利益调整中会选择通过给村干部提意见来维护自己的权益，行为方式较为理性。

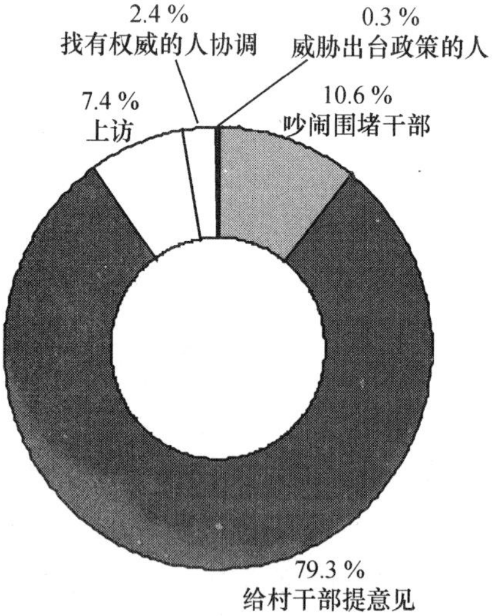

图 1-33 农民在村庄土地利益分配中的政治反应状况(单位:%)

四、农民的社区与社会认同状况

农民首先是生活在农村基层社区的，虽然农村村庄社区具有一定的封闭性，但在社会化、市场化和城市化的大浪潮背景下，农民早已脱离了单纯的社区局限。本部分将从农民对社区生活和对社会生活的评判中分析农民的政治状况。

（一）农民眼中农村生活和农民身份

1. 农民对农村生活的满意状况

从表1-30和图1-34中可以看出，30岁以下、30—39岁、40—49岁、50—59岁及59岁以上农民对农村生活表示满意的程度分别为61.9%、59.6%、69.9%、70.4%、70.8%，不满意的比例分别为26.5%、29.4%、21.0%、20.1%和16.8%。可见，农民对农村生活较满意，且呈现出年龄越大满意度越高的趋向。

表1-30 不同年龄层的农民对农村生活的满意度差异 （单位：%）

年龄层	对自己现在在农村的生活很满意					合计
	非常同意	同意	不清楚	不同意	非常不同意	
30岁以下	5.3	56.6	11.6	21.2	5.3	100.0(113)
30—39岁	11.7	47.9	11.0	28.2	1.2	100.0(163)
40—49岁	15.2	54.7	9.1	18.2	2.8	100.0(362)
50—59岁	13.6	56.8	9.5	19.3	0.8	100.0(264)
59岁以上	10.0	60.8	12.4	15.8	1.0	100.0(209)

（$N=1111$）

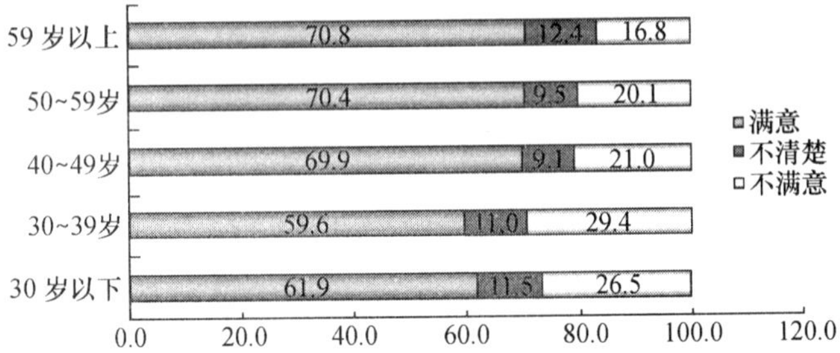

图1-34 不同年龄层的农民对农村生活的满意认知（单位：%）

2. 农民对身份自豪感的认知

农村是农民的地域特征，农民身份则是政治社会特征。总体来说，有占比

53.7%的农民对自己的身份感到自豪,从不同学历水平看,如表1-31和图1-35所示,小学及以下、初中、高中或中专、大专及以上等不同学历水平的农民对自身的农民身份感到自豪的比例分别为44.2%、58.1%、57.8%和56.6%;表示不清楚的比例分别为20.7%、14.2%、16.1%和15.1%;不感到自豪的农民比例分别为35.0%、27.7%、26.0%和28.3%。可见,小学及以下文化程度的农民对身份的自豪感明显较低,其他学历水平的农民的自豪感相当,能理性地认识农民的身份和社会角色。

表1-31 不同学历水平农民对农民身份的认识 (单位:%)

学历水平	我感觉作为一个农民很自豪					合计
	非常同意	同意	不清楚	不同意	非常不同意	
小学及以下	5.7	38.5	20.8	31.6	3.4	100.0(348)
初中	9.4	48.7	14.2	24.4	3.3	100.0(487)
高中或中专	8.5	49.3	16.2	22.4	3.6	100.0(223)
大专及以上	13.2	43.4	15.1	20.8	7.5	100.0(53)

($N=1111$)

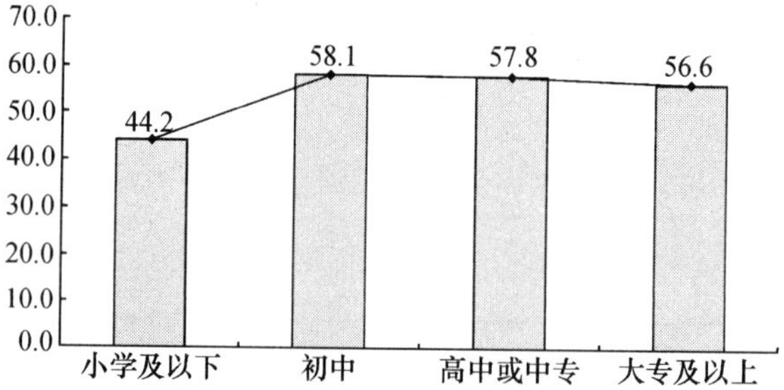

图1-35 不同学历水平的农民对农民身份的认识(单位:%)

对农民身份的自豪感进行分区域考察发现,如图1-36所示,东部地区、中部地区、西部地区的农民对自身的身份感到自豪的比例分别为48.1%、55.4%、53.8%,可见,东部地区的农民对自身的身份感到自豪的比例最低,这可能与地区的经济发展程度较高呈现的贫富差距相关。

3. *农民对成为城市人的期待*

如表1-32所示,根据农民对"如果有机会,我希望成为一个城市人"的判断,选择"非常同意"和"同意"的比例分别为7.7%和60.9%,比例合计占有效样本总数的68.6%;表示"不清楚"、"不同意"和"非常不同意"的比例分别为15.8%、14.9%和0.7%。而对"我希望自己的后代不再当农民"的判断中,表示"非常同

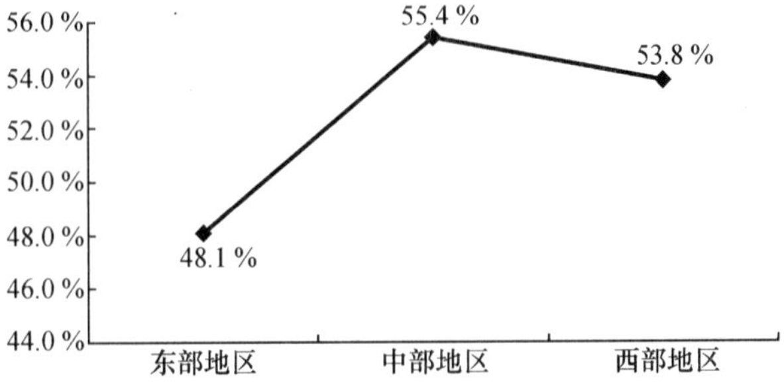

图 1-36　不同区域的农民对自身身份感到自豪的比重差异(单位:%)

意”和“同意”的比例分别为 16.7%、62.3%，合计为 79.0%；另外，表示“不清楚”、“不同意”和“非常不同意”的比例分别为 10.3%、9.6% 和 1.1%。可见，农民对成为城市人的期待很高，而对自己的后代不再当农民的期待更高。

表 1-32　农民对成为城市人的期待状况　(单位:%)

	非常同意	同意	不清楚	不同意	非常不同意	合计
如果有机会，我希望成为一个城市人	7.7	60.9	15.8	14.9	0.7	100.0 (1111)
我希望自己的后代不再当农民	16.7	62.3	10.3	9.6	1.1	100.0 (1111)

(N = 1111)

(二) 农民的社区信任意识

1. 农民的社区安全感

农民是生活在一定的农村社区的，调查显示，在有效的 1111 份样本数据中，有占比 80.1% 的农民认为生活在我们这个地方让人感觉非常安全。分区域考察农民对社区安全的感受，如图 1-37 所示，东部、中部和西部地区的农民对社区安全感的评价比重分别为 82.9%、79.7% 和 79.0%，呈现梯度递减趋势，可见，农民对社区安全感的评价普遍很高，但也呈现出从东部到西部的递减趋势。

2. 农民的邻里信任感

如表 1-33 所示，76.6% 的农民认为邻里朋友值得信任，14.4% 不清楚，仅有 9.0% 认为邻里朋友不值得信任。由此可以看出，农民有着较高的社区信任感，认为社区内人与人之间是可以信任的。

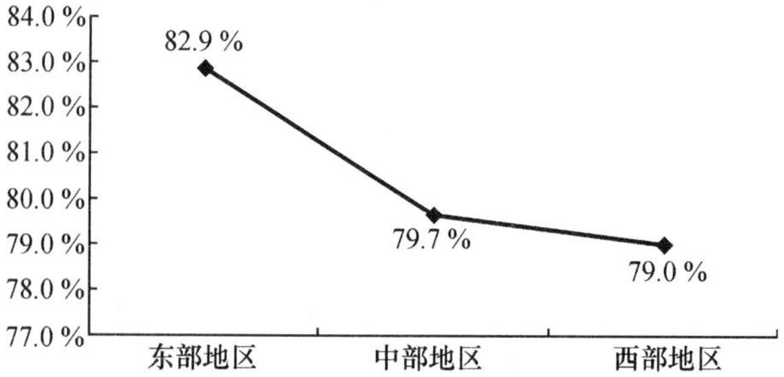

图 1-37　分区域的农民对社区感到安全的比重差异(单位:%)

表 1-33　农民的邻里信任感评价　　(单位:%)

	非常同意	同意	不清楚	不同意	非常不同意	合计
我的邻居和朋友值得信任	7.6	69.0	14.4	8.3	0.7	100.0 (1111)

3. 农民眼中的干群关系

据1110份有效样本数据显示,认为村干部和农民关系变好了的比例为44.2%,分区域分析,如表1-34和图1-38所示,东部、中部和西部地区的农民认为村干部与农民关系变好了的比例分别为40.5%、41.2%和46.6%;表示“不清楚”的比例分别为31.0%、33.4%和20.2%;“不同意”的比例分别为28.5%、25.4%和25.2%,可见,西部地区的农民对干群关系改善所持比例最高,东中部地区表示不清楚的比例均超过三成,统计显示,农民对干群关系改善与否的认知较为模糊。

表 1-34　分区域的农民对干群关系变好了的认同状况　　(单位:%)

所属区域	村干部和农民关系变好了			合计
	同意	不清楚	不同意	
东部地区	40.5	31.0	28.5	100.0(210)
中部地区	41.2	33.4	25.4	100.0(638)
西部地区	46.6	20.2	25.2	100.0(262)

($N=1110$)

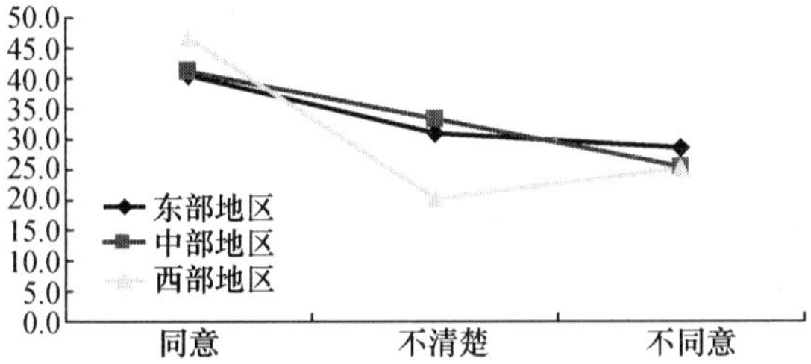

图 1-38　分区域的农民对干群关系变好了的认同状况差异(单位:%)

(三) 农民的市场信任和社会认同意识

1. 农民的市场观念

数据显示,如表 1-35 所示,有 55.2% 的农民认为人和人之间根本上是利益竞争关系;而对此持反对态度的占比为 22.8%;另有 22.0% 的农民表示不清楚。当询问农民对“做生意还是和一个村的人合伙较好”的认同态度时,分别有 4.4% 和 39.5% 的农民表示非常同意和同意;表示不清楚、不同意的比例相差不大,分别为 29.1% 和 25.5%。可见,农民已经基本适应了市场竞争意识,但是农民对乡村社区的传统信任意识仍然占很大比例。

表 1-35　农民的市场观念和社区依恋　　(单位:%)

	非常同意	同意	不清楚	不同意	非常不同意	合计
人和人之间根本上是利益竞争关系	9.0	46.2	22.0	20.7	2.1	100.0
做生意还是和一个村的人合伙较好	4.4	39.5	29.1	25.5	1.5	100.0

(N = 1111)

分年龄段考察农民对“我购买商品后,总是怀疑买到假货”的同意状况,在 1108 份有效样本数据中,30 岁以下、30—39 岁、40—49 岁、50—59 岁、59 岁以上等五个年龄层的农民怀疑自己购买到假冒伪劣商品的比例分别是 62.8%、46.0%、45.5%、47.7%、52.7%,见表 1-36 和图 1-39。可见,年轻人和老年人对市场的信任意识相对低于中年农民。

表1-36 分年龄段农民的市场信任意识差异 (单位:%)

年龄层	我购买商品后,总是怀疑买到假货					合计
	非常同意	同意	不清楚	不同意	非常不同意	
30岁以下	15.0	47.8	9.8	26.5	0.9	100.0(113)
30—39岁	11.0	35.0	18.4	35.0	0.6	100.0(163)
40—49岁	7.5	38.0	21.1	32.0	1.4	100.0(361)
50—59岁	4.5	43.2	15.1	33.0	4.2	100.0(264)
59岁以上	9.2	43.5	14.4	32.4	0.5	100.0(207)

($N=1108$)

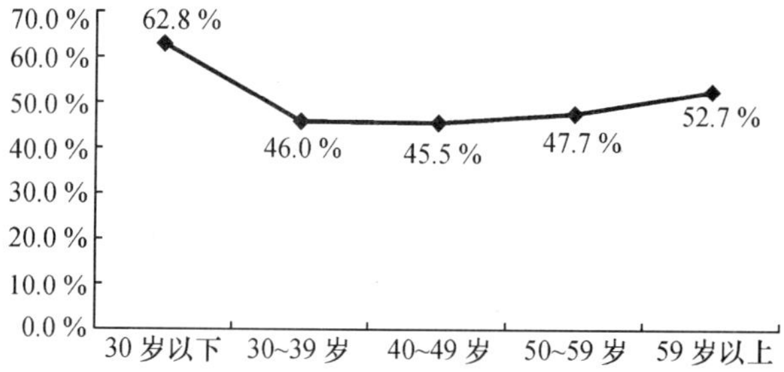

图1-39 分年龄段的农民对买到假冒伪劣商品的怀疑程度比重对比差异(单位:%)

分区域考察发现,如表1-37所示,东部、中部、西部地区的农民认为自己购买到假冒伪劣商品的比例分别是47.6%、47.6%、54.2%,可见,东中部地区农民的市场信任意识相对高于西部地区的农民。

表1-37 不同区域农民的市场信任意识 (单位:%)

所属区域	我购买商品后,总是怀疑买到假货					合计
	非常同意	同意	不清楚	不同意	非常不同意	
东部地区	10.0	37.6	10.5	37.6	4.3	100.0(210)
中部地区	7.7	39.9	19.7	31.6	1.1	100.0(636)
西部地区	8.8	45.4	15.3	29.4	1.1	100.0(262)

($N=1108$)

2. 农民眼中的贫富差距

首先分析农民对贫富差距严重程度的认识,根据“百村政治专题数据”,在有效的4731份有效样本数据中,目前贫富差距“非常严重”和“比较严重”的分别有816人和2388人,占比分别为17.2%和50.5%,占比合计为67.7%;而持“一般”、“比较轻微”和“非常轻微”的比重分别为19.8%、11.0%和1.5%,见图

1-40。可见,农民普遍认为当前的贫富差距较为严重。

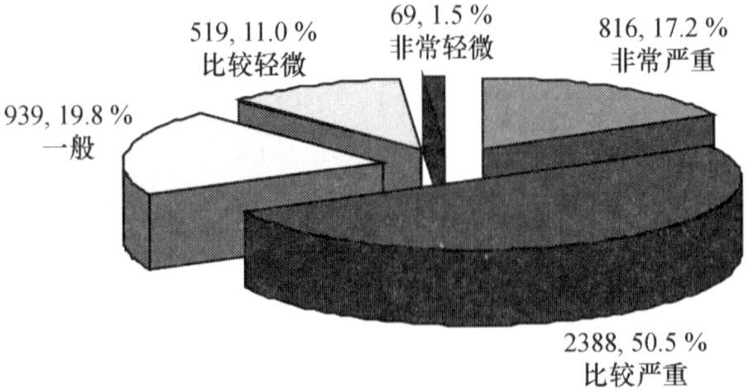

图 1-40　农民对当前贫富差距严重程度的认识对比(单位:%)

根据"百村政治专题数据",在有效的 4730 份样本数据中,见表 1-38,农民对富人的致富方式表示"完全认可"和"比较认可"的分别有 302 人和 2047 人,占有效样本总数的比例分别为 6.4% 和 43.2%;而持"一般"、"不太认可"和"很不认可"的比例分别为 35.9%、13.3% 和 1.2%。从数据可见,农民对富人致富方式的认可状况较为模糊。

表 1-38　农民对富人的致富方式的认可状况

	完全认可	比较认可	一般	不太认可	很不认可
频数	302	2047	1697	628	56
占比(%)	6.4	43.2	35.9	13.3	1.2

(N = 4730)

继续分析农民对致富途径及实现状况的认知,如表 1-39 所示,对于"我觉得有很多改善经济收入的方式"的回答,在有效的 1109 份数据中,分别有 7.4% 和 63.2% 的农民表示"非常认可"和"比较认可",占比合计为 70.6%。而根据"百村政治专题数据",通过农民对于"我认为通过个人努力能够改变现状"的回答,我们发现,在有效的 4729 份数据中,分别有 17.7% 和 53.1% 的农民持"非常认可"和"比较认可"的态度。可见,农民对改善自身经济收入的途径和未来预期都较高。

表 1-39 农民对改善经济条件的认识

	非常认可	比较认可	一般	不太认可	很不认可
我觉得有很多改善经济收入的方式					
频数	82	701	174	144	8
占比(%)	7.4	63.2	15.7	13.0	0.7
($N=1109$)					
我认为通过个人努力能够改变现状					
频数	838	2509	893	437	52
占比(%)	17.7	53.1	18.9	9.2	1.1
($N=4729$)					

3. 农民对社会整体状况的评价

询问农民对当前社会和谐程度的评价,根据“百村政治专题数据”,如图 1-41 所示,在有效的 4733 份样本数据中,持“非常和谐”和“比较和谐”的比例分别为 8.7% 和 54.1%,占比合计略过六成,为 62.8%。可见,农民虽然基本认同社会的和谐状况,但是认同比例未占绝对性优势。

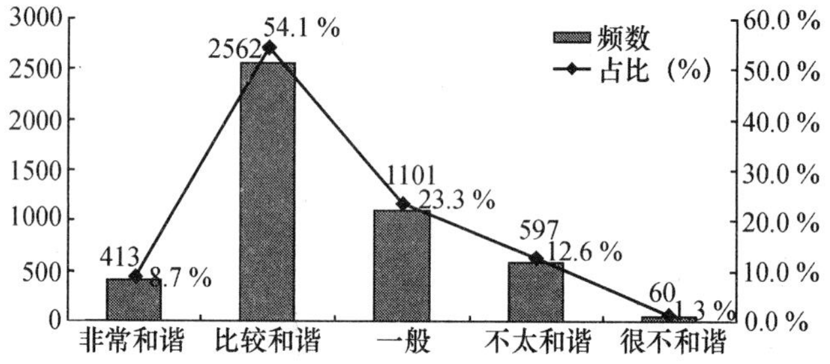

图 1-41 农民对社会和谐程度的评价

分区域考察农民对农村社会风气的认知,如表 1-40 和图 1-42 所示,东部地区、中部地区、西部地区农民认同农村社会风气下降很快的比例分别是 39.5%、42.3%、31.3%;不认同这一说法的比例分别是 45.8%、32.0%、46.5%。可见,农民对农村社会风气的认知态度比较模糊。

表 1-40　分区域的农民对农村社会风气下降很快的同意程度　（单位:%）

所属区域	农村的社会风气下降很快					合计
	非常同意	同意	不清楚	不同意	非常不同意	
东部地区	5.2	34.3	14.7	42.9	2.9	100.0(210)
中部地区	5.6	36.7	25.7	30.1	1.9	100.0(638)
西部地区	5.3	26.0	22.2	43.1	3.4	100.0(262)

（$N=1110$）

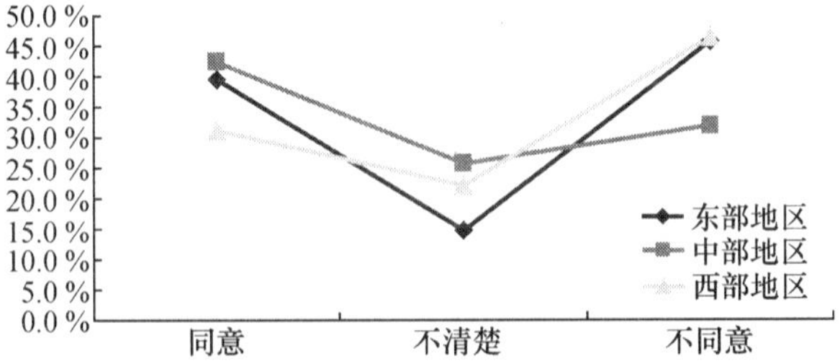

图 1-42　分区域的农民对农村社会风气下降很快的同意程度差异（单位:%）

分析农民对“现在的社会秩序越来越差了”的同意评价，分年龄段来看，如表 1-41 所示，30 岁以下、30—39 岁、40—49 岁、50—59 岁、59 岁以上不同年龄段的农民认同这一说法的比例分别是 62.8%、53.9%、55.0%、48.5%、46.9%。可见，年龄越大的农民对社会秩序越来越差的认知比例越低。

表 1-41　不同年龄层农民对农村社会秩序的认识　（单位:%）

年龄层	现在社会秩序越来越差了					合计
	非常同意	同意	不清楚	不同意	非常不同意	
30 岁以下	10.6	52.2	17.7	14.2	5.3	100.0(113)
30—39 岁	11.0	42.9	10.5	31.9	3.7	100.0(163)
40—49 岁	13.8	41.2	13.5	27.9	3.6	100.0(362)
50—59 岁	9.1	39.4	12.1	34.5	4.9	100.0(264)
59 岁以上	8.6	38.3	15.3	36.4	1.4	100.0(209)

（$N=1111$）

五、农民的法律生活状况

法律是社会生活的准绳，是社会公平正义的衡量器，农民的法律生活状况直接影响着农村基层的社会治理和法制建设的进程。本部分对农民法律生活状况的分析主要考察的是农民对法律的认知、维权的现代方式的使用以及对法律作用的评价等方面,试图发掘出农民法律意识层面的全景式概貌。

(一)农民对法律的认知

1. 对法律作用的认知

调查显示,农民普遍认为法律的主要作用是"保护老百姓的权利"和"惩罚犯罪",占比分别为42.0%和35.2%。分年龄层来看,30岁以下的年轻农民和59岁以上的老年农民都将"惩罚犯罪"看做是法律的首要功能,占比分别为42.5%和41.6%;而30—59岁年龄区间的农民则认为法律的首要功能是"保护老百姓的权利",占比均在四成以上,见表1-42。可见,农民对法律的作用有着较为清楚的认识,保护老百姓的权利被置于首位,其次是惩罚犯罪。不过,年轻农民和老年农民都认为法律的首要作用是惩罚犯罪,而中年农民则认为法律的首要功能是保护老百姓的权利。

表1-42 不同年龄层的农民对法律作用的认知差异 (单位:%)

年龄段	管老百姓	管干部	保护百姓权利	惩罚犯罪	其他	合计
30岁以下	10.6	8.8	37.2	42.5	0.9	100.0(113)
30—39岁	16.0	4.3	46.0	31.9	1.8	100.0(163)
40—49岁	16.6	6.1	42.8	32.3	2.2	100.0(362)
50—59岁	12.8	7.6	44.7	33.0	1.9	100.0(264)
59岁以上	11.5	7.2	36.8	41.6	2.9	100.0(209)

($N=1111$)

2. 对法律重要性的认知

从总体状况来说,如表43所示,有占比79.1%的农民对法律在生活中的重要作用的认知度较高。分地区考察发现,东部地区农民认为法律在生活中的作用重要和非常重要的比例合计为81.5%;中部地区和西部地区的比例合计分别为80.9%和79.1%,见表1-43和图1-43。可见,农民认为法律在生活中的作用很重要,不同地区的农民对法律作用的认知比例相差不大,不过东部地区和中部地区要略高于全国总体水平,而西部地区的水平与全国总体水平相当。

表 1-43　分地区比较农民对法律重要性的认知　（单位:%）

区域分布	对法律在生活中的作用的认知					合计
	非常同意	同意	不清楚	不同意	非常不同意	
总体	26.1	53.0	15.3	4.3	1.3	100.0(1111)
东部地区	24.8	56.7	11.9	5.2	1.4	100.0(210)
中部地区	25.5	55.4	13.3	4.9	0.9	100.0(639)
西部地区	26.1	53.0	15.3	4.3	1.3	100.0(262)

（$N=1111$）

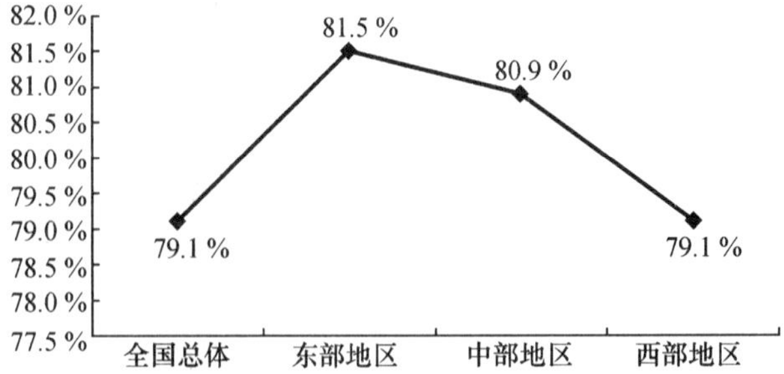

图 1-43　分区域的农民对法律在生活中重要性的认知差异（单位:%）

从不同年龄段来看,如表 1-44 和图 1-44 所示,30 岁以下、30—39 岁、40—49 岁、50—59 岁和 59 岁以上等不同年龄段的农民对法律在生活中重要性的认知比例分别是 87.6%、81.6%、79.8%、78.8% 和 71.8%;而表示“不清楚”的比例分别为 9.7%、12.9%、14.4%、17.4% 和 19.1%,可见,随着年龄的增长,农民对法律在生活中重要作用的认知越低,而对法律的作用认识不清楚的状况越明显。

表 1-44　不同年龄层的农民对法律在生活中重要性的认知差异　（单位:%）

不同年龄	对法律在生活中重要性的认识					合计
	非常同意	同意	不清楚	不同意	非常不同意	
30 岁以下	25.7	61.9	9.7	0.9	1.8	100.0(113)
30—39 岁	30.1	51.5	12.9	5.5	0.0	100.0(163)
40—49 岁	29.3	50.5	14.4	4.7	1.1	100.0(362)
50—59 岁	25.8	53.0	17.4	3.0	0.8	100.0(264)
59 岁以上	18.2	53.6	19.1	6.2	2.9	100.0(209)

（$N=1111$）

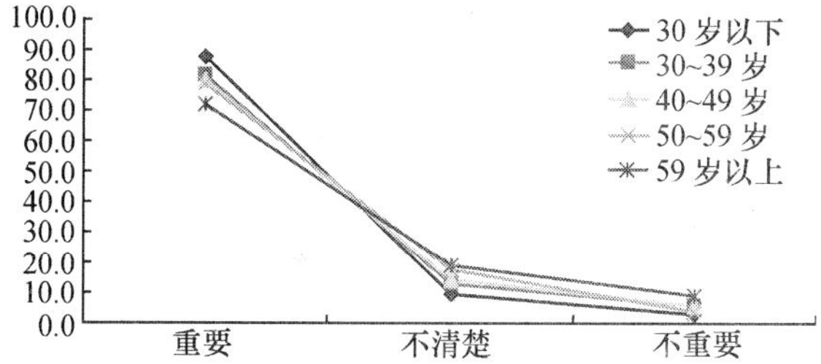

图 1-44　不同年龄层的农民对法律在生活中重要性的认知差异(单位:%)

此外,不同学历层次的农民对法律重要性的认知判断呈现如下特点:小学及以下、初中、高中或中专、大专及以上四个学历水平的农民认为法律在生活中的作用重要的比例分别为 52.0%、53.0%、53.4%和 58.5%,呈现学历水平越高,对法律重要性的认知比例越高的状况;不重要的比例呈现相应的递减趋势,分别为 6.1%、3.9%、3.1%和 1.9%。另外,大专及以上学历的农民认为法律在生活中重要的人数比例达到了 86.8%,并且该群体没有人认为法律在生活中非常不重要,见表 1-45 和图 1-45。通过分析知道,学历层次的高低对农民认知法律在生活中的作用具有直接影响,学历越高的农民对法律重要性的认知度也越高。

表 1-45　不同学历层次的农民对法律在生活中重要性认知差异　(单位:%)

学历层次	非常重要	重要	不清楚	不重要	非常不重要	合计
小学及以下	16.7	52.0	24.1	6.1	1.1	100.0(348)
初中	30.2	53.0	11.9	3.9	1.0	100.0(487)
高中或中专	31.4	53.4	9.9	3.1	2.2	100.0(223)
大专及以上	28.3	58.5	11.3	1.9	0.0	100.0(53)

($N=1111$)

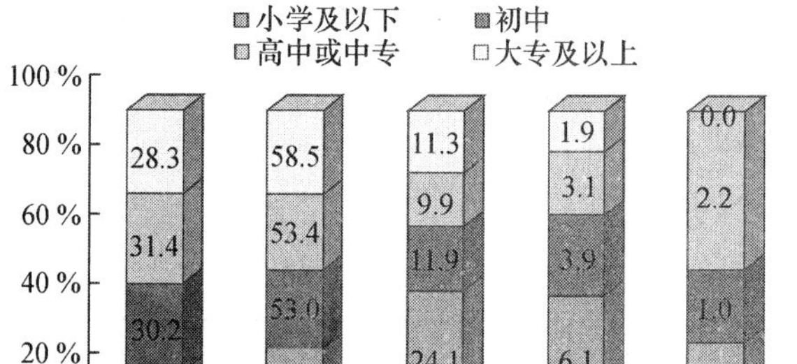

图 1-45　不同学历层次的农民对法律在生活中重要性的认知差异(单位:%)

3. 农民对法律公正性的认知

当问及农民"您认为法律是否公正",根据"百村政治专题数据",在获得的4727 份有效样本中,分别有 886 人和 2396 人选择"非常公正"和"比较公正",占比分别为 18.7% 和 50.7%;而认为法律不太公正和很不公正的人数分别有 404 人和 38 人,占比分别为 8.6% 和 0.8%,如表 1-46 和图 1-46 所示。可见,农民较为信任法律的公正性。

表 1-46　农民对法律公正性的认知状况

您认为法律是否公正	频数	占比(%)
非常公正	886	18.7
比较公正	2396	50.7
一般	1003	21.2
不太公正	404	8.6
很不公正	38	0.8

(N = 4727)

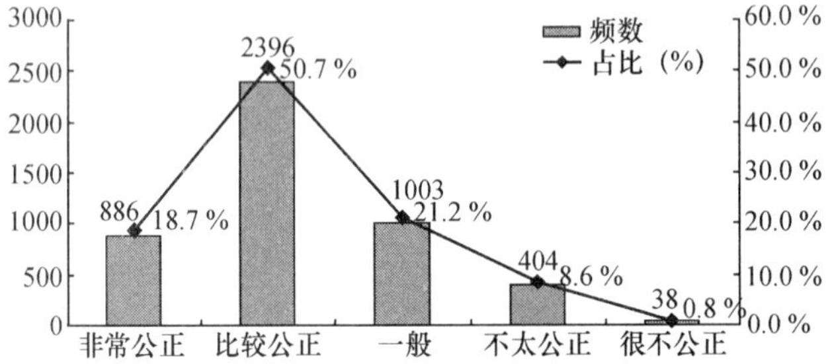

图 1-46　农民对法律公正性的认知差异

(二) 农民的法律行为和效果评价

1. 农民维权的法律意愿

当询问农民"是否愿意采用法律途径保护自己的合法权益"时,根据"百村政治专题数据",4713 位农民中,选择"非常愿意"和"比较愿意"的分别有 1029 人和 2042 人,占比分别为 21.8% 和 43.3%;持"不太愿意"和"很不愿意"的分别有 459 人和 47 人,占比分别为 9.8% 和 1.0%;此外,有占比 24.1% 的人持"一般"态度,见图 1-47。从"非常愿意"和"比较愿意"的比例合计超过六成可见,农民较为愿意采用法律途径维护自己的合法权益。

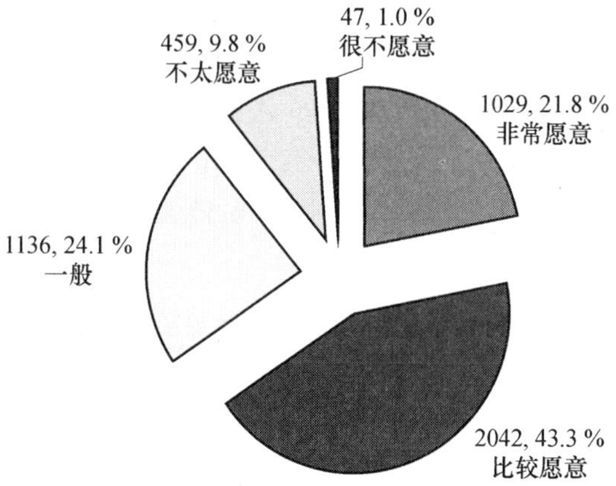

图 1-47 农民采用法律途径维权的意愿

2. 农民维权的法律方式选择

调查数据表明,见表 1-47 和图 1-48,当农民的合法权益受到侵害时,其选择的第一位解决方式是“找干部解决”,选择到“法院告状”一般居于第二位。分区域来看,东部地区农民选择找干部的比例高达四成,“协商私了”和“忍气吞声”所占的比重也在三个地区中最高,分别为 22.8% 和 11.0%;而西部地区选择告状,即通过法律的方式解决的比例相对最高,为 26.3%;相比于东部地区而言,中、西部地区的农民利用村庄或家族有威望的人调解的比例也相对较高,占比分别为 13.8% 和 12.6%。可见,农民在合法权益受到侵害时选择法律方式一般居于第二位,此外,西部地区的农民选择法律途径解决问题的比例相对高于东中部地区的农民。

表 1-47 不同区域的农民在合法权益被侵犯时的解决方式上的差异 (单位:%)

区域	协商私了	忍气吞声	武力报复	告状	找村干部	找人调解	合计
东部	22.8	11.0	1.4	18.1	40.0	6.7	100.0(210)
中部	19.7	10.5	1.9	18.9	35.2	13.8	100.0(639)
西部	20.2	6.9	1.9	26.3	32.1	12.6	100.0(262)

($N = 1111$)

如果分学历层次进行考察,根据 Pearson 卡方检验可知,不同学历层次的农民在维权方式的选择上存在差异($p = 0.001 < 0.05$),见表 1-48 和图 1-49。小学及以下、初中、高中或中专、大专及以上等不同学历的农民选择通过法律方式维护自己合法权益的比例分别为 17.0%、20.5%、24.7% 和 26.4%。虽然比例并未居第一位,但数据显示出,随着农民学历层次的提高,农民采用法律手段维权所占的比例不断提高,也即学历越高的农民越愿意采用法律手段维权。

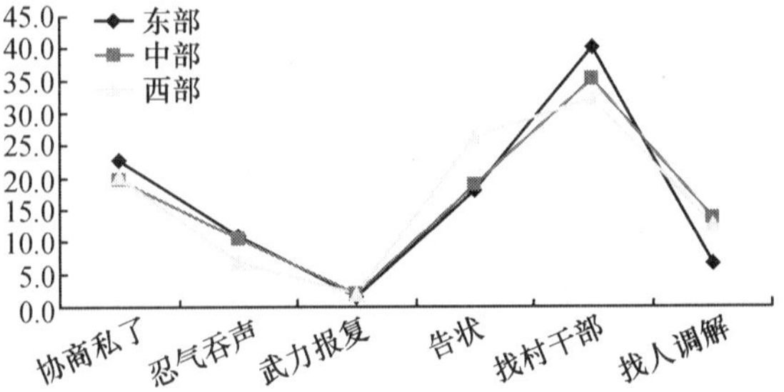

图 1-48　不同区域的农民在合法权益被侵害时的解决方式上的差异(单位:%)

表 1-48　不同学历层次的农民的维权意愿差异　　(单位:%)

维权手段选择	受教育程度			
	小学及以下	初中	高中或中专	大专及以上
协商私了	17.2	20.9	23.3	24.5
忍气吞声	16.1	6.8	5.8	11.3
武力报复	2.6	1.4	1.3	1.9
到法院告状	17.0	20.5	24.7	26.4
找干部解决	36.5	37.8	31.4	22.7
找有威望的人	10.6	12.6	13.5	13.2
合计	100.0	100.0	100.0	100.0
	(348)	(484)	(223)	(53)

($N=1108$)

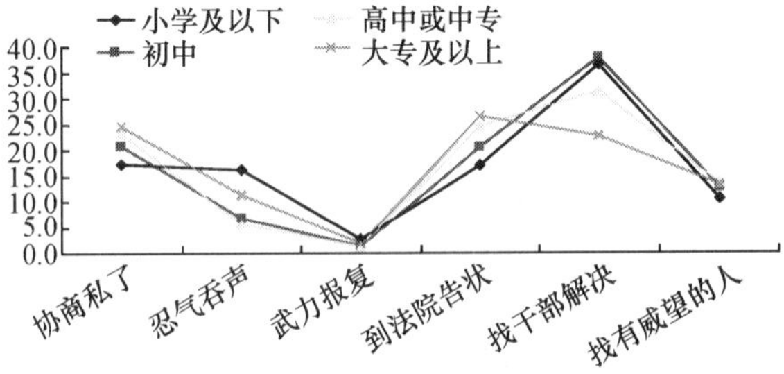

图 1-49　不同学历层次农民的维权意愿差异对比(单位:%)

3. 农民对法律作用的评价

当询问农民"您认为法律能否保障您的权益"这一问题时,根据"百村政治专题数据",在有效的4736份样本数据中,认为法律"完全可以"、"基本可以"保障权益的比例分别为16.0%和51.4%,认为"一般"也占比较大,为23.0%,见图

1-50。可见,农民较为信任法律的维权功能。

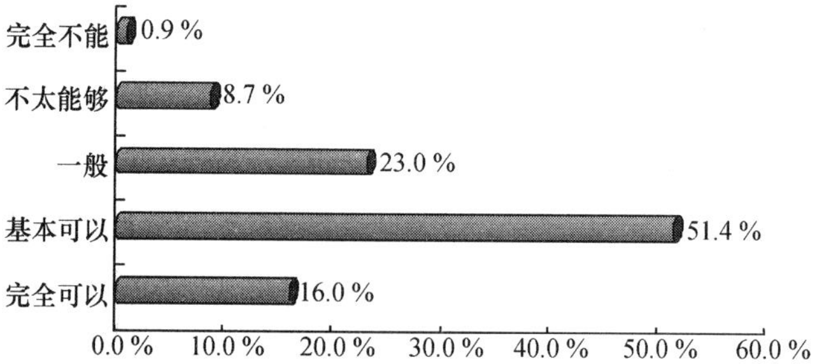

图 1-50 农民对法律的维权保障功能的认知(单位:%)

在对打官司胜诉因素的调查中,如表 1-49 所示,各个年龄层的农民都认为“事情本身的道理和公道”是胜诉的首要因素,在各个年龄阶层中占到 50.0% 以上;除了事情本身的道理和公道外,农民都认为“与法院关系”的强弱也是影响官司胜诉的重要因素,在各年龄层次的占比分别为 23.9%、30.2%、24.9%、26.3% 和 29.7%。通过分析可以看出,农民认为打官司能够胜诉的最主要因素在于事情本身的道理和公道,但关系也是重要的影响因素。

表 1-49 不同年龄的农民对打官司胜诉原因的认知差异 (单位:%)

不同年龄	与法院关系	事理和公道	给法官的好处	家族势力	合计
30 岁以下	23.9	54.9	12.4	8.8	100.0(113)
30—39 岁	30.2	56.4	6.7	6.7	100.0(163)
40—49 岁	24.9	58.2	10.0	6.9	100.0(362)
50—59 岁	26.3	55.2	8.9	9.6	100.0(264)
59 岁以上	29.7	51.7	12.9	5.7	100.0(209)

($N=1111$)

分学历考察农民对打官司胜诉因素的认知,如表 1-50 所示,随着学历层次的提升,农民认为打官司胜诉的首要原因是事理和公道的人数比例也随着增加,分别为 45.2%、59.9%、62.9%、64.1%;除了小学及其以下学历的农民外,其他学历层次的农民认为打官司胜诉的首要原因是事理和公道的人数的比例都超过了 50.0%;除了大专及其以上的学历外,其他学历层次的农民认为与法院关系是胜诉的首要原因的人数比例随着学历的提升而不断降低。同时,农民认为给法官送礼是胜诉的首要原因的人数比例也随着学历层次的提升而不断降低,分别是 12.7%、9.3%、8.6% 和 5.7%。分析表明,随着学历层次的提升,农民将事情本身的道理和公道看做是胜诉的首要原因的比例也在增加。

表 1-50　不同学历层次的农民对打官司胜诉原因的认知差异　　(单位:%)

学历层次	与法院关系	事理和公道	给法官的好处	家族势力	合计
小学及以下	34.9	45.2	12.7	7.2	100.0(348)
初中	24.4	58.9	9.3	7.4	100.0(487)
高中或中专	19.9	62.9	8.6	8.6	100.0(223)
大专及以上	24.5	64.1	5.7	5.7	100.0(53)

(N = 1111)

(三)农民对法律的期待

1. 农民对建设法治社会有用性的认知

根据“百村政治专题数据”,考察农民对建设法治社会的有用性判断,如表 1-51 和图 1-51 所示。在有效的 4716 个样本数据中,有 1386 位农民选择了“非常有用”,占比 29.4%,“比较有用”占比最多,为 46.4%;另外,分别有 911 人、214 人和 18 人选择了“一般”、“作用不大”和“没有作用”,占比分别为 19.3%、4.5% 和 0.4%。从“非常有用”和“比较有用”的占比合计为 75.8% 可见农民对法治社会建设的有用性持肯定的态度。

表 1-51　农民对建设法治社会有用性的认知评价

	非常有用	比较有用	一般	作用不大	没有作用
频数	1386	2187	911	214	18
占比(%)	29.4	46.4	19.3	4.5	0.4

(N = 4716)

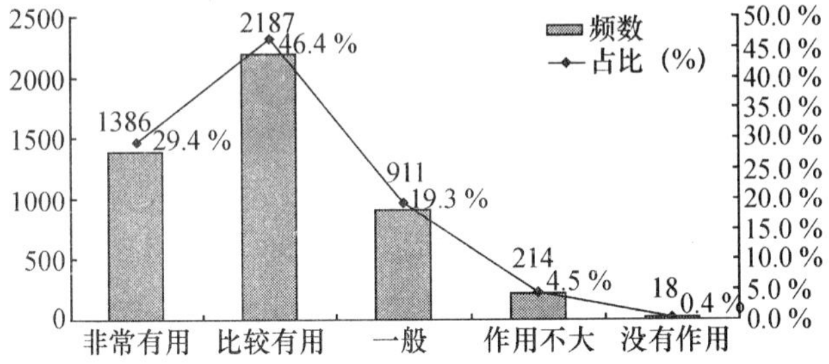

图 1-51　农民对建设法治社会有用性的认知评价

2. 农民对建成法治社会的信心

考察农民对建设法治社会的信心，根据“百村政治专题数据”，在有效的4719位农民的回答中，如图1-52所示，对建设法治社会“很有信心”和“较有信心”的比例分别为23.4%和48.3%；而持“一般”态度的比例为22.0%；另分别有占比5.8%和0.5%的农民认为要建设法治社会表示“信心不大”和“没有信心”。可见，总体来看，农民对未来建成法治社会是较有信心的。

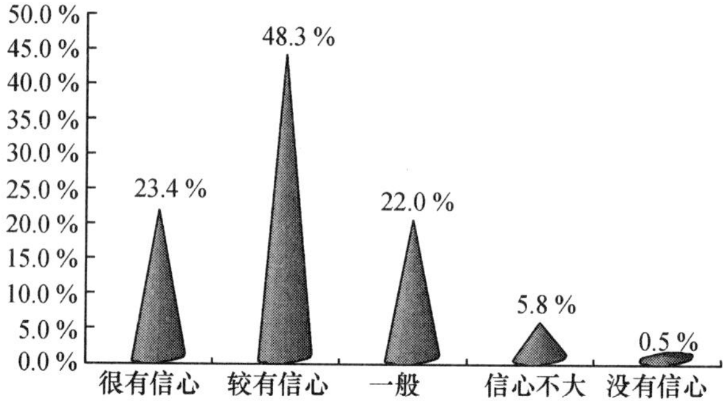

图1-52 农民对未来建设成为法治社会的信心状况(单位:%)

六、农民的交往诉求与对未来的期待状况

(一)农民的社会交往状况

1. 农民对最佩服的人的选择

据1111份有效样本数据显示，在对农民最佩服的人的考察中，我们发现，如表1-51和图1-53所示，农民对“精通一门技术”的人的佩服比重为52.3%；其次是“积极追求上进”的人，占比40.6%；排在第三位的是“有关系”的人，占比为38.4%。对于热心公益的人和勤俭节约的人，农民的佩服程度相当，分别为33.1%和32.7%；再次是专心做好自己的事和慷慨大方的人，分别占比26.3%和24.8%；而对于不被别人欺骗、顺从他人和很少与人往来的人，农民的佩服程度都很低，占比分别为9.2%、7.2%和2.8%。分析表明，农民的心态非常积极，对精通技术、追求上进的人佩服程度较高，而应该注意的是农民对到处有关系的人的佩服程度也占有一定的比例。

表 1-51　农民的社会交往状况　（单位：%）

排序	农民在生活中最佩服的人	占比（%）
1	精通一门技术	52.3
2	无论条件如何艰难，总是追求上进	40.6
3	在社会上混得开，到处都有关系	38.4
4	积极参加村里的公益事业活动	33.1
5	勤俭节约	32.7
6	专心做好自己的事	26.3
7	慷慨大方	24.8
8	不被别人欺骗	9.2
9	恭敬、顺从他人	7.2
10	很少和其他人来往	2.8

（N = 1111，本题为多选题，所以百分比之和≥100.0%）

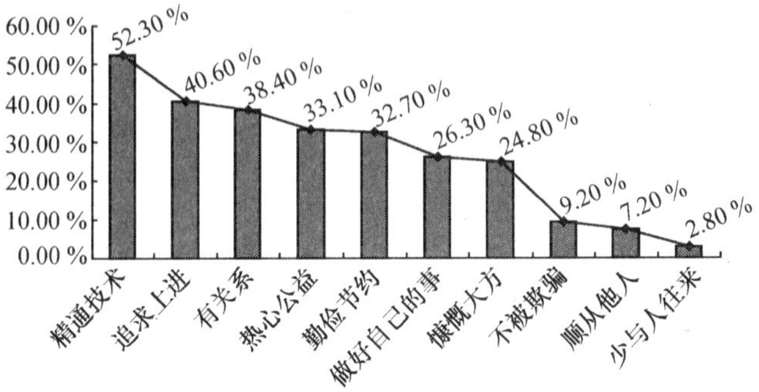

图 1-53　农民对最佩服的人的选择差异（单位：%）

2. 农民的交往状况

当问及农民和哪些人有过较多交往时，我们根据农民的选择排序可以看到农民与本村外出打工的农民和村干部的交往比例较高，均超过四成，占比分别为47.2%和41.9%；排在第三位的是本村经商的村民，占比为31.3%；再次为中小学教师、乡镇包村干部、外村外出打工的村民、外村经商的村民、乡镇干部和县里的干部，占比分别为19.3%、13.8%、12.5%、9.8%、8.2%和4.0%，见表1-52。可见，农民的主要交往对象是本村打工的村民、村干部和本村经商的村民，尤其是与本村外出打工的村民和村干部的交往所占比例最高。

表1-52 农民的社会交往状况 (单位:%)

排序	农民的主要交往对象选择	占比(%)
1	本村外出打工的村民	47.2
2	村干部	41.9
3	本村经商的村民	31.3
4	中小学教师	19.3
5	乡镇包村干部	13.8
6	外村外出打工的村民	12.5
7	外村经商的村民	9.8
8	乡镇干部	8.2
9	县里的干部	4.0

($N=1111$,本题为多选题,所以百分比之和≥100.0%)

3. 农民的交往期待

考察农民对交往对象的期求状况,如表1-53所示,排在前三位的分别是本村外出打工的村民、本村经商的村民和村干部,占比分别为46.8%、34.7%和30.3%;再次是中小学教师,占比23.8%;而对与外村经商的村民、外村外出打工的村民、乡镇包村干部、乡镇干部和县里的干部的交往期待占比分别为12.5%、10.4%、9.4%、9.0%和7.5%。可见,农民的主要交往期待对象有本村外出打工的村民、本村经商的村民和村干部,这反映了农民迫切追求现代和生活改善的状况。

表1-53 农民的主要交往期待排序 (单位:%)

排序	农民的主要交往期待选择	占比(%)
1	本村外出打工的村民	46.8
2	本村经商的村民	34.7
3	村干部	30.3
4	中小学教师	23.8
5	外村经商的村民	12.5
6	外村外出打工的村民	10.4
7	乡镇包村干部	9.4
8	乡镇干部	9.0
9	县里的干部	7.5

($N=1111$,本题为多选题,所以百分比之和≥100.0%)

（二）农民的利益诉求状况

1. 农民在发生村庄矛盾时的诉求对象

当问及农民“与本村的人发生矛盾纠纷时，首先找谁解决”这一问题时，如表1-54所示，各个不同收入层的农民首先的求助对象都是村组干部，比例均超过50.0%，按照收入从低到高的阶段区分，占比分别为63.1%、63.8%、58.1%、57.2%、58.1%，选择找亲朋好友和村内有威望的人调解也占有一定的比例，而诉诸法律服务所和县乡干部的占比很低。可见，农民在村庄内发生矛盾首先诉诸的是村组干部，说明村组干部的权威仍然发挥着裁决村庄矛盾的重要作用，另外，随着收入水平的提高，农民诉诸村组干部的比重呈略微的下降趋势。

表1-54　分收入水平的农民对村庄内矛盾发生时的诉求对象选择　（单位：%）

收入层次	村组干部	亲朋好友	有威望的人	法律服务所	县乡干部	合计
最低20%	63.1	20.4	13.7	1.9	0.9	100.0(212)
次低20%	63.8	17.6	11.8	5.4	1.4	100.0(224)
中间20%	58.1	23.0	14.0	3.6	1.3	100.0(225)
次高20%	57.2	18.9	15.3	7.2	1.4	100.0(223)
最高20%	58.1	19.8	11.7	5.4	5.0	100.0(227)

（$N=1111$）

分年龄层的研究发现，除了占第一位的诉诸对象——村组干部外，在第二位选择对象的亲朋好友中，随着年龄的增长，30岁以下、30—39岁、40—49岁、50—59岁、59岁以上的农民中，诉诸亲朋好友所占的比重分别为26.5%、20.9%、19.6%、17.3%和19.1%，呈现下降趋势。从数据分析可知，诉诸亲朋好友的比重随着年龄的增长而呈下降趋势。

表1-55　不同年龄层的农民对村内矛盾发生时的诉诸对象选择　（单位：%）

年龄层	村组干部	亲朋好友	有威望的人	法律服务所	县乡干部	合计
30岁以下	56.6	26.5	11.5	3.6	1.8	100.0(113)
30—39岁	56.4	20.9	15.3	4.9	2.5	100.0(163)
40—49岁	60.5	19.6	11.9	6.3	1.7	100.0(362)
50—59岁	61.7	17.3	13.4	4.9	2.7	100.0(264)
59岁以上	61.2	19.1	14.8	3.3	1.6	100.0(209)

（$N=1111$）

从农民务工与否来看,如表 1-56 和图 1-54 所示,没有务工经历的农民诉诸村组干部的比例明显高于有过外出务工经历的农民,占比分别为 65.7% 和 53.9%。可见,无外出务工经历的农民更倾向于将矛盾的解决诉诸村组干部。

表 1-56 不同务工经历的农民对村内矛盾发生时的诉求对象选择 (单位:%)

务工经历		诉求对象				
		村组干部	亲朋好友	有威望的人	法律服务所	县乡干部
没有	频数	378	105	60	24	8
	占比(%)	65.7	18.3	10.4	4.2	1.4
有	频数	287	115	87	30	14
	占比(%)	53.9	21.6	16.3	5.6	2.6

(N = 1108)

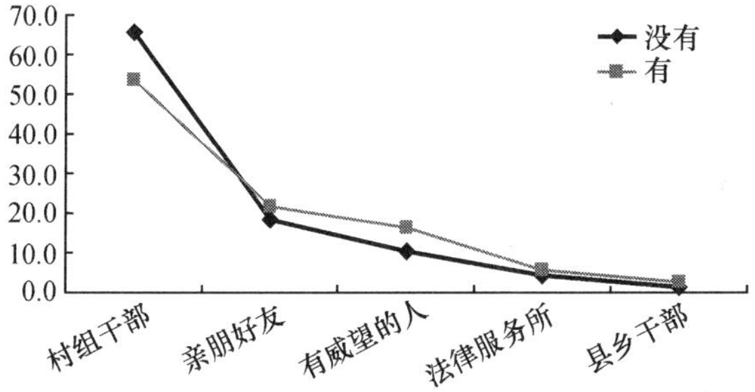

图 1-54 农民在村内矛盾发生时的诉求对象比重差异对比(单位:%)

2. 农民与村外的人发生矛盾时的诉求对象选择

当与村外的人发生矛盾纠纷时,在有效的 1108 份样本数据中,首先选择找村组干部的人数有 494 人,占比 44.6%;选择首先找亲朋好友、找村内或家族里有威望的人、找法庭、法律服务所和县乡干部的分别有 220 人、124 人、157 人和 113 人,占比分别为 19.8%、11.2%、14.2% 和 10.2%,见图 1-55。可见,农民在与村外的人发生矛盾纠纷时的首要诉求对象虽然较为多元化,但村组干部仍是主要的对象。

从不同务工经历来看,没有务工经历的农民诉诸村组干部的比例为 50.6%,明显高于有务工经历的农民 38.1% 的比例,而比重排在第二位的亲朋好友,有务工经历和没有务工经历的农民的占比分别为 22.7% 和 17.2%,见表 1-57。可见,农民中有务工经历的人诉诸村组干部的比例明显较低,而诉诸亲朋好友的农民中,有务工经历的农民高于没有务工经历的。

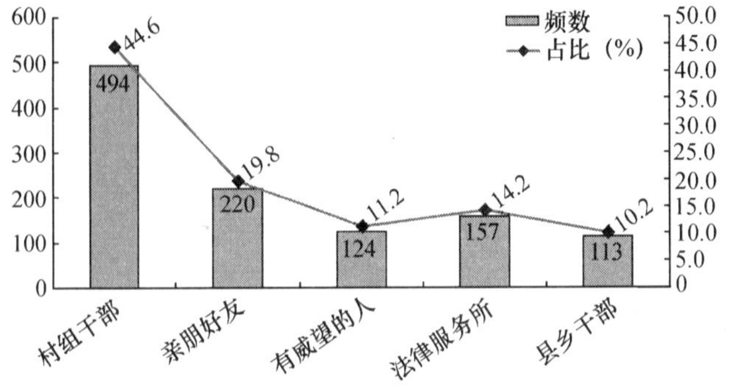

图 1-55　农民在与村外的人发生矛盾纠纷时的首要诉求对象选择

表 1-57　不同务工经历的农民对村外矛盾发生时的诉求对象选择

务工经历		诉求对象				
		村组干部	亲朋好友	有威望的人	法律服务所	县乡干部
没有	频数	291	99	60	68	57
	占比(%)	50.6	17.2	10.4	11.7	9.9
有	频数	203	121	64	89	56
	占比(%)	38.1	22.7	12.0	16.7	10.5

($N=1108$)

(三) 农民的政治社会期待

1. 农民对解决当前重要问题的期待

当问及农民“在你看来,解决下面哪些问题最重要”这一问题时,据 1111 份有效样本数据显示,农民对问题解决的期待排序显示,排在第一位的是“改善家庭的经济条件”,占比 58.5%;其次是“消除不平等和不公正”,占比 41.4%;再次是“提高大家的道德水平”,占比为 32.8%,如表 1-58 所示。数据显示,农民对当下问题的期待首先是家庭经济条件的改善,消除不平等和不公正以及提高道德水平居于其次,这说明当下农民的最迫切需要是家庭经济收入的提高和生活水平的进步。

表 1-58　农民对解决的问题期待的重要性排序

排序	农民对解决的问题期待的重要性排序	占比(%)
1	改善家庭的经济条件	58.5
2	消除不平等和不公正	41.4

(续表)

排序	农民对解决的问题期待的重要性排序	占比(%)
3	提高大家的道德水平	32.8
4	修好村里的道路	26.5
5	提高农业科学技术	23.4
6	监督村干部,防止他们谋私利	20.8

($N=1111$,本题为多选题,所以累计百分比可能≥100.0%)

2. 对家庭经济条件和村庄发展的未来期待

考察农民对家庭经济条件和村庄发展的未来期待,我们发现,据1110份有效样本数据显示,农民对"十年之后,我们家会更加富裕"表示"同意"、"不清楚"和"不同意"的分别有842人、238人和30人,占比分别为75.9%、21.4%和2.7%;而对"十年之后,我们村会更加繁荣"的回答中,分别有800人、267人和44人表示"同意"、"不清楚"和"不同意",占比分别为72.0%、24.0%和4.0%,见表1-59和图1-56。由此可见,农民对家庭经济条件和村庄发展的未来期待水平很高。

表1-59 农民对家庭经济条件和村庄发展的未来期待状况

		同意	不清楚	不同意	合计
十年之后,我们家会	频数	842	238	30	1110
更加富裕	占比(%)	75.9	21.4	2.7	100.0
十年之后,我们村会	频数	800	267	44	1111
更加繁荣	占比(%)	72.0	24.0	4.0	100.0

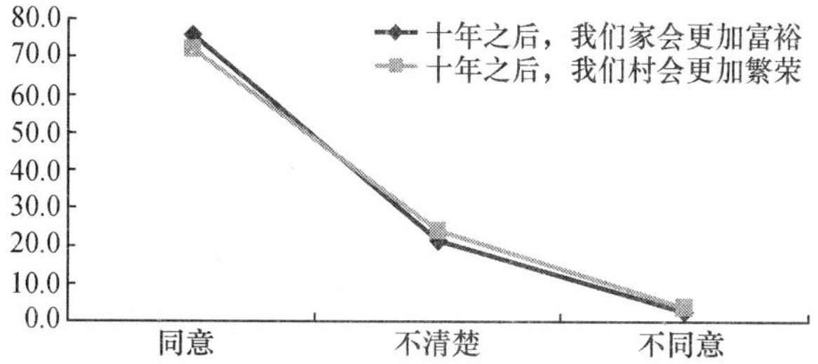

图1-56 农民对家庭经济条件和村庄发展的未来期待状况(单位:%)

3. 农民对政府的未来期待

当问及农民对于"政府正在做越来越多的好事服务农民"的同意状况,数据显示,如表1-60和图1-57所示,农民表示"非常同意"和"同意"的比例分别为

12.7%和67.6%,占比合计为80.3%;而表示"不清楚"、"不同意"和"非常不同意"的比例分别为12.9%、5.2%和1.6%。可见,农民对政府的未来期待很高。

表 1-60　农民对政府的未来期待状况

	非常同意	同意	不清楚	不同意	非常不同意	合计
频数	141	751	143	58	18	1111
占比(%)	12.7	67.6	12.9	5.2	1.6	100.0

(N=1111)

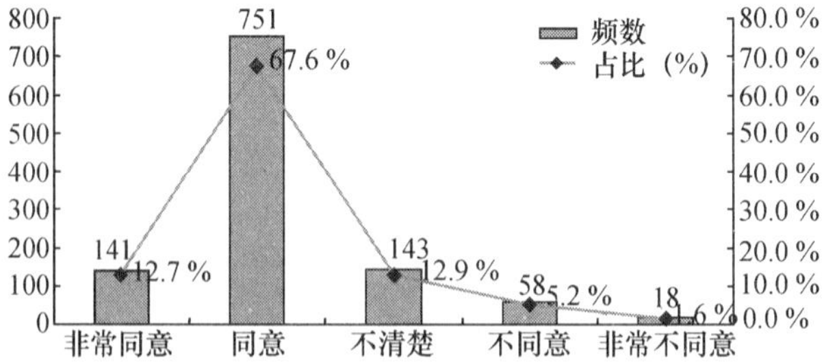

图 1-57　农民对政府的未来期待状况

七、结论与预测

在对当前中国农民政治发展状况的几个基本层面进行分析的基础上,我们进一步认为,农民的政治发展状况较为良性,但农民的政治表现中也蕴含着一定程度的风险。

(一)农民的政治意识较高

1. 农民对政治的基本认知和对政治事务关注度

调查显示,农民对国家层面和村庄层面的政治认知水平都较高,并呈现出学历水平越高、政治身份越高,对国家的基本政治发展状况的知晓度越高;而对村民自治的认知上,干部和党员的认知水平明显高于普通民众;对于政治事务的关注,由于电视等现代传媒技术的使用,农民对国家事务的关注度较高,但对地方干部和地方政治事务的关注度较低,对村级事务的关注度最高,呈倒"U"型结构。这种对中央和地方的关注差异也反映在农民对主要领导干部的认知上,即农民对主要政治干部的知晓度也呈现出中央到村级的"U"型结构。

2. 农民的权利意识和民主意识

当前,农民对自身拥有的选举权和被选举权、监督权等的认知较高,通过交叉分析也发现了农民对监督权的认知状况呈现出与区域分布、学历层次等的高度相关性,这是权利意识的知晓层面;对于维权渠道的认知,分析表明,小学及以下学历的农民对维权渠道的认知状况明显较低,而从村级干部到普通村民,农民对维权渠道的认知呈现一种明显的梯度递减趋势。考察农民的民主意识也发现,近八成的农民表示参加了上一届村委会选举,而对于投票权的重视,农民是为了履行法律规定的义务占比最高,但是学历越低,政治身份越低,其从众心理越严重,从而影响了民主选举的质量和有效性。此外,农民对基层民主选举中的投票权的重视程度呈现出村级干部、村民小组干部到普通村民的梯度递减趋势。

3. 农民的法律意识

这主要表现在:农民普遍认为法律在生活中的作用非常重要,分地区的分析发现,不同地区的农民对法律作用的认知比例相差不大,不过东部地区和中部地区要略高于全国总体水平,而西部地区的水平与全国总体水平相当。但就年龄和学历层次来说,呈现出显著的相关性,即随着年龄的增长,农民对法律在生活中的重要作用的认知越低,而对法律的作用认知不清楚的状况越明显,而学历层次的高低与法律在生活中作用的认知之间成正比关系。在对法律具体作用的认知上,农民普遍认同法律是保护老百姓的权利的,这被置于首位,其次是惩罚犯罪,不过,年轻农民和老年农民都认为法律的首要作用是惩罚犯罪,而中青年农民则认为法律的首要功能是保护老百姓的权利。同时,农民也较为信任法律的公正性,这为法律作用的发挥提供了条件。

(二)农民的政治行为较为理性,政治参与上尚显不足

1. 农民遇到政治上的侵权行为,一般选择反映意见

当前,与农民利益直接相关的是国家的惠农政策和村庄的利益分配,调查发现,农民遇到这些侵权行为时的政治反应都较为理性,一般以向上级或村庄干部提意见为主,不过,应该注意的是农民选择委曲求全和不关心的也有一定的比例,遇到侵权行为选择首先诉诸传统社会网络的也占有一定的比例。此外,当发生村内矛盾时,农民首先诉诸的是村组干部,说明村组干部的权威仍然发挥着裁决村庄矛盾的重要作用,另外,从低收入到高收入的农民诉诸村组干部的比重呈略微的下降趋势,而诉诸亲朋好友的比重随着年龄的增长而呈下降趋势,另外,没有外出务工经历的农民更倾向于将矛盾的解决诉诸村组干部。当与村外的人发生矛

盾时,农民的首要诉求对象虽然较为多元化,但村组干部仍是主要的对象。进一步的分析也表明,农民中有务工经历的人诉诸村组干部的比例明显低于没有务工经历的农民,而诉诸亲朋好友的农民中,有务工经历的农民高于没有务工经历的。

2. 农民的社会交往呈现理性化趋向

调查发现,农民最佩服的是那些精通技术、追求上进的人,而应注意的是农民对到处有关系的人的佩服程度也占有一定的比例,即便如此,农民的整体心态较为积极;第二,农民的主要交往对象是本村打工的村民、村干部和本村经商的村民。这反映了农民的主要交往期待与交往实践有着密切的联系——农民迫切追求现代生活方式并渴望改善现状。

3. 农民维权的法律方式选择比例较低

虽然调查表明,农民较为愿意采用法律途径维护自己的合法权益,但农民在合法权益受到侵害时选择法律方式维权一般居于第二位,但随着农民学历层次的提高,农民采用法律手段维权的选择所占的比例不断提高,也即学历越高的农民越愿意采用法律手段维权。此外,西部地区的农民选择法律途径解决问题的比例相对高于东中部地区的农民。

4. 农民的民主能力有限,组织参与不足

分析中考察了农民表达意见的能力、参与公共事务的能力、行使民主监督的能力和参与组织能力,表明农民在村级民主中表达意见的能力很有限,约三成,且呈现出男性农民表达意见的能力高于女性,党员高于非党员的状况;对于公共事务的参与上,农民不仅自身对村里公共事务的参与较为积极,对于村里热心公益的人的支持度也相对较高,但行使监督权的能力有限,且政治面貌为党员的农民的民主生活质量明显高于非党员农民。在组织参与上,农民的整体组织参与水平很低,但是其对村委会等村级政治组织的参与水平明显高于一般的社会组织,不过,农民的组织参与期待超过八成,且呈现出对农村政治组织的意愿明显高于一般性社会组织的状况。

(三)农民在政治评价上呈现差异化

1. 农民眼中的民主效果不够理想

首先,农民对村民自治的总体效果评价有限,担任干部职务的农民对村民自治发挥作用的评价明显高于普通农民。同时,农民对上一届村委会选举的评价较好的比例刚过半数,相对不高;第二,农民对自身参与村庄管理的作用评价也不高,对村庄干部的评价水平维持在五成以上,但是分地区的考察发现,东部地区的农民对村庄干部的评价最高,中部最低。可见,以民主选举、民主管理、民主决策和民主监督为内容的村民自治制度的实践效果并没有得到真正的发挥。

2. 农民对国家政策有高位认同,对地方干部和腐败的评价令人担忧

农民对国家惠农政策的评价很高,对中央的农村政策普遍有着较高的认同。除50—59岁这个年龄段外,基本呈现出年龄与认同度的正相关关系。而且,地区经济越发达,对中央的农村政策满意度越低。但在对地方干部的评价上,年龄越大的农民对地方干部评价较好的比重越高,呈现正相关关系,这与农民对当今社会的腐败有着较高的认知密切相关。

3. 农民对农村生活和农民身份较为满意和自豪

调查表明,农民对社区安全感的评价普遍很高,但也呈现出从东部到西部的递减趋势;也有着较高的社区信任感,认为社区内人与人之间是可以信任的。对邻里和社区的信任上升到对农村生活的较为满意,呈现出明显的年龄越大,对自身生活的满意度越高的趋向。反映在身份认同上是对自身的农民身份有着基本的认同,小学及以下文化程度的农民对身份的自豪感明显较低,其他学历层次的农民的自豪感相当,能理性地认识农民,分区域的研究表明,东部地区的农民对自身的身份感到自豪的比例最低,这与地区的经济发展程度有着密切的关系。

4. 农民眼中的社会市场观念较为积极

研究发现,农民已经基本适应了市场竞争意识,但是农民对乡村社区的传统信任意识仍然占很大比例。此外,年轻人和老年人对市场的信任意识相对略低于中年农民,东中部地区农民的市场信任意识相对高于西部地区的农民。对于社会的评价,农民虽然基本认同社会的和谐状况,但是并没有占绝对性优势,对农村社会风气的认知并没有显著性的优势,年龄越轻的农民对社会秩序越来越差的认识度越高。当然,社会的运转需要法律的维护和保障,调查表明,农民还是较为相信法律的维权保障功能的,认为打官司能够胜诉的最主要因素在于事情本身的道理和公道,且随着学历层次的提升,农民将事情本身的道理和公道看做是胜诉首要原因的比例也在增加,但同时,关系也是重要的影响因素。

5. 农民眼中的社会贫富差距较为严重

当前,中国社会处在市场化和社会化的大背景下,利益呈现多元化,社会各个群体的致富路径差异明显,社会贫富差距也是现实。在农民的眼中,其认为当前的贫富差距较为严重,且对富人致富方式的认可较为模糊,这应该引起重视。

（四）农民的政治期待较高

1. 农民对基层民主的期待较高

基层民主是实现农民当家做主的重要内容，农民对基层民主治理的期待较高，尤其是对选出老百姓心中的好干部的期待很高，超过七成，这需要在推动整个社会经济发展的同时，更加注重对农民的民主能力的培养。

2. 农民对成为城市人的期待居于高位

当前，中国城乡二元结构的局面仍然持续，城市人和农村人所享受的公共服务水平有着极大的差异，虽然随着国家惠农政策的改善，农民对自身身份的自豪感有了大幅度的提升。但同时，城乡差别使得农民对成为城市人的期待仍然很高，而对自己的后代不再当农民的期待更高。这就需要在进一步完善和构建起惠农政策的同时，推进城乡公共服务的均等化。

3. 农民对法律和法治社会的期待较高

法律是社会的准绳，法治社会的建设是每一个发达社会的标志。当前，农民适用法律维权的比例较小，但农民对法律的认知度较高，对法治社会的有用性的肯定度也很高，对未来建成法治社会的信心也较高，这就需要在不断完善法律制度体系建设的同时，注重执法的公正性和法律观念的继续深入民心。

4. 农民对经济条件的改善寄予极大期待

当前，农民主要的问题是家庭经济条件的改善。调查表明，农民自身认为当下最重要的问题是家庭经济收入的提高，这就需要在加大支农惠农政策力度的同时，拓宽农民的增收渠道，实现农民收入的提高，并也要注意在社会公平公正和道德水平的提高上着力。

5. 农民对政府未来的发展充满期待

随着国家农村政策的转变和对“三农”扶持力度的加大，农民对国家也建立起了高度的政治社会认同，对政府的未来期待水平也越来越高，这就需要政府不断从内部着眼，真正以“以人为本”为核心，推进社会建设和经济建设协调发展，为实现全面小康和和谐社会的构建而不断努力。

第二章　村民自治中的农民政治发展状况

一、村民自治进程与农民政治发展状况

中国在农村实行的是村民自治制度，村民自治是村民进行自我管理、自我教育和自我服务的制度。生活在农村社区中的农民是村民自治的主体，他们对村民自治制度的反应状况对于推动基层民主的发展具有重要的意义。20世纪80年代以来，伴随改革开放，在城市推进变革的同时，在广大的农村也悄然兴起一场被农民称为“静悄悄的革命”。家庭联产承包制的推行赋予了农民经济上的生产自主权，包产到户的实行加速了人民公社的政治体制改革，农村的社会管理出现了真空地带，农民的自身经济权益需要新的制度来保障。包产到户后农村面临着无人管理的局面，一方面农村公共事务的管理与包产到户前相比难度在增加，另一方面相当多的基层干部不愿意管事了，这就使得一部分农村处于无人管理的状态。正是在这样的背景下，一种新型的群众性自治形式即村民自治在农村萌生[①]。村民自治是国家治理乡村的一种形式，作为一项底层自发的社会民主制度，村民自治在全国范围的展开，是一个社会依赖国家力量提升和推进民主的过程。村民自治的成长，是国家以法制建设规范村民自治、以达标示范活动推进村民自治和以机制创新深化村民自治的进程[②]。

村民自治产生于人民公社体制的废除之际，人民公社组织废除后，国家面对亿万分户经营的农民，交易和治理成本甚高。通过设立自治性的村民委员会，将分散的农民组织成一个共同体，将一部分治理权授予村民委员会。所以，中国的村民自治权不是自然生成的，而是国家赋予的[③]。村民自治的产生，对我国的民主化进程起到重要影响，有效地保障了农村的稳定和发展，得到了党中央的高度肯定。1988年，江泽民在安徽考察的时候指出，“包产到户、乡镇企业和村民自治，

---

① 罗平汉：《村民自治史书》，福建人民出版社2006年版。

② 黄辉祥：《村民自治的成长：国家建构与社会发育》，西北大学出版社2008年版。

③ 徐勇：《对中国村民自治的反思》，载《中国老区建设》2006年第5期。

都是在党的领导下我国农民的伟大创造"①。村民自治作为一种国家法律制度，是在现代化背景下的国家建构中产生的；作为一种政治实践活动，是在由亿万农民构成并极具传统性的乡村社会中发生的②。目前，学界普遍认为，"中国农村村民自治是农村基层人民群众自治，即村民通过村民自治组织依法办理与村民利益相关的村内事务，实现村民的自我管理、自我教育和自我服务。"③包产到户给延续了二十多年的人民公社体制以巨大的冲击，并最终导致了这一体制的瓦解，从而使村民自治这一新型的农村基层民主形式得以产生。

政治参与是民主政治的重要内容和显著标志，是衡量政治现代化的重要指标。农民的政治参与程度影响着中国基层民主政治的发展，也是衡量基层民主发展状况的尺度。村民自治是村民进行自我管理、自我教育和自我服务的制度，也是村民参与政治的制度路径。经过三十年的发展，村民在村民自治中的政治发展状况也起着变化，政治参与的提高并没有带来农村的社会稳定，村民自治也没有为村民参与政治提高强有力的制度保障。亨廷顿指出"政治稳定依赖制度化与参与之间的比率。如果想要保持政治稳定，当政治参与提高时，社会政治制度的复杂性、自治性、适应性和内聚力必须随之提高"④。村民自治作为国家治理乡村的新模式，在维护农村稳定、保障村民利益、发展农村经济方面起着重要的作用。

二、当前关于村民自治的研究成果

目前，学界关于村民自治的研究主要是从乡村治理和村民自治制度本身进行研究，主要是从国家治理的角度出发，把村民自治看做是乡村治理的新模式，采用新制度主义的观点来分析村民自治制度。在对村民自治的研究中，主要是分析经济与农民政治参与的关系。普遍认为，在沿海经济发达地区，由于集体经济发展较快，村庄共同利益较多，农民参与村庄事务的热情度较高，村干部靠经济业绩取得村民信任，选举能够加强他们权力的合法性，农民也因为有共同的经济利益而

① 江泽民：《全面推进农村改革，开创我国农业和农村工作的新局面——在安徽考察工作时的讲话》，《人民日报》1998年9月25日。

② 徐勇：《现代国家的建构与村民自治的成长——对中国村民自治发生与发展的一种阐述》，载《学习与探索》，2006年第6期。

③ 徐勇：《中国农村村民自治》，华中师范大学出版社1997年版。

④ 〔美〕塞缪尔·亨廷顿：《变化社会中的政治秩序》，上海世纪出版集团2008年版。

乐于参与民主选举①。还有学者认为农村民主制度在经济落后地区更容易建立,他们认为以农业为主比较贫困的村庄通过村民选举而产生的村民代表会议制度,成了迅速改变村集体经营面貌的动力。有学者认为经济发展同民主选举没有关系,郑永年认为在导致中国各地农村民主出现差异最关键的因素是国家在基础民主发展过程中所发挥的作用,而地方自治的水平在很大程度上取决于各级地方政府的意愿,而与地方经济发展没有多大关系②。

在现有的研究成果上,学者们大都将村民自治制度放在国家与社会的视野下进行研究,采用传统的两分法观点进行分析,将村民自治看做是农民与国家的关系互动,是国家政权建设在乡村的推行过程。将村民自治的成功看做是制度的功效,正是由于推行了村民自治制度才实现了人民公社体制解体后农村社会的稳定和经济的发展。

本报告改变传统的“自上而下”的研究视野,从农民的角度出发,研究农民在村民自治中的政治发展状况,将农民作为研究的主体,采取“由下至上”的角度,从农民的角度分析村民自治制度。通过对农民政治发展状况考察,寻求乡村治理的有效模式,从而为实现农村善治提供新的路径。

本报告的数据资料来源于华中师范大学中国农村研究院“百村十年观察”项目中“政治专题数据”和《农民政治发展状况》课题组“千户调查数据”,在写作过程中,力求通过第一手资料研究当前农民在村民自治中的政治状况,寻求农民政治参与的动力、原因和目的。本报告中使用的数据如果没有特别说明,均使用的是“千户调查数据”。

三、农民政治发展状况的实证分析

在数据分析的前提下,本报告假设村民自治中农民参与村庄事务的目的是因为维护自身利益的需要而与村庄经济发展无关。在民主选举方面,农民参与村庄事务的积极性因年龄、学历以及政治面貌的不同而具有一定的差异;在民主管理方面,学历层次越高的村民,在处理村庄事务时更加具有理性,随着年龄的增长农

① 欧博文:《村民、选举及公民权》,2001 年香港中文大学服务中心、香港浸会大学政府与国际研究系合办“第二届大陆村级政治建设学术讨论会”。

② 郑永年:《地方民主、国家建设与中国民主发展模式》,陈明通、郑永年主编《两岸基础选举与政治变迁》,台湾日月潭出版社 1998 年,转载《国外学者视野中的村民选举与中国民主发展:研究评述》,郭正林,《中国农村观察》,2003 年第 5 期。

民更愿意参与村庄事务；在民主决策方面，村务公开是影响农民政治参与积极性的一个重要因素，而当前村庄在政务、财务上的不透明，成为造成农民政治冷漠的一个原因；在民主监督方面，各种会议制度在农村并没有很好的执行，农民缺乏必要的监督平台，对村庄共同利益的维护上，农民采取的方式日趋理性化，同时，传统权威在处理村民纠纷时仍然发挥着主要作用。本报告试图从农民村庄参与的视角出发，分析当前农民的政治发展状况，为村民自治和国家建设提供决策咨询，这正是本报告的意义所在。

（一）民主选举中农民的政治发展状况

在对民主选举的认识上，认为参加投票是自己的政治权利和去投票是随大溜的村民占了绝大多数（见表 2-1、图 2-1），共占了 79.5%。而因为参加投票可以获得误工补贴而去投票的村民，只有 3.2% 的村民，这表明经济利益对于村民政治行为的影响很小，村民参加民主选举的原因中，经济因素很小。而村民权利意识

表 2-1　村民参加民主选举的原因调查统计　　（单位：位；%）

投票因素	人数	所占比例
参加投票让我感觉自己受到尊重	191	17.3
参加投票是法律规定的责任	464	41.8
参加投票可以获得误工补贴	35	3.2
参加投票没什么感觉，随大流而已	421	37.7
合计	1111	100.0

（$N = 1111$）

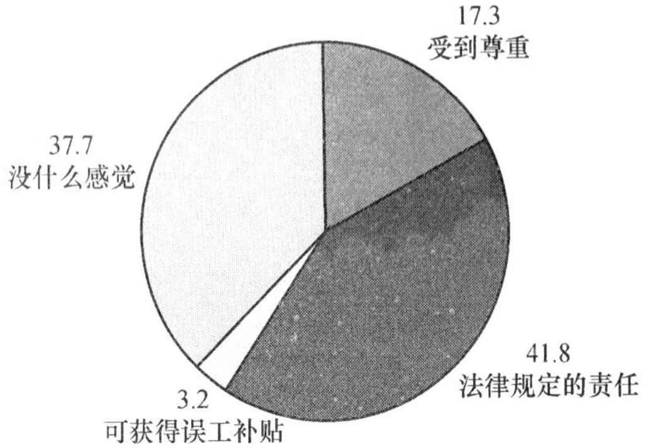

图 2-1　村民参加民主选举的原因调查统计（单位：%）

的觉醒成为村民参加选举投票的主要动力,在调查中发现,41.8%的村民是因为觉得参加投票是个人政治权利才去投票的。但在民主选举中,也有很大部分的人是因为随大流,觉得大家都去自己不去不行而参加投票的村民也占了37.7%,这说明当前村民的政治意识两极化较为严重,村民的政治意识较强和淡薄的数量占了绝大部分。

农村经历了翻天覆地的变化,大量农民工外出,不但改变了家庭的经济状况,也带回了先进的思想观念。比起以前,农民的学历水平也发生了变化,对村民选举的认识也发生了变化。在对农民关于村民选举的认识的调查中,不同学历的人对村民选举的认识不一样(见表2-2,图2-2,根据卡方检验,卡方值 $p = 0.00 < 0.05$)。在调查的农民中,具有小学学历及其以下的农民有350人,初中学历的486人,高中或中专学历的有222人,具有大专及其以上学历的有53人。根据调查得知,村民对于选举都觉得是自己应该拥有的权利,同时觉得自己在民主投票的过程中受到被尊敬的村民也具有相当比例,这表明随着社会经济的发展,村民自治的实行,村民对村民自治的这种乡村治理模式有了更加深刻的认识。而因经济利益方面的因素去参与投票的只占了极少部分,不论是高学历还是低学历的村民,因为利益的因素去参加选举投票的只有相当少的村民,这也可以说明村民的权力意识提高,在推动村民选举的动力中,经济方面的利益因素作用很小。随着学历层次的提高,村民对个人权利的认识也更加清晰,人们因为跟着大众而去参加投票的比例随着学历层次的不断提高而减少;同时随着学历层次的提高,村民在投票中感到受尊敬的感觉更加强烈,而因此去参加投票的人数也随着学历的提高而增加。除了小学及其以下学历的村民外,其他学历层次的村民认为参加投票是法律规定的责任而去投票的占到该类人群近一半;同时,不同学历的人,因为误工补贴而去参加投票的人数都只占到该学历层次的极少数部分。分析表明,随着学历层次的提高,村民对民主选举的认识也不断加深。

表2-2 不同学历的村民对参加民主选举的认识 (单位:%)

学历	投票让我感觉自己受到尊敬	参加投票是法律规定的责任	参加投票可以获得误工补贴	没什么感觉,随大流而已	合计
小学及以下	12.9	32.8	2.3	52.0	100.0
初中	18.6	44.2	3.7	33.5	100.0
高中或中专	18.9	49.1	3.6	28.4	100.0
大专及以上	26.4	45.3	1.9	26.4	100.0

($N = 1111$)

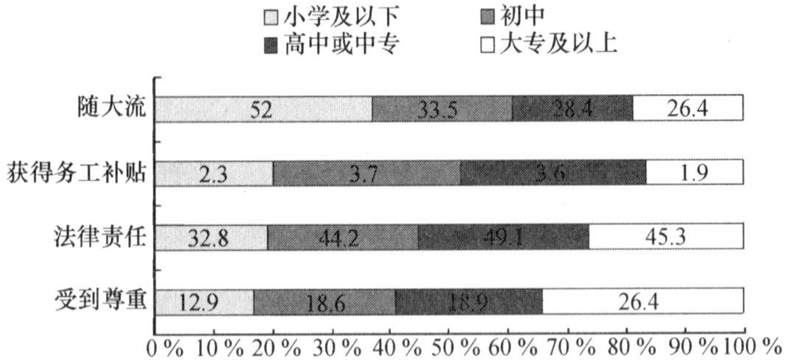

图 2-2 不同学历的村民对参加民主选举的认识(单位:%)

村民对民主选举的认识随着个人学历层次的提高而不断加深,在村民政治身份与民主选举之间的关系分析上,不同政治身份的村民对民主选举也不一样(见表 2-3、图 2-3,根据 Pearson 卡方检验可知,卡方值 $p=0.02<0.05$,村干部比小组干部和农民参加政治选举的权利意识观念更强)。村民因为政治身份的不同而对民主选举也不尽一样。在对民主选举的认识上,干部比普通村民认识的更为深刻,只有极少数的干部认为参加投票是随大众而已,同时村支部或村委会干部对参加投票是个人政治权利的认识上比村小组干部的认识更加深刻。从调查中得知,不论是普通村民还是村或村小组干部,大都认为参加投票是国家赋予的权利,占各类群体的近一半左右,而村支部或村委会干部认为投票是国家规定的责任比例较高,占到 60.5%。从调查中得知,从普通群众到村支部或村委会干部,随大众参加投票的比例越来越少,同时认为投票是法律规定的责任的意识也越来越强烈。不论是什么样的政治身份,因为经济因素而去参加投票的村民都是极少数部分。可以看出,由于政治身份的不同对于民主选举的认识程度就不同,而随着政治身份的提升,对民主选举的认识也不断加强。

表 2-3 不同政治身份的村民对民主选举的认识 (单位:%)

政治面貌	投票让我感觉自己受到尊敬	参加投票是法律规定的责任	参加投票可以获得误工补贴	参加投票没什么感觉,随大流而已	合计
普通群众	16.4	40.0	3.1	40.5	100.0
村民小组干部	20.0	44.0	2.0	34.0	100.0
村支部或村委会干部	25.9	60.5	4.9	8.7	100.0

($N=1111$)

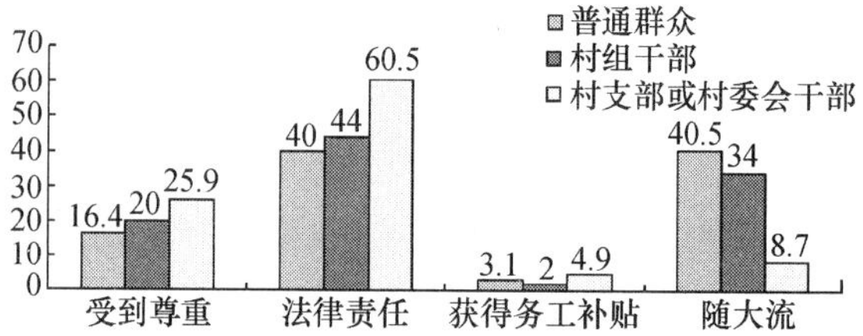

图 2-3　不同政治面貌的村民对民主选举的认识(单位:%)

在对不同年龄层次的村民的调查中,发现村民对民主选举的认识会因年龄的区别而存在较大的差异(见表 2-4)。从表 2-4 可以看出,随着年龄的增长,村民的政治权利意识减弱;随着年龄的增长,村民认为投票是法律规定的责任而参加民主选举的人数呈下降趋势;而随大众去参加投票的人数比例则相应的上升,表明年龄越大,村民参加民主选举的从众心理越明显。在不同的年龄层次,村民参加民主选举投票的动因中经济利益所在的比例极小,在各个年龄阶段都只在 4%以下,说明村民参加投票中因为经济动因的很少。同时,在 60 岁以下村民中,觉得投票是法律规定的责任而去参加投票的占到主要因素。

表 2-4　不同年龄层次的村民对民主选举的认识　　(单位:%)

年龄层次	投票让我感觉自己受到尊敬	参加投票是法律规定的责任	参加投票可以获得误工补贴	参加投票没什么感觉,随大流而已	合计
30 岁以下	13.3	54.0	3.5	29.2	100.0
30—59 岁	19.1	41.2	3.3	36.4	100.0
60 岁以上	12.5	36.8	2.4	48.3	100.0

($N=1111$)

目前,民主选举是村民主要的政治参与形式,在我国广大农村地区普遍实行,作为基层民主制度的形式之一,村民自治在推动我国基层民主的发展方面起到重要作用。村民参与民主选举主要是通过村民代表大会会议和村民大会会议的两种途径,而作为村民政治参与主要途径,这些会议的召开及其召开的次数对我国村民自治的发展也起着重要的作用。根据"百村政治专题数据",在对全国 270 个村庄的调研数据统计显示,村庄召开村民代表大会和村民会议的次数都集中 1—5 次/年内(见表 2-5、图 2-4)。通过图表得知,有 58.5% 的村庄在 2010 年共召开 5 次以内,而一年内召开 6—10 次的只有 20% 的村庄,召开 11—15 次村民代表大会的村庄只有 10.3%,超过 15 次的只有 3% 的村庄,同时还有 8.2% 的村庄一年都没有召开过村民代表大会。这表明当前农村村民参与政治的渠道较少,并且村民代表大会的召开次数也比较少。

表 2-5　村庄 2010 年召开村民代表大会的次数　（单位:次;%）

召开次数	样本数	样本比例
0 次	22	8.2
1—5 次	158	58.5
6—10 次	54	20.0
11—15 次	28	10.3
15 次以上	8	3.0
合计	270	100.0

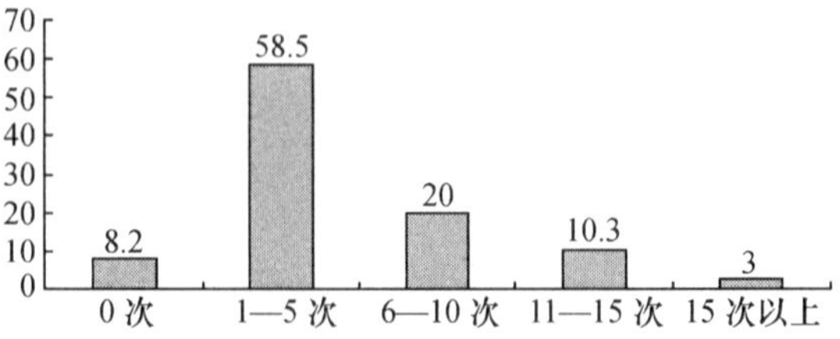

图 2-4　村庄 2010 年召开村民代表大会的次数（单位:%）

村民大会是具有政治权利的村民政治参与的主要途径，一个村庄的村民大会的运转情况以及召开的次数在某种程度上可以反映出该村的政治民主化程度、村民的政治热情以及村庄管理的民主化程度。根据“百村政治专题数据”，一年召开过 5 次以内村民大会的村庄占到样本数的 60.5%（见表 2-6、图 2-5）。在调查村庄中，有 76 个村庄在 2010 年没有召开过一次村民大会，占到样本比例的 30.3%；一年共召开过 6—10 次村民大会的村庄的有 10 个，占到样本比例的 4%；而一年召开村民大会 11—15 次的村庄只有 5 个，占样本比例的 2%；在 2010 年召开过

表 2-6　村庄 2010 年召开村民大会的次数　（单位:次;%）

召开次数	样本数	所占比例
0 次	76	30.3
1—5 次	152	60.5
6—10 次	10	4.0
11—15 次	5	2.0
15 次以上	8	3.2
合计	251	100.0

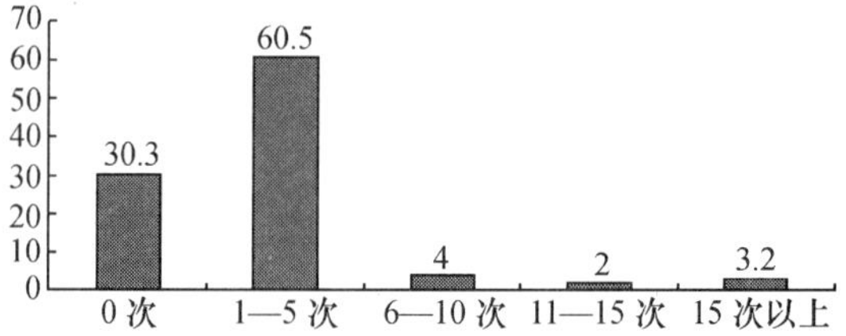

图 2-5 村庄 2010 年召开村民大会的次数(单位:次;%)

15 次以上村民大会的村庄仅有 8 个,占到样本比例的 3.2%。从调查中可以看出,目前村庄对于村民大会的重视程度不够,有近 1/3 的村庄甚至一年都没有召开过村民大会,说明村民的政治参与次数较少。

根据百村观察数据统计,在对全国 4794 位农民的调查中,参加过上一届村民委员会选举的农民有 78.1%,而有 21.3% 的农民没有参加上一次的村民委员会选举(见表 2-7、图 2-6)。在对村民是否参加上一届的村民委员会选举投票的调查问卷中,有缺失数据 30 份,受访农民中,78.1% 的农户参加了上一次的村委会选举投票,占到受访农民中的近 80% 人数,说明当前村民对村委会选举相当重视,并且也表明在农村,村民委员会选举还是按照规则举行。

表 2-7 对村民是否参加上届村民委员会选举投票的调查统计 (单位:人;%)

是否参加	样本数	样本比例
缺失	30	0.6
未参加	1021	21.3
参加了	3743	78.1
合计	4794	100.0

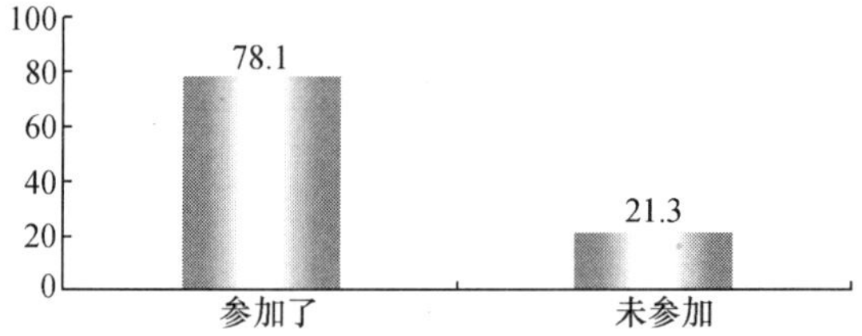

图 2-6 对村民是否参加上届村民委员会选举投票的调查统计(单位:%)

根据百村观察数据,在对村民参加会议的调查中,有 53.2% 的村民参加了该村 2010 年的村民会议,而有 33.2% 的村民没有参加去年的村民会议,而有 13.6% 的农民表示该村去年没有召开过村民会议(见表 2-8、图 2-7)。在受访村民中,有近2/5的村民没有参加村民会议,有13.6%的村民所在村庄2010年没有召开过村民会议,说明,当前农村并没有很好地贯彻村民自治这项制度,作为村民参与政治的主要渠道,村民会议这种农民参政的途径也没有很好的实现。

表2-8　对村民是否参加2010年该村的村民会议的数据统计　(单位:人;%)

是否参加	样本数	样本比例
没有召开	650	13.6
未参加	1592	33.2
参加了	2552	53.2
合计	4794	100.0

($N=4794$)

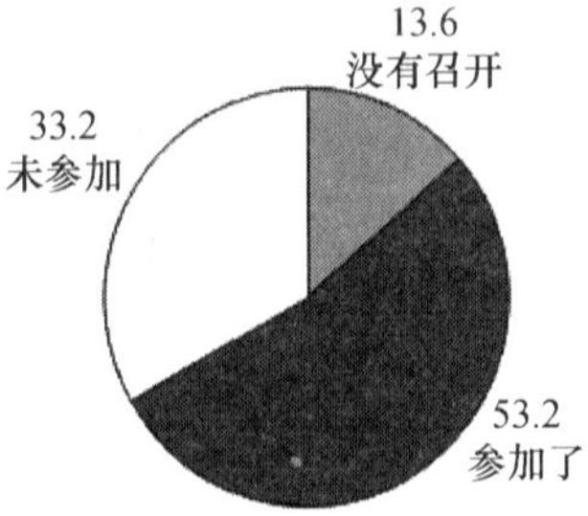

图2-7　对村民是否参加2010年该村的村民会议的数据统计(单位:%)

(二)民主管理的发展

民主管理权是实行村民自治的根本,是全体村民共同参与,共同管理村内各项事务,使村干部和村民的行为都有明确的规范,实现基层社会管理的法制化、程序化。村民参与村内公共事务主要是通过村民会议,以提出建议和意见的形式参与村庄管理。

根据"百村政治专题数据",有超过一半的人在村民会议上没有提出过任何意见和建议,只有24.8%的村民在村民会议上提出意见和建议,另外还有17.7%的村民没有考虑过要提出意见和建议(见表2-9、图2-8)。由此可以看出,当前村民对于参与村庄管理的热情度不高,只有超过20%的人数参与村庄公共事务。村民对村庄公共事务不关心是因为那些事务与自己无关或者说与自身利益的关系不大,同时有的村庄没有召开过村民会议,所以村民参与村庄公共事务的热情度也相应降低。

表 2-9 村民在村民会议上提出意见或建议的调查数据统计 (单位:位;%)

是否提出意见或建议	样本人数	所占比例
没想过	850	17.7
没提出	2756	57.5
提出过	1186	24.8
合计	4792	100.0

($N = 4792$)

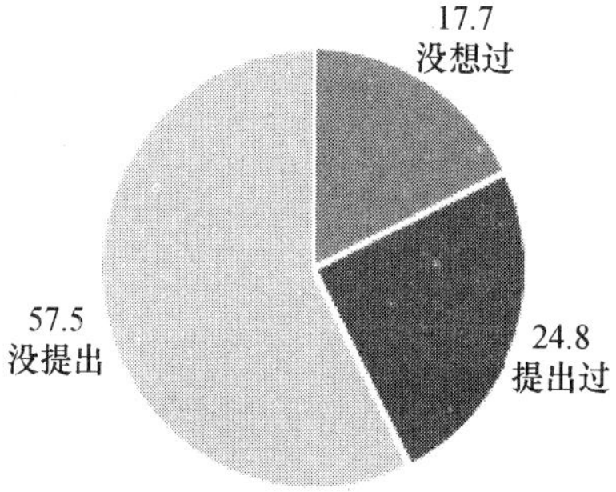

图 2-8 村民在村民会议上提出意见或建议的调查数据统计(单位:%)

根据“百村政治专题数据”,在政治面貌与村民参与村庄事务的热情度调查中,党员参与村庄事务的热情明显高于非党员的村民(见表 2-10、图 2-9。根据卡方检验,卡方值 $p = 0.00 < 0.05$,说明政治面貌与村民参与村庄事务的热情度之间具有很强的相关性)。根据调查显示,具有党员身份的村民在村民会议上提出过意见和建议的人数是非党员村民的近三倍,而没有提出过意见和建议的党员只有非党员村民人数的一半左右。这表明,在村庄事务的参与上,具有党员身份的村民比非党员村民的热情度要高很多。

表 2-10 不同政治面貌的人在村民会议上是否提出过意见和建议的数据统计

(单位:%)

政治面貌	没提出过	提出过	合计
党员	38.3	61.7	100.0
非党员	78.4	21.6	100.0

($N = 4797$)

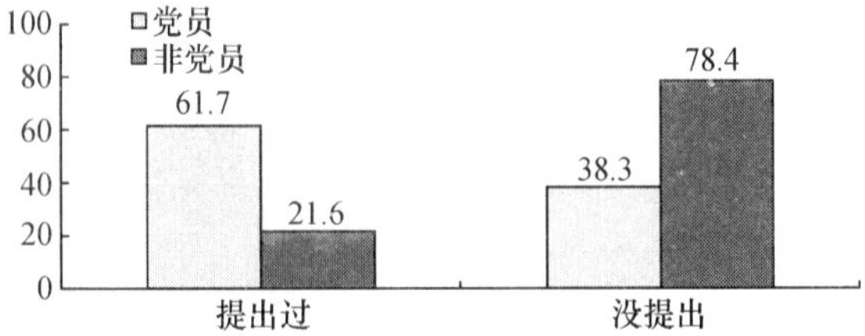

图 2-9　不同政治面貌的人在村民会议上提出过意见和建议的调查数据统计(单位:%)

在对学历层次与村民参与村庄事务的积极性的关系调查中发现,非常乐意在村民会议上发表自己看法的村民随着学历层次的提高而不断增加(见表 2-11、图 2-10,根据 Pearson 卡方检验可知,卡方值 $p=0.00<0.05$,两者具有较强的相关性,学历层次越高的村民,越不愿意在村民会议上发言)。不同学历层次的村民在村民会议上都不愿意发言,并且有相当多的村民在村民会议上保持沉默。除开大学学历及其以上的村民外,农民对村庄事务的热情随着学历的提升而不断高涨,对积极发言持有"非常同意"与"同意"的人数随着学历的提升而不断增加,表明学历的高低对村民在村民会议上的发言有一定的影响。

表 2-11　不同学历层次的村民在村民会议上发言的积极性调查　(单位:%)

学历层次	非常同意	同意	不清楚	不同意	非常不同意	合计
小学及以下	3.2	23.8	14.7	56.3	2.0	100.0
初中	4.5	32.6	19.2	40.2	3.5	100.0
高中或中专	7.2	37.2	17.5	35.9	2.2	100.0
大专及以上	1.9	22.6	39.6	30.2	5.7	100.0

($N=1111$)

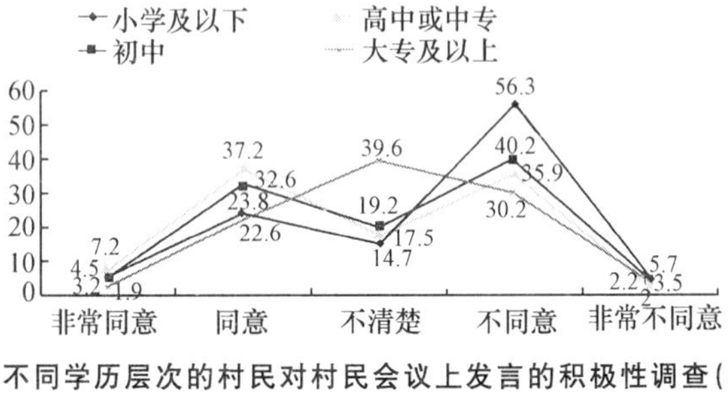

图 2-10　不同学历层次的村民对村民会议上发言的积极性调查(单位:%)

在对不同政治身份的村民对村庄事务的热情度调查中,村民对村庄事务的热情度会因为政治身份的不同而具有一定的差异(见表 2-12、图 2-11,在不同政治身份的村民与政治参与的关系分析中,经卡方检验,卡方值为0,两者的关系较强,村干部参与村庄事务的热情更高)。从普通村民到村支部或村委会干部的变化中,村民参与村庄事务的热情随着政治身份的不断提高而相对减弱,并且普通村民在村民会议中大都会发表自己的意见。除此之外,随着政治身份的提高,村民参与本村庄事务的积极性也逐渐减弱,同时,对村庄的关心度也在随着减少。可见,作为本村的村民,普通村民对本村的公共事务比起村干部来相对较高。也可以说明,与自己的利益关系越大,对村庄事务的关注程度也就会加重。

表 2-12 不同政治身份的人对村庄事务的热情度调查数据统计 (单位:%)

政治面貌	非常同意	同意	不清楚	不同意	非常不同意	合计
普通村民	17.1	58.5	7.3	17.1	0.0	100.0
村小组干部	2.0	42.0	28.0	22.0	6.0	100.0
村支部或村委会干部	3.6	27.4	18.7	47.3	3.0	100.0

($N=1111$)

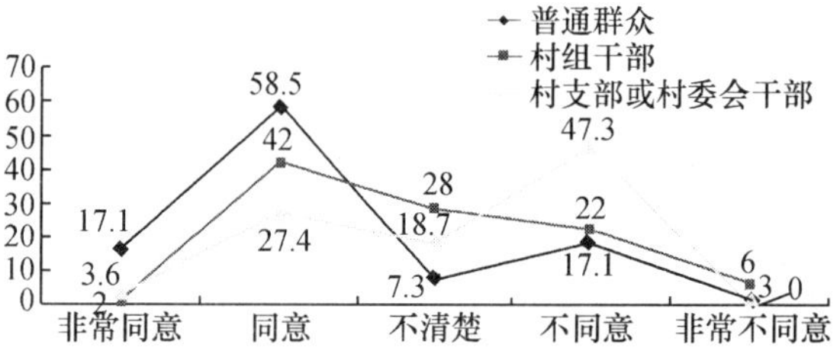

图 2-11 不同政治身份的人对村庄事务的热情度调查数据统计(单位:%)

(三) 民主决策的发展

民主决策权是村民自治的关键,凡是涉及村民利益的重要事项,村民有知悉和决定的权利。民主决策实行的好坏直接关系到村民自治制度的发展,村民自治就是村民自己管理村庄事务,如果对涉及自身利益的事项都没有知悉和决定权利,村民自治也就会是一纸空文,也就无从谈起村民自治。随着城市化进程的加快,农村的资源被城市掠夺的速度也加快,农民手中最重要的土地资源也日益减少,在农村城市化的过程中,村民的土地出卖不是以农民的名义出卖而是以村集体的名义,在这一过程中,村民对涉及自身利益的事项没有决定权,权力被基层政权占有,使得农民在维护自己权利的过程中显得无力。农民缺乏参与政治的习惯,中国人将权利看做是国家对自己的责任,所以在有困难的时候直接找政府,并且认为这是理所应当的事情,参与政治没有必要,这些都都在一定程度上影响村民参与村庄事务的热情。

村民将政府视为自己的保护者,把权利看做是国家对自己的责任,在与他人发生矛盾的时候,往往首先会找到政府,而不是通过司法途径解决。在涉及村民的公共利益,村民中“搭便车”的情况较为严重,用农民的话说“既然是大家的事,总会有人去说的,干吗要去得罪那些当官的。”村民这种远离政治的心态使得对村庄公共事务都持着一种漠不关心的心理,在自己权益受到侵害时,仅有 20.4% 的村民会采取法律途径维护自己的利益(见表 2-13、图 2-12)。在受访村民中,选择找政府(干部)的人数最多,占到受访村民的 1/3 多。而愿意通过司法途径解决的村民有 20.5%,排在第二位,村民双方愿意私了的人数也和通过司法途径解决的人数差不多。在调查中发现,有 12.2% 的村民愿意通过村庄民间权威来解决双方的纠纷,这也表明目前农村仍然存在着传统乡村权威,而这些人对村庄有着促进作用。调查中仅有 1.8% 的人会通过武力方式解决纠纷,说明村民的法制观念增强。调查显示,当前村民解决纠纷的方式首先不是通过司法途径,而是政府,并且解决村民之间纠纷的途径具有多样性的特点。

表 2-13　村民在合法权益受到侵犯时的维权途径调查统计　(单位:位;%)

途径选择	样本数	样本所占比例
双方协商私了	226	20.4
忍气吞声	108	9.7
武力解决	20	1.8
到法院告状	227	20.5
找干部解决	392	35.4
找村里或者家族有威望的人调解	135	12.2
合计	1108	100.0

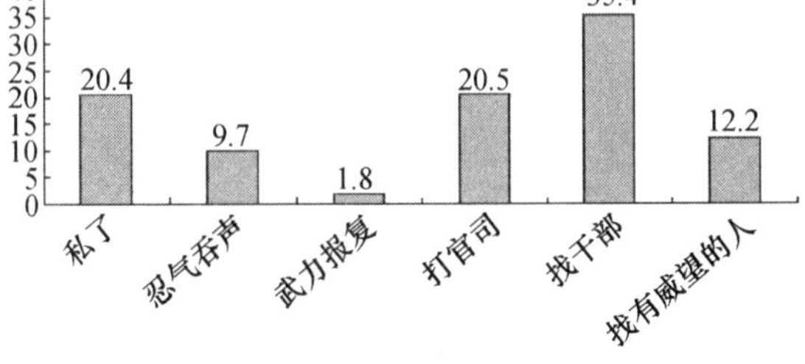

图 2-12　村民在合法权益受到侵犯时的维权途径调查统计(单位:%)

村民解决矛盾的方式是多样化的,在对村庄事务的了解途径上也是多样化,在调查中发现村民了解村庄事务的途径会因为学历的不同而具有一定的差异,学历越高的人打听村庄事务的途径是直接向与自己关系好的村民打听,而随着学历的提高,村民对涉及大家利益的事情更加关注(见表2-14、图2-13,根据卡方检验,村民的学历层次与村民知晓事务途径之间的卡方值 $p=0.00<0.05$,表明二者具有很强的相关性,学历层次越低的村民越容易"搭便车")。通过图表可知,村民对关于村民共同利益的关心度随着学历的提高而不断增加,具有小学及以下学历的村民在涉及村民共同利益的事情的时候更容易保持沉默,也更加容易出现"搭便车"的行为。而在涉及全体村民共同利益时,村民们往往首先是向关系好的村民打听,而具有小学及以下学历的村民一般都不会选择在村组会议上向村组干部询问,选择这部分的村民比例为12.1%,还低于采取"搭便车"行为的人数。除具有小学及以下学历的村民外,其他学历层次的村民在涉及大家共同利益的事情时,选择沉默而"搭便车"的都只占了该学历层次的最少部分,不足8%,这也表明随着村民学历层次的提高,村民的责任感和正义感越强,对村民共同利益也越关心。

表2-14 不同学历层次的村民了解关系村民共同利益事务的途径 (单位:%)

学历层次	向关系好的村民打听	私下问负责的村组干部	在村组会议上问村干部	不是我一个人的事,我不管	合计
小学及以下	46.4	26.2	12.1	15.3	100.0
初中	41.4	29.0	21.8	7.8	100.0
高中或中专	44.6	23.4	24.8	7.2	100.0
大专及以上	54.7	20.8	20.8	3.7	100.0

($N=1108$)

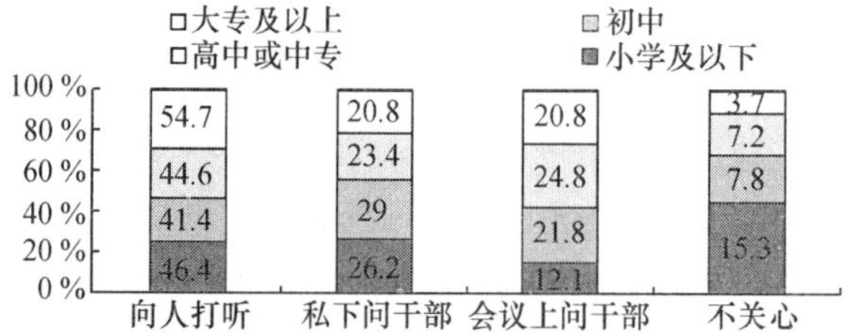

图2-13 不同学历层次的村民了解关系村民共同利益事务的途径(单位:%)

村民对侵害自身利益的行为会因为年龄的不同而出现差异,在针对遇见乡镇干部侵害自身利益而采取应对措施的调查中,村民对这种侵害共同利益的行为会因为年龄的不同而更加采取沉默的态度(见表 2-15、图 2-14,根据卡方检验,不同年龄段的村民与采取应对措施之间的卡方值 $p=0.02<0.05$,表明年龄越大的村民更能容忍村干部的违法行为)。根据调查显示,随着年龄的增加,村民对乡镇干部扣发大家粮食补贴款的行为,更容易采取沉默的方式,觉得这是大家的事情,总会有人出头的想法更明显;同时,随着年龄的增大,村民越觉得制止乡镇干部违法行为是国家的事情,与老百姓无关。而在出现这些侵犯自身利益的行为时,村民首先想到的不是如何维护自己的利益,而是找邻居诉说,发泄心中的愤怒。30—59 岁之间的村民比起其他两个年龄段的村民,更容易采取上访的途径来维护自己的利益,说明该年龄段的村民比起其他两个年龄段村民更在乎自己的利益,也更愿意维护自己的利益。不论是哪个年龄段,针对乡镇干部的侵权行为首先会采取的三个应对措施都不会是保持沉默或者安心的"搭便车",而是积极维护或者通过向村民发泄不满,使群众愤怒的情绪弥散,进而引起大家的共鸣,为集体行动聚集"气场"。

表 2-15　不同年龄段的人在乡镇干部扣发粮食补贴款时采取的应对措施调查统计

(单位:%)

年龄段	不关心,反正损害的不是我一个人	十分气愤,但只是找邻居说说	积极说服村干部去要回来	说服动员熟悉的邻居朋友一起向上级反映	无所谓,国家的事	合计
30 岁以下	7.8	34.1	22.8	29.9	5.4	100.0
30—59 岁	7.9	28.8	28.1	28.5	6.7	100.0
60 岁以上	9.6	31.2	28.2	24.2	6.8	100.0

($N=1111$)

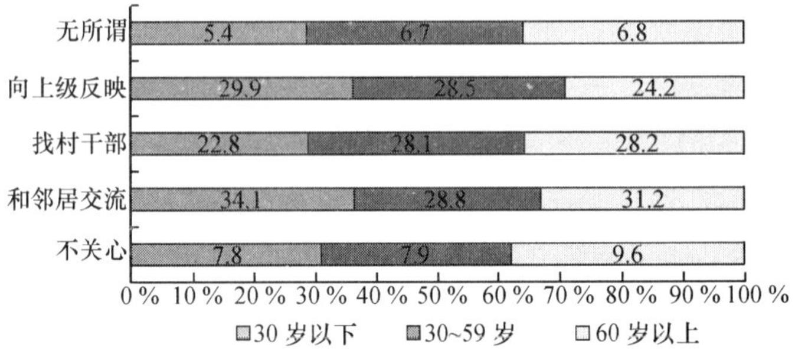

图 2-14　不同年龄段的人在乡镇干部扣发粮食补贴款时采取的应对措施调查统计(单位:%)

(四)民主监督的发展

民主监督权是村民自治的保障,具体内容包括两个方面,一是本村1/5以上村民联名,可以要求罢免村民委员会成员,以及村民委员会向村民会议负责并报告工作;另一方面,村民委员会实行村务公开制度,增强村务管理的透明度。村民有对村内财务、政务的知情权与监督权,只有在知情的情况下,才能更好地履行监督权。而在目前,村民却没有很好的行使监督权,除了没有参与政治的传统习惯外,也与当前村务不公开有极大的关系。民主评议是村民对村干部工作的一种评定与认可,也是村民行使监督权的表现,在一项针对村庄召开民主评议两委的调查数据统计中发现,大多数村庄每年召开民主评议两委的次数都集中在1—5次内(见表2-16、图2-15)。根据"百村政治专题数据",在对全国270个村庄调查中发现,村庄召开民主评议两委的次数集中在1—5次,占到调查村庄的83.5%;而一次都没有召开过民主评议会议的村庄有22个,占调研村庄的8.9%,这也说明有相当部分的村庄对民主评议不重视,而这些村庄的村务公开范围和次数都相对较少,村民对村干部不能形成有效监督。在被调查的村庄中,平均一月召开一次民主评议会议的有11个,占到被调查村庄的4.4%。通过调查显示,目前村庄对民主评议并不重视,相当多的村庄召开民主评议的次数都是两个月一次以下的程度,村民对村组干部的工作不能形成有效的监督。

表2-16 村庄2010年召开民主评议两委的次数 (单位:个;%)

民主评议两委次数	样本数	样本所占比例
0次	22	8.9
1—5次	208	83.5
6—10次	8	3.2
11—15次	8	3.2
15次以上	3	1.2
合计	249	100.0

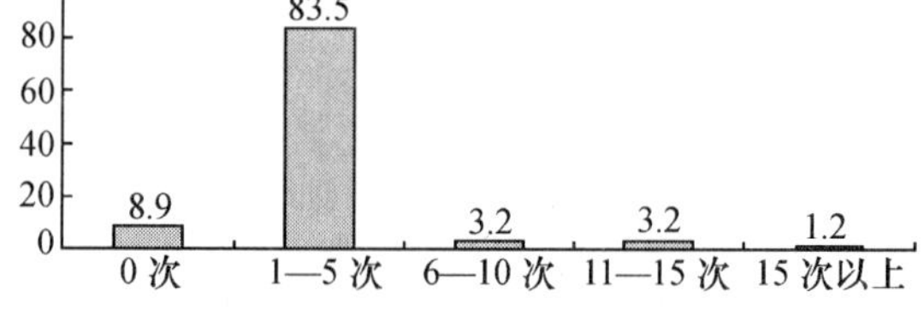

图2-15 村庄2010年召开民主评议两委的次数(单位:%)

村务公开是村民对村庄事务了解的一种途径,也是村民行使民主监督权的有效途径。根据“百村政治专题数据”,大多数的村庄去年村务公开的次数都集中在1—5次,占到调查村庄的68.3%(见表2-17、图2-16)。在对全国村庄去年村务公开次数的调查统计中,有14个村庄全年没有实行过一次村务公开,占到调查村庄的5.5%。在2010年实行一月一次村务公开的村庄有51个,占到调查村庄的20.2%。而全年村务公开次数达到15次以上的只有7个村庄,仅占调查村庄的2.8%。通过对全国253个村庄村务公开次数的调查统计显示,目前村庄一年村务公开的次数大都集中在1—5次内,占到调查村庄的68.3%;有5.5%的村庄一年甚至没有一次村务公开,而一月实行一次村委公开的村庄也只有20.2%。这表明,目前村务公开这项制度并没有很好地实行,村民对村庄运行并不了解。

表2-17 村庄2010年村务公开的次数调查数据统计 (单位:个;%)

村务公开的次数	样本数	样本所占比例
0次	14	5.5
1—5次	173	68.3
6—10次	8	3.2
11—15次	51	20.2
15次以上	7	2.8
合计	253	100.0

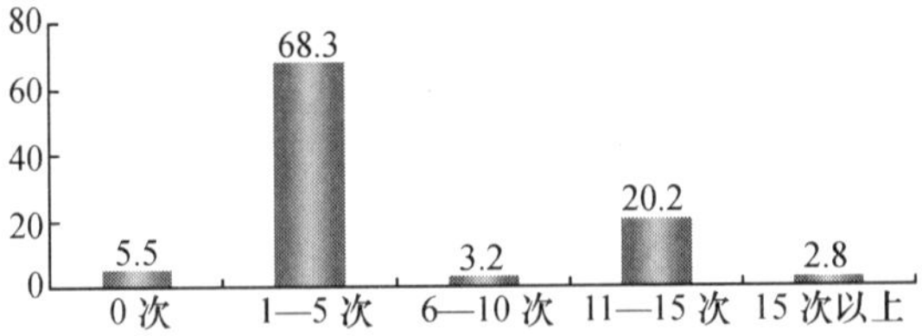

图2-16 村庄2010年村务公开的次数调查数据统计(单位:%)

村务公开是村民有效行使民主监督权的一种途径,而村民对村务公开内容的关注度也是衡量村民愿意行使监督权的一种表现。在针对一项“您都是十分关注村务公开内容的”的调查中,不同学历层次的村民对此具有一定的差异(见表2-18、图2-17,根据卡方检验,不同学历层次与村民对村务公开内容关注度之间的卡方值为0,两者具有很强的相关性,学历层次越高的农民越关心村务公开)。根据调查可知,不同层次的人都是比较关心村务公开的内容,并且随着学历层次的提高,村民对村务公开内容的关注度在减低;值得注意的是,具有小学及其以下学历的村民对村务公开的内容都关心,只是关心的程度有差异而已。除具有小学及以下学历的村民外,其他学历层次的村民都比较关心村务公开的内容,首先选择自己同意"十分关注村务公开的内容"。除具有大专及其以上学历层次的村民外,其他学历层次的村民随着学历的提升对村务公开的内容关注程度在提高。而在调查中发现,在不同年龄层次都有1/5左右的村民对村务公开内容持无所谓的态度。具有小学及以下学历的村民表示自己并不是十分关注村务公开的内容,占到40.5%。村务公开大都以黑板报的形式公开,学历层次较低的村民因为自身的原因,不能很好地知晓村务公开的内容,因而会减少他们对村务公开内容的关注度。而具有较高学历层次的村民,大都在外生活,与村庄事务的联系很少,因此对村务公开的关注度也相对较低。

表2-18　不同学历层次的村民对村庄公开的村务内容关注度　(单位:%)

不同学历	非常同意	同意	不清楚	不同意	非常不同意	合计
小学及以下	4.9	33.6	21.0	40.5	0.0	100.0
初中	8.8	42.7	20.2	27.1	1.2	100.0
高中或中专	10.3	44.8	20.6	22.9	1.4	100.0
大专及以上	5.7	37.7	22.6	30.2	3.8	100.0

(N=1111)

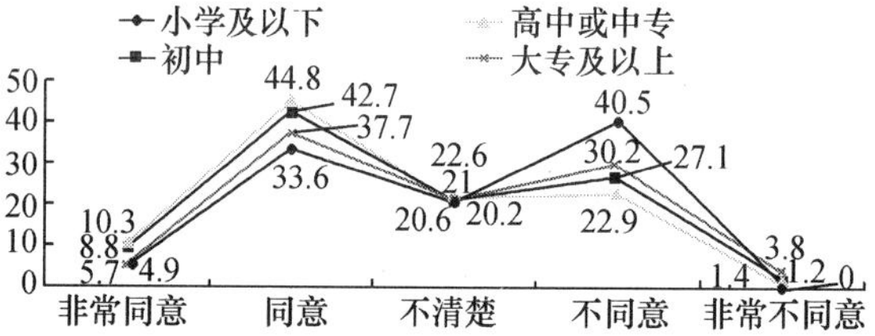

图2-17　不同学历层次的村民对村庄公开的村务内容关注度(单位:%)

村务公开是村庄管理民主化的表现,通过村务公开,不但可以让村民对村庄事务有一定的了解,也能够对村组干部进行评价和监督。在针对不同政治身份的村民对村务公开内容的关注度的调查中发现,村组干部对村务公开的关注度明显地高于普通村民,并且村组干部都对村务公开保持着关注(见表2-19、图2-18,根据Pearson卡方检验可知,不同政治身份与村民对村庄公开的村务内容之间的卡方值为0,因此二者具有很强的相关性,村干部更加关心村务公开)。在村干部、村小组干部与普通村民之间,随着政治身份的降低,村民对村庄公开的村务内容的关注度也在降低。村干部在调查中最关注村务公开的内容,占到该层次人数的

78.3%，普通村民的人数最少，只占到该层次的44.8%。同时可以看出，不论是什么样的政治身份都同意自己十分关注村务公开的内容，分别占到不同政治身份的56.1%、44.0%、38.5%。在调查中发现，村民小组干部对村务公开的内容的关注度值得重视，作为村民小组的管理者，他们的态度直接影响到村民，在村小组内，村民小组干部是权威中心；在调查中，有相当部分的村民小组干部对村务公开的内容持漠不关心的态度，占到该群体的24.0%，超过该群体1/5的人数，同时，也有20.0%的村民小组干部表示自己并不是十分关注村务公开的内容。除此之外，作为村庄的直接管理者，也有14.6%的村干部表示自己不是十分关注村务公开的内容。总的来说，作为村庄的管理者，村组干部都对村务公开的内容保持着关注。

表2-19　不同政治身份的村民对村庄公开的村务内容关注度　（单位：%）

不同政治身份	非常同意	同意	不清楚	不同意	非常不同意	合计
村支部或村委会干部	22.0	56.1	7.3	14.6	0.0	100.0
村民小组干部	12.0	44.0	24.0	20.0	0.0	100.0
普通村民	6.3	38.5	21.6	32.5	1.1	100.0

（$N=1111$）

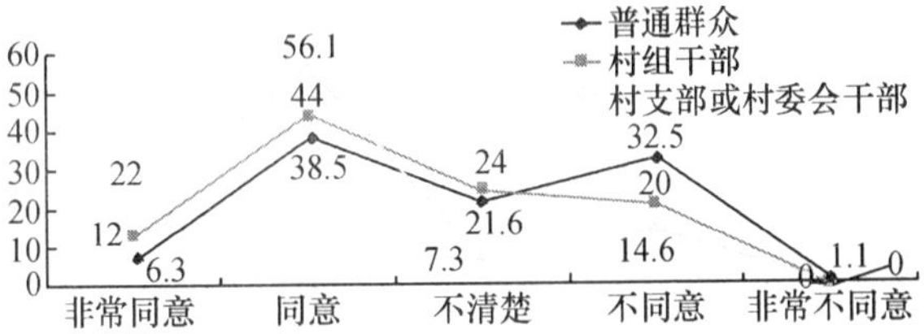

图2-18　不同政治身份的村民对村庄公开的村务内容关注度(单位：%)

在对不同年龄段对村务公开的内容关注度调查中，随着年龄的增长，村民对村务公开的内容更加关注，其中60岁以上的村民中没有非常不关注村务公开内容的（见表2-20、图2-19，根据Pearson卡方检验可知，年龄层与村民关注村务公开内容之间的卡方值$p=0.02<0.05$，因此二者具有较强的相关性，年龄越大的农民对村务公开越关注）。30岁以下的村民表示自己不是十分关注村务公开的内容，占到该年龄段的42.1%。30—59岁之间的村民作为当前农村最主要的人群，他们的政治思想的变化对村庄管理具有较强的影响。在调查中，30—59岁的村民中有26.9%的人表示自己不是十分关心村务公开的内容，有41.5%的该群体村民表示自己还是十分关注村务公开的内容，是三个年龄段中人数比例最高的，同

时表示不关心村务公开内容的占 22.1%,也是三个年龄段中人数比例最高的。年龄越年轻,对村务公开的内容越不关注。

表 2-20 不同年龄段的村民对村庄公开的村务内容关注度 (单位:%)

不同年龄段	非常同意	同意	不清楚	不同意	非常不同意	合计
30 岁以下	7.9	28.1	18.4	42.1	3.5	100.0
30—59 岁	8.6	41.5	22.1	26.9	0.9	100.0
60 岁及其以上	4.3	41.1	16.3	38.3	0.0	100.0

($N=1111$)

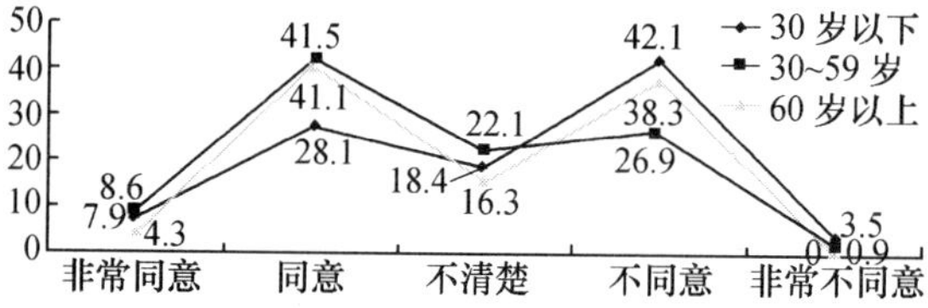

图 2-19 不同年龄段的村民对村庄公开的村务内容关注度(单位:%)

根据“百村政治专题数据”的数据,在关于村民对村务公开内容的了解途径的调查中得知,当前村民了解村务公开内容的途径主要是通过村务公开栏,占到 54%,超过一半以上(见表 2-21、图 2-20)。在所有的调查农户中,有 20.8% 的农民是在村民会议上了解村务公开的内容,作为传统形式上的村务公开形式,在村务公开栏上公示仍然是各个村庄首先选择的方式,而以媒介形成传播的广播播报,则排在了第四位,占到 7.4%。在受访农民中,还有 17.8% 的村民是通过其他方式了解村务公开的内容。通过调查显示。当前,以在村务公开栏上公布村务内容的方式,仍然是村务公开的首选方式。

表 2-21 村民对村务公开内容的了解途径的调查数据统计 (单位:位;%)

知晓途径	样本人数	所占比例
在村民会议上通报	773	20.8
在村务公开栏上公布	2010	54.0
广播播报	274	7.4
其他	664	17.8
合计	3721	100.0

($N=3721$)

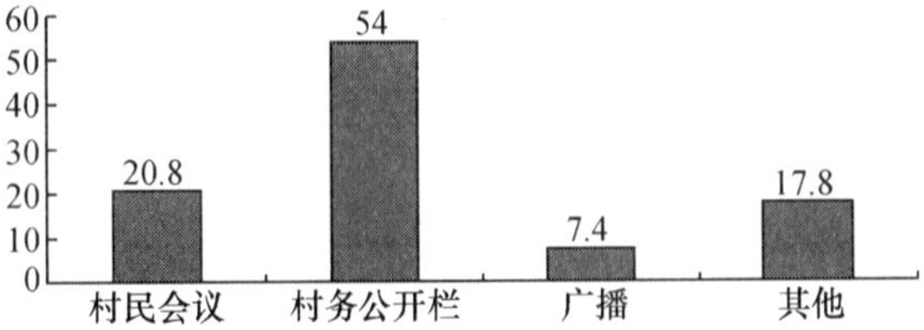

图 2-20　村民对村务公开内容的了解途径的调查数据统计(单位:位;%)

根据“百村政治专题数据”,在一项关于村民对村务、财务、政务监督情况的调查中发现,在有效样本中,大约有 1314 位村民表示自己所在的村庄从未将村务、财务和政务公开过,占到受访人数的 28.1%。同时,表示自己对村务、财务和政务进行监督的村民有 438 人,仅占到受访人数的 9.4%;而有 2914 位村民表示自己从来就没有对这些进行监督过(见表 2-22、图 2-21)。从调查的情况可以得知,目前村民对村务、财务、政务的监督较少,除了村庄没有对此进行公开而无从监督外,还有就是村民没有监督的习惯。在调查的村民中,有近 1/3 的村民所在村庄没有公开过村务、财务和政务,只有近 1/10 的村民对这监督过。从调查情况可知,当前农民没有对村庄事务进行有效监督,有 90.6% 的村民没有对村务、财务、政务进行监督过。

表 2-22　村民对村务、财务、政务监督情况的调查数据统计　　(单位:%)

对村务、财务、政务监督情况	样本数	所占比例
有	438	9.4
无	2914	62.5
从未公开过	1314	28.1
合计	4666	100.0

(N = 4666)

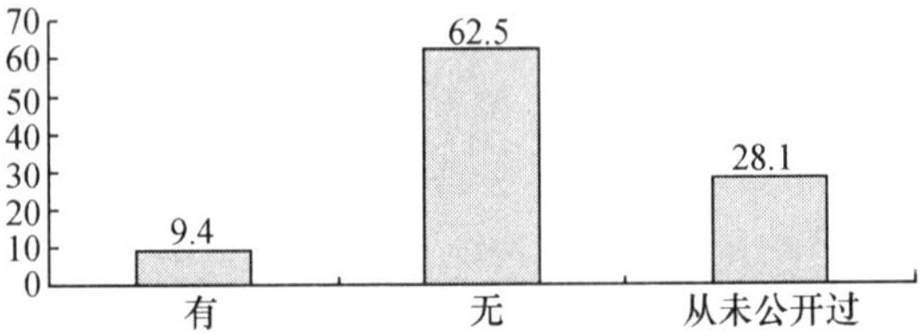

图 2-21　村民对村务、财务、政务监督情况的调查数据统计(单位:%)

四、结论与政策建议

作为我国乡村治理的新模式,村民自治实行的好坏直接关系到乡村社会的稳定和村民的政治生活,也关系到基层民主的发展。政治参与是民主政治的主要内容和显著标志,是衡量政治现代化的重要指标。农民的政治参与情况影响着我国基层民主政治的发展,也是衡量基层民主发展状况的尺度。通过对村民在村民自治中的政治发展状况调查表明,当前农民对村民自治的参与程度较低,对参与村庄事务的积极性不高。农村参与村庄事务的程度和热情因学历层次、年龄段、政治身份和政治面貌的不同而表现出不同的差异。总的来说,农民的政治参与热情因政治身份、年龄、学历以及政治面貌的不同而具有一定的差异,村干部参与村庄事务的热情高于村小组干部和普通农民。在民主选举方面,农民的政治参与度不高,年龄越大的农民反而更愿意参加投票选举,干部的参与热情超过普通农民;在民主管理方面,学历越高的农民更加愿意参与村庄公共事务,同时青年农民对村庄事务的关心度最低,有远离村庄事务的趋势;在民主决策方面,村务不公开是影响农民政治参与热情的原因,在涉及公共利益时,低学历和高年龄的农民更易于采取"搭便车"的行为;在民主监督方面,当前农民缺乏对村干部的监督途径,村庄会议制度没有很好地执行是影响村民监督权缺失的主要原因,面对村干部的违法行为时,年龄大的农民更加能够容忍,而学历高的农民采取的措施更加理性;在处理纠纷时,农民将法律途径作为首要选择,而传统权威的调解仍旧占有重要地位,农民对基层干部的信任度降低,国家的政治权威存在弱化的趋势。村民参与村庄事务的热情也受传统习惯的影响,远离政治的传统使得村民更多的等待政治而不是主动参与政治,并且将权利看做是国家对自己的责任。

当前,村民参与村民自治中主要是民主选举,在农村更容易推广和实施的也是民主选举方面。农民习惯于"用脚投票",对村民自治的认识也不深,在选举的过程中,受制于自身文化水平的限制,就民主选举而言,也做得不好。同时,上级政府为了工作便于开展,政策易于实行,在村民选举的过程中也会出现操纵选举的行为。民主管理由于农民没有参与政治的习惯,在村庄事务中"搭便车"的心理更强,所以对参与村庄管理没有意愿。在民主决策和民主监督方面,由于村委会大都没有将村务、财务和政务公开,因此使得村民难以行使民主监督权。而在民主决策方面,村民会议这种形式在大多数的村庄都没有很好的执行,很多村庄召开村民会议的次数都是 1—5 次,民主决策也就没有相应的行使平台。村民自治目前大都只实施在民主选举方面，而另外其他三个方面的内容并没有很好的实施。村民自治四个方面的内容是相互促进、相互影响的有机整体，一个方面实施不好必将影响到其他方面的内容。

村民自治制度得到良好的发展，离不开农民的参与，在推行村民自治这一乡村治理模式的时候，应该发挥农民的主体作用，切实做到村民自治，保障该制度真正实现农民的"自我管理、自我教育、自我服务"。可以从以下几个方面入手：

发挥村委会的引导作用，增强村委会的自主性。村民委员会作为村民的自治组织，应当发挥其在村民自治中的组织引导作用。国家加大对农村财政资金的直接转移力度，完善农村的公共基础设施，实现城乡公共服务的均等化。村委会只有具有一定的财政基础，才能够保障自身的独立性，也才能够摆脱"上面千条线，下面一根针"的地位。乡镇部门切实履行职责，避免将工作下放，造成村委会权责不相符的情形。

规范村级民主选举，培养农民的政治参与热情。民主选举是农民直接参与村庄事务的有效途径，在选举过程中，应当保证过程公开化、结果公正化、执行法律化，让农民感觉到投票的神圣和有效性，不能使农民的投票无效化。在选举的过程中，遵循公开、公正的原则，防止出现暗箱操作和上级操控的行为，使村级民主选举真正成为农民自己的政治大事，提高农民的政治参与热情。

实行民主管理，推行村民会议制度化和例行化。村民会议是农民发言献策的途径，也是农民商讨村庄公共事务的平台，应当保证村民会议按时召开。同时，村民会议也是监督村干部工作的途径之一，村民可以通过村干部在会议上作工作报告的方式问责村干部关于村庄的共同事务，实现对村干部的有效监督。村庄民主评议会议是直接对村干部工作的满意评定方式，通过这样的方式才能规范村干部的行为，也能够形成良好的干群互动关系。同时，村民大会是全体村民共同商讨村庄共同事务的会议，是每个农民对村庄的发展进行商讨的平台。推行村民会议的制度化和例行化，能够保障农民有效行使民主管理权，给农民提供参与村庄事务的平台，能够更好地激发农民的政治热情，扩大农民的政治参与。

完善民主决策，发挥农民的主体作用。在涉及全村的公共利益时，应该召开村民大会，将公共事务放在村民大会上讨论，充分听取群众意见，实现大家的事情大家做主。充分发挥村民代表的作用，将村民代表看做农民与村干部的联络员，发挥他们的协调作用，将农民的意见向村干部反映。

加强民主监督，推行政务、财务公开化。村务不透明是影响农民政治参与热情的一个重要因素，在被调查的村庄中，大多数的村庄没有进行村务公开，而在有限的村务公开的村庄里,农民并不关心村务公开的内容,用农民的话说,就是“不得揭自己的脸”、“内容都是假的”。应当实行村务公开,保障农民的知情权。农民只有在对村庄事务了解的情况下,才会有主人翁的感觉,也才能热情地投入到村庄事务中。

村民自治是由村民自发组织产生但由国家自上而下在全国农村地区推广的基层民主自治制度,但从制度设计一开始,作为村民自治组织载体的村民委员会就承担着办理政务和村务的双重内容,如果不能很好地处理这两者的关系将会损害村民自治的效力。当前,一些地方的村委会组织在处理两者的关系时出现了行政性力量侵害自治性的状况,这将会削弱村民自治的自治能力。要想更好地发展村民自治,就必须明确基层政府的权力界限,确立基层政府的指导地位而不是领导地位。发挥村委会组织的自治功能,将农民群众组织起来,参与村庄公共事务,并在这一过程中使村民的自治权利得到明确体现。整合乡村社会是现代国家建构的重要内容,村民自治是现代国家对乡村社会的再整合,村民自治的成长离不开国家的行政推动,村民自治的法制困境根源于现代国家建构的内在紧张,村民自治的发展有赖于乡村社会的发育。村民自治的良性发展,离不开农民的参与。作为自治主体,农民对村庄治理的模式选择具有重要作用,只有充分考虑农民的政治状况,才能真正实现农村的善治。

中　篇

分层报告

第三章 农村干部政治发展状况

农村干部是推动农村改革、发展和维护基层社会稳定的重要力量，是贯彻执行党和国家在农村的各项政策的最基层主体，也是带领广大农民实现生活水平改善的带头人。中共十七届三中全会指出，要加强农村基层干部队伍建设，着力拓宽农村基层干部来源，提高他们的素质，解除他们的后顾之忧，调动他们的工作积极性。那么，以农村干部为主体研究他们的政治发展状况对于推进农村社会的发展和政治稳定就具有重要的意义。

农村干部群体的确定可以做两个方面的理解。一般认为，传统中国是"皇权不下县"，现代的县政也是国家上层与地方基层的接点[①]，它是最基本的行政层次，特别是在农村。[②] 县一般管辖的是广大的农村地区，而在农村，乡级政府[③]为基层政府，在乡级政府以下的行政村实行的是村民自治，由群众自己处理关系到群众利益的基层社会事务，由此形成"乡政村治"格局。[④] 由此，广义上的农村干部就是指在基层政权的乡级政府任职的乡镇干部和由村民通过民主选举产生的村民委员会干部，也即通常意义上的乡村干部，他们是处在广大农村地区直接从事农村社会管理的人员。

朱光磊认为，"从现代政治统计分类的角度看，乡干部已划入国家公务员系列，是官员阶层的一部分，绝大多数属于城市人口，与作为农村居民自治组织负责人而且多是农民身份的村干部有着显著的不同"。[⑤] 而且，乡镇干部处在行政体系的末梢，主要承担的是执行国家政策的任务，本报告定位的农村干部排除了乡

---

① 徐勇：《"接点政治"——农村群体性事件的县域分析》，《华中师范大学学报》（人文社会科学版）2009 年第 6 期。

② 〔美〕詹姆斯·汤森、布莱特利·沃马克：《中国政治》，顾速、董方译，江苏人民出版社 2005 年版，第 68 页。

③ 乡级政府包括乡、民族乡和镇政府，其中乡为广大农村地区的基层行政建制，民族乡为少数民族聚居的农村地区的基层行政建制，镇为非农业人口占一定比例的小城市型的基层行政建制。参见谢庆奎主编：《当代中国政府与政治》，高等教育出版社 2003 年版。

④ 徐勇：《中国农村村民自治》，华中师范大学出版社 1997 年版，第 31—32 页。

⑤ 朱光磊等：《当代中国社会各阶层分析》，天津人民出版社 1998 年版，第 271 页。

镇干部,指的是在农村社区中那些身份是农民但从事农村社会管理的人。[①] 具体来说,主要指由村民委员会成员、村党支部成员和村民小组干部组成的人群体系。

本报告对农村干部的研究共分为三个部分:第一部分,对既有的关于农村干部政治的研究进行简要总结,并阐明本报告研究的价值和使用的方法;第二部分,在对农村干部群体的政治发展状况做出相应的假设的基础上设定研究问题,并通过全方位的实证描述分析总结出农村干部政治发展状况上的一般性特征;第三部分,对农村干部的政治发展状况进行概括总结并针对存在的风险问题提出一些建议。

一、理论探讨与研究基础

国内外对农村干部的研究集中讨论的是村干部,而且着力较多的是对村干部角色的研究。村干部是在新政权建立之后所建构起来的一个概念,新政权的巩固在农村的直接影响是"由年轻的农民积极分子组成的新的乡村领导集团,取代了绅士阶级",[②]马德普认为,在社会主义文化与中国传统文化的互动过程中成长起来的符合传统道德和新国家意识形态的两类不同农村精英,进一步可区分为"共产主义士绅"、"共产主义起义者"和"实用主义技术官僚"等几种类型。[③]

徐勇认为村干部具有"双重角色",即政府希望村干部有效地执行政策,并将之作为一种责任而加于其身;群众则期望村干部能代表他们的利益并向政府反映他们的呼声,这就构成了"村干部在村庄治理过程中扮演着政府代理人和村民当家人的双重角色"。[④] 萧凤霞和 Vivian Shue 的研究分别得出了基层干部是国家代理人和社区保护者的观点,不过田原史起对改革开放前后的村干部角色进行的对比研究表明,改革开放前的村干部兼有上级政权的"代理人"和村庄的"当家人"双重角色,而改革开放后的村干部在"代理人"和"当家人"的双重角色之外,还充当了村庄经济的"经营者"。[⑤]

进入新世纪,学者从地区实证也得出了不同的村干部角色模型,如吴毅认为"双重角色"理论还只是一种静态和结构主义的普适性分析,而非过程化的情景

---

① 徐德信:《国家与村民教义的替代机制:中国农村干部的一个经济分析》,《学习与探索》1996 年第 2 期。

② 莫里斯·梅斯纳:《毛泽东的中国及其发展——中华人民共和国史》,张瑛等译,社会科学文献出版社 1992 年版。

③ Richard Madsen, *Morality and Power in a Chinese Village*, Berkeley: University of California Press, 1984。

④ 徐勇:《村干部的双重角色:代理人与当家人》,《二十一世纪》1997 年第 4 期。

⑤ 田原史起、武萌等:《中国农村的政治参与》,《国外理论动态》2008 年第 7 期。

性研究。通过对纯农业型村庄的研究，他提出了村干部角色与行为“双重边缘化”的类型学解释，即村干部处在一种既受到政府和村民两种力量的影响，却又不为其中任何一种力量完全掌控和限制的无根和无助的状态。① 因此，村庄秩序的“守夜人”和村政中的“撞钟者”成为一些村庄的干部在角色和行为上所具有的更为显著的特征。② 申静、陈静通过对鲁南两村的实地调查提出了村干部的村庄“弱监护人”观点，③杨善华在研究不同时期的村庄政治精英时认为，集国家代理人、社区守望者和家庭代表人这三种角色一直存在于各个时期。改革前，国家代理人的角色比较突出，改革后，社区守望者和家庭代理人两种角色的比重大大增加。④ 孙秀林进一步认为，村庄民主的实行将会促使村干部角色定位的变化，使之由“国家利益代理人”向“社区利益代言人”转变。⑤ 放诸新时期的税费改革，宁泽逵等认为农村干部应该由当前的“异化角色”回归到自己的“原生角色”。⑥ 李宇峰的研究表明新时期村干部也应该回归角色，国家与村民期望村干部能承担起促进农村社区经济和社会可持续发展的服务角色。⑦ 刘祖华通过对若干农村政策执行案例的解读，分析村干部在执行国家政策中“村头官僚”角色的生成理路与行动逻辑，认为由于国家对乡村组织功能的双重定位，使得村干部从忠实代理人角色向追逐自我利益最大化的“村头官僚”角色蜕变，导致了国家政策在乡村社会的执行扭曲。⑧

可见，对特定历史社会场域的村干部角色的研究已经建构了众多的模型，也形成了完整的理论体系，但在对农村干部的其他政治发展状况的研究中，我们可以进行简要总结：第一，肖唐镖对于什么人会成为村干部和村干部的政治结构状况进行了比较系统的研究。他依据 1999 年对江西 40 个村 50 余年来干部更替的调查资料对村干部的选任标准进行了讨论，认为在解放初期，重家庭出身和政治上积极性（政治成分时代，以贫下中农为主）；在 20 世纪 50 年代末至 80 年代初，

---

① 吴毅：《双重边缘化：村干部角色和行为的类型学分析》，《管理世界》2002 年第 11 期。

② 吴毅：《“双重角色”、“经纪模式”与“守夜人”和“撞钟者”——来自田野的学术札记》，《开放时代》2001 年第 12 期。

③ 申静、陈静：《村庄的“弱监护人”：对村干部角色的大众视角分析》，《中国农村观察》2001 年第 5 期。

④ 杨善华：《家庭政治与农村基层政治精英的选拔、角色定位和精英更替——一个分析框架》，《社会学研究》2000 年第 3 期。

⑤ 孙秀林：《村庄民主、村干部角色及其行为模式》，《社会》2009 年第 1 期。

⑥ 宁泽逵、柳海亮等：《村干部向何处去——关于村干部“公职化”的可能性分析》，《中国农村观察》2005 年第 1 期。

⑦ 李宇峰：《村干部角色定位的历史演进》，《内蒙古农业大学学报（社会科学版）》2007 年第 6 期。

⑧ 刘祖华：《村头官僚、政策变通与乡村政策的实践逻辑》，《甘肃行政学院学报》2008 年第 2 期。

突出政治表现、工作积极性和个人表现(劳模时代);自 80 年代中后期以后,注重发展经济与致富的能力(经济能人时代);90 年代中期以后,则着重"能否镇得住地盘"(强势力时代)。又以 3 项大型农村调查的数据为基础对村干部群体特征进行了分析,认为村干部已经告别"大老粗"或文盲时期,多数人拥有中学文化程度,但高文化程度时期仍未到来。在村主要干部职务上,中共党员和男性村民拥有绝对的优势。而组织和参与宗教、协会等民间组织的背景,尚未成为促成村干部出任的因素。此外,值得注意的是,不管是村干部还是村组织,在村民中的威信并不高,村干部在乡村已乏道德权威,其权力与权威出现了分离。[①]

第二,一部分学者探讨了村干部的交往行为,主要是与乡镇干部和村民的交往研究。与乡镇干部的交往体现在乡村关系的确定上,按照《中华人民共和国村民委员会组织法》的规定,乡、民族乡、镇的人民政府对村民委员会的工作给予指导、支持和帮助,但是不得干预依法属于村民自治范围内的事项。……村民委员会协助乡、民族乡、镇的人民政府开展工作。这种从制度文本上所确定的乡村关系在实践中往往容易遇到困难,贺雪峰、苏明华分析认为决定乡村关系状况的因素主要有三个,即村庄自主生产价值的能力、村干部可以调用资源的状况和乡村财政状况,并在此基础上构筑了五种模型的乡村关系,[②]佘纪国认为税费改革的推行改变了税费时期乡村干部存在的"保护—逆保护"关系,乡村干部的目标取向趋向差异,即乡干部的"疏农民、维稳定、竞升迁"目标与村干部的"亲村民、促发展与保连任"目标之间的差异,乡村关系走向冲突。[③] 不过,郑明怀的研究表明,即使是在零赋税时代,乡村干部之间的保护与逆保护关系还将长期共存[④]。王荣武等通过实证调研分析了河南省一乡三村的乡村干部交往结构,总结出乡村干部之间以工作交往为基础和条件、交往结构的不平衡性和私人交往与工作交往的相互缠结等特点。[⑤]

总的来说,当下对农村干部政治发展状况的研究最成功的是对村干部角色的探讨,但这也只是对农村干部政治发展状况研究的一个方面,总体的研究比较零散、没有形成完整的理论或实证体系,这也说明对农村干部政治发展状况的研究尚有很大的空间。本报告对农村干部的研究主要从四个研究主题展开,分别是基

① 肖唐镖:《什么人在当村干部? ——对村干部社会政治资本的初步分析》,《管理世界》(月刊)2006 年第 9 期。

② 贺雪峰、苏明华:《乡村关系研究的视角和进路》,《社会科学研究》2006 年第 1 期。

③ 佘纪国:《后税时代乡村干部关系》,《调研世界》2009 年第 2 期。

④ 郑明怀:《乡村干部博弈的张力:"逆保护"的分析框架》,《湖北社会科学》2008 年第 2 期。

⑤ 王荣武、王思斌:《乡村干部之间的交往结构分析》,《社会学研究》1995 年第 3 期。

本政治属性和处境、政治意识、政治参与、政治评价和认同等，试图以此为基点，着力从第一手调查数据资料的实证分析入手，进而构筑出对村干部政治发展状况的全景式面貌。

本研究的展开是依靠两项大型的农村调查数据，一是课题组组织的对全国14个省的38个村庄1134个农户的调查（简称“千户调查数据”），按照每村调查至少两户村干部的原则，在有效的1111份调查数据中，获得了对农村干部调查的有效132份数据；二是部分使用了中国农村研究院“百村十年观察”项目组于2011年7—8月在全国270个农村的村庄调研数据（简称“百村政治专题数据”）。报告中除特别注明是来源于“百村政治专题数据”外，其他的数据均来源于“千户调查数据”。

二、对农村干部政治发展状况的实证分析

农村干部是农村基层社会的治理精英，作为国家和农民之间的桥梁和纽带，他们对下执行国家政策、完成各项任务，对上代表群众、反映民意，是农村基层掌握政治资源的主体，村庄经济的发展、社会的进步和农民生活的改善都与他们有着密切的关系，对他们的政治发展状况进行分析有利于更好地促进国家农村政策的推进、实现农村社会的稳定发展。

本部分通过对农村干部政治发展状况的实证分析考察，提出几个基本的假设：农村干部作为农村社会的治理精英，第一，他们的文化素质和经济条件相对较高，表现出的民主素质、法律意识也相应较高；第二，作为村庄主要政治组织的成员，他们对政治事务表现出较大的关心和较高程度的参与，维护权益的方式和途径相对更理性；第三，作为农民，他们享受到了国家惠农政策而建构起了对国家和中央的高度认同，不过，从身份上说，他们对城乡差距、社会贫富差距和腐败均表现出较高程度的担忧。

为了对农村干部的政治发展状况的假设进行检验，我们根据建构的基本政治属性和处境、政治意识、政治参与、政治评价和认同等四个主题设定了相应的研究问题和方向，主要考察了以下问题：第一，对农村干部的年龄层、受教育程度、性别特征、信仰状况、收入情况等方面进行了基本描述分析；第二，考察了农村干部的权利意识、法律意识、身份意识、社区信任意识、社会认同意识以及对政治事务的关注认知、对农村工作的认知，通过对政治认知、情感和态度的建构建立起对农村干部政治意识的研究体系；第三，对于农村干部政治参与的研究，我们设定了对其

政治参与实践和意愿、政治表达和行动方式、社会交往行为等的考察;第四,考察农村干部的政治评价和认同,主要是对其对过去和当前政治发展状况和行动的评价和权威的认同,我们设定从农村干部对中央政策与国家的认同评价、对地方决策的支持和干群关系的评价、对农民和农村生活的评价、对自身政治地位的评价以及对社会的信任和未来的预期评价等方面。

(一)被调查农村干部的基本政治属性状况

下面我们对调查的 132 位农村干部的基本政治属性按照性别、年龄、受教育程度、信仰状况、婚姻类型及务工经历、收入来源进行具体的分析如下:

1. 性别和年龄构成

受访的农村干部中,村支部或村委会干部 82 人(占比 62.1%),村民小组干部 50 人(占比 37.9%)。其中男性占 88.6%,女性占比为 11.4%,男女比例为 7.8:1。从年龄结构来说,年龄最大的为 75 岁,最小为 18 岁,平均年龄 50.3 岁。如果把农村干部的年龄结构分成五个年龄段,在 30 岁以下、30—39 岁、40—49 岁、50—59 岁、60 岁以上所占的比例分别为 3.8%、10.6%、32.6%、37.1%、15.9%,见图 3-1。可见,受访的农村干部中男性占有绝对优势,40—59 岁年龄段的农村干部所占的比例合计为 69.7%,逾三分之二。

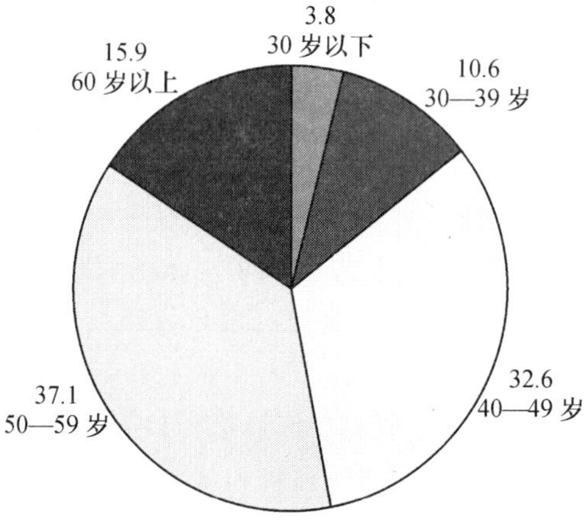

图 3-1 受访农村干部的年龄结构(单位:%)

2. 受教育程度

根据将学历结构分为小学及以下、初中、高中或中专、大专及以上,我们得到受访农村干部的受教育状况为:初中、高中或中专分别占比 41.7%(55)和 40.1%

(53)，另外，小学及以下、大专及以上分别占比15.9%（21）和2.3%（3），见图3-2。可见，农村干部的受教育程度以初中和高中为主，比例合计超过八成，而大专及以上学历仅占2.3%，说明农村干部的高学历时代仍未到来，占比15.9%的农村干部仍然为小学及以下学历，说明农村干部的文化素质有待进一步提高。

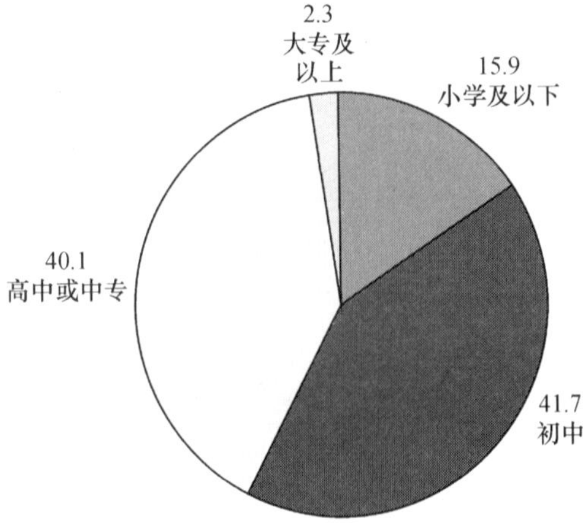

图3-2　受访农村干部的学历结构（单位：%）

3. 信仰状况

在132名受访的农村干部中，有121人表示无宗教信仰，占比91.7%，另有6.8%的人表示信仰佛教，还有1.5%的人信仰道教，见图3-3。

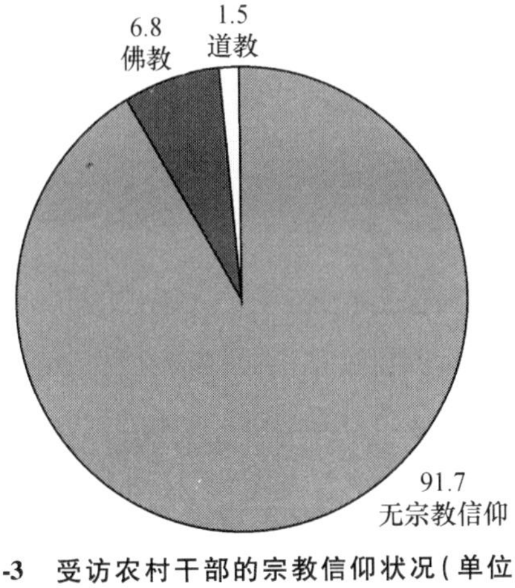

图3-3　受访农村干部的宗教信仰状况（单位：%）

4. 婚姻状况

受访的农村干部中已婚的比例为 94.7%,其他未婚、离异、丧偶的比例分别为 3.0%、0.8% 和 1.5%,合计占 5.3%,见图 3-4。

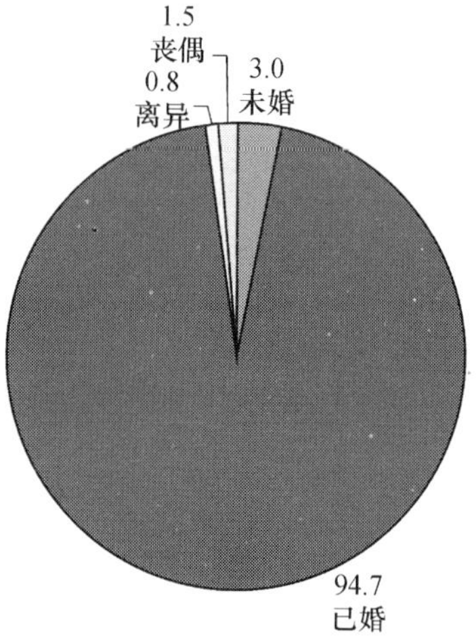

图 3-4 受访农村干部的婚姻结构(单位:%)

5. 务工经历和收入状况

在 132 位受访的农村干部中,有占比 37.1% 的人表示曾经有过外出务工经历,而 62.9% 的人明确表示没有外出务工经历。另外,农村干部家庭的年平均收入为 47553.8 元(标准差 41510.3 元),通过对不同收入区段的考察,我们可以看到农村干部的家庭收入在 30000—50000 元和 10000—30000 元之间所占的比例最大,分别为 30.3% 和 28.8%,其他收入段的比例相对较小,见图 3-5。

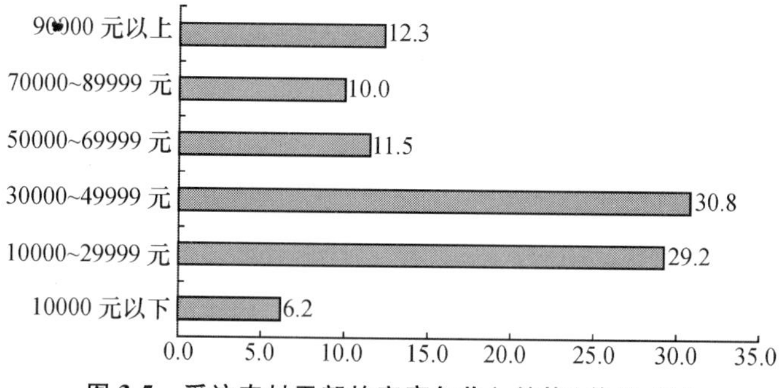

图 3-5 受访农村干部的家庭年收入结构(单位:%)

总的来说,受访的农村干部中,男性占有绝对比例优势,占比三分之二的年龄段在40—59岁之间,已婚比例高居九成,学历结构以初高中为主,仅有少量的农村干部有宗教信仰,而有过外出务工经历的农村干部比例不到四成,其家庭收入略高,但是高位收入水平的农村干部家庭仍然较少。

从对受访农村干部的基本政治属性的分析中,我们可以认为:当前,农村干部的知识层次仍然较低,大专及以上学历仅占2.3%,说明农村干部的高文化程度时期仍未到来,这与肖唐镖的研究结论相同。第二,男性村民仍然在农村干部比例中占有绝对的优势,说明妇女的参政率仍然不高,虽然《中华人民共和国村民委员会组织法》第六条明确规定了"村民委员会成员中,应当有妇女成员",但这种政治任务性的安排仍然没有提高妇女参与村委领导班子的比例。第三,由于城市化的作用和城乡之间的巨大收入差距,青壮年大量选择外出务工、经商,这就造成了担任农村干部的村民的年龄层次上的特点,不过,仍然有占比37.1%的农村干部表示曾经有过外出务工经历,表明在现时条件下,外出务工的村民回乡担任村组政治职务也是一个重要的趋势,应该引起注意和重视。另外,虽然不能够证明经济条件与政治参与之间有着明确的正相关关系,但是从农村干部的家庭经济条件来看,相对较高的家庭收入与其担任一定的村庄政治职务之间有着紧密的关系,但并不能证明两者之间具有高度的相关性。

(二)农村干部的政治意识状况

我们对农村干部的政治意识状况的研究主要从三个方面把握,即政治认知、政治情感和政治态度,具体研究考察的是农村干部的权利意识、法律意识、身份意识、社区信任意识及对政治事务的关注度、对农村工作的认知、对政府干部的态度。

1. 对政治权利的认知

我们主要考察的是农村干部对选举权和被选举权、监督权的认知,从农村干部对"法律规定村主任必须由村民选举才能担任"和"宪法规定:年满十八周岁的中国公民有选举权和被选举权"的知晓情况来看,有97.0%的农村干部持肯定态度,仅有3.0%的人表示不清楚或予以否定,见表3-1。

表3-1　农村干部对选举权和被选举权的认知　（单位:%）

	是	否
法律规定村主任必须由村民选举才能担任	97.0 (128)	3.0 (4)
宪法规定:年满十八周岁的中国公民有选举权和被选举权	97.0 (128)	3.0 (4)

$(N=132)$

进一步考察农村干部对选举权的重视,在对“不管是选村干部还是选人大代表,我都十分珍惜手中的选票”的同意程度回答中,我们发现,有80.3%的人表示“非常同意”和“同意”,“不清楚”和“不同意”的比例相当,分别为9.9%和9.8%,见表3-2。

表3-2 农村干部对十分珍惜手中的选票的同意程度差异

	非常同意	同意	不清楚	不同意	非常不同意	合计
频数	27	79	13	13	0	132
占比(%)	20.5	59.8	9.9	9.8	0.0	100.0

(*N* = 132)

对监督权的认知,我们询问了农村干部对“政府干部的工作必须接受老百姓的监督”的态度,统计数据显示,有81.8%的人认为政府干部的工作必须接受老百姓的监督,对此表示“不同意”和“非常不同意”的比例合计仅6.8%,另有11.4%的人对此持“不清楚”的态度。但当询问农村干部对“只要有可能,我乐意检举揭发干部的不廉洁行为”的态度,调查表明,表示“非常同意”和“同意”的比例分别为12.1%和44.7%,合计为56.8%,表示“不清楚”和“不同意”的比例相当,分别为22.0%和21.2%,见表3-3。

表3-3 农村干部对监督权和诉愿权的认知 (单位:%)

	非常同意	同意	不清楚	不同意	非常不同意
政府干部的工作必须接受老百姓的监督	22.7	59.1	11.4	5.3	1.5
只要有可能,我乐意检举揭发干部的不廉洁行为	12.1	44.7	22.0	21.2	0.0

(*N* = 132)

从农村干部对基本政治权利的认知可以看出,97.0%的人知晓自己的选举权和被选举权,知晓比例几近100.0%,但是真正在选村干部和人大代表时十分珍惜手中选票的比例为80.3%。对自身拥有的对政府干部工作的监督权的认知度为81.8%,而对其诉愿检举意愿的考察显示仅有56.8%的比例,见图3-6。可见,农村干部对自身所拥有的政治权利的认知度很高,这可能与农村干部作为农村基层社会的管理者有着密切的关系,但对自身政治权利的珍惜和权利正常表达的意愿相对来说要明显低于对政治权利的认知水平。

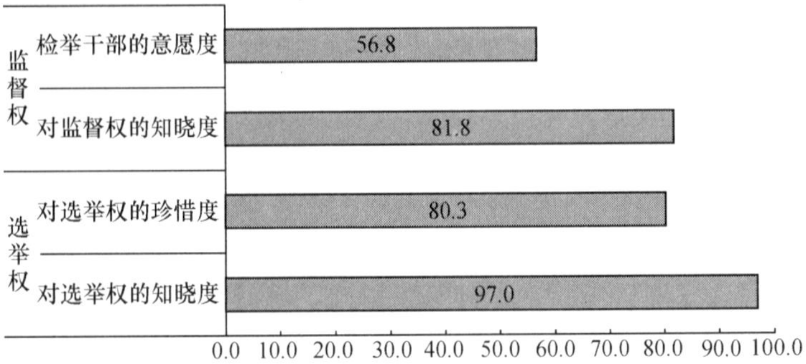

图 3-6 农村干部对政治权利的认知和表达意愿差异(单位:%)

2. 对权益维护渠道的认知

农村干部对权益维护渠道的认知对于其利益表达的畅通和方式的选择具有重要影响。调查询问了农村干部对权利表达途径的认知,数据表明,有 70.5% 的农村干部表示当受到地方干部的不公正对待时知道去哪里反映意见,而不了解反映意见途径的农村干部也有近三成,占比 29.5% 。但数据也显示,有 47.0% 的农村干部对“我们农民很多时候是有理没处说”表示“非常同意”和“同意”,对此持否定态度的比例合计仅为 40.9% ,前者的比例尚超出后者 6.1 个百分点,另有 12.1% 的人表示“不清楚”,见表 3-4 和图 3-7。

表 3-4 农村干部对“我们农民很多时候是有理没处说”的同意程度

我们农民很多时候是有理没处说	非常同意	同意	不清楚	不同意	非常不同意
频数	14	48	16	48	6
占比(%)	10.6	36.4	12.1	36.4	4.5

($N=132$)

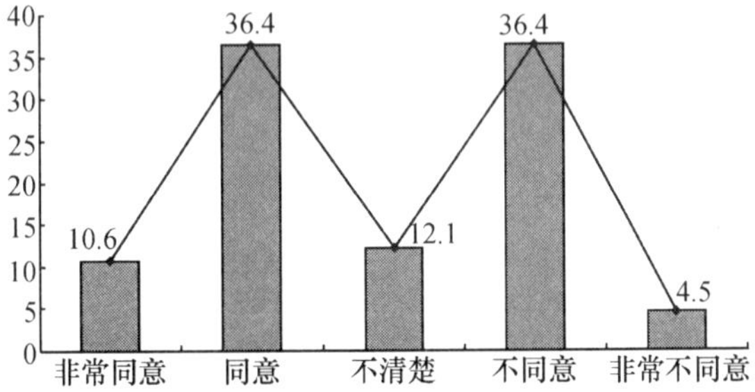

图 3-7 农村干部对“我们农民很多时候是有理没处说”的同意差异(单位:%)

可见,虽然有七成的农村干部表示知道去哪里反映意见,但对"我们农民很多时候是有理没处说"的认同比例近五成,甚至高于持否定态度的比例,这种对比的矛盾性体现出了农民利益表达渠道上的不畅。另外,作为农村社会的治理性精英,有约三成的人表示不知道去哪里反映意见,也说明了农村干部对维权渠道的认知了解水平尚有待进一步提高。

3. 对农村工作的认知

调查显示,有72.7%的人"农村要想搞好,没有包青天式的干部不行"表示"非常同意"和"同意","不清楚"的比例为16.7%,仅有10.6%的人持"不同意"和"非常不同意"的态度。此外,有75.8%的人认为"和法律、政策比起来,还是强有力的干部能够为农民做更多事情",而对此持否定态度的人所占比例为14.4%,另有9.8%的人对此表示"不清楚",见表3-5。

表3-5 农村干部对自身的能力的认知 (单位:%)

	非常同意	同意	不清楚	不同意	非常不同意
农村要想搞好,没有包青天式的干部不行	21.2	51.5	16.7	9.8	0.8
和法律、政策比起来,还是强有力的干部能够为农民做更多事情	22.8	53.0	9.8	13.6	0.8

($N=132$)

可见,在农村干部看来,农村要搞好的关键在于干部,包青天式的干部和强有力的干部为农村干部的普遍期待,甚至认为其作用远远大于法律、政策。进一步考察农村干部对农村工作的认知,根据"百村政治专题数据",我们发现,在对"您觉得搞好农村工作最关键的是什么"的回答中,63.9%的农村干部认为搞好农村工作的最关键因素是能力,认为靠热情和关系的比例分别占15.0%和6.8%,其他的比例合计仅14.3%,见表3-6。

表3-6 农村干部对农村工作的认知 (单位:%)

您觉得搞好农村工作最关键的是?	靠热情	靠能力	靠关系	其他
占比(%)	15.0(40)	63.9(170)	6.8(18)	14.3(38)

($N=266$,括号内为频次。)

根据"百村政治专题数据"对"怎样才能当好村支部书记"的考察中,我们也得出了相当的结论。如果按照选择排序,其中排在第一位的是能力,占比34.8%,认为靠公平公正的比例略低,为33.7%,再次是靠廉洁奉公的比例,为

17.4%，而认为靠金钱、热情、关系等，在农村干部的眼中都不是长久之计，占比均没有超过6%。见表3-7和图3-8。

表3-7 农村干部对当好村支书靠什么的认知

排序		频数	占比(%)
1	能力	92	34.8
2	公平公正	89	33.7
3	廉洁奉公	46	17.4
4	热情	15	5.7
5	其他	12	4.6
6	关系	7	2.7
7	金钱	3	1.1

($N=264$)

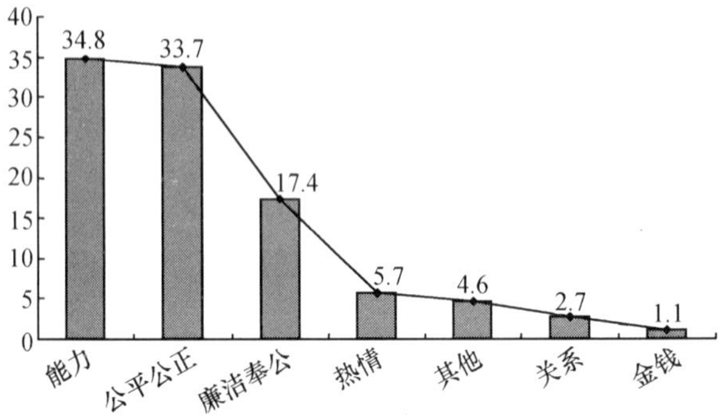

图3-8 农村干部对当好村支书靠什么的认知差异(单位:%)

简而言之，农村干部普遍认为农村工作的关键在于干部，这甚至比法律、政策发挥的作用更大，而干部能力的重要性为所有农村干部所高度认同，占比63.9%，靠热情也占有一定的比例，为15.0%。不过，除能力外，公平公正的素质也为村支部书记所高度认同，占比为33.7%，廉洁奉公的素质对于村支部书记来说也很重要。

4. 对政治事务的关注认知

政治事务可以从层级上分为国家层面、地方政府层面和村庄层面。我们也主要考察的是农村干部对村里、乡镇和国家这三个不同层次上的政治事务的关注情况，见表3-8。农村干部中对村里搞的村务公开表示十分关心的比例为69.7%，表示不关心的比例为16.7%，另有13.6%的人表示“不清楚”；而在对乡镇政府的政务公开，持十分关心态度的比例为55.3%，表示“不清楚”和“不同意”的比例相当,分别为21.2%和22.7%,仅有0.8%的人表示“非常不同意”;对国家的农村政策,表示“十分关心”的比例达79.6%,对关心程度表示“不清楚”和“不同意”的比例分别为10.6%和9.8%。

如果我们把农村干部对村里的村务公开、乡镇的政务公开和国家的农村政策表示十分关心的比例转换为如图3-9,可见农村干部对这三者的表示十分关心的比例均超过了半数,不过呈现明显的差异,差异表现在对村里的村务公开、乡镇的政务公开和国家的农村政策的表示十分关心的比例分别为69.7%、55.3%和79.6%,呈现平滑的“V”形,但对村里的村务公开的关心程度尚低于对国家农村政策的关心程度约十个百分点。

表3-8 农村干部对不同层次的政治事务的关注差异 (单位:%)

	非常同意	同意	不清楚	不同意	非常不同意
我十分关心村里搞的村务公开	18.2	51.5	13.6	16.7	0.0
我十分关心乡镇政府的政务公开	12.1	43.2	21.2	22.7	0.8
我十分关心国家的农村政策	27.3	52.3	10.6	9.8	0.0

($N=132$)

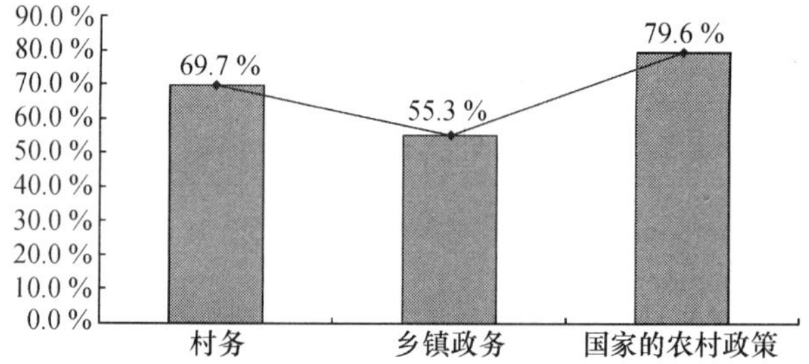

图3-9 农村干部对不同层次的政治事务表示十分关心的差异对比(单位:%)

农村干部对国家的农村政策关注度最高,但其对国家事务的认知状况如何呢?调查数据显示,32.6%的农村干部认为“国家大事都是当官的该操心的事,与我们老百姓无关”,而持反对态度的农村干部比例为56.8%,另有10.6%的人表示“不清楚”。另外,我们询问了农村干部对“我们老百姓弄不懂国家和政府的事什么重要、什么不重要”的认知,其中,持“非常同意”和“同意”的比例分别为3.8%和35.6%,合计为39.4%,而表示“不同意”和“非常不同意”的比例共34.1%,还有26.5%的农村干部表示“不清楚”,见图3-10。从占比略超过过三成的农村干部对国家大事的不关心态度和弄不懂、不清楚国家大事什么重要、什么不重要的比例合计为65.9%，可以说明即使是作为基层社会治理精英的农村干部也对国家事务的认知态度上尚有很大的不足。

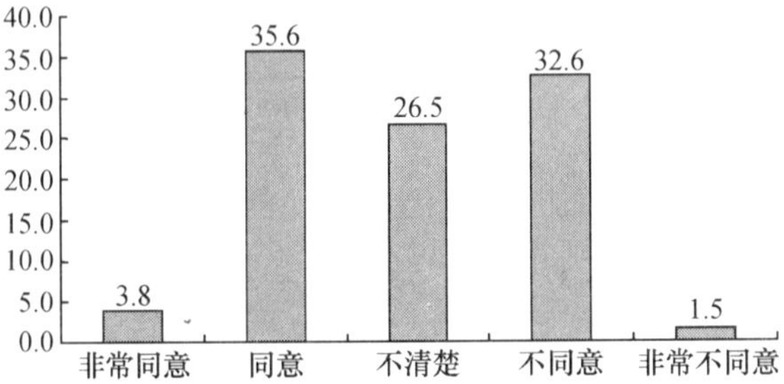

图 3-10　农村干部对国家和政府的事弄不懂的认同差异(单位:%)

总的来说，农村干部对乡镇的政务表示十分关心的比例最低，对国家的农村政策的关心程度最高，即使农村干部作为村组的治理精英，其对村组的村务公开表示十分关心的程度尚低于对国家的农村政策的关心程度约十个百分点。这首先说明，农村干部对自身社区的政治事务的关注度明显不够，而且对乡镇政府的政务公开的关心度的较低也体现了一定程度的风险的存在，因为国家的农村政策需要最终落实到农民身上，需要作为最基层的乡镇政府的执行。不过，虽然农村干部表现出了对国家农村政策的高关注，但是进一步考察其对国家事务的认知态度可以看出，农村干部对国家事务的认知和关注仍然停留在较低水平，这也应该引起重视。

5. 法律意识

我们主要考察的是农村干部对法律作用和公正性的认知，从对法律作用的认知来看，85.6%的人认为法律在生活中的作用“非常重要”、“重要”，仅有3.0%的人认为“不重要”和“非常不重要”，另外，仍有11.4%的人“不清楚”法律的作用如何，见表3-9。

表 3-9　农村干部对法律作用的重要性判断

	非常重要	重要	不清楚	不重要	非常不重要	合计
频数	57	56	15	1	3	132
占比(%)	43.2	42.4	11.4	0.7	2.3	100.0

在对“法律的最重要作用是什么”的回答中，43.9%的农村干部认为法律的最重要作用是“保护老百姓的权利”，认为是“惩罚罪犯”的比例为37.1%，还有12.9%和6.1%的人分别认为法律的最重要作用是“管老百姓”和“干部”，见表3-10和图3-11。

表3-10 农村干部对法律作用的重要性判断

	管老百姓	管干部	保护老百姓的权利	惩罚犯罪	合计
频数	17	8	58	49	132
占比(%)	12.9	6.1	43.9	37.1	100.0

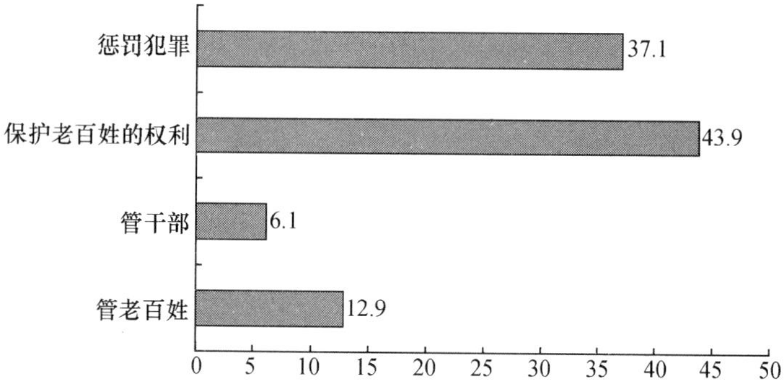

图3-11 农村干部对法律最重要作用的认知(单位:%)

但在实际生活中,法律的作用如何呢?根据农村干部对“生活中往往有‘人情大于国法’现象”的认知,表示“非常赞同”和“基本赞同”的比例分别为14.4%和32.6%,比例合计为47%,分别有27.3%和13.6%的人表示不太赞同和非常不赞同,另外还有占比12.1%表示不清楚,见表3-11和图3-12。很明显,认同“生活中往往有人情大于国法现象”的比例将近一半,而表示明确反对的比例仅四成,尚低于前者的比例。

表3-11 农村干部对“人情大于国法”现象的认同状况

	非常赞同	基本赞同	不清楚	不太赞同	非常不赞同	合计
频数	19	43	16	36	18	132
占比(%)	14.4	32.6	12.1	27.3	13.6	100.0

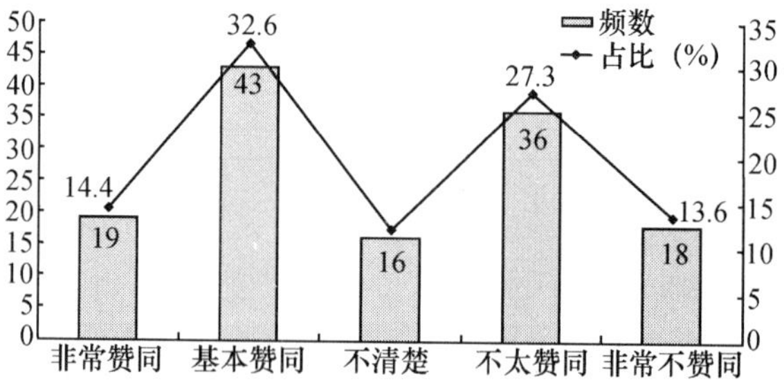

图3-12 农村干部对“人情大于国法”的认同状况

进一步考察农村干部对法律公正性的认知,如果正当权益遇到乡里干部侵害,65.9%的农村干部认为告到法院能够得到公正解决,因为他们相信法律是公正的,有18.2%的人表示不能,因为他们认为法院会官官相护,另外有15.9%的人表示“不清楚”。虽然有六成五的农村干部相信法律的公正性,但表示不清楚和不信任的比例合计高达三成以上,还是显示出农村干部法律意识上的一定程度的风险的。

总的来说,农村干部的法律意识可以概括如下:85.6%的农村干部认为法律在生活中的作用非常重要和重要,说明法律的作用为农村干部所高度认同,但在对法律作用的考察中,农村干部的认识出现了分化,保护老百姓的权利和惩罚犯罪所占的比例较高,分别为43.9%和37.1%。不过,农村干部中有47%的人认为生活中往往有“人情大于国法”的现象,超过了对此持反对态度的比例。但是,农村干部中还是有65.9%的人认同法律的公正性的。可见,农村干部的法律意识很高,但法律在实践中的作用需要进一步加强公正性,避免人情等因素的干扰。

6. *身份意识*

中国农村与城市的差距仍然存在,差距的背后是城乡居民的社会权利和享受到的公共服务上的差别。农村干部虽然是农村基层社会的治理精英,但他们的身份仍然是农民,不过调查显示,有67.4%的农村干部同意或非常同意“作为一个农民,我感觉很自豪”的观点,而对城市人和农村人的差别认识上,有51.5%的农村干部认为两者是没什么差别,也有34.1%的农村干部持相反态度,可见农村干部对农村人与城市人是否存在差别上还有一定的迟疑。不过,在成为城市人的期待上,有65.9%的农村干部表现出了比较强烈的期待,不期待的比例只占18.9%,二成不到,而且在对自己的后代不再当农民的期待上,74.2%的农村干部表示非常同意和同意,见表3-12。

表3-12 农村干部的身份意识状况 (单位:%)

	非常同意	同意	不清楚	不同意	非常不同意
作为一个农民,我感觉很自豪	13.6	53.8	16.7	14.4	1.5
城里人和农村人没有什么差别,都是平等的	10.6	40.9	14.4	28.8	5.3
如果有机会,我希望成为一个城市人	12.9	53.0	15.2	17.4	1.5
我希望自己的后代不再当农民	22.7	51.5	13.7	9.1	3.0

($N=132$)

虽然有三分之二的农村干部对自己作为农民的身份感到自豪,也有超过一半的人认为城市人和农村人没什么差别,但有65.9%的人希望自己成为城市人,更有高达74.2%的人希望自己的后代不再当农民,这反映出农村干部期待实现身份的转换和对农民身份的自豪之间形成了一个矛盾,也预示着农村干部对城乡差别和自身的身份认识上存在着一定的风险。

7. 社区信任意识

农村干部虽然是农村社会的治理精英,但他们也是生活在农村社区内的,他们的社区信任意识具有重要意义。调查数据显示,有77.1%的农村干部认为"我的邻居和朋友都是好人,值得信任",认为不值得信任的比例为9.9%,另有12.9%的人表示不清楚自己的邻居和朋友是否值得信任。而当遇到困难时,62.7%的农村干部认为有人会真正给予关心,不过认为没有人真正给予关心的比例为22.7%,不清楚的比例为14.4%。再考察农村干部的经济信任意识,51.1%的人认同做生意还是和一个村的人合伙比较好,认为不清楚的比例较大,占比22.1%,而明确表示不同意的人也占26.7%,见表3-13。

表3-13 农村干部的社区信任意识状况 (单位:%)

	非常同意	同意	不清楚	不同意	非常不同意	合计
我的邻居和朋友都是好人,值得信任	10.6	66.7	12.9	9.0	0.8	100.0 (132)
当我家里有困难时,没有人真正关心我	3.8	18.9	14.4	58.4	4.5	100.0 (132)
做生意还是和一个村的人合伙比较好	5.3	45.8	22.2	25.2	1.5	100.0 (131)

从农村干部的社区信任意识来看,有77.1%的人认为自己的邻居和朋友都值得信任,也有占比62.7%的人认为当自己遇到困难时,会有人真正给予关心,可见农村干部对自身所生活的社区的信任意识还是很高的,但仅有51.1%的人认为做生意还是和同一个村的人合伙比较好,这种逐渐递减的比例说明社区信任的关键在于邻居和朋友的互助,虽然总体有较高的信任比例,但这种信任意识需要进一步地加强和维系。

8. 社会认同意识

我们考察了农村干部对社会秩序、腐败和农村社会风气、社会安全感的评价这四个方面,研究表明,50.0%的农村干部认为"现在的社会秩序越来越差了",明确表示不同意和非常不同意也占比40.9%,剩余的9.1%是不清楚的比例。在对"当官的越来越腐败"的认同中,56.8%的人表示认同,不清楚和不认同的比例分别为19.0%和24.2%。而在对农村社会风气是否下降很快的评价中,42.4%的农村干部持肯定的态度,48.5%的人持否定的态度,另有9.1%表示不清楚,不过,仍有高达88.6%的农村干部认同"生活在我们这个地方,让我感觉非常安全"的评价,表示不清楚和不同意的比例相当,分别为6.1%和5.3%,见表3-14。

表 3-14　农村干部的社会认同意识考察　　（单位:%）

	非常同意	同意	不清楚	不同意	非常不同意
现在社会秩序越来越差了	12.9	37.1	9.1	35.6	5.3
当官的越来越腐败	13.6	43.2	19.0	21.2	3.0
农村的社会风气下降很快	6.8	35.6	9.1	43.2	5.3
生活在我们这个地方让我觉得非常安全	16.7	71.9	6.1	5.3	0.0

（$N=132$）

总的来说,有一半的农村干部认为现在的社会秩序越来越差,也有56.8%的人认为当官的越来越腐败,可见农村干部对总体社会的评判不理想,也说明当今的社会问题比较严重,尤其是腐败所凸显出的潜在风险。而在对农村社会风气和安全感的评价上,有超过四成的农村干部认同农村的社会风气下降很快,显示出在当今的市场化浪潮下,农村的传统纽带遭到了毁灭性的破坏,并已引发出了一系列的社会问题。不过,高达88.7%的农村干部认为生活在自身的社区中还是感觉很安全的,说明农村干部在农村社区传统的安全保护功能并没有丧失,对社区仍有很高的信心。

通过对农村干部的政治意识的全方位考察,我们可以发现农村干部表现在政治意识上的一般性特点:第一,农村干部对政治权利的认知水平较高,但对自身政治权利的珍惜和权利正常表达的意愿相对来说明显低于前者;第二,虽然有七成的农村干部表示知道去哪里反映意见,但是仍有近五成的农村干部认为我们农民很多时候是有理没处说的;第三,农村干部普遍认为农村工作的关键在于干部,这甚至比法律、政策的作用更大,而能力被视为农村工作的第一要素;第四,农村干部对政治事务的关注呈现显著差异,对乡镇政务的关注度最低,对国家的农村政策的关注度最高,即使是对村务的关注度也比不上;第五,85.6%的农村干部认同法律的重要性,不过法律的公正性往往会受到人情等因素的影响;第六,有三分之二的农村干部对身为农民的身份感到自豪,不过却有65.9%的人表示希望成为城市人,期望自己的后代不再当农民的比例更高,为74.2%;第七,77.1%的农村干部认为自己的邻居和朋友是值得信任的,从51.1%的农村干部认为做生意还是和同一个村的人合伙比较好,说明农村干部的社区认同和依赖意识还维持着较高的水平;第八,有超过一半的农村干部认为社会秩序和腐败等社会问题较为严重,而农村社会风气也有着较大程度的下降,不过农村干部仍然相信社区的安全保护功能。

(三)农村干部的政治参与状况

我们对农村干部政治参与状况的研究主要从组织性参与经历和意愿、对村庄公共事务的参与状况、社会交往状况和利益表达与权益维护的行动方式等方面进行展开。

1. 组织性参与经历与意愿

首先,调查的132位农村干部担任的是村民委员会或党支部干部、村民小组长等正式职务,而参与其他社会政治组织的经历如下:有15.2%的农村干部表示是村民理财小组成员,31.8%的人表示是村民代表会议的代表,而对农村民间宗教组织、个体户或私营企业家协会、新农村建设理事会、农村红白喜事理事会和农民经济合作社的参与比例分别为0.8%、2.3%、8.3%、2.3%、3.8%。如果进一步考察农村干部的组织性参与期待,如图3-13所示,农村干部对村民委员会或村党支部、村民理财小组和村民代表会议的参与期待分别为25.0%、11.4%和15.9%,而对个体户或私营企业家协会、新农村建设理事会、农村红白喜事理事会和农民经济合作社的参与期待比例相当,分别为7.6%、7.5%、3.8%和7.6%,此外,对以上这些组织的参与均没有什么期待的比例占21.2%。

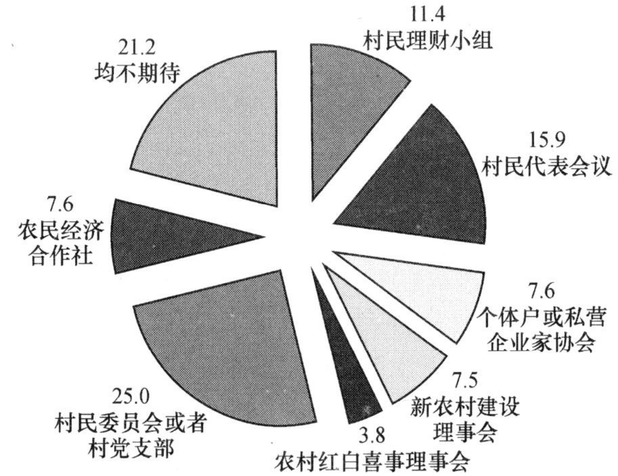

图3-13 农村干部的组织参与期待(单位:%)

如果我们进一步将农村组织分为两类，一类为农村政治组织，包含村民委员会或村党支部、村民理财小组和村民代表会议，第二类为农村社会组织，包含个体户或私营企业家协会、新农村建设理事会、农村红白喜事理事会和农民经济合作社。那么可以得出，农村干部对农村政治组织的参与比例为 52.3%，对社会组织的参与比例为 26.5%，而对这些均没有什么期待的农村干部的比例也占到 21.2%，见图 3-14。

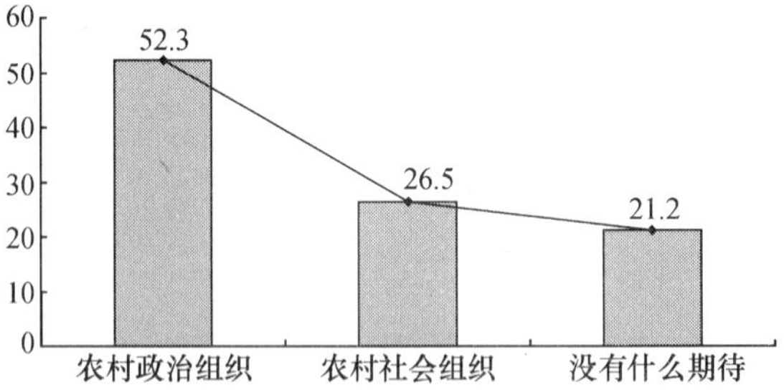

图 3-14　农村干部组织参与期待的差异对比(单位:%)

总体来说，农村干部虽作为农村政治组织的主要成员，对政治组织的参与比例较高，但没有超过半数，而对农村各种社会组织的参与比例相当低，均没有超过 10.0%，这或许与农村社会组织的不发达有关。但通过对农村干部的组织参与期待来看，对政治组织和社会组织的参与期待上的差异仍然明显，对前者的期待明显高出于后者很多，但也有逾二成的农村干部表示对这些政治社会组织没有什么参与期待。从这我们可以得出，农村干部的政治参与期待并不与其政治经历相一致，而是表现较弱。当然，农村基层社会的村民自治制度强调的是村民自我管理、自我服务功能，社会组织的发达和农民的政治参与程度反映了农村基层社会的治理活力，不过，在实际上作为农村社会政治精英，对基层社会的社会组织的参与实践和意愿的比例并不太高说明了基层社会组织发展的脆弱和农村干部的参与局限。

2. 对村庄公共事务的参与状况

农村干部对村庄公共事务的参与兴趣和基本状况反映了村民自治的功效，占比 63.6% 的人表示对村里的各种公共事务都有兴趣弄清楚，而表示没有兴趣弄清楚的比例和不清楚的比例相当，均为 18.2%。而在村里开会讨论问题时，63.6% 的农村干部表示自己经常积极发言，认为自己并不经常积极发言的人占比 21.2%，也有 15.2% 的人表示不清楚，这是农村干部在村庄公共政治空间上的政治参与表现。而在邻里亲朋议论村里的事情时，67.4% 的农村干部表示会经常积极参加，明确表示不会积极参加的比例为 19.7%，见表 3-15。

表 3-15 农村干部对村庄事务的参与状况 (单位:%)

	非常同意	同意	不清楚	不同意	非常不同意
我对村里的各种公共事务都有兴趣弄清楚	14.4	49.2	18.2	17.4	0.8
村里开会讨论问题时,我经常积极发言	11.4	52.2	15.2	18.9	2.3
在邻里亲朋议论村里的事情时,我经常积极参加	12.9	54.5	12.9	18.9	0.8

($N=132$)

从农村干部对村庄事务的参与来看,占比63.6%的人表示对村里的各种公共事务都有兴趣弄清楚,也有63.6%的人表示自己在村里开会讨论问题时经常积极发言,可见农村干部对村庄事务的参与状况还是较高,不过从其自身作为村庄治理精英的身份的角度来说,这种参与度并不太高。这也反映出中国农村村民自治发展的不足。而在村庄公共政治空间之外,有略高的占比67.4%的农村干部表示会经常积极参加邻里亲朋对村里事情的议论。

3. 社会交往状况

当问及农村干部和哪些人有过较多交往时,我们根据农村干部的选择排序可以看到农村干部相互之间的交往最多,占比65.2%,农村干部与本村外出打工的村民、本村经商的村民和乡镇干部的交往实践都相差不多,分别为34.8%、33.3%和31.8%,此外,与乡镇包村干部和中小学教师的交往比例分别为28.5%和23.5%,再者,与外村经商的村民、县里的干部和外村外出打工的村民的交往实践相对更少,比例分别为15.2%、10.6%和10.6%,见表3-16。

表 3-16 农村干部的社会交往状况 (单位:%)

排序	农村干部的交往对象	占比(%)
1	村干部	65.2
2	本村外出打工的村民	34.8
3	本村经商的村民	33.3
4	乡镇干部	31.8
5	乡镇包村干部	28.0
6	中小学教师	23.5
7	外村经商的村民	15.2
8	县里的干部	10.6
9	外村外出打工的村民	10.6

($N=132$,本题为多选题,所以百分比之和≥100.0%)

再进一步考察，农村干部喜欢与哪些人交往，调查结果显示，排在第一位的是村干部，占比42.4%，其次是本村经商的村民和本村外出打工的村民，占比分别是37.9%和36.4%，然后是乡镇包村干部、中小学教师和乡镇干部，分别占比23.5%、23.5%和20.5%，而与外村外出打工的村民、外村经商的村民和县里的干部的交往表示高兴的比例最少，分别为12.1%、11.4%和10.6%。

表3-17　农村干部的社会交往状况　（单位：%）

排序	农村干部的交往对象	占比(%)
1	村干部	42.4
2	本村经商的村民	37.9
3	本村外出打工的村民	36.4
4	乡镇包村干部	23.5
5	中小学教师	23.5
6	乡镇干部	20.5
7	外村外出打工的村民	12.1
8	外村经商的村民	11.4
9	县里的干部	10.6

（$N=132$，本题为多选题，所以百分比之和≥100.0%）

从农村干部的社会交往状况和意愿的排序来看，其交往较多的对象和让他们感觉高兴的交往对象具有一定程度的指向性，首先是农村干部群体自身，其次是本村经商和务工的村民，然后是中小学教师和乡镇干部。

4. 利益表达和权益维护的政治行动方式

当农村干部的合法权益受到侵害时，数据显示，37.9%的人会选择找上级干部解决，第二位的方式选择是双方协商私了解决，占比27.3%，再次是到法院告状的，比例为19.7%，其余的维权方式，如找村里或家族有威望的人调解、武力报复和忍气吞声的分别占比8.3%、5.3%和1.5%，见表3-18和图3-15。如果我们将其维权方式分为制度化和非制度化，可见制度化的维权方式，即如找村干部解决和到法院告状的比例合计为57.6%，而非制度化的维权方式占了余下的比例，将近一半；如果将其方式分为法律方式、政治方式和传统方式，可见采用法律方式的比例仅将近二成，政治方式占到近四成，而传统方式所占较大，通过私了、找村内权威解决占比35.6%。

表3-18 农村干部维护自己合法权益的方式选择

	双方协商私了	忍气吞声	武力报复	到法院告状	找干部解决	找村里或者家族有威望的人调解
频数	36	7	2	26	50	11
占比(%)	27.3	5.3	1.5	19.7	37.9	8.3

($N=132$)

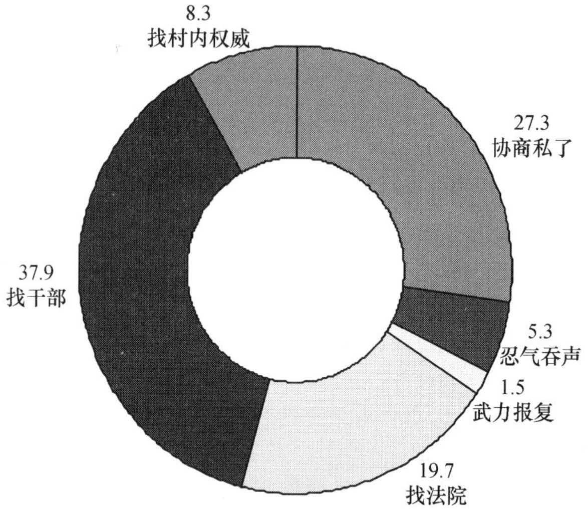

图3-15 农村干部维护自己合法权益的方式选择(单位:%)

农村干部还有作为农民利益代表者的身份,根据对农村干部在面临当地基层政府搞违背国家政策的"土政策"时的政治行动方式的统计显示,65.9%的农村干部会集合一些村民一起提意见,其他方式的选择如上访、向媒体反映情况、到法院打官司所占的比例分别为7.6%、8.3%和3.0%,选择"委曲求全"和"不关心"的比例分别为8.3%和6.1%,另外,还有0.8%的农村干部会贿赂上级干部,让他给我优待就行了,见图3-16。

可见,当农村干部的合法权益受到侵害时,其维权方式的选择依次是找干部、协商私了和到法院告状,而在维护村民整体利益时,65.9%的人会选择集合一些村民提意见,其他方式的选择所占的比例均很低。这说明,农村干部的维权方式具有很强的政治特性,而且现代的法律维权手段并没有成为农村干部维权的首选对象,可以看出农村干部的法律行为明显不足,但对干部的期待还是相当高的。

从对农村干部的组织性参与经历和意愿、对村庄事务的参与状况、社会交往

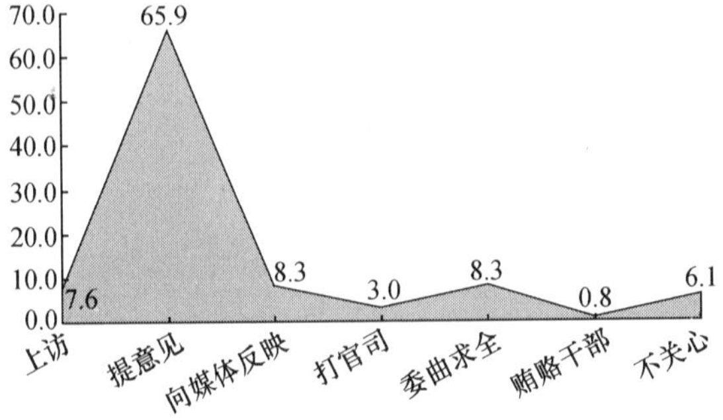

图 3-16　农村干部面对当地基层政府搞“土政策”时的政治行动方式选择(单位:%)

状况及利益诉求方式的考察,我们可以得出农村干部在政治参与上的一般性特征如下:第一,农村干部作为农村主要政治组织的成员,其对社会组织的参与率较低,而且对政治组织的参与主要局限于其政治职位的需要;第二,有 63.6% 的农村干部表示对村里的各种公共事务都有兴趣,而且有相同比例的农村干部在村里开会时经常积极发言,另有 67.4% 的农村干部表示经常会参加邻里朋友对村里事情的议论,这些说明农村干部对村庄事务有着较高的参与水平;第三,农村干部的社会交往对象选择有一定的指向性,对农村干部群体圈、本村经商和务工的村民有着较高的指向;第四,农村干部的维权方式相对理性,找干部和向上级提意见是占比最大的首选方式,法律维权手段尚未成为主导。

(四) 农村干部的政治评价和认同状况

农村干部政治评价和认同主要分析的是农村干部对过去和当前政治发展状况和行动的评价和权威认同等,我们重点探寻了农村干部对中央政策和国家的认同评价、对地方决策的支持和干群关系的评价、对农民和农村生活的评价、对自身政治地位的评价和对社会的信任评价,试图构建起农村干部的政治评价和认同体系。

1. 对中央政策和国家认同的评价

近几年来,随着国家支农惠农政策的不断深入,农民对中央和国家的政策认同度有了相当的改善,首先有 92.4% 的农村干部表示中央的农村政策很受农民欢迎,仅有 2.3% 的人表示不认同,不清楚的比例也仅占 5.3% 。而且有 90.1% 的农村干部认为党和国家是真正关心我们农民的,除表示不清楚的比例为 7.6% 外,明确表示不同意的比例为 2.3% ,两者的合计比例不超过 10.0% 。对中央政策的高位评价和对党、国家的高位认同明显体现在农村干部对国家领导决策的支持上,表示支持的比例为86.4%,另外,分别有12.1%和1.5%表示不清楚或在一般情况下并不支持。但是,在对"政府正在做越来越多的好事服务农民"的同意程度上,有89.4%的人表示认同,表示不清楚和不认同的比例分别为7.6%和3.0%,见表3-19和图3-17。

表3-19 农村干部对中央政策和国家认同的评价 (单位:%)

	非常同意	同意	不清楚	不同意	非常不同意
中央的农村政策很受农民欢迎	32.6	59.8	5.3	1.5	0.8
我觉得党和国家是真正关心我们农民的	33.3	56.8	7.6	2.3	0.0
一般情况下,我都支持国家领导决策的事	22.7	63.7	12.1	1.5	0.0
政府正在做越来越多的好事服务农民	28.0	61.4	7.6	2.2	0.8

($N=132$)

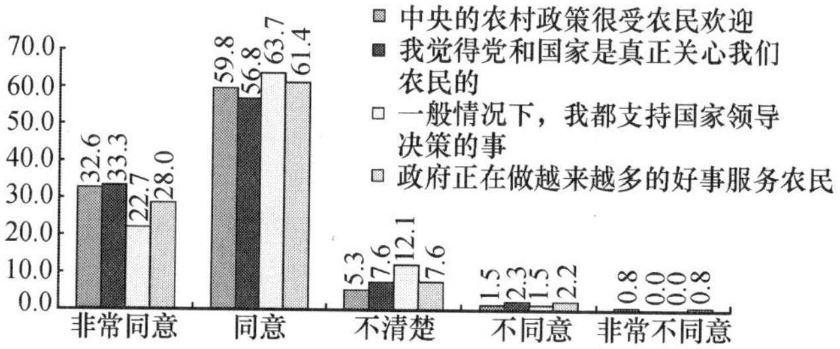

图3-17 农村干部对国家政策的评价与认同(单位:%)

可见,农村干部对中央的农村政策有着高位的认同,这与近几年来国家的支农惠农政策力度的不断加大有着密切的关系,同时,农村干部对国家领导决策的认同也趋向很高的水平,而同时所伴随的是农村干部对政府的未来认同期待水平也很高。这也证明要塑造农村干部对国家的归属和认同感,需要从国家的农村政策入手。

2. 对地方决策的支持度和干群关系的评价

对于地方决策,我们将其分为村组、乡镇和县级三个层次,通过考察农村干部对这三个层次的干部的决策的支持度,如表3-20所示,一般来说,作为村组干部,其对自身群体决策的事表示支持的比例为78.8%,表示不清楚和不赞同的比例分别为15.2%和6.0%,而对于乡镇干部的决策,一般情况下会表示支持的比例为68.9%,表示不清楚和不赞同的比例分别为22.8%和8.3%,对地方县里干部决策的事,持支持态度的比例为67.4%,略低于对乡镇干部决策的支持度,表示不清楚和不赞同的比例分别为26.5%和6.1%。可见,如图3-18所示,在地方层次上,农村干部对决策的支持度随着政治层级的提升而呈现一种递减的状况,不过农村干部对乡镇和县里干部决策的支持度相差不大,而对于村组决策的事的支持度约高出两者十个百分点,不过,作为村组干部,其对自身群体决策的支持比重还是显得不足。

表 3-20　农村干部对地方不同层级领导干部决策的事表示支持的对比（单位:%）

	赞同	不清楚	不赞同
一般情况下,我都支持村组干部决策的事	78.8	15.2	6.0
一般情况下,我都支持乡镇干部决策的事	68.9	22.8	8.3
一般情况下,我都支持县里干部决策的事	67.4	26.5	6.1

（$N=132$）

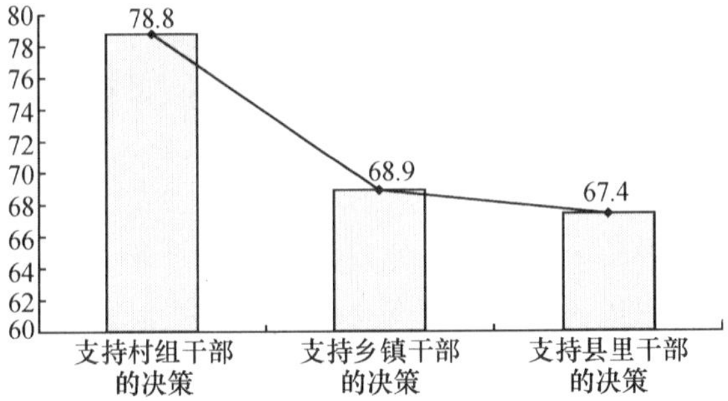

图 3-18　农村干部对地方不同层级领导干部决策的事表示支持的对比差异(单位:%)

不过,农村干部对地方干部的评价还是较高的,调查显示,在对“我们这个地方的干部多数是好的”的评价中,表示赞同的比例为 72.8%,其中非常同意和同意的比例分别为 16.7% 和 56.1%,表示不清楚和不赞同的比例分别为 14.4% 和 12.9%。然而,对“到政府机关办事容易多了”的认同评价中,表示非常同意和同意的比例分别为 10.6% 和 45.5%,比例合计为 56.1%,不清楚、不同意和非常不同意的比例分别为 18.2%、22.0% 和 3.8%,见表 3-21 和图 3-19。可见,并没有压倒性的优势显示农村干部认为到政府机关办事容易多了。

表 3-21　农村干部对地方干部的评价（单位:%）

	非常同意	同意	不清楚	不同意	非常不同意
我们这个地方的干部多数是好的	16.7	56.0	14.4	12.1	0.8
到政府机关办事容易多了	10.6	45.5	18.1	22.0	3.8

（$N=132$）

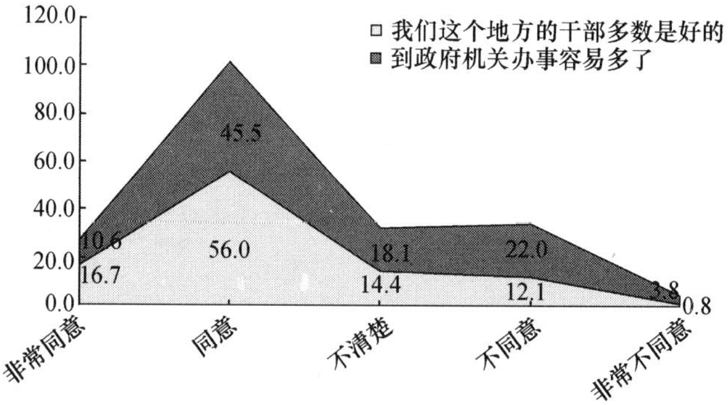

图 3-19 农村干部对地方干部的评价(单位:%)

进一步考察农村干部对干群关系的认识,数据显示,67.4%的农村干部认为村干部和农民的关系变好了,对此表示不同意和非常不同意的比例分别为12.1%和2.3%,另有18.2%的人表示不清楚。此外,在对县乡政府干部与农民关系的评价上,只有51.5%的农村干部认为两者的关系改善了,另有15.9%的人表示不同意,也有占比32.6%的人表示不清楚,见表3-22和图3-20。可见,农村干部在对干群关系的评价上呈现出一种差异,即对村干部与农民关系改善的肯定比对县乡政府干部与农民关系的肯定度要高出约十六个百分点。

表 3-22 农村干部对干群关系的评价 (单位:%)

	非常同意	同意	不清楚	不同意	非常不同意
村干部和农民的关系变好了	10.6	56.8	18.2	12.1	2.3
县乡政府干部和农民的关系变好了	7.6	43.9	32.6	14.4	1.5

($N = 132$)

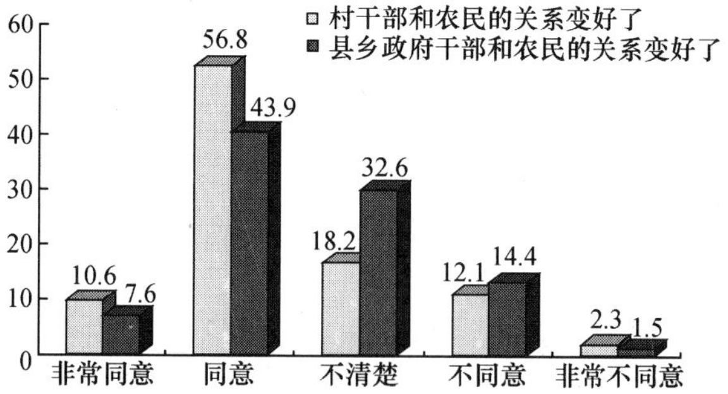

图 3-20 农村干部对干群关系的评价(单位:%)

总的来说,农村干部对地方干部决策的支持度上呈现一种从村组、乡镇到县里的递减趋势,不过其对地方干部的评价还是较高,比例为72.8%,但对到政府部门办事容易多了的认同并没有达到相对高位的比例,仅为56.1%,进一步考察干群关系也发现,农村干部对村干部与农民关系改善的认同相较于对县乡政府干部与农民关系改善的认同度要高,高出约十六个百分点。

3. 对农民和农村生活的评价

农村干部是农村社会的治理精英,他们对农民的评价对于农村社会的治理具有重要意义,农村干部对于农民生活水平的评价显示,对农民的生活水平提高很快表示非常同意、同意、不清楚和不同意的比例分别为25.8%、59.8%、8.3%和6.1%,从占比合计85.6%的高比例可以看出农村干部普遍认为农民的生活水平提高很快,见图3-21。

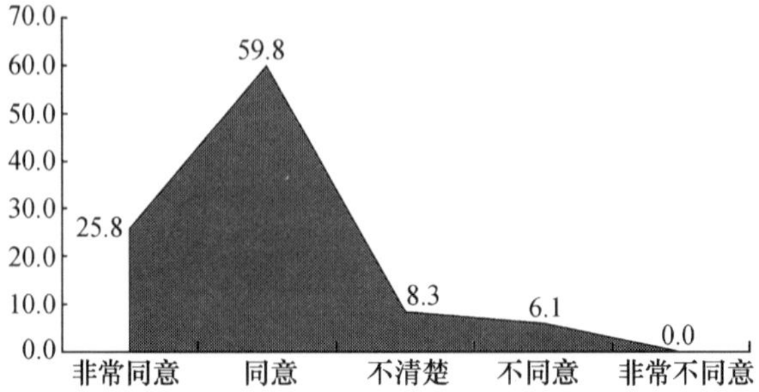

图3-21　农村干部对农民生活水平提高很快的认同状况(单位:%)

考察农村干部对于农民合作状况的评价,根据农村干部对“农民就是一盘散沙,弄不成什么事”的认同,数据显示,有31.8%的人表示同意,而68.2%的人表示反对,见图3-22。可见,超过三分之二的农村干部对农民是一盘散沙持否定态度的。

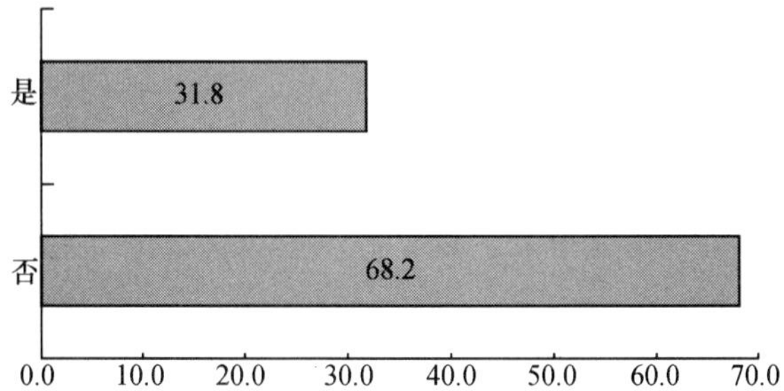

图3-22　农村干部对“农民就是一盘散沙,弄不成什么事”的赞同度(单位:%)

而对于农村生活,农村干部中有23.5%的人表示不喜欢农村生活,表示不清楚自己是否喜欢农村生活的比例为14.4%,不过对于"不喜欢农村生活"表示不同意和非常不同意的比例分别为54.5%和7.6%。而对于"我对现在的生活很满意"的认同判断中,持非常同意和同意的比例分别为18.9%和56.9%,合计为75.8%,而表示不清楚和不赞同的比例相对较少,分别为9.8%和14.4%,见表3-23。

表3-23 农村干部在社区的自我评价 (单位:%)

	非常同意	同意	不清楚	不同意	非常不同意
我不喜欢农村生活	1.5	22.0	14.4	54.5	7.6
我对现在的生活很满意	18.9	56.9	9.8	13.6	0.8

($N=132$)

总的来说,农村干部普遍认为农民的生活水平有了很大的改善,占比达到了85.6%,而对农民属性的判断显示,超过三分之二的人认为农民不是一盘散沙。对农村生活的评价显示,有合计占比62.1%的农村干部表示喜欢农村生活,而且有75.8%的人很满意现在的生活。

4. 对自身政治地位的评价

农村干部中有75.0%的人表示自己在村里受到多数村民的尊重,对此明确表示不同意的仅占比4.5%,有20.5%的人表示不清楚。而在对自身"对政府和干部的所作所为根本没有影响力"的判断上,有47.7%的农村干部对此表示同意和非常同意,占比将近一半,仅有34.8%的人表示不同意,另有17.5%的人表示不清楚,见表3-24。

表3-24 农村干部在社区的自我评价 (单位:%)

	非常同意	同意	不清楚	不同意	非常不同意
我在村里受到多数村民的尊重	13.6	61.4	20.5	4.5	0.0
像我这样的小老百姓对政府和干部的所作所为根本没有影响力	9.1	38.6	17.5	31.8	3.0

($N=132$)

通过考察农村干部在村庄的政治地位和对政府的政治影响力,我们可以发现,如图3-23所示,农村干部认为自身在村庄受到尊重的比例高达75.0%,而对自身影响政府决策的能力或干部行为的判断评价比例仅占34.8%。

这两者是农村干部对自身在社区政治生活和政治影响力的评价,农村干部是生活在农村社区中的政治性精英,他们对自己在社区中的地位和对政府的影响力

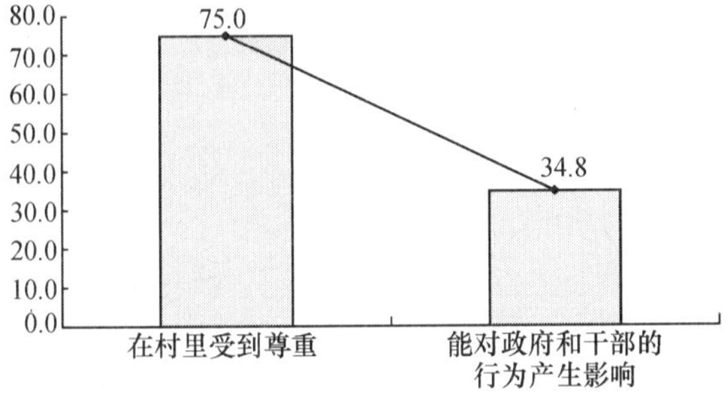

图 3-23　农村干部对自我政治地位的评价(单位:%)

如何显示着很重要的政治认同状况。有 75.0% 的农村干部认为自己在村里受到多数村民的尊重,说明了农村干部主观上认为自身在村里的地位还是很高的。而在对自身对政府和干部的影响力上,有 47.7% 的人认为根本没有什么影响力,体现了农村干部在对自身的政治影响力的评价上有一定程度的挫折感。

5. 对社会的信任和未来的预期评价

我们考察了农村干部对人际信任和市场信任两个方面的评价,数据表明,农村干部中对"生活中有一些人特别值得我信任"表示非常同意和同意的比例分别为 10.6% 和 72.0%,合计高达 82.6%,而不清楚和不同意的比例分别为 11.3% 和 6.1%,相对很低。而对于市场的信任,根据对"我购买商品之后,总是怀疑可能买到假货"的判断,表示非常同意和同意的比例分别为 9.1% 和 36.4%,而持不同意和非常不同意的比例则分别为 35.6% 和 3.8%,另有 15.1% 的人表示不清楚,见表 3-25 和图 3-24,这说明农村干部并没有显示对市场的明显信任水平。

表 3-25　农村干部对社会的信任状况　(单位:%)

	非常同意	同意	不清楚	不同意	非常不同意
生活中有一些人特别值得我信任	10.6	72.0	11.3	6.1	0.0
我购买商品之后,总是怀疑可能买到假货	9.1	36.4	15.1	35.6	3.8

($N=132$)

考察农村干部对未来的预期,我们发现,64.1% 的人认为自己会过上自己想要的生活,仅有 19.8% 的人认为这根本不可能,另有 16.1% 的人表示不清楚,而在对"十年之后,我们家会更加富裕"的判断中,持非常同意和同意的比例分别为 28.0%、56.8%,表示不清楚的比例为 14.4%,而不同意的比例仅为 0.8%,见表 3-26。从合计占比为 84.8% 可见农村干部对家庭的未来期待相当高。

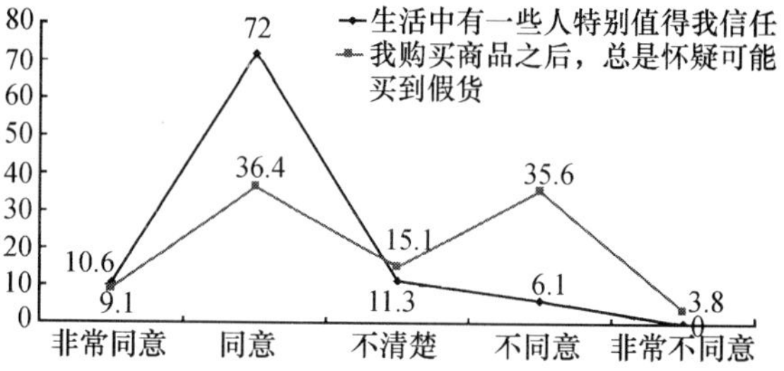

图 3-24 农村干部对社会的信任状况(单位:%)

表 3-26 农村干部对未来生活的预期 (单位:%)

	非常同意	同意	不清楚	不同意	非常不同意	合计
我觉得我根本不可能过上自己想要的生活	1.5	18.3	16.1	56.5	7.6	100.0 (131)
十年之后,我们家会更加富裕	28.0	56.8	14.4	0.8	0.0	100.0 (132)

在对村庄的未来发展预期上,我们可以发现,对“十年之后,我们村会更加繁荣”表示非常同意、同意、不清楚、不同意和非常不同意的比例分别为 26.5%、53.8%、18.2%、0.7% 和 0.8%,见图 3-25。从表示同意和非常同意的比例合计为 80.3%,表明农村干部对村庄未来的繁荣有很高的期待水平。

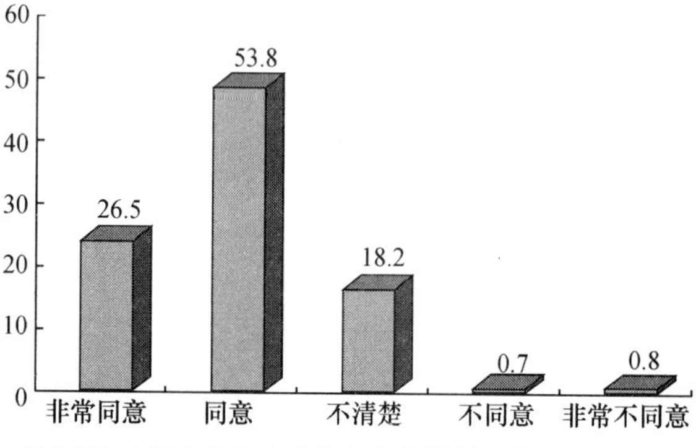

图 3-25 农村干部对村庄未来发展的预期(单位:%)

总的来说,农村干部对社会的人际信任水平持较高的认同度,但是对市场的信任评价水平并不高。而考察农村干部对未来的预期水平表明,63.7% 的人认为会过上自己想要的生活,不过,对十年后家庭会更加富裕的认同度更高,比例为 84.8%,而作为村干部,其对村庄十年后会更加繁荣的期待也相当高,比例为

80.3%。

通过考察农村干部的政治评价和认同状况，我们总结认为农村干部在政治评价和认同上具有以下的一些基本特征：第一，农村干部对中央的农村政策和国家领导的决策均有着高位的认同，对政府未来的期待水平也很高；第二，农村干部对地方干部决策的支持度呈现一种从村组、乡镇到县里的递减趋势，在干群关系的改善上，农村干部也认为村组干部与农民关系的改善状况明显好于县乡干部与农民关系的改善水平；第三，农村干部普遍认为农民的生活水平有了很大的改善，也对自身的生活呈现了较高的满意程度，对农民和农村生活的评价上，超过三分之二的人认为农民不是一盘散沙，有62.1%的农村干部表示喜欢农村生活；第四，有75.0%的农村干部认为在村庄中自身的政治社会地位是很高的，但是其对自身影响政府和干部行为的影响力评价较低，有47.7%的人表示根本没有什么影响力；第五，农村干部对社会人际信任有着较高的认同，但对市场的信任评价并不高，即便如此，农村干部对未来的经济社会期待还是很高的。

三、结论与基本建议

农村干部是农村基层社会的治理性政治精英，他们是推动农村社会民主政治发展和法治建设的重要先锋力量，考察他们的政治发展状况，梳理出其一般的政治表现特点、主要问题和挑战，对于更好地带动农村社会的发展具有重要的政治社会意义。经过实证分析研究，我们得出如下结论：第一，农村干部的文化素质和经济条件相较于普通村民要高，但高学历时代仍未到来；男性村民仍然是农村干部队伍的主体，女性农民的参政水平仍然较低；第二，农村干部的政治权利意识较强，但组织性参与水平，尤其是对社会组织的参与水平很低；第三，农村干部的法律意识较强，对维权方式的选择也较为理性，但法律方式仍未成为主导；第四，农村干部对中央的农村政策和国家有着高位的认同，对农民的身份也普遍表示自豪，不过对实现从农民身份到城市人转变的期待比例也较高；第五，农村干部对地方政治事务的关注和地方干部的评价呈现从村组向上层级的递减趋势；第六，农村干部对社区的信任和农村生活的认同度相对较高，但对腐败、城乡差距等有着较高程度的担忧。

通过对农村干部政治发展状况的研究把握和实证分析，我们认为要从四个层面来推动农村干部政治发展状况的发展。

(一)国家政策层面:进一步推进支农惠农政策的深入,夯实农村基层社会发展的政治经济基础

长期以来,国家对农村的政策是以国家强力从农村吸纳经济社会资源,而农村干部处在国家权力和农村社会的中间地位,由于政治性任务的突出,也就使得其作为国家代理人的角色更为突出,承载着完成国家加诸基层社会的政治任务,这往往引发了基层社会干群关系的紧张。自从2003年开始,国家的农业税、牧业税、农业特产税等逐步取消,国家的支农惠农政策不断深入,如粮食直补、家电下乡、合作医疗和"新农保"政策,从不同角度改善了农民的生活水平,也提升了农村社会的活力。农村干部作为农民群体中的精英角色,也享受到了国家的支农惠农政策的优惠,这促成了农村干部对国家政策和中央的高位认同。

从国家政策的角度,我们根据调查所反映的问题提出如下几点意见:

在继续加大对农村的经济社会扶持的同时,注重农村干部的政治文化素质的提高。我国是一个农业大国,也是一个农业人口占比重大的国家,长久以来国家对农业和农村的投入不足,农民的负担从来没有得到有效的改善。农村税费改革的实行开始改变这一投入不足的局面。最近几年来,国家对农村的社会经济扶持力度不断加大,也迫切催生了农村社会管理角色的转变,对农民干部的原生角色的要求更高,但农村干部适应时代发展要求的政治角色的转变需要相应的文化素质作为支撑。总体来说,虽然农村干部的文化水平有了明显的改善,但要适应农村社会管理的不断变化的形势,尤其是对服务角色的要求,迫切需要推进农村干部政治文化素质的提高,这也说明国家在加强对农村社会政策扶持的同时,也不能忽略作为农村社会管理者的农村干部。

在完善支农惠农政策体系的同时,更加注重对各级政府的政策执行的监督评估。国家支农惠农政策固然能够建构起农民与国家的认同情感,但是政策执行的到位才是使农民真正享受到政策实惠的基石。当前,国家在注重完善支农惠农政策体系的时候,应该更加注重对政策执行的监督管理。在农村社会,直接与广大农民打交道的是农村干部,在村民的眼中,他们又是国家的代表者,有义务不折不扣地执行国家政策。但是,在中央出台的政策需要经历各地方政府层级才最后到农村干部,一方面中央难以全方位掌握地方的情况,更因为国家的经济资金需要地方的配套,而地方的裁量权和透明度不高,使得国家政策的弹性有余而缺乏刚性;另一方面,农村干部作为最基层的执行者又没有与政府进行讨价还价的资本和实力,这些不足有可能使得农村干部在既有的一轮干群矛盾退去的时候,进入

一个新的干群关系不信任的时期，要削减农村基层的不稳定因素，就必须更加注重对各级政府的政策执行的监督评估，建立有效的法律监督模式。

（二）民主发展层面：继续推进村民自治制度的深化，建构农村干部多元参与和信任机制

农村基层实行的是村民自治制度，作为实施主体的村民委员会组织承载着推动群众自我管理、自我服务和自我教育的责任，而农村干部作为村民委员会组织的主要成员也就承担着实现推动民主选举、民主决策、民主管理和民主监督发展深化的任务。

扩大民主选举的参与面，激发农民参与基层治理的活力。村民自治的首要内容是实现民主选举，但女性农民参与村庄管理的不足凸显出了民主选举的狭隘，为了真正实现农民对自身社区公共事务的关注度，就需要激活农民的民主权利意识，推进民主选举的扩大化：首先要完善民主选举机制，如“海选”等；其次，推进自治的深化。

推进民主管理的多元化，满足村庄公共事务的多方位要求。村民自治是中国农村群众性自治组织，农民能自主地决定本地方的公共事务。当前，农村基层自组织能力明显不足，社会组织发展不健全，政治参与组织建构不完善。农村干部虽然是农村社会的政治精英，其对村庄公共事务的参与也仅限于政治职务所赋予的角色层面明显不够。国家应该赋予基层社会更多的自治权，并给予更多的政策和资金扶持，在注重村民自治制度的民主性价值的同时，更加注重村民自治的治理性内容，充分发挥农村干部的既有村庄政治社会权威，实现农村基层组织性活力的激活。

把握住农村干群关系缓和的契机，建构农村干部和农民之间的联结纽带。农村干部长久作为国家的代理人角色从农民手中汲取经济资源，也激化了与农民之间的矛盾。税费改革的推行为农村干群关系的调整提供了契机，不过，如果不能有效地建构起农村干部与村民之间的联结纽带，那么，两者的关系就有可能滑向另一个极端，即基层政治冷漠的崛起。国家支农惠农政策体系的完善满足了农民的经济社会要求，农民在对中央和国家建构起高度政治认同的同时，在农村基层可能形成一种政治冷漠的心态。那么，为了推进基层民主的发展，就需要积极建立干群之间的新型关系，而这种新型关系建构的前提就是一个完善的信任制度体系的形成，而信任制度体系形成的保证就是农村村民自治的发展。因为农村基层是农村干部和农民的共同的生活空间，国家支农惠农政策带来农民的经济生活的改善,但基层的各种公共事务尚需要各方的共同参与,这就需要村民自治的深化以真正发挥农民自我管理和自我服务的功能,建构农民与农村干部之间的信任机制就是完成这一功能的重要内容。

(三)社会管理层面:推进社会管理体制的改革创新,深化农村干部的社会认同意识

完善农村基层村民自治制度有利于农村干部更好地履行社区治理的职能,从农村社会内部来化解农村干部治理的内在性风险,夯实民主的基础建设。但农村干部作为国家与农村之间的中间桥梁、作为社会与社区的中间角色,从深化其社会认同意识的角度来推动社会管理体制的改革和创新,能够更好地实现农村干部政治风险的规避。我们的基本建议如下:

顺应中国行政管理体制改革的潮流,加快农村干部的职能转换。农村干部并不是国家行政体系的组成部分,但却对上承担着国家权力下派的政治社会任务,实际上履行着一定的政府职责。当前,中国正在积极推动服务性、透明性政府的建设,也即对政府公务人员提出了更高的政治社会要求,政府功能的转化和政府干部角色的转变也影响着农村政治组织和农村干部的政治社会任务的改变。国家在推动中国行政管理体制改革的同时,也不能忽视引导实现农村干部职能的转换:一方面是放权于农村基层,规范村民自治制度;另一方面要削减农村干部和村委会组织所承担的政治任务。

推进户籍制度改革的进行,努力实现城乡公共服务的均等化目标。中国城乡二元体制的背后是农民与市民、农村和城市社会公共服务上的巨大差距。农村干部作为农村社会的管理者,但农民的身份隔绝了其享受到更好水平的社会公共服务的可能,从其对农民身份的自豪和成为城市人的期待的巨大矛盾中,我们可以看到巨大的政治社会风险。从社会的角度来说,削减城乡二元体制之间的差异是必要的,推动户籍制度改革是首要的内容,更主要的是实现城乡公共服务均等化的目标,把促进基本公共服务均等化作为社会管理源头治理的重要基础。首先要在就业和教育公平上着力,满足群众多元化的需求,坚持公共医疗卫生的公益性质,努力健全覆盖全国城乡的基本医疗卫生制度,逐步实现人人享有基本医疗卫生服务,加快完善社会保险制度,健全农村社会保险的各项制度,扩大社会保险覆盖面,提高社会保障水平。建立健全社会救助体系,充分发挥慈善事业在社会管理中的作用。

进一步推进政府政务公开,从源头上遏制干部腐败。农村干部对政治事务的

关注度在县乡层次上是相对较低的，而且其认为政府干部的腐败现象也较严重，要提高农村干部对地方政府及干部的认同度就需要从遏制腐败和推行政务公开着手，推进政府体制机制的改革。首先要完善政府决策机制，政府科学决策是体现人民当家做主、增进公民政治参与、强化社会管理的重要环节，要广泛吸纳社会力量的意见，尤其是事关农村社会和群众切身利益的重大决策，应该建立广泛的听证制度，可以考虑发挥作为基层治理者的农村干部作用，确保决策的合理性、可行性、安全性。此外，要深化政务公开和财务公开制度，建立有效的政府干部财产申报机制，从源头上遏制腐败的发生。

拓展多渠道的利益表达机制，弥合农村干部利益表达上的挫折感。农村干部认为现有的利益表达渠道不够顺畅，而在维护自己权益方式的选择上，传统的方式和现代的法律途径均不是农村干部的主体选择，采用政治途径向干部反映意见是主流，不论是维护自己的合法权益还是维护农民整体的利益都具有这个倾向。从农村干部的利益表达方式和对利益表达的认知来看，需要一种更加有效的利益疏导和表达机制的建立，以使包括农村干部在内的农民的利益表达诉求能够得到及时地化解并向好的方面转化，保证社会的健康、有序。第一，要建立方式多样、规范有序、畅通高效的诉求表达渠道。第二，要改进信访制度，改变信访是解决和压制问题的传统思维，回归信访的本原角色，切实做到"以人为本"，让群众话有处说、冤有处诉、问题有处反映。教育和引导诉求方依法有序理性表达诉求。第三，要建立和完善社会矛盾调解机制，建构由村组向上的乡镇和县的纵向网络调解机制，充分动员各种社会力量参与化解调处矛盾纠纷，善于运用教育、对话、协商、谈判等方式解决不同利益主体之间的利益冲突。

（四）法治建设层面：完善法律的信度和效度，保证和推进法律维权效用的发挥

推进法律的可信度建设，强调法律执行上的公平公正。到现在为止，中国的法律体系已经逐步形成，但法律的信度并没有与法律体系的完善程度同步发展，如果法律的可信度并没有达到人们的期待，那么法律的社会公正衡量器的作用就会丧失，其所蕴含的社会风险是巨大的。所以要从推进法律的可信度建设入手，而首先就要提高执法者的政治素质和维护法律公正性的决心。其次，要保持司法部门不受各种社会势力的干扰，保证司法独立办案，只有如此才能实现法律执行上的公平公正。

深化法律的效度建设，引导法律方式成为维权的主体。法律效度的建设受其信度的影响，也即法律的公正与否明显会影响到人们使用其来维权的可能。当

前,农村干部的维权方式的选择,以政治性的方式为主体,如果我们按照一种发展的观点来看的话,传统的维权方式已经淡出了农村干部的视界,但法治社会的主体方式即法律尚没有成为他们维权的主体选择,这是一种过渡时期的政治社会抉择,也是农村干部对法律的不信任的客观性结果。那么,在完善信度建设的同时,就需要大力加强普法宣传,建构法律的维权主体选择。

第四章　农民工政治发展状况

在许多国家的现代化进程中，都有大批的农民涌向城市，在中国这样的农业大国，由于农业生产收入的相对微薄，而城市拥有较多的就业机会和相对较高的收入，使得这一特殊群体的数量显得尤为庞大，通常被称为“农民工”。

“农民工”一词最早由张雨林先生在1983年提出，顾名思义，其身份是农民，户口属农村，拥有受法律保护的土地，但却在城市从事着工人活动。从这个意义上来说，农民工还只能是农民，而不是工人。农民工是指进入城镇或者乡镇企业从事非农产业，但户籍仍在农村的过渡性群体。从外延上看，农民工包括乡镇企业农民工和进城农民工。其中，乡镇企业农民工是指在乡镇企业就业的农村人口，但不包括在本地农村从事商业、交通运输、农产品加工等非农产业的自我雇佣者和雇主。进城农民工是指在城镇就业的农村人口，它不仅包括在城镇被雇佣的农村人口，还包括在城镇从事非农产业，但户籍仍在农村的自我雇佣者和雇主。①

随着时代的发展，“新生代”农民工开始出现，最早提出“新生代”农民工概念的是中国社科院社会学所的王春光②。2010年中央一号文件《关于加大统筹城乡发展力度进一步夯实农业农村发展基础的若干意见》中，首次使用了“新生代”农民工这一称谓。本报告认为：“新生代”农民工是一个相对于上一代农民工的概念，主要是指年龄在约18至27岁之间的农民工，他们多是初中毕业，以前没有务工经历，特征显示为受教育程度高、职业期望值高、物质和精神享受要求高、工作耐受力低的务工群体。何磊认为相比与上一代农民工，新生代农民工坚决不愿意过“面朝黄土背朝天、城里挣钱、回家盖房”的农民生活，具有思维活跃、观念更新快、融入城市愿望强烈的明显特征。③

当前，这种兼具工人和农民两种身份的农民工阶层，对我国的经济发展和城市建设作出了巨大的贡献，已经成为我国经济发展中的一支独特生力军，也成为

---

① 黄锟：《中国农民工市民化制度分析》，中国人民大学出版社2006年版，第40页。

② 王春光：《新生代农村流动人口的社会认同与城乡融合的关系》，《社会学研究》2001年第3期。

③ 何磊：《冰山出水——新生代农民工问题来了》，《中国青年报》2005年7月11日。

国家和社会关注的焦点。研究这一群体的政治发展状况不仅关系到我国政治民主发展的深度和广度,更关系到国家稳定及发展前景。

本报告对农民工的研究共分为四个部分:第一部分,阐述农民工的基本概念界定并说明报告的基本构成;第二部分,既有研究的总结和研究方法概述,从基本政治属性和处境、政治态度、政治参与、政治评价和认同等四个方面对既有研究进行整理和总结,并对研究方法简要说明;第三部分对农民工的政治发展状况进行实证分析,首先提出研究假设,然后在充分运用"百村观察"和"千户问卷"调研数据基础上对农民工政治发展状况进行描述性分析;第四部分,结论与建议,先对展开的研究进行总结分析,发现问题及特点,然后针对问题提出相关建议。

一、既有研究总结和研究方法

(一)既有研究总结

1. 基本政治属性和处境

不同的学者和专家从公民基本处境的各个角度进行了分析:

徐勇、徐增阳从公民所处的政治环境角度分析认为:人的社会特性对其政治态度和政治行为产生广泛而深刻的影响。不同的阶级、阶层,不同的社会集团,其政治参与的方式和行为都会存在或多或少的差异。①

蔡昉从农民工工资待遇角度分析认为:作为劳动力重新配置的结果,农民工成为非农就业的主体。由于他们特殊的人力资本禀赋,即具有初级中等教育水平为主,大多数没有专用性的技能,以及他们因缺乏社会保障而不能承受失业或退出劳动力市场,从而倾向于接受较低的保留工资。金融危机期间的 2008 年和 2009 年,农民工实际工资上涨率都超过 10%。②

2010 年新生代农民工即使通过加班获得的月平均工资也只有 1838.6 元,大约为 2009 年深圳市在岗职工月平均工资的 47%,新生代农民工每月所得仅能够维持其本人最低生活水平,大多数的农民工只能精打细算、节俭度日。③

就农民工的从业状况来看,徐勇认为,职业的变动性和身份的恒定性是中国

---

① 徐勇、徐增阳:《流动中的乡村治理》,中国社会科学出版社 2003 年版,第 81 页。
② 蔡昉:《"民工荒"现象:成因及政策涵义分析》,《开放导报》2010 年第 2 期。
③ 深圳市总工会:《深圳新生代农民工生存状况调查报告》,2010 年 7 月 15 日。

农民流动的一个重要特点。[①] 蔡昉从劳动力市场需求方面的分析认为,劳动力市场形成了一种地理意义上的割裂:劳动力需求在沿海地区和城市,劳动力供给在中西部农村。这种分割妨碍了劳动力市场发挥自发调节供求和重新配置资源的功能。[②] 2007 年武汉大学"农民工问题研究"课题组的调查数据显示,农民工的就业部门仍然比较集中,从事制造业和建筑业的农民工人数最多,分别占 42.1% 和 36.7%,两者就占据了总体的 78.8%,其次是社会服务业、批发零售业、住宿餐饮业、采矿业、交通运输仓储邮政业、其他行业,分别占的比例是 6.4%、4.4%、3.8%、2.2%、0.8% 和 2.4%。调查还显示中西部地区输出的农民工比例为 71.4%,57.9% 的农民工在东部地区就业。[③]

在农民工受教育程度方面,农民工文化程度以初中文化程度为主,占 54.6%;高中或中专学历的不到 30%;受过高等教育的极少,大专及以上程度的仅占 6.5%;小学及以下水平为 11.1%;而来到广州后,也只有不到 30% 的农民工接受过相关培训,如务工常识、法律知识等等。[④] 据全国总工会的研究报告显示:当前在新生代农民工中,具有高中及以上文化程度的只有三成左右。[⑤] 出生于 1970—1979 年的农民工与出生于 1970 年以前的农民工相比,文化水平有所提高,而出生于 1980 年以后的农民工则与之前的两代农民工相比,文化程度有了明显提高,大多数人拥有高中或职高学历。[⑥]

2. 政治意识

郑慧从政治意识概念出发认为:政治意识作为政治领域的精神现象,是政治生活和政治活动的心理反映,是人们在特定的社会条件下形成的政治态度、政治情态、政治认识、政治信念、政治习惯和政治价值的复合存在形式。它构成政治系统的基础和环境,是政治的隐性结构。作为一种无形的精神力量,政治意识左右政治主体的行为,影响社会的政治面貌,促进或制约政治经济的发展。[⑦] 虞崇胜认为,政治意识是社会政治生活中的观念形态,它是一个包括政治意识形态、政治心理、政治思想和政治道德在内的人类政治意识系统。一般来说,主要是指社会

---

① 徐勇、徐增阳:《流动中的乡村治理》,中国社会科学出版社 2003 年版,第 7 页。
② 蔡昉:《"民工荒"现象:成因及政策涵义分析》,《开放导报》2010 年第 2 期。
③ 黄锟:《中国农民工市民化制度分析》,中国人民大学出版社 2011 年版,第 43 页。
④ 刘婷、杨敏、周尚万:《论转型期农民工政治参与与和谐社会构建——以广州市为例》,《社会主义研究》2008 年第 4 期。
⑤ 转引自全国总工会:《关于新生代农民工问题的研究报告》,《江苏纺织》A 版 2010 年第 8 期。
⑥ 黄锟:《中国农民工市民化制度分析》,中国人民大学出版社 2011 年版。
⑦ 郑慧:《政治文明:涵义、特征与战略目标》,《政治学研究》2002 年第 3 期。

政治主体所具有的政治认知、政治信仰,以及对于社会政治现象的态度和评价。政治意识作为一种无形的精神力量,驱动和指导着政治主体的政治行为,进而影响社会的政治面貌,促进或制约社会政治发展。正处在社会主义初级阶段的当代中国,其政治意识既同现阶段的政治、经济、文化相适应,同时又随着社会的进步和政治、经济、文化的发展而实现自身的嬗变。在此过程中,农民工的政治意识表现出许多颇具时代性的特点。①

赵文正在对孝感市1000名农民工调查之后得出,农民工政治意识的时代性较明确、利益表达和政治参与意识增强、对现代民主政治的核心程式选举的基本认同、现代"公民"意识初步形成、政治法律意识明显提高、政治认知基本理性并具一定水平。这些表明:农民工政治意识正沿着传统现代的演进主路径发展,城镇化是实现这种演进的基本推动力量。农民工的政治意识在沿着传统现代的主路径演进的同时,其非现代性政治意识,如政治参与意识的严重功利性、传统臣民政治意识依然较浓、政治价值在一定层面上的扭曲、反体制和反规则的流民政治意识潜生等仍然存在而且滋长着。②

据邓秀华研究发现,33.7%的自我评价为底层农民工的人认为人对待政治最好的态度是"不介入",自我评价为上层农民工中,62.3%的人认为应该"积极参与",7.7%的人认为对待政治最好的态度是"尽可能少参与"。③

3. 政治参与

聂月岩、宋菊芳认为,无论是在农村还是在城市,农民工的政治参与愿望都很高,但实际参与率却很低,农民工的政治参与面临重重困难,政治权益难以实现。④

亨廷顿认为"就社会的经济发展对政治参与的长期影响而言,社会经济发展促进政治参与的扩大,造成参与基础的多样化,并导致自动参与代替动员参与"。⑤ 孔德元从政治参与类型角度分析认为:农民工政治参与属于政府主导型,政府行使公共权力的状况在很大程度上影响政治参与及其过程与成效,政府合理行使公共权力才会对政治参与的过程和成效起到积极作用。政治参与常见的和

---

① 虞崇胜:《论政治文明的内在灵魂》,《湖北行政学院学报》2002年第10期。

② 赵文正:《城镇化过程中农民工政治意识考察——以孝感市1000个案的调查为例》,《湖北社会科学》2006年第6期。

③ 邓秀华:《美国移民公共参与对中国农民工政治参与的启示》,《当代世界》2010年第4期。

④ 聂月岩、宋菊芳:《农民工政治参与存在的问题及解决途径》,《城市问题》2010年第6期。

⑤ 〔美〕塞缪尔·P.亨廷顿:《难以抉择——发展中国家的政治参与》,汪晓寿等译,华夏出版社1988年版,第69页。

主要的途径有以下几种：政治投票、政治选举、政治结社、意见表达和主动接触等。① 廖艺萍进一步分析了政治参与特点认为，制度化参与一般具有合法性、合理性、均衡性等特点；而非制度化参与往往是以非理性、破坏性的形式出现。② 而邓秀华指出当前农民工非制度化参与有以下特点：参与动机的"狭隘性"，大多农民工不是出于维护社会公共利益的目的，而往往是在利益的驱动下或在自身的利益受损后才进行参与；参与手段的极端化与非理性；参与过程的无序化和非组织化；参与效果差与政治效能感低。③

汪勇从政治参与历程演变角度做出了分析，他认为农民工的政治参与正在经历从自发走向自觉的转变，即：从无意识参与走向有意识参与、从个体化参与走向组织化参与、从非制度化参与走向制度化参与、从政治参与的边缘走向政治参与的中心。④ 李桃、王志刚通过对新一代和老一代农民工对比研究表明，新一代的农民工和沉默的上一代不同，他们的受教育程度普遍高于上一代，他们更加懂得如何保护自身利益。公民权利意识的增强引发政治需求的升高，一旦这种张力无法实现，张力就会积累并在一定契机下爆发。⑤ 俞歌春通过农民工追薪事件的研究认为，农民工追薪潮事件体现了农民工政治参与的茫然、现实政治参与体制的局限和政治参与与制度运行的局限。⑥ 邓秀华通过对湖南长沙市区农民工政治参与情况调查后发现，农民工政治参与的身份是体制性的边缘人，是亦城亦乡、亦工亦农、非城非乡、非工非农的边缘人；政治参与的特征是流动的政治人，在村里的政治权利难以实现，在城市被排斥政治参与的"门槛"之外；政治参与的"症结"在于权利的边缘化，表现为乡村政治参与的缺位和城市政治参与的无助。⑦

邓秀华通过对农民工组织化程度的调查，进而对农民工政治参与情况进行分析得出，只有 21.5% 的农民工所在单位成立了党、团组织，农民工所在单位或社区成立工会的比例也相当少，只占 16.2%；37.2% 的农民工表示所在单位或社区没有成立工会组织；而 83.0% 的农民工认为"需要成立工会等维护其权益的组织"来保护自己的参政权和合法权益不受伤害。1256 名农民工中，只有 75 名党员，占 6.0%；团员占 25.8%；民主党派仅占 1.3%；普通群众最多，占三分之二，只

① 孔德元：《政治社会学导论》，人民出版社 2001 年版，第 184—186 页。
② 廖艺萍：《农民工政治参与的困境与出路——基于和谐社会视角的分析》，《探索》2006 第 1 期。
③ 邓秀华：《湖南农民工政治参与权益保障问题研究》，《湖湘论坛》2005 年第 6 期。
④ 汪勇：《从自发走向自觉：农民工政治参与的嬗变》，《中国青年研究》2008 年第 7 期。
⑤ 李桃、王志刚：《农民工政治参与研究综述》，《宜宾学院学报》2006 年第 10 期。
⑥ 俞歌春：《对农民工追薪潮的政治参与透析》，《中共福建省委党校学报》2005 年第 10 期。
⑦ 邓秀华：《湖南农民工政治参与权益保障问题研究》，《湖湘论坛》2005 年第 6 期。

有 24.4% 的农民工表示参加了打工地的社团,75.6% 的农民工没有参加打工地任何社团, 可见农民工结社并不活跃。①

朱彬彬、朱文文通过对制度化政治参与原因分析,认为导致农民工制度化政治参与边缘化的根本原因是以户籍制度为核心的城乡二元制度安排不合理;要害是其制度化参与渠道的不畅;直接影响因素是农民工的经济状况;传统政治文化的消极影响和受教育程度的低下构成了农民工理性参与的双重障碍。②

从社会发展水平和政治参与相关性来说,亨廷顿就曾提出:一个社会,政治参与的水平、形式和基础与社会经济发展水平密切相关,高水平的政治参与总是与更高水平的发展相伴随。③ 邓秀华从农民工经济状况方面研究认为,农民工经济地位的提高与政治参与呈正相关关系。④ 徐志达认为新生代农民工收入较低的因素导致农民工政治参与的物质基础不实。⑤

从政治参与相关对策出发,不同学者给出了不同的意见,任中平提出完善农民工政治参与的六点建议:完善民主法制建设;赋予农民工政治参与更多的体制空间;加强农民工的组织建设;改革选举制度,实行跨区选举;充分发挥媒介作用,加强宣传力度,让广大农民工获得更多的政治信息;加强农民工的技能培训和基本法律知识教育。⑥ 邵德兴认为要解决城市外来人口的政治参与问题,必须要注意三点结合:要把解决城市外来人口政治参与问题与落实国民待遇、实现政治权利平等结合起来;要把解决城市外来人口政治参与问题与落实城乡统筹、建立合理的利益表达与责任分担机制结合起来;要把解决城市外来人口政治参与问题与完善政府决策体制、推动城市政治参与体制创新结合起来。⑦

---

① 邓秀华:《社会转型期农民工的政治参与效能评估——以广州、长沙两市农民为例》,《湖南社会科学》2010 年第 3 期。

② 朱彬彬、朱文文:《农民工制度化政治参与的边缘化及消解》,《中共石家庄市委党校学报》2006 年第 8 卷第 10 期。

③ 〔美〕塞缪尔·P. 亨廷顿:《难以抉择——发展中国家的政治参与》,华夏出版社 1989 年版,第 174 页。

④ 邓秀华:《社会转型期农民工的政治参与效能评估——以广州、长沙两市农民为例》,《湖南社会科学》2010 年第 3 期。

⑤ 徐志达:《论新生代农民工非制度化政治参与的原因及其治理》,《四川行政学院学报》2010 年第 6 期。

⑥ 任中平:《论构建和谐社会进程中的农民工政治参与——不可忽视的四农问题》,《云南社会科学》2006 年第 2 期。

⑦ 邵德兴:《城市外来人口政治参与:现实障碍与对策思考》,《南京社会科学》2005 年第 3 期。

二、本报告的研究

从以上文献梳理可以看出,农民工政治参与研究最为丰富,但研究主要是对现状及原因的分析,未形成系统的对农民工政治发展状况实证分析。本报告试图通过系统的实证分析弥补对农民工政治状况研究的不足,研究将从基本政治属性和意识、政治意识、政治参与及政治评价和认同等出发,通过对数据的实证分析归结出农民工的政治发展状况体系。

本报告所使用的数据有两个来源:一是我们课题组于2011年7—8月在全国14个省的38个村庄对1134个农户的调查(简称“千户调查数据”),共获取有效问卷1111份,其中产生的有效农民工样本量为534份;二是中国农村研究院“百村十年观察”项目组于2011年暑期在全国农村的调研数据(简称“百村政治专题数据”),根据对全国270个村庄的调研,共获得了618位农民工数据资料。报告中除特别注明是来源于“百村政治专题数据”外,所有数据均来源于“千户调查数据”。

本部分对农民工政治发展状况的分析依托如下的假设:农民工受教育程度较低;农民工政治意识较缺乏;农民工的选举权和被选举权被抛弃;政治参与较少且多为被动参与;政治参与方式极其有限;利益诉求渠道不畅通,很多情况下会采取诉诸抗议或暴力等非制度化极端手段进行政治参与;农民工无法与市民享受同等的社会保障制度,贫富差距较严重。为了对研究假设进行检验,我们设定了如下的研究问题:

(一)基本政治属性和处境

从表4-1可以看出,外出农民工中,小学以下学历的有124人,占总人数的23.2%;初中毕业的有274人,占总人数的51.3%;高中及中专学历的人占总人数的21.3%,共114人;而大专及以上的仅有22人,占比4.1%。由此可见,农民工总体受教育水平为初中,大专及以上人数最少,仅占4.1%,当前受教育情况远远满足不了农民工就业的基本需求。教育缺位,使目前农民工成为城市化进程中的一个最突出的问题。城市化步伐的加快致使农民工队伍不断扩大,但却没有形成提高农民工文化素质的培训机制。目前,全国还没有建立健全有关农民工的教育培训机制,农民工的整体文化素质还比较低。

表 4-1 农民工受教育水平情况

受教育水平	频数	占比(%)
小学及以下	124	23.2
初中	274	51.4
高中或中专	114	21.3
大专及以上	22	4.1
合计	534	100.0

($N=534$)

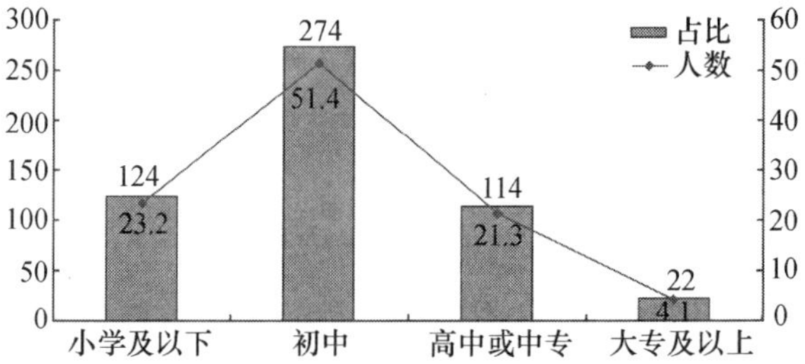

图 4-1 农民工受教育水平情况

从表 4-2 可以看出,农民工群体中,没有宗教信仰的有 507 人,占比为 94.9%,而佛教、道教、天主教及其他分别占比为 3.6%、0.4%、0.9% 和 0.2%,四者占比加起来仅占总人数的 5.1%。

表 4-2 农民工信仰宗教情况

宗教类型	频数	占比(%)
无信仰	507	94.9
佛教	19	3.6
道教	2	0.4
天主教	5	0.9
其他	1	0.2
合计	534	100.0

($N=534$)

由表 4-3 可以看出,外出农民工已婚者最多,有 483 人,占比高达 90.4%;未婚者为 33 人,占 6.2%;离异者仅有 3 人,总占比不到 1.0%;丧偶人数为 15 人,占总人数的 2.8%。总体来说,外出打工农民绝大部分为已婚。

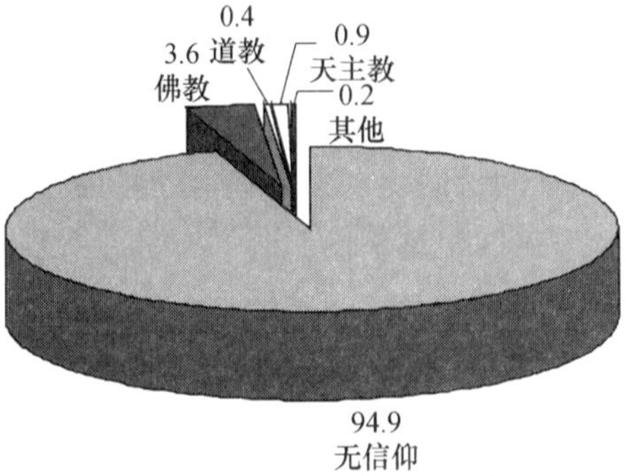

图 4-2　农民工信仰宗教情况

表 4-3　农民工婚姻基本情况

婚姻状况	频数	占比(%)
未婚	33	6.2
已婚	483	90.4
离异	3	0.6
丧偶	15	2.8
合计	534	100.0

($N=534$)

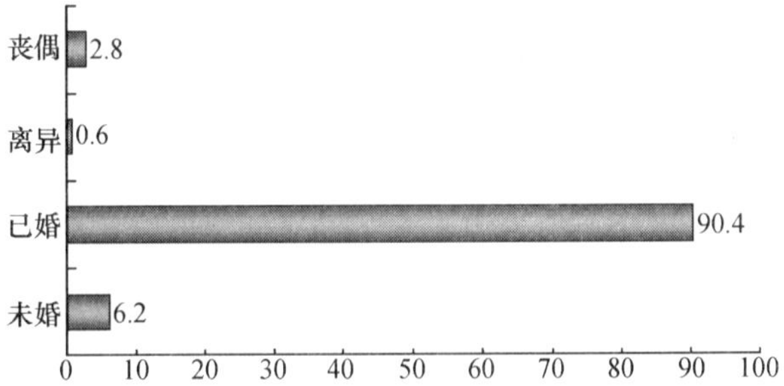

图 4-3　农民工婚姻基本情况

通过以上分析,我们认为农民工受教育水平普遍偏低;宗教信仰处于真空状态;整体婚姻状况良好,已婚者居多。

(二)政治意识

表 4-4 是由对"你认为法律在你生活中的作用如何"的回答统计得出,可以看出,我国当前农民工法律意识不断增强,普遍认同法律的重要性。认为"非常重

要”的占 27.2%;认为“重要”的人数最多,为 299 人,占比达 56.0%;不清楚法律在生活中作用的占比 11.2%;认为法律不重要的有 24 人,占总人数的 4.5%;认为法律对生活“非常不重要”有 6 人,占 1.1%。随着法制宣传的增多及电视法制节目的增加,农民工对法律的认同度在提高,法律的规范性、强制性及公正性等特点使农民工了解了法律对生活的重要性。

表 4-4 农民工法律认同意识判断

重要程度	频数	占比(%)
非常重要	145	27.2
重要	299	56.0
不清楚	60	11.2
不重要	24	4.5
非常不重要	6	1.1
合计	534	100.0

($N=534$)

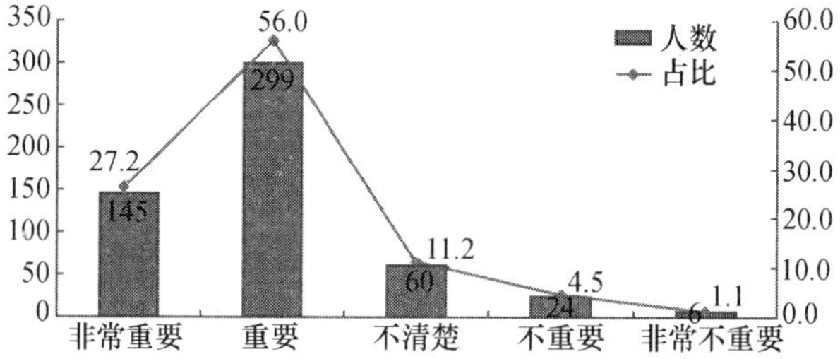

图 4-4 农民工法律认同意识判断

进一步分析,见表 4-5,农民工的受教育水平是他们对法律重要性判断的主要影响因素,见图 4-5,大专及以上的农民工认为法律不重要和非常不重要的占比为 0,学历高的人认同法律作用,即选择非常重要及重要的共计比重高达 90.9%,按比重大小排序为高中或中专水平、初中、小学及以下,比重分别为 85.9%、83.2%、79.1%。其中,高中或中专学历的农民工选择“非常重要”的人最多,占比为 34.2%,由这一组数据可以证明,农民工学历低严重影响了其法律意识、政治意识,并可能因此导致政治参与的低效率,见表 4-5。

表 4-5　不同学历对法律重要性判断的影响　　（单位：%）

教育水平	非常重要	重要	不清楚	不重要	非常不重要	合计
小学及以下	21.8	57.3	15.3	5.6	0.0	100.0(124)
初中	27.0	56.2	11.3	4.0	1.5	100.0(274)
高中或中专	34.2	51.7	7.0	5.3	1.8	100.0(114)
大专及以上	22.7	68.2	9.1	0.0	0.0	100.0(22)

（$N = 534$）

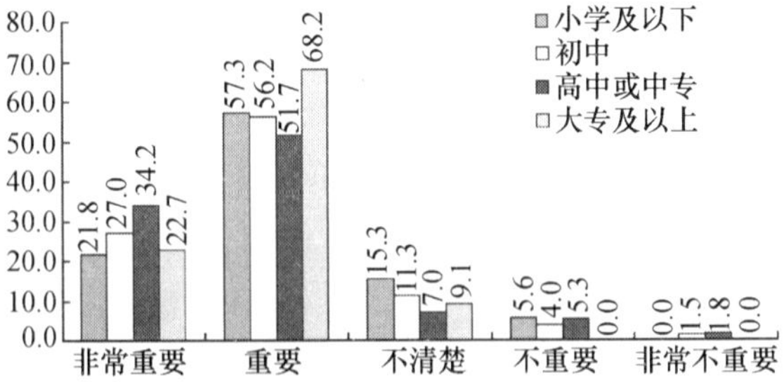

图 4-5　不同学历对法律重要性判断的影响（单位：%）

从表 4-6 可直观地看出，认为法律最重要的作用是“保护老百姓权利”占比最重，达 44.2%；再者就是“惩罚犯罪”选择较多，比重约 30%；选择“管老百姓”和“管干部”的占比分别为 16.7% 和 7.3%。综合这几项数据可以得出，农民工最认同的是法律保护老百姓权利的作用，说明了在农民工生产生活中法律影响的作用越来越大，也体现了农民工对法律保护自身的期望值极大。同时，法律的强制性及威慑力也在农民工思想上起到了约束作用，有利于提高农民工对法律的认识，降低农民工犯罪率。

表 4-6　农民工关于法律作用的判断

法律作用	频数	占比（%）
管老百姓	89	16.7
管干部	39	7.3
保护老百姓的权利	236	44.2
惩罚犯罪	160	30.0
其他	10	1.8
合计	534	100.0

（$N = 534$）

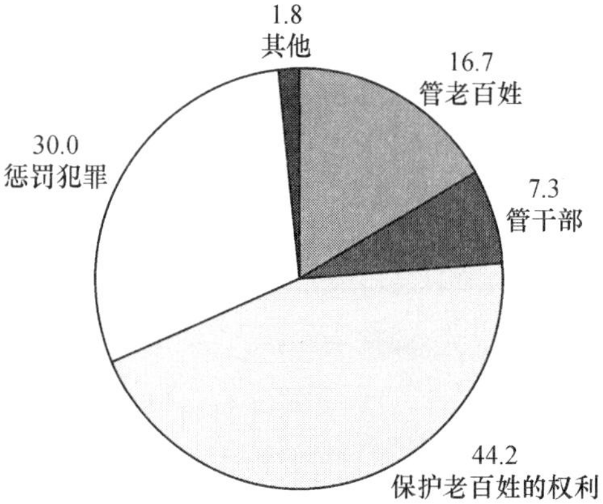

图 4-6 农民工关于法律作用的判断

然而,农民工在实际生产生活过程中,对法律的使用并不像对法律认同一样,保持较高的比例。在对"人情大于国法"这一选题的判断中,如表 4-7,表示非常赞同的有 53 人,基本赞同的有 180 人,两者占比分别为 9.9% 和 33.7%,两者合计为 43.6%;表示不太赞同和非常不赞同共占比 33.9%,两者分别占 23.4% 和 10.5%;剩余 120 人表示不清楚"人情是否大于国法"。从直观数据来看,赞同此观点的人多于不赞同此观点的人,表明了农民工对法律缺乏信任感及保障感,降低了法律效能,也体现了农民工思想意识和行为逻辑的冲突。

表 4-7 农民工对"人情大于国法"的认同状况

	非常赞同	基本赞同	不清楚	不太赞同	非常不赞同	合计
频数	53	180	120	125	56	534
占比(%)	9.9	33.7	22.5	23.4	10.5	100.0

($N = 534$)

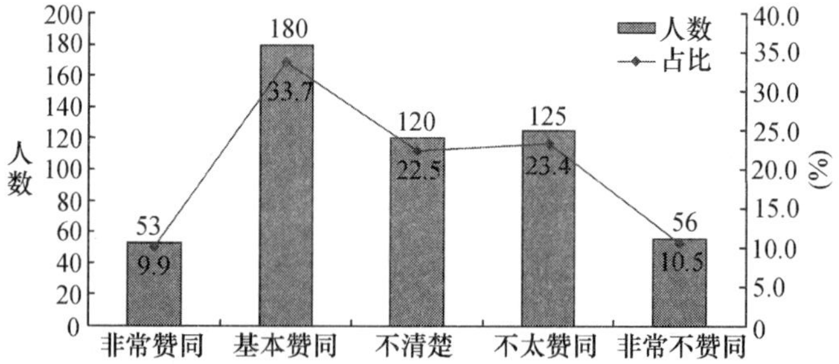

图 4-7 农民工对"人情大于国法"的认同状况

由问题"国家大事都是当官的操心的事,与我们老百姓无关"答案统计得出表4-8,认为国家大事与自己无关的,即选择"非常同意"和"同意"的共有213人,共占比为39.8%,两者各占总人数比例为8.2%和31.6%;认为国家大事与自己息息相关的共占比48.8%,其中"非常不同意"占6.7%,不同意这个观点的占42.1%;另外不清楚国家大事是否与自己有关的也有60人,占11.2%。由此可以推断,农民工政治意识还有较大的提升空间。虽然不同意此观点的人多于同意此观点的人,但是其比重仍不到五成,选择"不清楚"的农民工仍占有不可忽略的比重,这类人群的政治意识是处于极度缺乏的状态。若将同意此观点及不清楚自己观点的比重综合,则高达51.0%,由此可见农民工政治意识薄弱。农民工外出打工,大部分仍然是生存理性占上风的选择,以赚钱为目的,以提高生活质量为目标,尚无很强的政治参与意识,增强政治意识是提高农民工政治生活质量的当务之急。

表4-8 农民工对国家大事的态度分析

认同程度	频数	占比(%)
非常同意	44	8.2
同意	169	31.6
不清楚	60	11.2
不同意	225	42.2
非常不同意	36	6.8
合计	534	100.0

($N=534$)

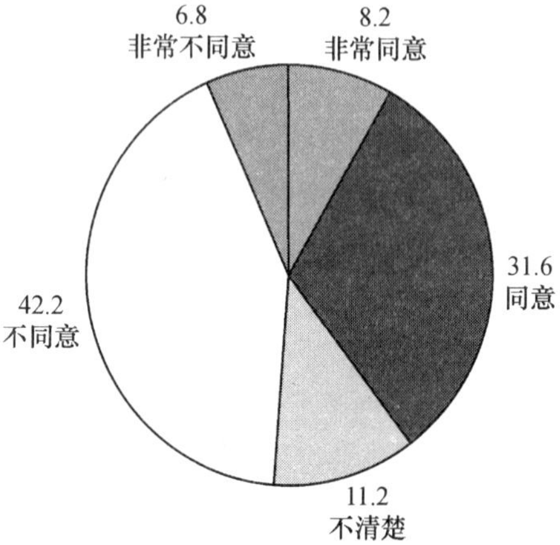

表4-8 农民工对国家大事的态度分析(单位:%)

对于"不管是选村干部还是选人大代表,我都十分珍惜手中的选票"这一政治态度的考察题,多数农民工选择的结果令人满意,选择"非常同意"和"同意"的共有327人,共占比61.2%,远远超过了选择"不同意"和"非常不同意"的21.6%。不清楚的占17.2%。但是选择"非常不同意"、"不同意"以及"不清除"的共占总人数的38.8%,已近四成,虽说政治态度端正,但是长期在外打工,忙于维持生计,对政治参与这一利益诉求的基本渠道逐渐疏离。

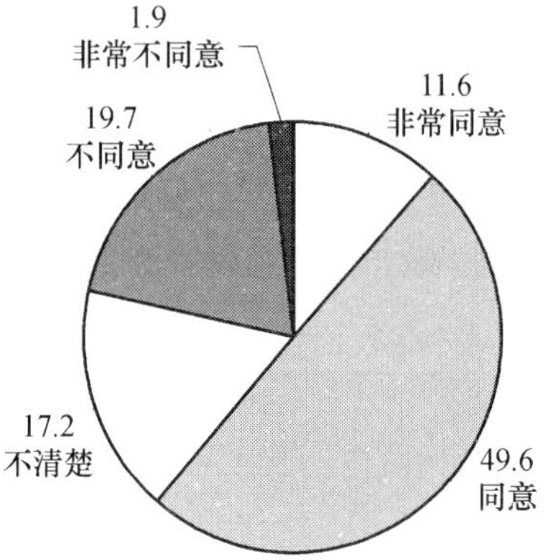

图4-9　农民工对于选举的政治态度

在对农民工是否支持政策决定的态度题统计后得出表4-9,农民工的政治态度较端正,对每一政治层级的政策支持度,即非常同意及同意合计均在六成以上,其中,对国家领导决策支持度高达80.3%,非常不同意的仅占0.2%的比重,可见国家的各项惠农政策已经深得民心,效果显著。而且,对村级、乡镇级、县级和国家级的不同意占比呈递减趋势,分别为11.0%、10.3%、10.1%、4.3%,由此可见,与农民工生产生活联系紧密的村级决策是产生意见最多的,主要是由于村级决策直接关系到农民工的生产和生活,稍高级别的政策决定农民工并没有参与其中,所以反对人数较少;再者,农民工在对每一个政治级别政策进行选择的时候,均有二成左右的人选择不清楚,其主要原因还是在于农民工对政策关心较少,政策参与较少。

表 4-9　农民工是否支持政策决定的态度统计　（单位:%）

	非常同意	同意	不清楚	不同意	非常不同意
一般情况下,我支持村组干部决策的事	6.3	64.0	17.1	11.1	1.5
一般情况下,我支持乡镇干部决策的事	3.4	59.4	25.8	10.3	1.1
一般情况下,我支持县里干部决策的事	3.6	57.8	27.0	10.1	1.5
一般情况下,我支持国家领导决策的事	12.9	67.4	15.2	4.3	0.2

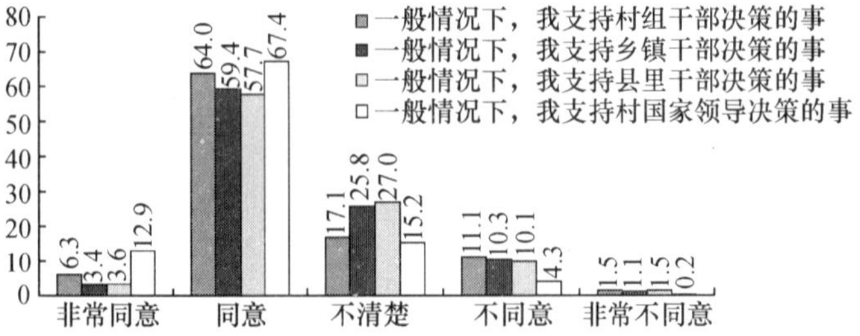

图 4-10　农民工是否支持政策决定的态度统计（单位:%）

如表 4-10,认同“作为一个农民,我感觉很骄傲”这一观点的共占 56.0%,总人数为 304 人。按认同程度来看,其中“非常同意”的有 42 人,仅占 7.9%;“同意”的比重为 49.1%,不认同此观点占比约 31%。“非常不同意”和“不同意”样本数分别为 16 人和 150 人,占比分别为 3.0% 和 28.0%。不清楚作为一个农民是否是一件自豪的事情的人占总人数的 12.0%。由此组数据可以推断,随着农民工在城市打工的时间越来越长,这一群体对于自身身份认同发生了改变。在调研与农民工交谈中发现,很多农民认为城市人吃不到真正的绿色蔬菜、放心粮食、零污染牛奶等等,由此提升了其作为农民身份拥有土地可以耕种、食用放心食品的幸福感。再者,很多农民也认为各大超市的蔬菜及食物原材料由农民提供,间接提高了农民工的控制欲望,提升了其作为农民的自豪感。但是,随着贫富差距越来越严重,城市人在收入及生活质量方面远远超过了农民,公共物品供给严重不平等、资源分配不均、机会不均、社保范围及程度差别大等等,都造成了农民工对“农民”这一本质属性的反感。另外,生活在城市的农民工,对于家乡的农民来说,是有见识的外出者,因而从思想上敬畏外出农民工,每逢返乡,外出农民工这一心理在家乡农民羡慕的眼神里得到满足;然而在城市,农民工这一群体却真切地感受到城市人对自己思想和行为的排斥。这两种感觉差异造就了农民工对于自身"农民"身份认定上的障碍,导致其对于"农民工"身份的无所适从。

表 4-10 农民工自我身份认同情况

是否同意	频数	占比
非常同意	42	7.9
同意	262	49.1
不清楚	64	12.0
不同意	150	28.0
非常不同意	16	3.0
合计	534	100.0

($N=534$)

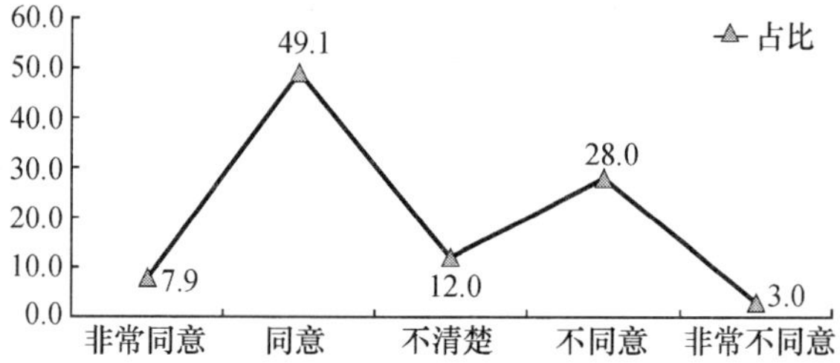

图 4-11 农民工自我身份认同情况

根据"百村政治专题"数据,从表 4-11 可以清楚地看出,农民工对"国家主席"、"所在村村支书"知晓度非常高,知道人数占比均在九成以上,对"所在地县委书记"、"所在乡镇党委书记"知晓度低,只有三至四成知道。总体来说,农民对国家最高行政级别以及最低一级党政组织人员了解度最高,对没有直接接触或没有直接交往的县级、乡镇级领导干部了解度低,按照级别排序得出"U"型结构。从中国历史上看,皇权止于县政,农民对国家的领导层面都有高百分比的了解度,反而与地方官打交道少。从当前看,国家惠农政策的落实以及现代新闻媒体的宣传,农民工能够从新闻及报纸上了解到国家领导及其相关信息,从而提高了对国家领导的了解度。

表 4-11 农民工对不同层次干部的政治了解度 (单位:%)

是否知道	国家主席	所在地县委书记	所在乡镇党委书记	所在村村支书
不知道	5.8	67.1	62.7	7.1
知道	94.2	32.9	37.3	92.9
合计	100.0(616)	100.0(616)	100.0(614)	100.0(617)

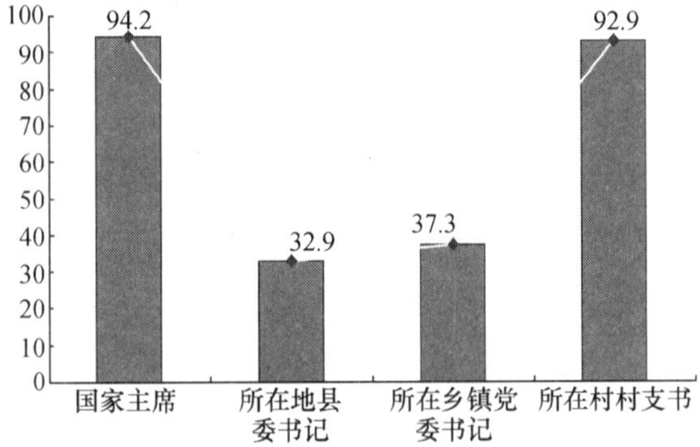

图 4-12　农民工对不同层次干部的政治了解度(单位:%)

由题目“我曾经打算竞选村干部”数据汇总得出表 4-12,曾经迫切想竞选村干部即选择“非常同意”的占比约 6.9%;曾经有竞选村干部想法即选择“同意”的有 160 人,占总样本数的 30%;不想参与村干部竞选的占比约 23.4%;不清楚自己是否想竞选村干部的占的比重最大,高达 39.5%,超过了想竞选村干部人数的总和。由此可以推断,农民工主动参与政治的意识非常薄弱,有 23.4% 的人表示自己从未想过参加竞选,表示不清楚的人群比重最大。可能的原因有:首先,由于农民工受教育水平普遍偏低,对于是否能够胜任村干部一职持不确定态度;其次,竞选村干部可能花费一定的费用、人力、物力以及与竞选对手的人际关系等等因素,即“选举成本的私人性与选举对象的公共性之间的矛盾”①,使他们在乡村社会的血缘、地缘关系模式下选择风险回避;再次,长期在外打工,流动性较强,返乡时间较少,与村庄关系疏远,对村庄各方面的变动及变化不能及时了解清楚,对村

表 4-12　农民工政治参与意识数据汇总

是否同意	频数	占比(%)
非常同意	37	6.9
同意	160	30.1
不清楚	211	39.6
不同意	116	21.8
非常不同意	9	1.6
合计	533	100.0

($N=534$)

① 徐勇、徐增阳:《流动中的乡村治理》,中国社会科学出版社 2003 年版,第 88 页。

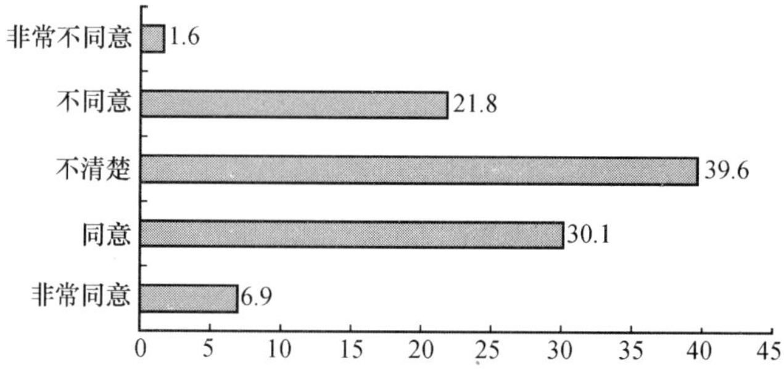

图 4-13 农民工政治参与意识数据汇总(单位:%)

里公共政治生活失去了兴趣;最后,农民工在城市打工,其职业具有较高的不确定性,对自身的事业及前途都没有较清晰的规划。总之,农民工有过竞选干部的想法,但很快被种种客观原因打消了念头,才有这种"不算想,也不算不想"的不清楚的意识状态。

可见,农民工法律认同意识有所增强,但由于受教育水平的差异,低学历水平的农民工法律意识较薄弱;农民工最认同法律保护人民的作用,但对法律信任度较低;农民工普遍缺乏政治意识,缺乏政治参与积极性;农民工非常珍惜手中的选票,正确对待政治选举,但长期在外务工使选举权和被选举权缺失;农民工长期在外打工,其身份认同意识呈多样化趋势;农民工对不同层次的政治了解度呈现"U"型,即对国家和村组干部知晓度最高,而对县乡干部的了解度处于相对较低的水平;农民工主动政治参与意识淡漠;主动竞选参与者所占的比重较小。

(三) 政治参与

政治参与是公民表达政治意愿、制约政府行为,影响公共政策制定,从而实现公民政治权利的重要手段。政治参与是衡量一个国家政治民主化程度和政治发展的重要标准,可以主要从政治参与经历、利益表达方式及组织化程度期待值三方面分析。

通过对是否是农村组织成员的考察,得出表 4-13,总体上说,仅有不到 10.0% 的人加入村民委员会或参加过农村组织,其中,是村民代表的人最多,有 50 人,但仅占比 9.4%,担任村党支部成员的共有 39 人,占 7.3%,农民工对农村民间宗教组织、个体户或私营企业家协会、新农村建设理事会及农民经济合作社等自发性合作组织参与的更是少之又少。图 4-14 中列出的八种组织类型,均没有参与过的人高达 410 人,占比 76.8%。可见,农民工政治参与经历较少。在每

表 4-13　农民工政治参与经历　　(单位:%)

是否加入	不是	是
农村民间宗教组织	98.7	1.3
农村红白喜事理事会	98.3	1.7
新农村建设理事会	97.8	2.2
个体户或私营企业家协会	97.1	2.9
农民经济合作社	96.4	3.6
村民理财小组	95.5	4.5
村民委员会或村党支部	92.7	7.3
村民代表会议	90.6	9.4
以上都不是	23.2	76.8

($N=534$)(注:此题为多选题,故百分比大于100.0%)

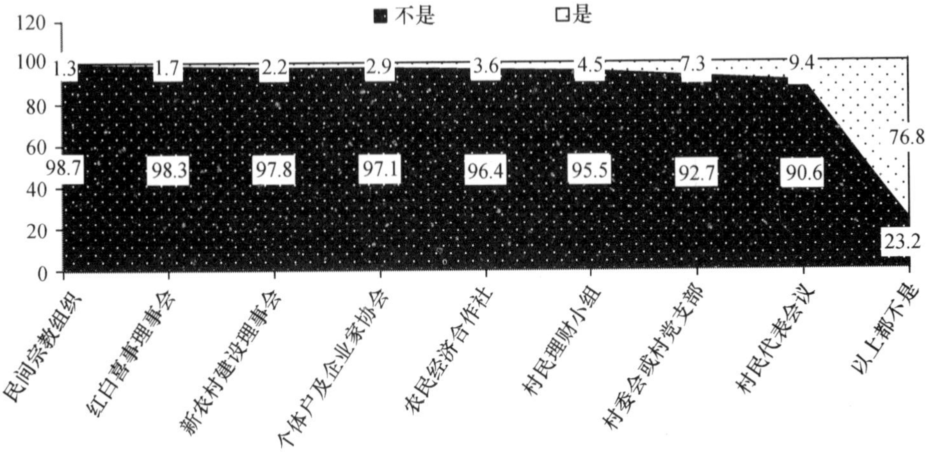

图 4-14　农民工政治参与经历(单位:%)

年都要召开的村民会议中,只有24.7%的人提出过对村庄管理及相关事务的意见,见图4-15。之所以出现这种情况,其原因在于我国现行的户籍制度,自城乡分割的二元户籍制度形成以来,我国公民被划分为农民和市民两种,并在当时特定的历史条件及后续发展中形成了市民在就业、医疗、教育、社保等方面受到优待的相关制度。户籍制度决定了公民的生活变迁和资源获取总量。按我国既定的制度,城市和乡村的权利保护组织和制度安排是不同的,农民工进城使他们脱离了农村的组织网络,但城市的制度平台和资源分享模式却把这一群体排斥在外,选举权和被选举权被抛弃,因此出现了农民工政治参与及各种权益保护的“被真

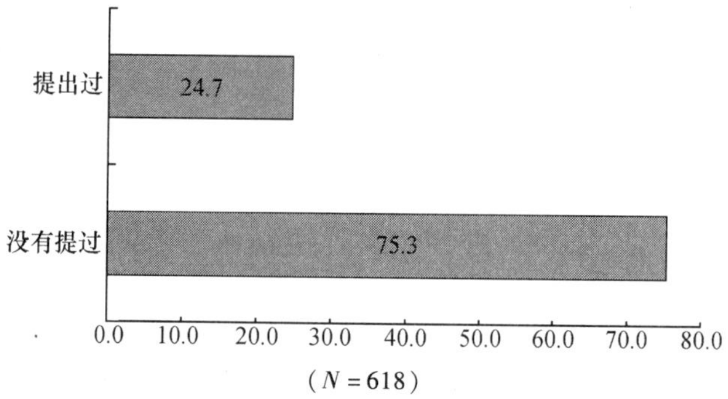

图 4-15 是否在村民会议上提出过意见(单位:%)

(注:数据来源于"百村政治专题数据",缺失值为 107。)

空"状态。在中国现行体制下,农民工户口身份的转变滞后于居住地和职业的转变;农村是农民工的户口所在地,按村委会组织法规定,村民行使自治权只能在户籍所在地通过选举村委会来实现,想要参与公共事务管理也只在农村实现。村民自治和村委会选举是农民工政治参与的主要渠道,长期在外打工的农民工对于农村事务及详细情况根本不了解,从打工地返乡参与选举及村庄管理的成本对于较低工资收入的农民工来说是非现实的,从而也渐渐疏远了自身与农村的联系。

进一步分析农民工学历与政治参与的相关性,对问题"如果你所在的地方政府搞了违背国家政策的'土政策',你会怎么做"的调查统计得出表 4-14。小学及以下、初中、高中或中专、大专及以上四个学历水平在"不关心"选项统计中占比呈递减趋势,分别占比为 16.3%、14.3%、7.1%、4.5%。在"上访"和"集体提议"

表 4-14 农民工学历与政治参与相关性分析 (单位:%)

对当地基层政府或干部搞"土政策"的反应	学历水平			
	小学及以下	初中	高中或中专	大专及以上
上访	6.5	8.5	9.7	18.2
集体提议	47.1	53.6	56.7	59.1
借助媒体	10.6	10.3	9.7	18.2
打官司	3.3	1.5	3.5	0.0
委曲求全	15.4	10.3	10.6	0.0
贿赂干部	0.8	1.5	2.7	0.0
不关心	16.3	14.3	7.1	4.5
合计	100.0	100.0	100.0	100.0

(N = 534)

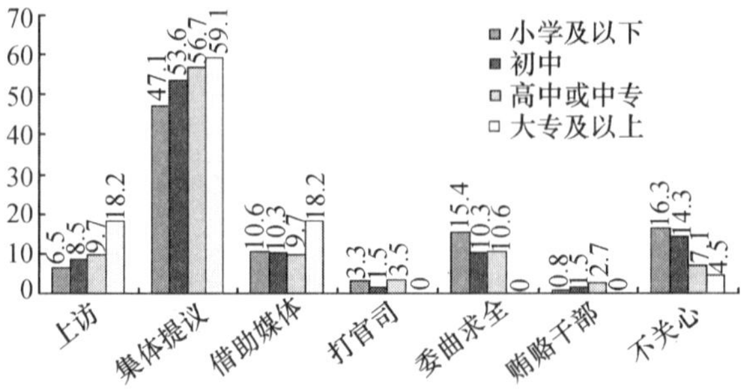

图 4-16　农民工学历与政治参与相关性分析(单位:%)

两项中,大专及以上学历的农民工均占比最高,其次是高中或中专、初中和小学及以下。没有一个大专及以上学历的农民工选择"委曲求全"和"贿赂"。可见,学历高低不但决定了政治意识的强弱,并且直接影响政治行为。学历越高,政治参与越积极,政治行为越有效,也更有利于民主监督的实施,提高民主监督效率,做到真正的民主监督。

当询问农民工"当你的合法权益受到侵害的时候,你会采取何种手段解决",从表 4-15 可以看出,农民工维权的第一位选择是"找村干部解决",共 194 人,占比 36.3%,表明了农民对政府即"村干部"的强烈依赖性,也体现出中国农民"有事找干部"的传统思想,也片面反映了中国政府"全能主义"的惯性。其次才是"到法院告状",有 117 人,占比 21.9%,相对于表 4-14 得出的农民工对法律认同意识较强的统计,农民工选择用法律维护自身合法权益应是最多的。但是实际操作中法律并不是农民工维权方式的首选,这说明了农民工虽然法律认同意识较强,但还是停留是法律是重要的思想意识层面上,反映了农民工对相关法律的详细条款不清楚不明了的状态,不懂法律主要程序,更不把法律当做自身维权的最重要的途径。在与农民工交谈过程中得知,不首选法律的原因是因为走法律程序耗时长,程序多,费用高等等。再次是选择"双方协商私了"的人最多,90 人,占总人数的 16.9%,综合与农民工交谈,其主要原因是简单省事,解决问题速度快等。选择"找村里或家族有威望的人调解"这种传统方式解决问题的共有 85 人,占比为 15.9%。选择"忍气吞声"的较少,只有 34 人,占 6.4%,选择"武力报复"仅占 2.1%,明确反映了农民工理性维权的思想。

表4-15 农民工利益表达方式汇总

维权方式	频数	占比(%)
双方协商私了	90	17.0
忍气吞声	34	6.4
武力报复	11	2.1
到法院告状	117	22.0
找干部解决	194	36.5
找村里或者家庭有威望的人调解	85	16.0
合计	531	100.0

($N=531$)

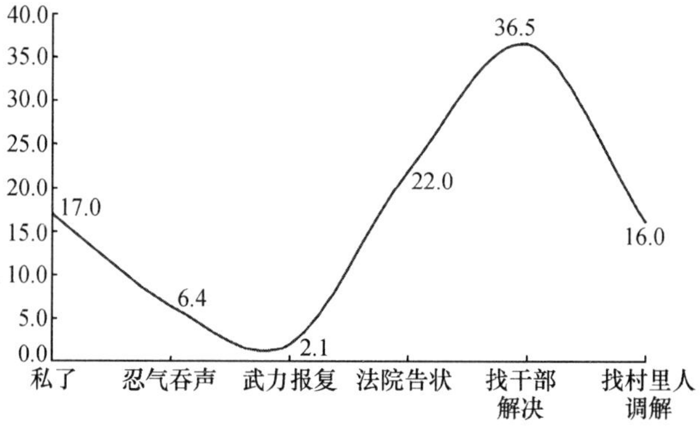

图4-17 农民工利益表达方式汇总(单位:%)

分析农民工对“我们很多时候是有理没处说”的看法,见表4-16,有11.6%的人强烈同意“有理没处说”,有近五成的人表示同意,共263人,不清楚的占12.7%,不同意的占比24.0%,仅有2.1%的农民工不认同此观点。可见,农民工政治生活中不知用何种方式及方法来表达自己的想法,即不知道如何表达自身利益诉求。意见表达,是公民在参与政治活动和行使政治权利的过程中,通过法律规定的途径表达自己的政治观点、利益要求和政治态度,从而影响政府的政策和政治实施过程。这种意见表达的方式一般包括集会、游行示威、在出版物上发表看法以及通过法定的政治程序来表达自己的意见等。① 对于农民工这一特殊群体,其利益代表更是少之又少。2008年3月召开的第十一届全国人民代表大会上,由上海、广东、重庆三地选出的3位农民工代表康厚明、胡小燕和朱雪芹首次

① 李宗楼:《政治学概论》,中国科学技术大学出版社2005年版,第219页。

进入了最高国家权力机关。农民工代表虽有增加,但对于迅速增长的农民工群体来说,仍然作用有限。我国现行的人大代表名额制度是按照所在行政区域城乡户籍人口的数量进行分配的,流进人口的增加并没有扩大代表产生的基数,而流出的人口则计算在内,造成了代表名额分配和代表选举的不平等,导致农民工这一群体“有理没处说”的现象。

综合以上两个图表可以推断,由于制度内参与成本过高,农民工利益表达正常渠道的堵塞和利益代表机构的缺失等原因,也受限于受教育水平的影响,当他们的正当权益受到侵害时,在很多情况下他们往往会诉诸抗议或暴力报复等极端的手段来维护自身权益。除了广为人知的深圳“阿星”事件和王斌余讨薪杀人外,还有很多有农民工暴力抗议的事件。

表 4-16　农民工“有理无处说”数据汇总

我们农民很多时候有理没处说	非常同意	同意	不清楚	不同意	非常不同意
人数	62	263	68	128	11
占比(%)	11.6	49.4	12.8	24.1	2.1

($N=5342$)

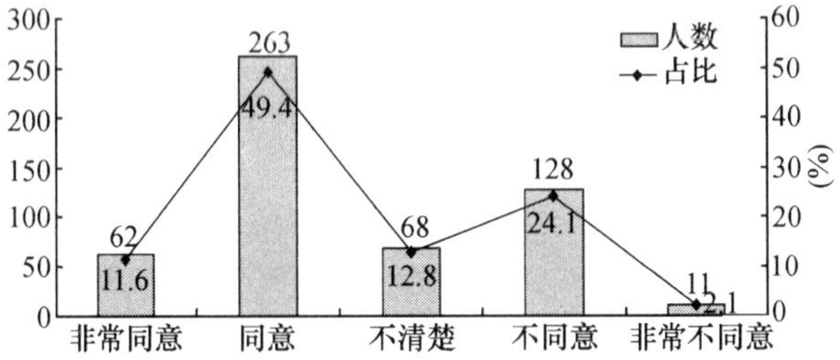

图 4-18　农民工“有理无处说”数据汇总

农民工组织参与方面,如图 4-19 所示,农民工组织参与期待偏重于政治和经济方面。政治方面,期待成为村民代表的人最多,共计 135 人,占总体人数的四分之一;其次是村民委员会或者村党支部,占比约 15.0%。经济方面,期望加入个体户或私营企业家协会组织的有 80 人,占比 15.0%;选择农民经济合作社共 76 人,占比基本上与个体户或私营企业家协会期望值持平,其中按占比大小来说,分别是村民理财小组,13.0%;新农村建设理事会,4%;农村红白喜事理事会,3.0%;农村民间宗教组织,1.0%。需要注意的是,有 10.0% 的人任何组织都不愿意参与。综合看来,农民工对组织参与期待值较低。再者,农民工长期在外打工,对于村庄事务的关注度也不及长期生活在农村的同村人,期望值不高也证明了农民工与农村的关系越来越疏远。农民工期望成为村民代表,成为村民利益和代表和发言人,也说明了农民工虽然身在城市,但是对乡村的归属感仍然强烈,感情依然浓重。但是随着时间的推移,农民工疏远了乡村又进入不了城市的管理体系,呈现出"两不靠"、"两不管"的边缘化状态,渐渐被排除在政治参与体系之外。农民工生活和打工所在的城市与农民工的利益有着密切联系,农民工希望能够参与城市的管理,表达和维护自己的利益,但是户籍属于农村彻底隔离农民工于城市管理体系之外。农民工作为中国城市化和工业化的主力军,其数量已超越两亿人,无法正常参与选举,这一滞后的制度必然不能完全、详细、真实地反映农民工意愿,对维护社会稳定和和谐社会的构建产生了消极作用。这种不符合中国当前经济发展的户籍制度已经严重限制了人力资源的自由流动和有效整合。

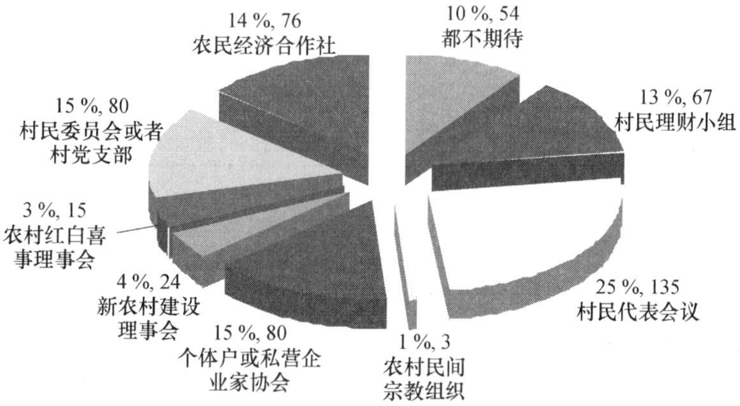

图 4-19 农民工组织参与期待值

综上所述,农民工政治参与经历少,学历水平的高低决定了政治参与及诉求的方法与方式;农民工利益表达方式不妥,同时受到传统思想的影响,诉求机制存在弊端;农民工组织参与期待值低,参与愿望不够强烈。

(四)政治评价

政治评价是考量国家政府效能的重要指标。以下主要从农民工对社会、对国家政策及政府服务、对干部及对自我的评价四个方面分析。

1. 农民工对社会的评价

根据"百村政治专题数据",由表 4-17 可以看出,农民工对我国和谐社会建设持肯定评价。认为"非常和谐"的共占比 9.2%;认为"比较和谐"占比最高,303 人占比 49.5%;认为"一般"的比重达 24.3%;认为"不太和谐"的有 15.5%;认为

"很不和谐"的仅占比1.5%。可见,我国和谐社会建设已初有成效,受到了大部分农民工的认同和好评。但仍不能否认不和谐因素的存在,认为"不太和谐"和"很不和谐"共占16.9%,也说明了和谐社会的建设仍有完善的空间。

表4-17 农民工对和谐社会的评价

是否和谐	人数	占比(%)
非常和谐	56	9.2
比较和谐	303	49.5
一般	149	24.3
不太和谐	95	15.5
很不和谐	9	1.5
合计	612	100.0

($N=618$)

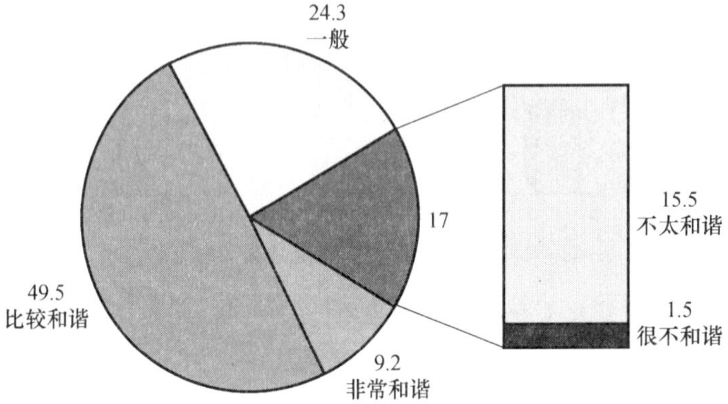

图4-20 农民工对和谐社会的评价(单位:%)

随着经济的发展,市场经济的发育和完善,城乡差距越来越严重。贫富差距越来越大,农民工对贫富差距的感受更为明显,认为"非常严重"的共占比18.9%;认为"比较严重"的所占比重高达51.6%;二者合计占比为70.5%。认为"比较轻微"和"非常轻微"的仅占12.2%;剩余16.7%的人认为一般。农民工长期在城市打工,但其居住条件及生活水平仅仅维持在最低水平,和城市人相比,不仅是权利的不平等,更有工资待遇的不平等,处在同一地域同一生活环境下却有近似于两极化的物质生活水平,使农民工对贫富差距体验更加深刻。自经济危机爆发以来,日常生活消耗品及食物的价格暴涨,医疗、教育、社保等制度和政策的不完善,使得农民工越发感觉到贫富差距的严重。

表 4-18　农民工对贫富差距的认同和评价

贫富差距	人数	占比(%)
非常严重	117	18.9
比较严重	319	51.6
一般	103	16.7
比较轻微	66	10.7
非常轻微	9	1.5
缺失值	4	0.6
合计	618	100.0

($N=618$)(注:数据来源于"百村政治专题数据"。)

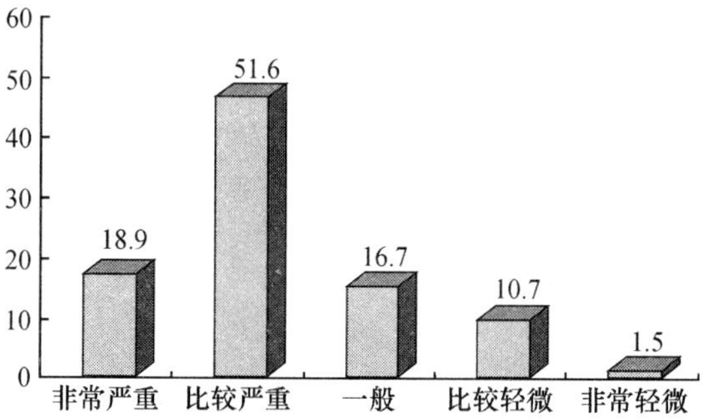

图 4-21　农民工对贫富差距的认同和评价

2. 农民工对国家政策和政府服务的评价

从免除农业税开始,国家一系列惠农政策逐渐出台,粮食补贴、粮种补贴、农资综合补贴、农机具购置补贴、农村合作医疗、新型农村养老保险、农村最低生活保障、家电下乡、农村路网电网建设等等政策的实施,不仅给农民带来很多实惠,更赢得了口碑,稳固了执政基础。从图 4-22 可以看出,农民工对于中央对农村政策的满意度较高,满意的占比高达 84%,不满意的仅占 4.8%。同时,认为政府正在做越来越多的好事服务农民的有 78.9%,不认同此观点的只有 8.2%。可见,这些政策使农民受到了实惠,提高了生活水平,增强了作为农民工的幸福感。认为"党和国家是真正关心农民"的农民工占 85.7%,已近九成,可见,国家一系列惠农政策产生了实际成效,农民工对国家政策和政府服务的评价总体来说是很高的。

表 4-19　农民工对国家政策和政府服务的评价　（单位:%）

	非常同意	同意	不清楚	不同意	非常不同意
中央的农村政策很受农民欢迎	17.6	66.4	11.2	3.9	0.9
我觉得党和国家是真正关心我们农民的	18.5	67.2	8.6	5.1	0.6
政府正在做越来越多的好事服务农民	11.8	67.1	12.9	6.0	2.2

（$N=534$）

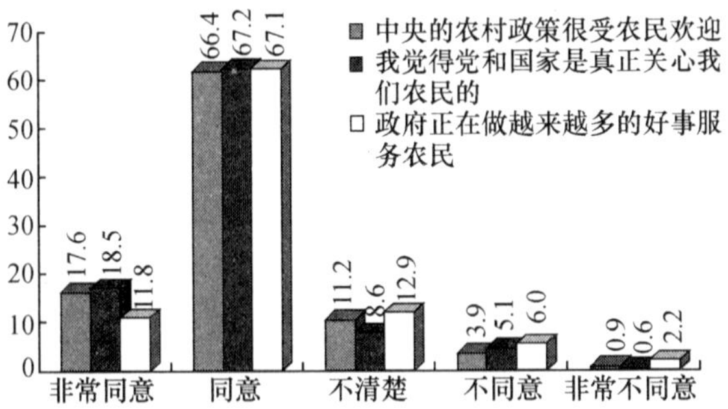

图 4-22　农民工对国家政策和政府服务的评价（单位:%）

3. 农民工对干部的评价

农民工对当前干部的总体评价较低，如表 4-20，认为当官有很多腐败行为的农民工共 403 人，占比 75.7%，不认同此观点的仅占 22.9%，另有 11.4% 的人不清楚这种状况。随着反腐力度的加大以及媒体广播的快速发展，各级腐败官员纷纷落马的案例已屡见不鲜。从中央到地方，每年均会有不同级别官员被查处，村支书、村主任因土地买卖以及村集体经济资产贪污的事件也逐渐被披露。农民工这一群体，不仅在城市听到高级官员被抓，而且得知家乡基层官员腐败被查处，造成了他们对惩治当前腐败官员的强烈认同感。另外一组数据表明，农民工对“基层干部经常听取农民工意见”这一观点持否认态度，认为“非常不同意”和“不同意”此观点的农民工分别占比为 9.7% 和 32.3%，合计占比为 42%，大大超越了同意此观点的 28.7%，另有 29.3% 的农民工表示不清楚。调研期间也曾听到这样一种“顺口溜”：“坐在轮子上转，隔着车窗户看，下车握手就说再见。”非常形象地描绘了官员到基层了解农民意见和困难的场景。数据也表明了农民工对于当前干部不信任。

表 4-20 农民工对干部的评价 (单位:%)

	非常同意	同意	不清楚	不同意	非常不同意
基层干部经常听取农民意见	2.6	26.1	29.3	32.3	9.7
我认为现在当官的很多都有腐败行为	19.4	56.3	11.4	10.7	12.2

($N=534$)

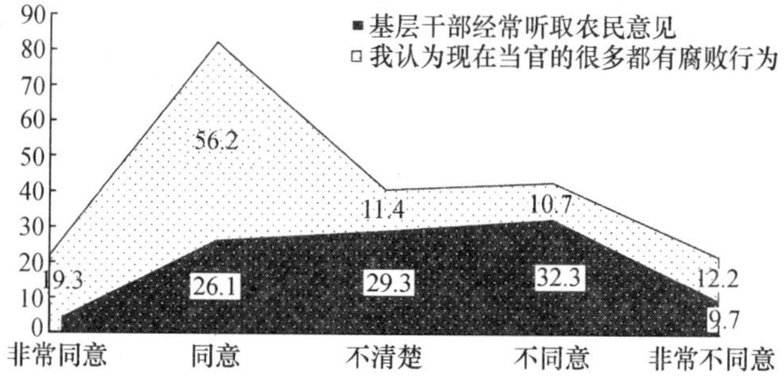

图 4-23 农民工对干部的评价

4. 农民工自我评价

一方面,从表4-10可以得出在农民工看来,"农民"这种身份是一件骄傲的事,非常同意"作为一个农民,我很自豪"这一观点的农民工占比7.9%;同意的有262人,占比高达49.1%;不同意和非常不同意的共占31.1%;另有不清楚的64人,占12.0%,说明,农民工对其农民身份的评价是积极的。

进一步数据表明,大多数农民工否定了"农民是一盘散沙"的观点。认同的有228人,不认同的有306人,二者占比分别是42.7%和57.3%,可见,农民工对农民这一群体的作用持肯定态度。我国是农业大国,农村、农民、农业不仅关系到我国的经济发展,更与民主政治的发展有着密切的关系。农民工对这一命题的基本态度体现了农民工对自身价值的肯定。

另一方面,农民工对当前生活满意度评价,见图4-24,11.0%的农民工对当前生活状态非常满意,表示满意的占比最大,已过五成达55.5%,不满意的占23.2%,非常不满意的仅占1.9%,另有8.4%人表示不清楚。可见,农民工的衣、食、住、行条件均有所改善,生活水平有明显提高,满意度有所上升。

总的来说,农民工体会到和谐社会的成果,认同社会和谐;但也对当前我国贫富差距严重感受真切;农民工对国家政策与政府服务评价较高,满意度较高;但对国家干部评价较低,干部贪污腐败案例屡见不鲜,大大降低了农民的信任度;农民工肯定自我价值,对自身当前生活水平满意度也较高。

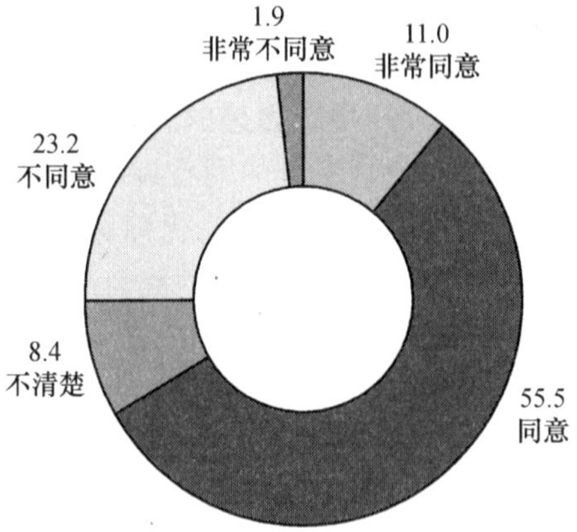

图 4-24　农民工对当前生活满意度评价(单位:%)

四、结论与建议

(一) 结论

通过对农民工既有的研究成果、千户数据及百村数据的分析,农民工当前主要的政治发展状况是受教育水平普遍较低、政治意识淡薄、选举权与被选举权被抛弃、被动参与政治、利益诉求表达无果、渠道不畅通以及无法享受公平并且完善的社会保障。

农民工法律意识、权利意识均有所增强,法律认同度也得到提高,政治表达及利益诉求愿望强烈,但农民工政治行为方式相对来说比较理性,选择忍气吞声或武力报复方式所占比例很少。另外,国家一系列惠农政策及社会保障政策的实施和不断完善,使农民工共享了和谐社会的成果,认同社会和谐的作用。生活水平有所提高使农民工肯定了自身的价值,生活满意度渐长。

从以上描述性数据分析可以得出,农民工政治选举态度较端正,珍惜手中选票,但长期在外打工使选举权和被选举权缺失,农民工主动政治参与意识淡漠,主动竞选参与者占比较轻,农民工政治参与经历少等主要是由于当前城乡二元制度。改革现有的户籍制度,保障农民工的有效选举权和被选举权是民主政治发展的决定性因素。基于农民工受教育水平普遍偏低的客观情况,使得法律认同意识受限于受教育水平的高低,低学历水平的农民工法律意识较薄弱,普遍缺乏政治意识,缺乏参与积极性;学历水平的高低还决定了政治参与及诉求的方法与方式,想方设法提高农民工再教育水平是根本。有23.2%的农民工没有参与任何组织,并且组织参与期待值低,参与愿望不够强烈,提高农民工组织化程度是主要解决方法。农民工受到"有事找干部"传统思想的影响,很多时候有理没处说,不知道找谁说,不知道通过何种方式表达自身的利益诉求,或者以低效或无效的方式解决,其主要原因还是在于机制存在弊端,所以保障利益诉求渠道的畅通是关键。贫富差距严重,生活水平低等现状催促更完善的社会保障制度的实施和落实。

1. 推进现有户籍制度的改革

户籍制度是国家按照出生地对人口进行登记并赋予其合法性认定的管理制度。当前所实行的户籍制度本身是计划经济的产物,以户籍制度为核心的一系列排斥性、歧视性制度安排,是阻碍农民工实现有效政治参与的关键。它与我国现阶段的市场经济发展严重不协调,它违背了市场经济的基本要求,影响了资源的有效配置,阻碍了我国城市化进程和农村现代化的进程,阻碍了劳动力的空间转移和全国统一的劳动力市场的形成与发展,加上其附加功能,严重导致公民待遇不平等,影响了社会的稳定。首先,建立全新的、适应时代要求的、城乡统一的户籍管理制度。即打破城乡分割的户籍管理二元结构,以居住地登记户口为基本形式,以合法固定住所和相对稳定职业或合法生活来源为基本落户条件,以法制化、证件化、信息化管理为主要手段,建立与社会主义市场经济体制相适应的新型户籍管理制度。其次应改变现行的以户籍为依据的选民登记的制度,实行暂住人口居住登记簿制度,赋予长期在城市居住的农民工选民资格;利用现代信息管理系统,建立全国联网的选民信息系统,有效解决重复登记和重复计算应参选选民数量等问题。这样就增加了选举形式,提高了选举质量,减少了选举成本。最后,完善居民身份证制度,逐步实现从户口登记制度向人口登记制度的转变,强烈的身份认同会容易形成政治共识,努力满足农民工城市人口的愿望并激发农民工参与城市管理的积极性,彻底消除制度障碍。

2. 想方设法提高农民工的再教育水平

根据加布里埃尔·A.阿尔蒙德等人对各国的调查统计表明:教育层级与参与程度成正比。[①] 阿尔温·托夫勒也指出:"人们受教育的程度愈高,对民主的要求就愈强烈。"[②]由数据分析得出,农民工受教育程度大多数在初高中水平,对农民工再教育是当前农民工一系列问题的核心工作。对农民工的教育培训要结合

① 〔美〕加布里埃尔·A.阿尔蒙德、小G.宾厄姆·鲍威尔:《比较政治学:体系、过程和政策》,上海译文出版社1987年版,第140页。

② 〔美〕阿尔温·托夫勒:《权力的转移》,中共中央党校出版社1991年版,第232页。

农民工的特点,以继续教育为核心,以市场为导向,以提高就业能力和就业率为目标。在教育方式上要坚持学历教育和技能培训相结合,在农民工聚集的地方创办农民工夜校,给有继续深造意愿的农民工提供受教育机会,参加自考和进入夜校读书。农村初、高中毕业生是我国产业工人的中坚力量,要把提高他们的职业技能作为职业教育的首要任务,积极鼓励新生代农民工进入夜校学习,开设形势和政策课程,学习当前党和国家的方针政策,设置专门的法律课程,消除法盲,提高其遵守法律法规和依法维护自身权益的意识。并注重基本权益保护、农村劳动力转移相关政策、应职应聘等方面知识的培训,开设不同专业理论课程,学习专业知识和基础知识,普遍提高他们的受教育水平,颁发毕业证书。同时,加快对农民工的培训体系建设,坚持培训与技能鉴定相结合,加强分类指导,统筹培训资源,创新培训方法,增强培训效果,应开设不同工种技校,综合不同农民工自身受教育程度及兴趣喜好,使农民工通过培训能掌握真正的技能,选择适合自己的工厂和行业,提高农民工在劳动市场上的竞争能力。

国家相关部门已对农民工问题制定了解决方案,如住房和城乡建设部、人力资源和社会保障部 2009 年第 123 号文件《关于做好建筑业农民工技能培训示范工程工作的通知》中指出,示范工程坚持企业实施、校企结合的原则。施工总承包企业或劳务企业负责组织实施,培训机构负责提供培训服务,职业技能鉴定机构负责对参加培训的农民工进行鉴定,政府对培训后考核合格的农民工给予培训补贴,并对通过初次技能鉴定(限国家规定的技能人员职业准入类职业)、取得职业资格证书的给予鉴定补贴。尽管当前农民工已取得了些许成效,但是仍然存在很多问题,如培训项目缺乏统筹规划,培训资金监督机制不完善,农民工受教育水平参差不齐而造成的培训质量不高等问题,国务院办公厅下发了《国务院办公厅关于进一步做好农民工培训工作的指导意见》(国办发〔2010〕11 号文件),详细阐述并解释了农民工培训工作的方案及意见,意见提出劳动预备制培训主要对农村未能继续升学并准备进入非农产业就业或进城务工的应届初高中毕业生、农村籍退役士兵进行储备性专业技能培训。创业培训主要对有创业意愿并具备一定创业条件的农村劳动者和返乡农民工进行提升创业能力的培训。农村劳动者就地就近转移培训主要面向县域经济发展,重点围绕县域内农产品加工、中小企业以及农村妇女手工编织业等传统手工艺开展培训等等有效的意见,然而根据当前农村外出打工村民反映,组织的培训多是形式大过内容,培训次数少之又少,参加培训不方便。由于当前培训经费是由政府、企业和农民工共同负担,农民工认为自身担负的培训经费不足以换回培训所得到的专业知识,往往积极性不高,达不到培训既定目标。归根结底仍是资金问题,各级政府针对农民工培训工作财政资金不足以满足广大农民工就业培训需求,政府应加大对农民工培训的财政支持,针对不同地区不同经济情况制定出因地制宜的培训费用制度。对于贫困地区,应实现培训经费由政府财政全额支付方案,以解决农民工就业问题,提高农民工经济水平。综合以上陈述,国家对农民工教育越来越重视,不论是政策扶持还是资金支持的力度都比较大,但事实上农民工培训成效并不明显,可见,实施进度、资金用法以及培训成效均需要加大监管力度。

3. 提高农民工的组织化程度

亨廷顿认为:"组织是通往政治权利之路,也是稳定的基础,因而是政治自由的前提。"①

(1) 农民工党组织。农民工党支部要加强对农民工的教育培训和服务,不断增强党组织对农民工及农民工党员的凝聚力和吸引力;要充分发挥基层党组织战斗堡垒作用,不断提高农民工的思想觉悟和参政能力,带领和引导农民工广泛参与城市社会事务管理活动。城市各级党组织应坚持执政为民和以人为本的理念,加大在私营企业和外资企业吸收党员的力度,吸收新生代农民工中的优秀分子参与党组织,或积极创造条件让其中的党团员参加组织生活,积极扩大党的阶级基础并增强党的群众基础。

(2) 工会组织。工会组织不但可以维护农民工的合法权益,并且可以加强农民工的教育和培训,从而可以更好地提高农民工的政治维权意识,履行维护职能。工会可对随意延长劳动时间、克扣农民工工资、不提供劳动安全保护,以及恶意限制农民工自由,危害农民工人身安全等事件进行交涉,使农民工权益得到最大权限的保护。农民工加入工会是社会对农民工参加城市建设所作贡献的认可,是我国工业化、城市化进程的必然结果。

(3) 农民工自治组织。政治效能感与公民参与行为呈正相关关系。② 提高农民工政治参与的组织化程度,在农民工流入比较集中的社区建立农民工自治组织。充分利用农民工中现有的自治组织,提高农民工的组织化程度,使农民工获得政治信任感和认同感,这样做既有利于表达和保护农民工的权益,又方便政府对农民工进行管理。如,农民工协会、农民工同乡会、农民工行业协会、农民工兴趣协会等。早在2002年,浙江省瑞安市陈宅旺等村产生了以外来农民为主体的

① 〔美〕塞缪尔·亨廷顿:《难以抉择——发展中国家的政治参与》,华夏出版社1988年版,第79页。
② 徐勇、徐增阳:《流动中的乡村治理》,中国社会科学出版社2003年版,第88页。

自治组织,即外来人口协会。据相关资料显示,由于这些组织受到组织创办的政策限制、物质条件的匮乏、资金链不稳定等多方面原因,发展极其缓慢,因而限制其在开展活动次数、弱化了维护农民工权益的能力,变相降低了提高农民工政治参与的积极性。因此,国家需要为农民工自治组织提供人力支持和财政支持,并且制定组织成立条件的规定,以保障农民工自治组织的合法性。作为群众性政治组织的各级工会、共青团、妇联组织也应强化其利益代表与整合功能,切实维护农民工权益,城市各级党团组织也应积极扩大阶级基础,吸收有能力的农民工加入组织,积极创造条件,保证农民工政治参与的积极性。

4. 保障利益诉求渠道的畅通

由于我国非均衡的利益格局伴随着不完善的利益诉求体制,农民工由于受到主观和客观多种因素的影响,利益诉求表达陷于被动。

如何促进政府与民众的有效良性互动,规范并协调不同社会成员之间的利益关系,避免因利益诉求不能有效表达而导致的极端行为的出现,从而减少社会的不和谐因素,是农民工问题最为敏感和最为重要的问题。如果没有用规范化、制度化的渠道实现利益诉求,结果就只会超出政府的可控范围。

一方面,改变当前的人大代表产生机制。农民工脱离了乡村,放弃了选举权,但又得不到参与城市选举的权利,当前的人大代表产生机制忽略掉了这一群体,各级政治协商会议也应吸收农民工中的先进分子参政议政,充分发挥其利益代表诉求及聚合作用。农民工作为一个正在快速壮大的社会新阶层,却在承受着巨大的生存压力和城乡待遇的不平等,若无法通过制度化的参与方式来维护权力、保护权益,非制度化的参与及诉求方式必然成为农民工的最后选择,利用犯罪手段来达到占有财富或报复社会和泄愤的目的,也必将成为建设和谐社会的最大隐患。

另一方面,转变信访工作中存在的错误观念。亟须改变的就是各级政府不同程度存在的、一概认为上访影响稳定的片面认识。不是没有人上访就代表没有问题,最好的治理就是利益诉求与社会稳定共存。农民工利益表达是来自社会底层的利益表达,一直被认为是危及社会稳定的不稳定因素而受到一定程度和形式的压制,不但缺乏体制内的利益表达渠道和利益谈判能力,更无法维护自身权益,关系到自身政策的制定过程也被排除在外。首先,改变信访机构压力工作模式,即设立独立的信访部门,赋予信访部门以独立的职责和权限。其次,发动在校大学生及律师组织配合法治部门,加大法制宣传工作,增强普法力度,从思想上塑造法律模式,提高法律意识,使农民工知法、懂法、用法、爱法、守法,加大法律援助制度,降低农民用法成本,使法律成为维护农民工权益的最主要手段,使农民工成为法治社会建设的重要推动力量。最后,扩大农民工听证范围,完善制度,加强监督听证过程,杜绝形式主义。现行听证制度还存在一些问题,主要是听证的适用范围过窄,流于形式。听证制度有待于减少参政渠道的中间环节,缩短利益需求信息传递到决策中枢系统的距离,最大限度地减少利益需求信息在传递过程中的损失及意思变更。

5. 调整并完善社会保障制度

我国社会保障体系包括社会救助、社会保险、社会福利。而社会救助包括:生活救助、失业救助、医疗救助、教育救助、住房救助、法律援助等。社会保险包括工伤保险、医疗保险、失业保险、养老保险、生育保险等。社会福利包括:公共卫生服务、教育福利、住房福利、社会福利服务等。当前我国社会保障存在着模式、体制、覆盖面、水平等差异。农民工从农村来到城市,就面临着社会保障项目少、水平低、门槛高及社会保险关系难以转移的问题。综合农民工自身特点,首先要减低门槛,农民工工资收入水平远远不如城市人口水平,所以资金投入是农民工最大的困难,只有通过降低参保费用,才能提高社保覆盖率。其次,根据农民工流动强的特点,解决农民工社会保险关系固定不宜转移的问题。解决农民工因更换工作岗位而引起的社会保险关系难转的后顾之忧,也可以提高农民工的参保率。最后,要分层次、分阶段地完成社会保障改制。由于各地经济发展水平不一,农民工社会保障工作不可能完全一致。因地制宜,如经济发达地区,可增加对农民工社会保障的资金,放宽享受资格。在经济适用房和政府廉租房建设和分配方面,可逐步向农民工开放,将在城市居住满一定年限并有稳定职业的农民工纳入城镇住房保障体系,保证农民工居有其所。经济欠发达地区,也要努力缩小城镇职工社会保障的差异,从农民工最基本的陷入困境之后最低生活保障、失业后暂时生活困难的失业保险以及大型疾病的医疗保险和年老者的养老保险这三种途径入手,保障农民工最基本生活需求,增强农民工环境安全感。

国家和社会对农民工的关心和关注度在提高,2010年8月25日卫生部办公厅发布了《关于开展农民工健康关爱工程项目试点工作的通知》,开展农民工健康教育,开展农民工艾滋病、梅毒、乙肝母婴阻断项目,开展农民工结核病防治及其子女免疫规划工作,建立农民工健康档案。关注关爱农民工生活的活动已受到社会重视,但还远远不能满足农民工这一庞大群体的需求,从源头上来讲,国家和政府要加大对农民工一系列社保的资金投入。

（二）预测

随着农民工群体尤其是新生代农民工的迅速壮大，市民化将是农民工问题解决的最终途径。

首先，国家政策指导层面，2010 年中央一号文件首次明确指出，采取有针对性的措施，着力解决新生代农民工问题。新生代农民工已经成为我国农民工的主体并即将成为产业工人的主体，而且在当前我国的政治参与群体中已成为公民政治参与的重要组成部分，要把农民工市民化的重点放在增进农民工的福利和保障他们的权利上。文件明确指出，当前城镇化的重点，应放在把符合条件的农业人口转变为市民，特别是把新生代农民工转变为市民，使他们与当地居民享受同等权益。

其次，在新生代农民工自身特点方面，农民工问题事关我国经济和社会发展的全局。他们分布在国民经济各个行业，在加工制造业、建筑业、采掘业及环卫、家政、餐饮等服务业中已占从业人员半数以上，是推动我国经济社会发展的重要力量。新生代农民工有着全新的人口特征，生在农村，长在农村，但并不想返回农村当农民，融入城市愿望强烈。据《中国新生代农民工发展状况及代际对比研究报告》调查结果显示，新生代农民工更倾向于在城市生活，有 71.4% 的女性、50.5% 的男性选择“在打工的城市买房定居”。根据千户调查的数据显示，共有 72.1% 的农民工同意或非常同意成为城市人，不同意的仅占 12.5% 。

表 4-21　是否希望成为城市人

如果有机会，我希望成为一个城市人	非常同意	同意	不清楚	不同意	非常不同意
频数	39	346	82	63	4
占比(%)	7.3	64.8	15.4	11.8	0.7

（$N=534$）

蔡昉曾分析认为刘易斯转折点的到来，实际上也是改善收入分配状况的库兹涅茨转折点到来的推动力，这会促进普通劳动者工资的合理提高。为农民工在城市买房定居成为市民提供了客观条件。

最后，随着网络发展，新生代农民工对网络接触越来越多，3G 手机时代的到来也使新生代农民工随时了解城市新闻及信息，创造新的思想环境。新媒体的迅速成长，猫扑、天涯等平台，即时性传播媒体，主导了公民围观，使网民成为新的社会新闻源，将言论自由发挥到极致。这必将促使农民工主动了解国家大事，增强政治意识，化被动参与为主动参与。

第五章　贫困农民政治发展状况

贫困其实是一个既简单又复杂的现象。说它复杂，是因为直到现在为止，还没有有关贫困的涵义及其衡量标准的确定。说它简单，是因为无论在定义上进行怎样的争论，贫困都以一种朴素而客观的方式存在着。从广义上说，贫困是经济、社会、文化贫困落后现象的总称。从狭义上说，贫困首先是指经济范畴的贫困，亦即物质生活贫困，可定义为一个人或一个家庭的生活水平达不到一种社会可以接受的最低标准。贫困不只是经济概念，更关乎基本的公民权利、能力，其实质是一种权利和能力的贫困。诺贝尔经济学奖获得者阿玛蒂亚·森认为：贫困的真正含义是贫困人口创造收入能力和机会的贫困，贫困意味着贫困人口缺少获取和享有正常生活的能力，如与高额医疗、养老、教育、住房等民生支出，对应的公民获得健康权、养老权、教育权、居住权的能力缺失。①

贫困首先作为一种社会生活中的经济现象而存在，相对于富足，可以有一个人为划定的标准，这就是贫困线。贫困线可定义为是在一定的时间、空间和社会发展阶段条件下，维持人们的基本生存所必需消费的物品和服务的最低费用，又叫贫困标准。1985 年，中国确定人均年收入 200 元作为贫困线，此后根据物价指数逐年微调。贫困线之下还设置了收入更低的绝对贫困线。2007 年贫困线标准调整为 1067 元，2008 年，中国绝对贫困线标准为人均纯收入 785 元以下，低收入贫困线标准为人均纯收入 786—1067 元，2009 年提高到 1196 元。24 年来增长约 5 倍，而在此期间，中国 GDP 由 7780 亿元增至 33 万亿元，增长 42 倍。所以，中国贫困线仍只是一条保障“吃饭权”的贫困线，与社会现实脱节，势必让大量事实上的贫困者被排斥在贫困认定之外，得不到公共财政应有的救援和扶助。2011 年 11 月 29 日，中央决定将农民人均纯收入 2300 元作为新的国家扶贫标准，这个标准比 2009 年提高了 92%，比 2010 年提高了 80%。② 按照人民币市场汇价 1 美元兑 6.3587 元人民币计算，中国新的国家扶贫标准大致相当于每日 1 美元。按此

---

① 〔印〕阿马蒂亚·森：《贫困与饥荒——论权利与剥夺》，王宇译，商务印书馆 2001 版，第 83 页。

② 《中国农村扶贫开发纲要(2011—2020 年)》，2011 年。

标准,全国贫困人口数量和覆盖面也由2010年的2688万人扩大至1.28亿人,占农村总人口的13.4%,占全国总人口的近十分之一。新的贫困线的划定使得中国贫困人口数量大大增加,在中国超过90%的贫困人口还是在农村,据此推断,会有超过一亿贫困人口在当下的中国农村。

一、理论探讨与研究基础

任何一个国家的经济发展和社会进步的历史,都是一个逐步摆脱贫困的历史。从某种程度上说,任何一个社会发展的历史都是一部反贫困的历史。关于贫困问题的分析研究,国内外的专家学者从未间断过,仁者见仁、智者见智。尽管理论研究的成果可谓汗牛充栋,不过专门研究贫困农民问题的却相对较少,但这也并不妨碍我们借鉴人们对于一般贫困问题研究的成果。

目前从理论上看,国内对于贫困问题的研究可以划分为三个阶段:

从20世纪80年代初至80年代中后期为第一个阶段,研究的主要成果体现在关于中国农村贫困程度及特征、贫困区域类型和地理分布等方面,理论的研究主要为政府反贫困行动服务。从80年代末到90年代中期为第二个阶段,这时扶贫研究更多地关注贫困地区发展战略问题。许多学者对政府的扶贫资金投向、运行机制和实施效果进行了评价。对扶贫资金的目标瞄准和产业选择进行了大量的实证研究,并提出中央政府扶贫政策实施中的问题:一是贫困农户难以直接受益于扶贫资金;二是扶贫资金特别是信贷扶贫资金使用效果很不理想,因此,中国扶贫制度需要创新。90年代中后期以来为第三个阶段。由于整个世界贫困状况的恶化,很多国际多边和双边组织把反贫困作为其首要目标,对贫困的专门研究达到一个高峰。我国的贫困研究水平上了一个层次,贫困研究又有了新的特征。第一,穷人瞄准机制。如何使反贫困政策能直接惠及穷人,如何使区域瞄准政策转向贫困人口瞄准政策。第二,参与性研究。研究如何制定有效的政策机制来保证贫困人口主动参与反贫困决策和计划中来。第三,市场机制与反贫困问题。随着社会主义市场经济体制的逐步确立,市场对各种资源的基础性配置发挥越来越大的支配作用,在市场经济运行条件下,反贫困战略应该如何定位也关系到21世纪初中国扶贫战略问题。第四,城市贫困问题研究。到目前为止,中国学者对贫困的研究和反贫困治理主要是面向农村。国内一些学者也对与经济增长过程同时出现的贫困问题进行了广泛深入的研究,并相继发表和出版了一批颇有建树的文章和专著。如朱玲、蒋中一合著的《以工代赈与缓解贫困》(1994年);康晓光的

《中国贫困与反贫困理论》;李强主编的《中国扶贫之路》(1997年);周毅博士的《中国东西均点——中国治贫反困新思路》(1999年);赵曦的《中国西部农村反贫困战略研究》(2000年);张新伟的《市场化与反贫困路径选择》(2001年);周毅的《西部反贫困研究》(2001年);黄承伟的《中国反贫困:理论·方法·战略》(2002年)等。

国外对于贫困的研究可划分为以下八种视角:

马克思的生产力和生产关系视角:马克思早在19世纪末就从生产力和生产关系的角度,对无产阶级贫困化的原因进行了深入的研究。认为无产阶级之所以贫困是由于工人被剥夺了生产资料,缺乏再生产的能力,工人只有出卖劳动力才能换取维持生命的生活资料;资本主义生产是以广大生产者的被剥夺和贫困化为基础的资本价值的保存和增殖。[①] 马克思还对无产阶级的"绝对贫困"与"相对贫困"进行了区分研究。

兰德斯的环境论:认为恶劣的自然环境及贫乏的资源是造成贫困的罪魁祸首。他从人与自然和谐的角度进行了解释,认为一个地区的贫穷或是因为自然资源的匮乏所致,或是存在恶劣的气候和生存环境,或两者并存,而且这种大自然的不平等是难以消除的[②],他在此基础之上说明移民、尤其是地理大迁徙是人们追求美好生活的必然结果。按照这种观点,我国的贫困山区以其恶劣的自然条件、贫乏的自然资源和出于生态保护的需要,农民应该远离这一区域,寻求更适合其发展的地理环境。兰德斯的观点有些悲观,但是他的理论警示我们,经济发展不能以牺牲环境为代价,只有和谐发展才是可持续的。

哈比森的人力资源论:认为人力资本可促进经济增长、提高收入水平,人力资源是国民财富的最终基础,资本和自然资源是被动的生产因素,人是积累资本,开发自然资源,建立社会、经济和政治组织并推动国家向前发展的主动力量,一个国家如果不能发展人民的技能和知识,就不能发展任何别的东西。[③] 实际上,农村人力资本投资由于受到客观经济基础与环境的限制,本来就严重不足,再加上教育与培训机构数量少、质量差,人力资本积累的速度很慢。并且贫困地区人力资本的流失状况也非常严重,不仅不能吸引人才流入,而且自己辛苦培养出来的九成以上的人才都流入了城市,这使得贫困地区的经济更加雪上加霜,从而贫困难以根治也就不难理解。

---

① 〔德〕马克思:《资本论》(第一卷),郭大力、王亚南译,上海三联书店2009年版,第708页。
② 〔美〕戴维·S.兰德斯:《国富国穷》,门洪华译,新华出版社2010年版,第53页。
③ 〔英〕哈比森:《作为国民财富的人力资源》(英文版),牛津大学1973年版,第3页。

奥尔森的制度论：认为贫困的根源在于不良的制度与政策安排，并从制度和政策的层面解释为什么有的国家富，而有的国家却十分贫穷。他通过对中国、德国和朝鲜半岛的经济、政策和制度的研究发现，一个具有极为相似文化特征的地域却展现出巨大的经济绩效差异。并据此阐述：只有在一系列完善的市场中，精妙的社会合作才能出现，而这需要有相应的制度和经济政策，好的政策和制度能够消除市场交易中的无效率，降低交易成本，任何较穷的国家只要采用了较优良的经济政策和制度，便能实现赶超型增长。① 这一理论为我国在贫困地区实行经济体制改革，实现经济较快增长提供了启示。但是，制度本身是在不断变化、发展的，因而我们也要以发展的眼光来看待制度的好坏，要想其发挥好的作用，更需要与当时、当地的实际情况相结合。

尤纳斯的资本论：认为越是贫困的地区越难以摆脱贫困。农村的金融资本为了寻求利益最大化，往往流向收益率更高的城市，这导致本就处于金融资本匮乏困境的农村雪上加霜，使农业生产经营与非农产业的发展缺少资本助力，产业发展无以为继。要改变这种状况，就必须重新构建新的金融体系，全心全意为农民服务。

罗伯特·索罗的技术论：认为农业技术进步是影响农业经济发展、农民收入增长的重要因素。国内学者也已经通过大量的研究证明，科技进步在推动我国农业生产发展中所具有的重大作用，尤其是在增加产品产量方面。

盖尔·约翰逊的效率论：认为低下的农业生产效率不可能带来富裕，中国农村居民的致富主要不是依赖于农业，而是取决于非农工作职位。因此，加快农业劳动力的转移，同时加快对传统农业的改造，提高农业生产率，方能使农业的工作报酬具有同非农产业竞争的实力，并得出长期并有效地增加农民收入的两个方案：一是提高农村居民的教育水平和质量，二是大幅度增加非农就业机会以减少农业人口，并建议加快小城镇的建设促进工业的发展。②

刘易斯最早提出“贫困文化”，他和威尔逊都看到人类文明发展过程中存在的“文化贫困”现象，但刘易斯看到的是穷人拥有的贫困文化，而威尔逊看到的则是富人拥有的贫困文化。从某种意义上说，威尔逊提出的“贫困文化”对我们更有警示意义。D. P. 莫伊尼汉提出贫困和贫困文化会形成一种周而复始的循环模式，使贫困者很难摆脱贫困的纠缠，人们有一种强烈的宿命感、无助感和自卑感；他们目光短浅，视野狭窄，不能在广泛的社会文化背景中去认识他们的困难。只

---

① 〔美〕曼库尔·奥尔森：《为什么有的国家穷有的国家富》，《比较》第 7 期，吴敬琏主编，2003 年。

② 〔美〕盖尔·约翰逊：《在农村创造非农工作职位转移农业劳动力》，《城市研究》，张鹏飞译，2004 年第 12 期。

有提高农村人口素质,改变贫困农村居民的价值观念,使他们想改变现状而不是安贫认命,然后在外力正当方式援助下,走自力更生、自我发展道路,最终依靠自身力量摆脱贫困。

二、对贫困农民政治发展状况的实证分析

本部分通过对贫困农民政治发展状况的实证分析考察,提出几个基本的假设:首先,他们的文化素质和经济条件相对较低,表现出的民主素质、法律意识也相应较低;第二,他们对政治事务表现出较少的关心和较低程度的参与,找不到合理的维护权益的方式和途径;第三,作为贫困农民,他们享受到了国家扶贫、补助等帮扶政策而建构起了对国家和中央的高度认同,不过,从身份上说,他们对城乡差距、社会贫富差距、自身未来发展表现出较高程度的担忧。

本部分通过对贫困农民政治发展状况的实证分析考察,提出基本的假设。为了对贫困农民的政治发展状况的假设进行检验,我们根据建构的基本政治属性和处境、政治意识、政治态度、政治参与、政治评价和认同等五个主题设定了相应的研究问题和方向,主要考察了以下问题:第一,对贫困农民的年龄层、受教育程度、性别特征、信仰状况、外出务工情况等方面进行了基本分析;第二,考察了贫困农民的身份意识、法律意识、维权意识;第三,考察了贫困农民对生活现状的态度、对国家事务及政策的关注度、对农村事务的态度、对于选举的态度、对未来的期许;第四,对于贫困农民政治参与的研究,我们设定了对其政治参与实践和意愿、政治表达和行动方式的研究;第四,考察贫困农民的政治评价和认同主要是对其对过去和当前政治发展状况和行动的评价和权威的认同。本报告将假设贫困农民的年龄层次、收入水平、教育背景、身体状况、居住状况等与贫困农民的政治意识、政治态度、政治参与、政治评价有较大的相关性,并做交叉数据分析以进行综合考量。报告研究所使用的数据均来自我们课题组于 2011 年 7、8 月进行的“农民政治状况”专项调查(简称“千户调查数据”)。

(一)贫困农民的基本政治属性状况

对调查的 201 位贫困农民的基本政治属性按照性别、年龄、受教育程度、信仰状况、婚姻类型以及务工经历、收入来源进行具体的分析如下:

1. 性别和年龄构成

在受访的 201 位贫困农民中,男性有 154 人,占比为 76.6%,女性有 47 人,占

比为23.4%,男女比例为3.3比1。从年龄结构上来看,年龄最大的为90岁,最小的为18岁。若将贫困农民的年龄结构分为30岁以下、30—39岁、40—49岁、50—59岁、60岁以上五个年龄段,分别有9人、11人、40人、43人、98人,各占比例为4.5%、5.5%、19.9%、21.4%和48.7%。可见,受访的贫困农民中男性占较大优势,近五成在60岁以上。

2. 受教育程度

将受访贫困农民的学历结构分为小学及以下、初中、高中或中专、大专及以上,我们得到贫困农民的受教育状况为:大专及以上的4人,占比2.0%;高中或中专的有23人,占比11.4%;初中学历的有61人,占比30.4%;小学及以下学历的有113人,占比56.2%。由此可见,贫困农民的受教育水平普遍不高。

3. 信仰状况

在201位受访的贫困农民中,表示没有宗教信仰的有188人,占总样本的94.0%;有6位贫困农民为佛教信徒,占比3.0%;有5位贫困农民为基督教信徒,占比2.5%;有1位贫困农民为道教信徒,占比0.5%。

4. 婚姻状况

在201位受访的贫困农民中,已婚的人数为174人,占比87.0%;丧偶的有15人,占比7.5%;未婚的有11人,占比5.5%;离异的有1人,占比0.5%。

5. 村庄任职状况

在201位受访的贫困农民中,按照在村庄的认知状况来划定,其中在村支部或者村委会任职的有8人,占比4.0%;任职村民小组干部的有9人,占比4.5%;多数为普通村民,共184人,占比91.5%。

6. 外出务工经历

在201位受访的贫困农民中,有146位没有务工经历,占比72.6%,有55人表示曾有务工的经历,占比27.4%。

(二)贫困农民政治认知

1. 贫困农民自我地位认知及生活状况评价

(1) 贫困农民自我地位认知情况。

通过统计,对贫困农民"作为一个农民,我感到很自豪"的问答,在采集的201份有效样本中,选择"非常同意"的贫困农民有21人,占总样本的10.4%,选择"同意"的贫困农民有80人,占总样本的39.8%,两者累计101人,占总样本的50.2%;选择"不同意"的贫困农民有49人,占总样本的24.4%,选择"非常不同意”的贫困农民有5人,占总样本的2.5%,两者累计54人,占总样本的24.9%。以上分析可见,超过五成的贫困农民对于自己的农民身份十分认可,但是也有近三成的贫困农民对于自己的地位评价不高。

表5-1 贫困农民自我地位认知统计表

是否同意	样本(个)	百分比(%)
非常同意	21	10.4
同意	80	39.8
不清楚	46	22.9
不同意	49	24.4
非常不同意	5	2.5
合计	201	100.0

通过统计,对“我在村里受到多数村民的尊重”的回答,在采集的201份有效样本中,选择“非常同意”的贫困农民有9人,占总样本的4.5%,选择“同意”的贫困农民有124人,占总样本的61.7%,两者累计133人,占总样本的66.2%;选择“不同意”的贫困农民有37人,占总样本的18.4%,选择“非常不同意”的贫困农民有1人,占总样本的0.5%,两者累计38人,占总样本的18.9%。以上分析可见,超过六成的贫困农户认为自己在村庄中是受到大家尊重的,但也有近两成的贫困农户认为自己在村里没得到应有的尊重。

表5-2 贫困农民在村里是否受到尊重认知统计表

在村里受到多数人尊重	样本(个)	百分比(%)
非常同意	9	4.5
同意	124	61.7
不清楚	30	14.9
不同意	37	18.4
非常不同意	1	0.5
合计	201	100.0

(2) 贫困农民自我生活状况评价情况。

通过统计,对贫困农民“我不喜欢农村生活”的问答,在采集到的201份有效样本中,选择“非常同意”的有9人,占总样本的4.5%,选择“同意”的有50人,占总样本的24.9%,两者累计59人,占总样本的29.4%;选择“不同意”的有116人,占总样本的57.7%,选择“非常不同意”的有3人,占总样本的1.5%。以上分析可见,近六成的贫困农民习惯并喜欢自己在农村的生活。

表 5-3 贫困农民对农村生活评价统计表

是否同意	样本(个)	百分比(%)
非常同意	9	4.5
同意	50	24.9
不清楚	23	11.4
不同意	116	57.7
非常不同意	3	1.5
合计	201	100.0

通过统计,对“我对现在的生活很不满意”的问答,在采集的 201 份有效样本中,选择“非常同意”的有 19 人,占总样本的 9.5%,选择“同意”的有 109 人,占总样本的 54.2%,两者累计 128 人,占总样本的 63.7%;选择“不同意”的有 43 人,占总样本的 21.4%,选择“非常不同意”的有 8 人,占总样本的 4.0%,两者累计 51 人,占总样本的 25.4%。以上分析可见,超过六成的贫困农民对于当下的生活状况不是很满意。

表 5-4 贫困农民生活状况满意程度统计表

是否同意	样本(个)	百分比(%)
非常同意	19	9.5
同意	109	54.2
不清楚	22	10.9
不同意	43	21.4
非常不同意	8	4.0
合计	201	100.0

通过统计,对贫困农民“如果有机会,我希望成为一个城市人”的问答,在采集的 201 份有效样本中,选择“非常同意”的有 9 人,占总样本的 4.5%,选择“同意”的有 124 人,占总样本的 61.7%,两者累计 133 人,占比 66.2%;选择“不同意”的有 37 人,占总样本的 18.4%,选择“非常不同意”的有 1 人,占比 0.5%,两者累计 38 人,占比 18.9%。以上分析可见,近两成的贫困农户不希望改变自己农民身份成为城市人,但是有近七成的贫困农民却愿意在机会允许的情况下成为城市人。

表 5-5 贫困农民自我身份变迁意愿统计表

是否同意	样本(个)	百分比(%)
非常同意	9	4.5
同意	124	61.7
不清楚	30	14.9
不同意	37	18.4
非常不同意	1	0.5
合计	201	100.0

2. 贫困农民法律意识情况

(1) 贫困农民基本法律认知情况。

通过统计,在调查的201份有效农户样本中,贫困农民在对于"法律规定村主任必须由村民选举才能胜任"这句话做判断时,有180位给予肯定回答,占总数的89.6%,有21位给予否定回答,占总数的10.4%。在对于"宪法规定:年满18岁的中国公民有选举权和被选权"的判断中,给予肯定回答的有177人,占总数的88.1%,给予否定回答的有24人,占总数的11.9%。在对于"国家主席和总理都是人大代表选出来的"做判断时,有155人给予了肯定回答,占总数的77.1%,有46人给予了否定回答,占总数的22.9%。在对于"我周围的农民都认为法律不重要"的判断中,147人给予否定回答,占总数的73.1%,51人给予肯定回答,占26.9%。在对于"我周围的多数农民都不相信法律能够保护自己的权益"的判断时,133人给予否定回答,占总数的66.2%,68人给予肯定回答,占33.8%。由此可见,多数贫困农民对于基本的法律常识有所了解,具备一定的法律基础和法律意识。

(2) 贫困农民对于"宪法"的理解。

通过统计,关于贫困农民对"宪法"这一词汇的理解,在调查的201份有效农户样本中,农村贫困农民对于"宪法"这一词汇"基本理解"的有45人,占总样本的22.4%;"知道这个词汇,但是不了解内容"的贫困农民有94人,占总样本的46.8%;对于"宪法"这一词汇"不理解"的贫困农民为62人,占总样本的30.8%。以上分析可见,在调查的有效样本中只有刚超过两成的贫困农民对于"宪法"是基本了解的,有近八成的贫困农民对于"宪法"这一国家根本大法的理解模糊或是根本不理解。

表 5-6　贫困农民对于"宪法"这一词汇的理解程度表

对"宪法"一词的理解	样本(个)	百分比(%)
基本理解	45	22.4
知道这个词,但不了解内容	94	46.8
不理解	62	30.8
合计	201	100.0

根据 Pearson 卡方检验可知,不同教育背景的贫困农民在对"宪法"这一词汇的理解上存在显著的差异($p=0.00<0.05$)。通过统计,在调查的 201 份有效农户样本中,小学及以下学历的贫困农民有 113 位,其中选择"基本了解"的有 12 人,占 10.5%,选择"知道但不了解内容"或"不了解"的共 101 人,占总样本的 89.4%;初中学历的贫困农民有 61 位,其中选择"基本了解"的有 24 人,占 39.3%,选择"知道但不了解内容"或根本"不了解"的 37 人,占 60.7%;高中或中专学历的贫困农民有 23 人,其中选择"基本了解"的有 7 人,占 30.4%,选择"知道但不了解内容"或"不理解"的有 16 人,占 69.6%;大专及以上学历的贫困农民有 4 人,其中选择"基本了解"有 2 人,占总样本的 50.0%,选择"知道但不了解内容"的有 2 人,占总样本的 50.0%。总而言之,随着受教育水平的升高,贫困农民对于"宪法"的基本理解的比重分别为 10.6%、39.3%、30.4% 和 50.0%,呈现逐渐升高的趋势。

表 5-7　不同受教育背景的贫困农民对于"宪法"的认识程度表

受教育水平		基本理解	知道,但不了解内容	不理解
小学及以下	样本	12	51	50
	占比	10.5	45.2	44.3
初中	样本	24	26	11
	占比	39.3	42.6	18.1
高中或中专	样本	7	15	1
	占比	30.4	65.2	4.4
大专及以上	样本	2	2	0
	占比	50.0	50.0	0

(3) 近八成贫困农民肯定法律的重要作用。

通过统计,对贫困农民"你认为法律在生活中的作用如何"的问答,在调查的 201 份有效农户样本中,认为法律在其生活中"非常重要"和"重要"的人分别为

46人和106人,累计人数为152人,所占比例分别为22.9%和52.7%,二者的累积比例为75.6%。另外,认为“不清楚”法律作用的人数有40人,认为“不重要”以及“非常不重要”的人数有8人和4人,分别占比为4.0%和2.0%。总而言之,近八成的贫困农民肯定法律在其生活中的重要作用。

表5-8 贫困农民对于法律重要性的认知程度表

是否重要	样本(个)	百分比(%)
非常重要	46	22.9
重要	106	52.7
不清楚	37	18.4
不重要	8	4.0
非常不重要	4	2.0
合计	201	100.0

(4)近八成贫困农民对法律的作用的定位较为准确。

通过统计,对贫困农民“你认为法律最重要的作用”的问答,在采集到的201份有效样本中,认为法律的作用是“惩罚犯罪”的有81人,占总数的40.3%,认为法律的作用是“保护老百姓的权利”的有73人,占总样本的36.3%,两者累计154人,占总样本的76.6%;认为法律的作用是“管老百姓”的有22人,占总样本的10.9%;认为法律的作用是管干部的有15人,占总样本的7.5%。以上分析可见,在总样本中有近八成的贫困农民能够正确定位法律的作用,但是也有少部分贫困农民对法律的作用理解模糊。

表5-9 贫困农民对于法律作用的认知情况表

法律作用	样本(个)	百分比(%)
管老百姓	22	10.9
管干部	15	7.5
保护老百姓的权利	73	36.3
惩罚犯罪	81	40.3
其他	10	5.0
合计	201	100.0

(5)贫困农民在认为法律不公正时的处理方式较为理性。

通过统计,对贫困农民“法律规定不够公正时怎么办”的问答中,在采集到的201份有效农户样本中,有46人认为当法律规定不够公正时应该“遵守,但想办法提出建议修改”，占总样本的22.9%；有95人认为“不好的法总归是法，还是要遵守的”，占总数的47.2%；有47人认为“不遵守要受到制裁，还是遵守为好”，占总数的23.4%；有13人认为“既然法律不公正，就没必要遵守”，占总数的6.5%。以上分析可见，多数贫困农民对于法律的权威性和严肃性认识较为深刻，在其认为法律不够公正时仍然会遵守或是想办法提出改进意见。

表 5-10 贫困农民对于觉得法律不公正时的应对方式统计表

应对方式	样本(个)	百分比(%)
遵守，但想办法提出建议修改	46	22.9
不好的法总归是法，还是要遵守的	95	47.2
不遵守要受到制裁，还是遵守为好	47	23.4
既然法律不公正，就没有必要遵守	13	6.5
合计	201	100.0

3. 贫困农民依法维权状况

(1) 近七成贫困农民愿意以法律途径保障自身的权益。

通过统计，对贫困农民“您愿意以法律作为维护自身权益的途径”的问答中，在采集的201份有效样本中，选择表示“非常愿意”采取法律途径保障自身权益的人数为45人，占总样本的22.4%，选择“比较愿意”的有88人，占总样本43.8%，累计133人，占总样本的66.2%；选择“一般”的有45人，占总样本的22.7%；认为“不太愿意”、“很不愿意”采取法律途径保障自身权益的分别有22人和1人，占比依次为10.9%和0.5%，累计11.4%。以上分析可见，近七成的贫困农民愿意以法律途径保障自身权益。

表 5-11 贫困农民依法维权意愿统计表

	非常愿意	比较愿意	不太愿意	很不愿意	一般
样本	45	88	22	1	45
占比(%)	22.4	43.8	10.9	0.5	22.4

(2) 贫困农民多不以到法院告状作为主要维权方式。

通过统计，关于贫困农民维权方式的选择，在调查的201份有效农户样本中，选择“双方私了”的农户有35人，占总样本的17.4%；选择“忍气吞声”的农户有25人，占总样本的12.4%；选择“武力报复”的农户有1人，占总样本的0.5%；选择“到法院告状”的有36人，占总样本的17.9%；选择“找干部解决”的农民有76

人,占总样本的37.8%;选择"找村里或者家族中有威望的人调解"的有28人,占总样本的14.0%。以上分析可见,在具体维权方式的选择中,多数不愿意采取"到法院告状"的方式来保障自身权益,不以到法院告状作为维权手段。

表5-12 贫困农民维权方式的选择

维权方式	样本	百分比(%)
双方协商私了	35	17.4
忍气吞声	25	12.4
武力报复	1	0.5
到法院告状	36	17.9
找干部解决	76	37.8
找村里或者家族中有威望的人调解	28	14.0
合计	201	100.0

(二)贫困农民政治态度状况

1. 贫困农民对于生活现状的态度

通过统计,对贫困农民"我觉得我的生活一成不变"的问答,在采集到的201份有效样本中,选择"非常同意"的有2人,占总样本的1.0%,选择"同意"的有61人,占总样本的30.3%,两者累计为63人,占总样本的31.3%;选择"不同意"的有93人,占总样本的46.3%,选择"非常不同意"的有3人,占总样本的1.5%,两者累计96人,占总样本的47.8%。以上分析可见,近五成的贫困农民认为自己的生活是在不断改变的。

表5-13 贫困农民对于生活变化的态度统计表

生活一成不变	样本(个)	百分比(%)
非常同意	2	1.0
同意	61	30.3
不清楚	42	20.9
不同意	93	46.3
非常不同意	3	1.5
合计	201	100.0

通过统计,对贫困农民"农民生活水平提高很快"的问答,在采集到的201份有效数据中,选择"非常同意"的贫困农民有31人,占总样本的15.4%,选择"同

意”的贫困农民有115人,占总样本的57.2%,两者累计146人,占总样本的72.6%;选择“不同意”的贫困农民有28人,占总样本的14.0%,选择“非常不同意”的贫困农民有1人,占总样本的0.5%,两者累计29人,占总样本的14.5%。以上分析可见,超过七成的贫困农民认为自己的生活水平是在不断提高而且提高的速度很快。

表5-14 贫困农民对生活水平评价统计表

农村生活水平提高很快	样本(个)	百分比(%)
非常同意	31	15.4
同意	115	57.2
不清楚	26	12.9
不同意	28	14.0
非常不同意	1	0.5
合计	201	100.0

通过统计,对贫困农民“我觉得生活中有很多难以克服的困难”的问答,在采集到的201份有效数据中,选择“非常同意”的贫困农民有9人,占总样本的4.5%,回答“同意”的贫困农民有91人,占总样本的45.3%,两者累计100人,占总样本的49.8%;选择“不同意”的贫困农民有56人,占总样本的27.8%;选择“不清楚”的贫困农民有45人,占总样本的22.4%。以上分析可见,近五成的贫困农民认为自己在生活中有很多无法克服的困难。

表5-15 贫困农民对生活中困难的态度统计表

生活中很多困难难以克服	样本(个)	百分比(%)
非常同意	9	4.5
同意	91	45.3
不清楚	45	22.4
不同意	56	27.8
合计	201	100.0

通过统计,对贫困农民“我觉得我根本不可能过上自己想要的生活”的问答,在采集到的201份有效数据中,选择“非常同意”的贫困农民有9人,占总样本的4.5%,回答“同意”的贫困农民有57人,占总样本的28.4%,两者累计66人,占总样本的32.8%;选择“不同意”的贫困农民有87人,占总样本的43.3%;选择“非常不同意”的贫困农民有3人,占总样本的1.5%。以上分析可见,超过三成

的贫困农民认为自己过不上想要的生活,但超过四成的贫困农民认为通过努力能过上自己想要的生活。

表 5-16 贫困农民对于过上自己想要的生活的态度统计表

我能过上自己想要的生活	样本(个)	百分比(%)
非常同意	9	4.5
同意	57	28.4
不清楚	45	22.3
不同意	87	43.3
非常不同意	3	1.5
合计	201	100.0

通过统计,对贫困农民"我经常想办法改变自己的生活状况"的问答,在采集到的 201 份问卷中,选择"非常同意"的贫困农民有 16 人,占总样本的 8.0%,选择"同意"的贫困农民有 142 人,占总样本的 70.6%,两者累计 158 人,占总样本的 78.6%;选择"不同意"的贫困农民有 18 人,占总样本的 9.0%,选择"非常不同意"的贫困农民有 1 人,占总样本的 0.5%,两者累计 19 人,占总样本的 9.5%。以上分析可见,近八成的贫困农民经常想办法改变自己的生活状况。

表 5-17 贫困农民对于想办法改变自己生活的态度统计表

想办法改变自己生活	样本(个)	百分比(%)
非常同意	16	8.0
同意	142	70.6
不清楚	24	11.9
不同意	18	9.0
非常不同意	1	0.5
合计	201	100.0

通过统计,对贫困农民"我周围的农民很多对自己的生活状况不满"的问答,在采集到的 201 份有效数据中,选择"非常同意"的贫困农民有 9 人,占总样本的 4.5%,选择"同意"的贫困农民有 82 人,占总样本的 40.8%,两者累计 91 人,占总样本的 45.3%;选择"不同意"的贫困农民有 63 人,占总样本的 31.3%,选择"非常不同意"的贫困农民有 1 人,占总样本的 0.5%,两者累计 64 人,占总样本的 31.8%。以上分析可见,近五成的贫困农民认为周围的农民会对自己目前的生活状况不满意。

表 5-18　贫困农民对于生活状况满意程度统计表

我周围农民对生活不满意	样本(个)	百分比(%)
非常同意	9	4.5
同意	82	40.8
不清楚	46	22.9
不同意	63	31.3
非常不同意	1	0.5
合计	201	100.0

通过统计,对贫困农民"人穷是因为不努力,不聪明,人要发达也只能靠自己,别人帮不了忙"的问答,在采集的 201 份有效数据中,选择"非常同意"的贫困农民有 19 人,占总样本的 9.5%,选择"同意"的贫困农民有 116 人,占总样本的 57.7%,两者合计 135 人,占总样本的 67.2%;选择"不同意"的贫困农民有 22 人,占总样本的 10.9%,选择"非常不同意"的贫困农民有 3 人,占总样本的 1.5%,两者合计 25 人,占比 12.4%。以上分析可见,近七成的贫困农民认为人穷是因为不努力,不聪明,要发达也只有靠自己的努力,别人帮不了忙。

表 5-19　贫困农民对于"发达"的态度统计表

人穷是因为不努力,不聪明,发达要靠自己	样本(个)	百分比(%)
非常同意	19	9.5
同意	116	57.7
不清楚	41	20.4
不同意	22	10.9
非常不同意	3	1.5
合计	201	100.0

通过统计,对于贫苦农民"农民的收入水平相比较劳动付出来说太少了"的问答,在采集到的 201 份有效问卷中,选择"非常同意"的贫困农民有 35 人,占总样本的 17.4%,选择"同意"的贫困农民有 114 人,占总样本的 56.7%,两者累计 149 人,占总样本的 74.0%;选择"不同意"的贫困农民有 10 人,占总样本的 5.0%,选择"非常不同意"的贫困农民有 2 人,占总样本的 1.0%,两者累计 12 人,占总样本的 6.0%。以上分析可见,超过七成的贫困农民认为农民的收入与农民的劳动相比来说太少。

表 5-20 贫困农民对于收入的态度统计表

农民收入相对于劳动太少	样本(个)	百分比(%)
非常同意	35	17.4
同意	114	56.7
不清楚	40	19.9
不同意	10	5.0
非常不同意	2	1.0
合计	201	100.0

2. 贫困农民对于国家大事以及政策的态度

通过统计,对贫困农民“国家大事都是当官的操心的事,与老百姓无关”的问答,在所采集的 201 份有效样本中,选择“非常同意”的有 22 人,占总样本的 10.9%,选择“同意”的有 71 人,占总样本的 35.3%,两者累计 93 人,占总样本的 46.2%;选择“不清楚”的有 23 人,占总数的 11.5%;选择“不同意”此看法的有 81 人,占总样本的 40.3%,选择“非常不同意”此看法的有 4 人,占总样本的 2.0%。以上分析可见,近半数的贫困农民认为国家大事与自己关系不大。

表 5-21 贫困农民对于国家大事与百姓的相关性反应表

国家大事与百姓无关	样本(个)	百分比(%)
非常同意	22	10.9
同意	71	35.3
不清楚	23	11.5
不同意	81	40.3
非常不同意	4	2.0
合计	201	100.0

根据 Pearson 卡方检验可知,不同教育背景的贫困农民在对国家大事与百姓的相关性的态度上存在显著差异($p = 0.008 < 0.05$)。对贫困农民“国家大事与百姓无关”的问答,在调查的 209 份有效样本中,小学及以下学历的共 113 人,选择“非常同意”的有 13 人,占比 11.5%,选择“同意”的有 49 人,占比 43.4%,两者累计 62 人,占比 54.9%;初中学历的共 61 人,选择“非常同意”的有 7 人,占比 11.5%,选择“同意”的有 15 人,占比 24.6%,两者累计 22 人,占比 36.1%;高中或中专学历的有 23 人,选择“非常同意”的有 2 人,占比 8.7%,选择“同意”的有 5 人,占比 21.7%,两者累计 7 人,占比 30.4%。以上分析可见,受教育水平越高的

贫困农民,更倾向于认为国家大事与百姓有较大相关性。

表 5-22 受教育水平与百姓对国家大事的态度统计表 （单位:%）

受教育水平		非常同意	同意	不清楚	不同意	非常不同意
小学及以下	样本	13	49	10	40	1
	占比	11.5	43.4	8.8	35.4	0.9
初中	样本	7	15	8	31	0
	占比	11.5	24.6	13.1	50.8	0
高中或中专	样本	2	5	4	9	3
	占比	8.7	21.7	17.4	39.1	13.1
大专及以上	样本	0	2	1	1	0
	占比	0	50.0	25.0	25.0	0

通过统计,对贫困农民"老百姓弄不懂国家和政府的事什么重要、什么不重要"的问答,在采集到的201份有效样本中,选择"非常同意"的有8人,占总样本的4.0%,选择"同意"的有62人,占总样本的30.8%,两者累计70人,占总样本的34.8%;选择"不同意"的有53人,占总样本的26.4%,选择"非常不同意"的有10人,占总样本的5.0%,两者累计为63人,占总样本的31.4%;选择"不清楚"的有68人,占总样本的33.8%。以上分析可见,超过三成的贫困农民认为老百姓不能正确区分国家或政府事务是否重要。

表 5-23 贫困农民对于国家、政府事务重要与否区分情况表

不懂国家、政府的事哪些重要	样本(个)	百分比(%)
非常同意	8	4.0
同意	62	30.8
不清楚	68	33.8
不同意	53	26.4
非常不同意	10	5.0
合计	201	100.0

根据 Pearson 卡方检验可知,不同教育水平的贫困农民在对国家大事与百姓的相关性的态度上存在差异($p=0.016<0.05$)。对贫困农民"老百姓不懂国家和政府的事什么重要、什么不重要"的问答,在调查的201份有效样本中,小学及以下学历的共113人,选择"不同意"的有29人,占比25.7%,选择"非常不同意"的有4人,占比3.5%,两者累计33人,占比29.2%;初中学历的共61人,选择

“不同意”的有18人,占比29.5%,选择“非常不同意”的有2人,占比3.3%,两者累计20人,占比32.8%;高中或中专学历的有23人,选择“不同意”的有5人,占比21.8%,选择“非常不同意”的有2人,占比8.7%,两者累计7人,占比30.5%;大专及以上学历的有4人,选择“不同意”的有1人,占比25%,选择“非常不同意”的有2人,占比50%,两者累计3人,占比75%。以上分析可见,学历越高的贫困农民,更倾向于认为国家大事与百姓有较大相关性。

表5-24　受教育水平与贫困农民对国家事务的判断相关性统计表

受教育水平		非常同意	同意	不清楚	不同意	非常不同意
小学及以下	样本	2	38	40	29	4
	占比	1.8	33.6	35.4	25.7	3.5
初中	样本	5	16	20	18	2
	占比	8.2	26.2	32.8	29.5	3.3
高中或中专	样本	1	8	7	5	2
	占比	4.3	34.8	30.4	21.8	8.7
大专及以上	样本	0	0	1	1	2
	占比	0	0	25.0	25.0	50.0

通过统计,对“我十分关心国家的农村政策”的问答,在采集的201份有效样本中,选择“非常同意”的贫困农民有30人,占总样本的14.9%,选择“同意”的有100人,占总样本的49.8%,两者累计130人,占总样本的64.7%;选择“不同意”的有47人,占总样本的23.4%;回答“不清楚”的有24人,占总样本的11.9%。以上分析可见,近七成的贫困农民更加关心国家实施的与自己息息相关的农村政策。

表5-25　贫困农民对于国家农村政策的态度统计表

关心国家的农村政策	样本(个)	百分比(%)
非常同意	30	14.9
同意	100	49.8
不清楚	24	11.9
不同意	47	23.4
合计	201	100.0

超过八成的贫困农民表示会支持国家领导决策的事。通过统计,对“一般情况下,我都支持国家领导决策的事”的问答,在采集的201份有效问卷中,回答“非

常同意"的贫困农民有 30 人，占总样本的 14.9%，回答"同意"的贫困农民有 132 人，占总样本的 65.7%，两者累计 162 人，占总样本的 80.6%；回答"不同意"的贫困农民有 7 人，占总样本的 3.5%；回答"不清楚"的贫困农民有 32 人，占总样本的 15.9%。以上分析可见，超过八成的贫困农民表示在一般情况下会支持国家领导决策的事。

表 5-26　贫困农民对于支持国家领导决策的态度

支持国家领导决策	样本(个)	百分比(%)
非常同意	30	14.9
同意	132	65.7
不清楚	32	15.9
不同意	7	3.5
合计	201	100.0

3. 贫困农民对于村庄事务的态度

通过统计，对贫困农民"我十分关心村里搞的村务公开的内容"的问答，在采集到的 201 份有效样本中，回答"非常同意"的贫困农民有 11 人，占总样本的 5.5%，回答"同意"的有 77 人，占总样本的 38.3%，两者累计 88 人，占总样本的 43.8%；回答"不同意"的有 74 人，占总样本的 36.8%；回答"不清楚"的有 39 人，占总样本的 19.4%，两者累计 113 人，占总样本的 56.0%。以上分析可见，超过五成的贫困农民对于村务公开不够关心，贫困农民对于村里搞的村务公开的关心程度不高。

表 5-27　贫困农民对于村里搞的村务公开关注情况表

我十分关心村务公开	样本(个)	百分比(%)
非常同意	11	5.5
同意	77	38.3
不清楚	39	19.4
不同意	74	36.8
合计	201	100.0

根据 Pearson 卡方检验可知，不同教育背景的贫困农民在对是否关心村庄村务公开的态度上存在显著差异($p=0.001<0.05$)。通过统计，在调查的 201 份有效样本中，小学及以下学历的贫困农民有 113 人，其中选择"非常同意"的贫困农民有 2 人，占比 1.8%，选择"同意"的贫困农民有 35 人，占比 31.0%，两者累计 37

人,占比 32.8%;选择“不同意”的贫困农民有 58 人,占比 51.3%;选择“不清楚”的贫困农民有 18 人,占比 15.9%。初中学历的贫困农民共60 人,其中选择“非常同意”的贫困农民有 8 人,占比 13.3%,选择“同意”的贫困农民有 29 人,占比 48.3%,两者累计 37 人,占比 61.6%;选择“不同意”的贫困农民有 11 人,占比 18.4%;选择“不清楚”的贫困农民有 12 人,占比 20.0%。高中或中专学历的贫困农民共 21 人,其中选择“非常同意”的贫困农民 1 人,占比 4.3%,选“同意”的贫困农民 10 人,占比 43.5%,两者累计 11 人,占比 47.8%;选择“不同意”的贫困农民 5 人,占比 21.7%;选择“不清楚”的贫困农民 7 人,占比 30.4%。大专及以上学历的贫困农民 4 人,选择“同意”的有 2 人,占比 50%;选择“不清楚”的有 2 人,占比 50%。以上分析可见,随着贫困农民受教育水平的提高,其对于村庄村务公开的关注度也明显增长。

表 5-28 不同教育背景的贫困农民对于村务公开的关注情况表

(单位:个、%)

受教育水平		非常同意	同意	不清楚	不同意	合计
小学及以下	样本	2	35	18	58	113
	占比	1.8	31.0	15.9	51.3	100.0
初中	样本	8	29	12	11	60
	占比	13.3	48.3	20.0	18.4	100.0
高中或中专	样本	1	10	7	5	23
	占比	4.3	43.5	30.5	21.7	100.0
大专及以上	样本	0	2	2	0	4
	占比	0	50.0	50.0	0	100.0

4. 贫困农民对于选举的态度

通过统计,对贫困农民“是否会珍惜手中选票”的问答,在采集到的 201 份有效样本中,19 人选择“非常同意”,占总样本的 9.5%,选择“同意”的贫困农民有 87 人,占总样本的 43.8%,两者累计 107 人,占总样本的 53.4%;选择“不同意”的贫困农民有 51 人,占比 25.3%;选择“不清楚”的贫困农民有 43 人,占比 21.4%。以上分析可见,近五成的贫困农民对自己手中的选村干部或人大代表的选票不够珍惜。

表 5-29　贫困农民对于选举的态度统计表

	样本(个)	百分比(%)
非常同意	19	9.5
同意	88	43.8
不清楚	43	21.4
不同意	51	25.3
合计	201	100.0

通过统计,对于贫困农民参与选举意图的调查,在采集的201份有效样本中,选择"参与投票让我感觉自己受到尊重"的贫困农民有36人,占总样本的17.9%;选择"参与投票是法律规定的责任"的贫困农民有69人,占总样本的34.3%;选择"参加投票可以获得务工补贴"的贫困农民有4人,占总样本的2.0%;选择"参加投票没什么感觉,随大流而已"的贫困农民有92人,占总样本的45.8%。以上分析可见,多数贫困农民把参与选举的意图视为获得尊重或履行责任,但是也有相当数量的贫困农民选举的目的不够明确,具有随大流的心理。

表 5-30　贫困农民投票的意图统计表

选举投票意图	样本(个)	百分比(%)
参加投票让我感觉自己受到尊重	36	17.9
参加投票是法律规定的责任	69	34.3
参加投票可以获得误工补贴	4	2.0
参加投票没什么感觉,随大流而已	92	45.8
合计	201	100.0

根据 Pearson 卡方检验可知,不同受教育背景的贫困农民在对是否关心村务公开的态度上存在显著差异($p=0.018<0.05$)。通过统计,在调查的201份有效样本中,小学及以下学历的贫困农民有113人,其中选择"非常同意"的贫困农民有10人,占比8.8%,选择"同意"的贫困农民有36人,占比31.9%,两者累计46人,占比40.7%;选择"不同意"的贫困农民有37人,占比32.7%;选择"不清楚"的贫困农民有29人,占比25.7%。初中学历的贫困农民共61人,其中选择"非常同意"的贫困农民有8人,占比13.1%,选择"同意"的贫困农民有35人,占比57.3%,两者累计43人,占比70.4%;选择"不同意"的贫困农民有9人,占比14.8%;选择"不清楚"的贫困农民有9人,占比14.8%。高中或中专学历的贫困农民共23人,其中选择"非常同意"的贫困农民1人,占比4.3%,选"同意"的贫

困农民14人,占比60.9%,两者累计15人,占比65.2%;选择"不同意"的贫困农民4人,占比17.4%;选择"不清楚"的贫困农民1人,占比4.4%。大专及以上学历的贫困农民4人,选择"同意"的贫困农民2人,占比50.0%;选择"不清楚"的贫困农民2人,占比50%。以上分析可见,随着贫困农民受教育水平的提高,其对村务公开的关注度也明显增长。

表5-31 受教育水平与村务公开相关性统计表 (单位:个、%)

受教育水平		非常同意	同意	不清楚	不同意	非常不同意	合计
小学及以下	样本	10	36	29	37	1	113
	占比	8.8	31.9	25.7	32.7	0.9	100.0
初中	样本	8	35	9	9	0	61
	占比	13.1	57.3	14.8	14.8	0	100.0
高中或中专	样本	1	14	3	4	1	23
	占比	4.3	60.9	13.0	17.4	4.4	100.0
大专及以上	样本	0	2	2	0	0	4
	占比	0	50.0	50.0	0	0	100.0

5. 贫困农民对未来的态度及期许

通过统计,对于贫苦农民"我相信我的未来掌握在我自己的手中"的问答,在采集到的201份有效问卷中,选择"非常同意"的贫困农民有21人,占总样本的10.4%,选择"同意"的贫困农民有105人,占总样本的52.7%,两者累计127人,占总样本的63.1%;选择"不同意"的贫困农民有20人,占总样本的10.0%,选择"非常不同意"的贫困农民有2人,占总样本的1.0%,两者累计22人,占总样本的10.1%。以上分析可见,超过六成的贫困农民会认为自己的未来掌握在自己的手中。

表5-32 贫困农民对未来掌握在自己手中的态度统计表

自己的未来掌握在自己的手中	样本(个)	百分比(%)
非常同意	21	10.4
同意	105	52.7
不清楚	52	25.9
不同意	20	10.0
非常不同意	2	1.0
合计	201	100.0

通过统计,对于贫困农民"十年之后,我们家会更加富裕"的问答,在采集到

的201份有效问卷中,选择“非常同意”的贫困农民有24人,占总样本的11.9%,选择“同意”的贫困农民有124人,占总样本的61.7%,两者累计148人,占总样本的73.6%;选择“不同意”的贫困农民有5人,占总样本的2.5%,选择“非常不同意”的贫困农民有2人,占总样本的1.0%,两者累计7人,占总样本的3.5%。以上分析可见,超过七成的贫困农民认为十年之后自己家会变得更加富裕。

表5-33　贫困农民对于自家会变得更富裕的态度统计表

十年后,我们家会变得更富裕	样本(个)	百分比(%)
非常同意	24	11.9
同意	124	61.7
不清楚	46	22.9
不同意	5	2.5
非常不同意	2	1.0
合计	201	100.0

通过统计,对于贫困农民“十年之后,我们村会更加繁荣”的问答,在采集到的201份有效问卷中,选择“非常同意”的贫困农民有22人,占总样本的10.9%,选择“同意”的贫困农民有116人,占总样本的57.7%,两者累计138人,占总样本的68.6%;选择“不同意”的贫困农民有3人,占总样本的1.5%,选择“非常不同意”的贫困农民有5人,占总样本的2.5%,两者累计8人,占总样本的4%。以上分析可见,近七成的贫困农民认为十年后自己村会变得更加繁荣。

表5-34　贫困农民对于十年后村庄会变繁荣的态度统计表

十年之后,我们村会更加繁荣	样本(个)	百分比(%)
非常同意	22	10.9
同意	116	57.7
不清楚	55	27.4
不同意	3	1.5
非常不同意	5	2.5
合计	201	100.0

通过统计,对贫困农民“只要有好的赚钱机会,我会毫不犹豫地走出家乡”的问答,在采集到的201份有效问卷中,选择“非常同意”的贫困农民有21人,占总样本的10.4%,选择“同意”的贫困农民有96人,占总样本的47.8%,两者累计117人,占总样本的58.2%;选择“不同意”的贫困农民有52人,占总样本的

25.9%,选择“非常不同意”的贫困农民有 4 人,占总样本的 2.0%,两者累计 56 人,占总样本的 27.9%。以上分析可见,近六成的贫困农民认为只要有好的机会赚钱,会毫不犹豫地走出家乡。

表 5-35　贫困农民对于外出赚钱的态度统计表

有赚钱机会我就会走出家乡	样本(个)	百分比(%)
非常同意	21	10.4
同意	96	47.8
不清楚	28	13.9
不同意	52	25.9
非常不同意	4	2.0
合计	201	100.0

(三)贫困农民政治行为状况

1. 贫困农民对于政治形势的关注

通过统计,考察贫困农民“你是否阅读报纸以获得时事资讯”的问答,在采集的 201 份有效样本中,有 57 位贫困农民在平时阅读报纸以获得时事资讯,占总样本的 28.4%;有 144 位贫困农民平时不阅读报纸,占总样本的 71.6%。以上分析可见,超过七成的贫困农民平时不阅读报纸,不到三成的贫困农民平时阅读报纸,或者说多数贫困农民不是通过阅读报纸获得时事资讯。

表 5-36　贫困农民是否看报情况统计表

是否看报	样本(个)	百分比(%)
否	144	71.6
是	57	28.4
合计	201	100.0

通过统计,对贫困农民“你看电视最喜欢什么节目”的问答,在采集到的 201 份有效样本中,101 位贫困农民认为最喜欢看的电视节目为“新闻节目”,占总样本的 50.2%;选择喜欢观看“戏曲节目”、“农村题材电视剧节目”、“气象预报”、“娱乐或晚会”、“城市题材电视剧”的贫困农民分别占总样本的 20.1%、12.9%、12.9%、10.0%、7.5%、3.5%。以上分析可见,超过半数的贫困农民喜欢观看新闻节目,而观看新闻也是贫困农民获得时事资讯的主要途径。

表 5-37　贫困农民看电视最喜欢的节目统计表

电视节目	样本(个)	百分比(%)
新闻节目	101	50.2
气象预报	20	10.0
农村题材电视剧	26	12.9
城市题材电视剧	7	3.5
娱乐节目或晚会	15	7.5
戏曲节目	26	12.9
其他	6	3.0
合计	201	100.0

2. 贫困农民参与公益事业及村庄组织行为

通过统计,对贫困农民"对于村里的公益事业和大伙的事,你是否积极参与"的问答,在采集的 201 份有效样本中,乐于参与本村公益事业的贫困农民为 119 人,占总样本的 59.2%;不愿意参与本村公益事业的贫困农民有 82 位,占总样本的 40.8%。以上分析可见,近六成的贫困农民表示愿意参与本村公益事业,对本村的公益事业比较热心。

表 5-38　贫困农民参与村里公益事业统计表

是否参与	样本(个)	百分比(%)
否	82	40.8
是	119	59.2
合计	201	100.0

通过统计,对贫困农民"您是否参与村民代表会议"的问答,在采集的 201 份有效样本中,未参与村民代表会议的贫困农民为 186 人,占总样本的 92.5%;参与村民代表会议的贫困农民有 15 人,占总样本的 7.5%。以上分析可见,超过九成的贫困农民表示没有参加村民代表会议。

表 5-39　贫困农民参与村民代表会议统计表

是否参与	样本(个)	百分比(%)
否	186	92.5
是	15	7.5
合计	201	100.0

(四) 贫困农民政治评价状况

1. 贫困农民对于党和国家关心农民的评价

通过统计,对贫困农民关于“党和国家真正关心农民”的问答,在采集的 201 份有效样本中,选择“非常同意”的贫困农民有 44 人,占总样本的 21.9%,选择“同意”的贫困农民有 135 人,占总样本的 67.2%,两者累计 179 人,占总样本的 89.0%;选择“不同意”的贫困农民有 4 人,占总样本的 2.0%,选择“非常不同意”的贫困农民各有 1 人,占总样本的 0.5%,两者累计 5 人,占总样本的 2.5%。以上分析可知,近九成的贫困农民认为党和国家真正关心农民,一心为人民着想。

表 5-40 贫困农民对于党和国家关心评价统计表

党和国家真正关心农民	样本(个)	百分比(%)
非常同意	44	21.9
同意	135	67.1
不清楚	17	8.5
不同意	4	2.0
非常不同意	1	0.5
合计	201	100.0

2. 贫困农民对政府提供服务的评价

通过统计,对贫困农民关于“政府在做更多的好事服务农民”的问答,采集的 209 份有效样本中,选择“非常同意”的贫困农民有 34 人,占总样本的 16.9%,选择“同意”的贫困农民有 142 人,占总样本的 70.6%,两者累计 176 人,占总样本的 87.5%;选择“不同意”的贫困农民有 5 人,占总样本的 2.5%,选择“非常不同意”的贫困农民有 3 人,占总样本的 1.5%,两者累计 8 人,占总样本的 4.0%。以上分析可见,近九成的贫困农民认为政府在做更多的好事服务农民。

表 5-41 贫困农民对于政府服务评价统计表

政府在做更多好事服务农民	样本(个)	百分比(%)
非常同意	34	16.9
同意	142	70.6
不清楚	17	8.5
不同意	5	2.5
非常不同意	3	1.5
合计	201	100.0

3. 贫困农民对于地方安全性的评价

通过统计,对贫困农民"在我们这个地方生活觉得安全"的问答,在采集的201份有效样本中,选"非常同意"的贫困农民有18人,占总样本的9.0%,选择"同意"的贫困农民有144人,占总样本的71.6%,两者累计162人,占总样本的80.6%;选择"不同意"的贫困农民有12人,占总样本的6.0%,选择"非常不同意"的贫困农民有2人,占总样本的1.0%,两者累计14人,占比7.5%。以上分析可见,超过八成的贫困农民认为生活的地方是安全的。

表5-42 贫困农民对于地方安全性评价统计表

觉得安全	样本(个)	百分比(%)
非常同意	18	9.0
同意	144	71.6
不清楚	25	12.4
不同意	12	6.0
非常不同意	2	1.0
合计	201	100.0

4. 贫困农民对于地方干部的评价

通过统计,对贫困农民"我们这个地方的多数干部是好的"问答,在采集的201份有效样本中,选"非常同意"的贫困农民有12人,占总样本的6.0%,选择"同意"的贫困农民有120人,占总样本的59.7%,两者累计132人,占总本的65.7%;选择"不同意"的贫困农民有22人,占总样本的10.9%,选择"非常不同意"的贫困农民有2人,占总样本的1.0%,两者累计有24人,占比11.9%。以上分析可见,近七成的贫困农民认为地方的干部多数是好的。

表5-43 贫困农民对于地方干部评价统计表

多数干部是好的	频率(个)	百分比(%)
非常同意	12	6.0
同意	120	59.7
不清楚	45	22.4
不同意	22	10.9
非常不同意	2	1.0
合计	201	100.0

三、结论分析及简要建议

(一) 结论分析

农民贫困不仅仅是一个经济问题,而且是一个社会问题。对贫困农民政治发展状况的分析可归结为以下四个方面:

首先,政治认知方面。多数贫困农民具备一定的法律基础和法律意识,肯定法律在日常生活中的重要地位,能够正确定位法律的作用及其权威性,并愿意凭借法律维护自身的合法权益,但是其对法律的理解多局限于表面层次,缺乏深层次的理解,受教育水平越高的贫困农民对于法律的理解越深。此外,多数贫困农民虽然愿意依法维权,但在具体维权方式的选择上仍有偏颇。多数贫困农民出于乡土情结,认为自己习惯并喜欢农村生活,并认为在满是熟人的村里能得到其他村民应有的尊重。但是贫困农民对于自身社会地位的总体评价并不高,很多村民对于当下的生活状况并不是很满意,更愿意选择在适当的时机成为城里人,到城市过更好的生活。其次,政治态度方面。多数贫困农民能够感觉到自身生活水平在迅速地提升,并曾想过要改变目前的艰难处境只有通过自己的努力。但另一方面,也有较多数量的贫困农民认为农民的收入与农民付出的劳动相比较来说太少,觉得自己过不上自己想要的生活,并因为在生活中常会遇到无法克服的困难而陷入悲观。贫困农民对于国家大事的关注程度不是很高,对于国家或政府事务的重要性的认知和判断有待提升,对于自己手中的选举权利不够珍惜,对于村务公开的关注度也有待提升,这些与贫困农民自身受教育水平的影响有较大相关性。但另一方面,大多数贫困农民一般会认为在农村实施的国家政策与自己有较大的相关性,因此会支持国家决策,并认为在国家的好政策以及自己的努力下,自己的村庄会越来越富裕,自己的未来掌握在自己的手中。再次,政治参与方面。多数贫困农民获得时事咨询的途径并非报纸或刊物,而是观看新闻节目,观看新闻节目也是贫困农民获得信息的主要途径。贫困农民对于村庄公益事业的热情较高,大都比较愿意参与村庄公益事业,但是对于参加村民代表会议的态度却十分冷漠。总体来说,贫困农民的政治参与途径较少,政治参与度较低。最后,政治评价方面。大多数贫困农民对于自己生活的村庄较有安全感和归属感,对党和国家是十分认可的,并认为政府会做更多的好事服务农民,农村的干部多数是好的。总体来说,由于党和国家多年来对农村加以政策倾斜的原因,贫困农民的政治评价普遍较高。

现阶段的农民贫困也可归结为四大类问题：首先，物质贫困。表现为在经济方面处于弱势，家庭收入较低，不能满足家庭的日常需要或是只能勉强糊口。这种贫困使农户无暇也无力顾及生活需要以外的政治事务。其次，能力贫困。表现为由于文化、教育、技能等的不足而导致谋生、求职能力的缺失，并由此产生经济贫困。再次，权利贫困。表现为由于制度性的缺陷使得农民在政治、经济和文化权利方面受到限制。最后，动机贫困。表现为主要想依赖社会福利、懒于工作，属于"有工作、能工作，但不愿工作"所导致的贫困。而在这四种贫困中，和贫困农民政治生活相关的有能力贫困、物质贫困和权利贫困。能力贫困导致贫困农民的认知程度较低，政治参与热情也不够；物质贫困使得贫困农民对于现实生活水平的评价不是很高，对于政策及形势的关心程度也较低；权利贫困则导致贫困农民的社会升迁及发展的可能性大大降低。这三种贫困状态的综合作用会对贫困农民的生活和发展产生了较大的影响。但也并不是没有办法解决，可从以下几方面考虑解决方案。

（二）对策性建议

1. 提升人力资本存量，增强发展能力

人力资本主要是指通过正规教育、培训、医疗保健等形式的人力投资而形成的资本，它是体现在人身体上的健康、知识以及能力的总和。提高人力资本存量可从以下几个方面着手：首先，落实全面义务教育，提高未来劳动力素质；"百年大计，教育为本"，对于当前的农村，适龄儿童的小学、初中入学率逐年提高，但是在一些生活艰苦、办学条件差的地区，辍学现象依然存在，教育质量更是难以保证。所以，通过全面落实义务教育对提高未来劳动力素质具有重要意义。想要全面落实义务教育，前提是要保证适龄儿童的全面入学率，而后在此基础上更要维持在校学生的保有率，并积极改善农村办学条件和质量，加大财政的支持力度。其次，针对性地对农民进行职业教育培训，提高其就业和收入能力；在农村开展职业教育要有针对性，应该分年龄、分领域、分内容、分层次，讲究循序渐进。可以根据不同情况，对于现有劳动力进行短期技能培训，以较短的时间使其在技能上提高一个台阶，在面对市场竞争时更有竞争力；同时，对于未来的劳动力资源，可实行定期、系统的技能培训，内容可尽量全面。此外，应该使这种有特色的职业教育制度化、定期化，并使之真正能够与劳动力需求相结合，不断增强农村劳动者的市场竞争力以及收入能力，进而提高其适应能力。最后，增强健康观念，提高健康资本。

农民传统的健康观念和行为相对较为被动,会对农村人口的健康造成不良影响。提高农民健康资本,健康、保健意识的增强是重要前提。此外,推广农村医疗保险、建立和完善农村医疗卫生体系、提供基本医疗服务,使农民病有所医,是增强提高农民健康资本的基础。

2. 加大对贫困农村的基础设施投入

一个地区的对外开放程度以及与外界的联系程度,某种程度上反映和决定着这一地区的发展状况,一般来说,开放程度较低、与外界接触越少地区的贫困程度越高,贫困家庭摆脱贫困的机会就越少。因此,加强贫困地区的基础设施对改变贫困地区状况有较为深刻的现实意义,更要从全方位、多角度考量。首先,加强农村基础设施建设,可以提高农业综合生产能力,促使农业可持续的发展,改善农民的生产生活条件,增加农民收入。在基础设施建设过程中,农村的大量廉价劳动力和当地的原材料会得到较好运用,这样一来,不仅为农村地区创造出许多就业机会,同时也为农副业打开一定的销路,直接增加农民收入。其次,当前生产能力普遍过剩,以积极的财政政策来加快农村基础设施建设是启动国内需求、消除过剩生产能力的最有效措施,是实现农村劳动力就业结构调整、增加农民收入的关键政策,同时也是缩小城乡差距、实现我国全面建设小康社会的必由之路。最后,要解决贫困地区基础设施薄弱、生产生活条件落后问题,重点要解决水利以及通电通路等问题,继续加强基本农田建设,大力普及沼气,巩固退耕还林还草成果。根据新形势需要,要适当提高通信、信息、教育、文化、科技、卫生基础设施等的建设水平。

3. 控制人口规模,建立健全各类保障体系

人口的高速增长,给贫困地区的教育、就业、土地资源和生态环境等带来了巨大压力。人口数量的过快增长会导致农户人均获得收入的能力降低,扶贫政策应当把计划生育、人口控制目标的实现作为扶贫项目投入的重要条件。应当重视农村社会保障体系的建设,只有解除农民的后顾之忧,才可以长期有效地控制人口增长。农村社会保障具有防止非贫困者陷入贫困和帮助贫困者摆脱贫困以及维护农村社会公平和稳定的多重功效。广义上讲,农村社会保障包括农业保险、农村社会保险和社会福利以及社会救济四个方面的内容。目前,建立和完善农村社会保障制度主要应在以下几方面做出努力:首先,建立和实施农业生产保险,特别是农业政策性保险,帮助农业生产者规避自然风险和市场风险,从而保证农业生产的基本收益。其次,扩大农村社会保险的覆盖面,并相应提高其水平。农村社会保险的直接目的是对劳动者的收入损失进行补偿,使他们能够享有基本的生活

保障,从目前的实际情况看,主要是养老保险和医疗保险。应该全面推行农村养老保险和医疗保险,并适当提高其支付比例,以做到“老有所养,病有所医”,满足农村居民基本的生活需求和健康需求。最后,完善社会救济,并逐步提高社会福利水平。在无偿救助农村无生活来源和无劳动能力者,保障其维持基本生活的基础上,适当提高农村全体居民的社会福利水平和生活质量,使所有的人都能分享社会经济发展的成果。

4. 增加非农就业机会

由于农业生产条件的限制,增加农业收入的空间比较小,劳务输出成为贫困农户提高收入的主要渠道。贫困家庭向外流动的能力是非常低的,处在偏远地区的贫困人口向外流动的成本比较高,流动的机会也比较少。贫困人口更加缺乏为实现流动所需要的人力资本,这是贫困人口流动相对较少的内部原因。减少贫困的过程就是增加贫困人口人力资本的过程,也是提供他们发展能力的过程。扶贫开发应该继续提升农村贫困地区人力资本水平,对劳动力进行技能培训,拓宽他们的就业渠道,增加贫困人口向非农产业转移的就业能力。农村贫困人口大多数分布在山区和自然环境恶劣的地区,只有通过人口迁移和劳动力的非农就业才能够减少贫困地区的人口,有效地防止贫困代际传递的发生。

总之,反贫困的任务是长期的任务,在这期间怎样维护好贫困农民这一特殊群体的利益是我们始终不能忽视的大事。知识资源是贫困者最稀缺的资源,因而知识贫困将成为我国面临的最严峻挑战,也是其发展受到制约的最大因素。在我国农村未来发展中,由于一些贫困地区基础设施薄弱,农业生产条件没有改变,加之没有形成比较稳定的区域性脱贫支柱产业,一旦遇到自然灾害或市场波动,必将重新陷入贫困,因而“返贫”现象将难以避免。此外,由于市场经济既可以消除贫困,也会造成收入差距,进而制造相对贫困,所以导致贫困问题出现的新因素也将日益增强。随着我国农村绝对贫困人口温饱问题基本解决,尽管仍然存在着少部分绝对贫困人口,但因收入不平衡和收入分配差距正在扩大,将造成城乡相对贫困人口增多,衡量贫困的水平指标将呈刚性化发展并趋于高位化。所以,贫困农民的问题要在动态中思量,更要在动态中解决。

第六章　女性农民政治发展状况

女性农民是我国政治社会发展的重要力量，如何促进女性农民的发展对我国社会的发展和稳定都有着重要意义。改革开放后，家庭联产承包责任制的实行和村民自治的实践对女性农民的经济地位的提高和参政水平的提高提供了重要的平台，女性在农村社会中的作用越来越重要，不仅是农村经济建设的重要力量，还是参与村民自治和完善基层民主的重要力量。但与此同时，由于历史和现实的原因，女性农民的发展仍面临着许多困难和障碍，特别是其政治参与方面。农村女性在基层组织中仍然处于弱势。选举产生的村委会组织机构中，女性大都居于配角性的职位。维护女性农民权益，要突出和落实在女性农民的政治权益上。保障女性农民政治权益，是推进基层民主建设的基础，是两性和谐发展的重要体现。她们政治发展程度直接影响着我国新农村的建设，促进农村妇女的政治发展，有利于建立一个公平、公正的和谐社会，也有利于民主国家的建设。

近年来，女性农民的发展问题已经引起了社会的广泛关注。党中央对农业基础地位极为重视，采取了一系列重大决策，进一步指明了女性农民工作的发展方向；国务院和有关部委制定的农业政策和措施，为女性农民政策工作提供了良好的环境。本报告研究的女性农民是指年满 18 周岁，拥有农村户口或者掌握生产生活资料，并长期从事农业生产活动的女性。

本报告对女性农民政治发展状况的研究共分为三部分，第一部分总结既有对女性农民政治发展状况的研究成果，并简要阐述本报告的研究价值和方法；第二部分在提出研究假设的基础上设定研究问题，并根据第一手和第二手材料展开实证分析，从基本政治属性、政治意识、政治参与和政治评价等方面描述女性农民政治发展状况；第三部分是对实证研究进行总结，并针对存在的问题提出一些可行性建议。

一、既有研究总结和研究方法

目前，对女性农民的研究多集中在政治参与方面，而对政治参与的研究又多集中在女性农民参与村级治理上。1995 年颁布的《中国妇女发展纲要》提出妇女参政的明确目标：积极实现各级党政领导班子中都要有女性。1998 年的《村民委员会组织法》第 9 条规定："村民委员会由主任、副主任和委员共三至七人组成。""村民委员会的成员中，妇女应当有适当的名额。"1999 年民政部下发的《关于努力保证农村妇女在村委会成员中有适当名额的意见》规定，要确保农村妇女参与村委会的管理与决策。而近半数妇女也愿意参加村委会干部竞选，国家法律政策的实施也促进了女性农民的政治参与，调查显示 78.6% 的妇女参加村委会选举投票[①]。

尽管国家为促进女性农民参政做了法律规定，但是，还存在诸如基层妇女参与政治的渠道不畅通、对排斥和歧视妇女的行为制裁不力或习以为常、欠缺有效的监督机制、执法不严、不公正等问题还不能得到及时的纠正[②]。在以往的研究中，男村民总被看做是村庄公共参与的主角，农村妇女则被认为对村庄公共事务参与缺乏自信，不积极，或者认为这种事情与她们无关，除了少数妇女干部是理所当然的积极分子之外，其余的大多数妇女，即使是最有兴趣参与村庄公共事务者，充其量也只能是在家里与丈夫讨论或者出谋划策，抛头露面在外活动则通常是村落的"社区情理"[③]。从当前女性农民参政的程度来说，目前中国农村妇女对公共事务的参与程度还是很低的，除了四年一度的选举村民委员，多数时间是"无声的存在"[④]。全国农村仍有一定数量的村委会中妇女被排斥在外且有些地方有继续加大的趋势。即使是有妇女成员的村委会中，女性成员也多是人微言轻。宋伟、李静通过对湖北省某村实地调研发现，由于实行村委会和党支部交叉任职，新的政策对妇女进入村委会任职产生了许多负面影响，对已在农村权力结构中处于弱势地位的妇女而言，可谓雪上加霜[⑤]。在农村，全国 1178 个村委会样本中，女性担任村委会委员的已达到 75.9%，但尚有 24.1% 的村委会干部中没有女性，党支部中没有女委员的高达 57.6%[⑥]。同时，很多女干部很难担任正职，因为担任领导职务的女干部较多的集中在科教文卫系统，而领导班子任命正职时往往习惯看干部是否有主战线（经济部门等）工作经历[⑦]。而且由于许多条例是以男性的生理

---

① 甄砚：《中国农村妇女状况调查》，社会科学文献出版社 2008 年版，第 8—9 页。

② 谭琳、刘伯红：《中国妇女研究十年（1995—2005）》，社会科学文献出版社 2005 年版，第 341—342 页。

③ 杨善华、沈崇麟：《城乡家庭——市场经济与非农化背景下的变迁》，浙江人民出版社 2000 年版，第 243 页。

④ 谭琳、刘伯红：《中国妇女研究十年（1995—2005）》，社会科学文献出版社 2005 年版，第 356 页。

⑤ 同上书，第 367 页。

⑥ 杨凤：《当代中国女性发展研究》，人民出版社 2007 年版，第 37 页。

⑦ 谭琳、刘伯红：《中国妇女研究十年（1995—2005）》，社会科学文献出版社 2005 年版，第 331 页。

和成长规律为标准设计的,并没有充分考虑到女性的生理特点和成长规律,这种规则对女干部的职业发展颇为不利①。

关于女性农民的政治意识研究,多集中在女性农民对国家政策的认知程度上。例如甄砚在《中国农村妇女状况调查》中指出,实施减免农业税政策的认知存在一定的地域差异,但是多数省份农村妇女对自家是否享受国家的免征农业税政策有很高的确认度。

总的来说,当下对女性农民政治发展状况的研究集中探讨的是女性农民参与村级治理的问题,而对女性农民政治发展状况其他方面的研究较少。但"性别"作为一个特殊的变量也应该引起足够的重视,本报告将从女性农民的基本政治属性和处境、政治意识、政治参与、政治评价和认同这四个研究主题着手,充分利用第一手调查数据资料,对女性农民政治发展状况进行全面分析,以总结出女性农民政治发展状况的一般性特征。

本报告的研究依据我们课题组于2011年7、8月进行的"农民政治状况"专项调查(简称"千户调查数据")。在有效的1111份样本数据中,共获得本报告的女性农民政治发展数据288份。

二、女性农民政治发展状况的实证分析

女性农民是农村生产建设中不可或缺的部分,同时也是建设社会主义新农村的重要力量。为了综合考察女性农民的政治发展状况,报告提出以下假设:第一,女性农民的经济地位、法律意识和维权意识较弱;第二,大多数女性农民的文化水平不高,整体参政意识较弱,参政程度较低,但对参政有很大的渴望;第三,女性农民作为新农村建设的重要力量,表现出对国家政策的高度认同。

为了对女性农民的政治发展状况的假设进行检验,本报告将从基本的政治属性和处境、政治意识、政治参与、政治评价和认同四个方面展开对女性农民政治资源掌握情况的调查分析。第一,在女性农民的基本政治属性和处境中,将从年龄、婚姻、学历、经济、宗教、职务、外出务工情况等多方面对女性农民的基本状况进行分析评价。第二,在对女性农民的政治意识分析中,将从政治认知、政治态度、政治情感三方面来分析。具体选择了对女性农民法律认知、维权意识、满意度、对各级政府政策态度、政治需求以及对基层治理的态度等方面进行提问。第三,在对

① 谭琳、刘伯红:《中国妇女研究十年(1995—2005)》,社会科学文献出版社2005年版,第330页。

女性农民的政治参与分析中，对女性农民的政治组织状况、政治经历、表达和利益汇聚能力等方面进行提问，从而分析研究女性农民所掌握的政治资源，进而分析女性农民的政治参与程度。第四，在对女性农民的政治评价和认同分析中，从女性农民对新农村建设的评价等方面进行提问。

（一）女性农民的基本政治属性

1. 年龄状况

平均年龄44.6岁，25岁以下的24人，占8.3%；26—35岁的52人，占18.1%；36—45岁的65人，占22.6%；46—55岁的89人，占30.9%；56岁以上的58人，占20.1%。

2. 婚姻状况

未婚女性23人，占总数的8%；已婚女性243人，占总数的84.4%；离异女性3人，占总数的1%；丧偶女性19人，占总数的6.6%。

3. 样本的区域分布

表6-1 调查样本的分布情况

省份	人数（人）	百分比（%）	有效百分比（%）
安徽	10	3.5	3.5
广东	6	3.1	3.1
广西	40	13.8	13.8
贵州	5	1.7	1.7
河北	15	5.2	5.2
河南	40	13.8	13.8
山东	28	9.7	9.7
湖北	52	18.0	18.0
江苏	8	2.7	2.7
湖南	33	11.3	11.3
江西	20	6.8	6.8
山西	15	5.1	5.1
陕西	4	1.2	1.2
四川	12	4.1	4.1
总计	288	100.0	100.0

（$N=288$）

4. 学历状况

在有效的288个样本数据中,小学及以下学历的女性农民106人,占总数的36.8%;初中学历的有109人,占总数的37.8%;高中或中专学历的有55人,占总数的19.1%;而大专及以上的人只有18人,占总数的6.3%。可见,女性农民的整体文化水平偏低,见表6-2。

表6-2 女性农民的教育程度

教育水平	人数(人)	百分比(%)
小学及以下	106	36.8
初中	109	37.8
高中或中专	55	19.1
大专及以上	18	6.3
总计	288	100.0

5. 家庭经济状况

本次调查收集了受访者过去一年总的家庭收入,包括农业收入和务工收入(包括经营收入和其他非农收入)。家庭人均收入则等于家庭总收入除以同灶吃饭的直系亲属数。在有效的287个样本数据中,最低的为没有任何收入的老人,最高收入为15万元,平均收入为32782.4元。

通过对不同收入区段的分析,可以看出女性农民的家庭收入在10001—30000元和30001—50000元之间所占的比例最大,分别达到了45.6%和26.5%,其他收入段的比例相对较小,见表6-3。

表6-3 2010年女性农民家庭收入

收入组	人数(人)	百分比(%)
10000元以下	41	14.3
10001—30000元	131	45.6
30001—50000元	76	26.5
50001—70000元	24	8.4
70000元以上	15	5.2
总计	287	100.0

因文化程度差异带来的收入差异非常明显,随着文化水平的提高,高收入组比例越来越大,而低收入组的比例也来越低。调查显示对于小学及以下文化程度的受访者中,低收入的占到多数;而大专及以上学历的仅占极少数。即:女性农民

受教育程度越低，其所在家庭的年收入也较低；女农民受教育程度越高，其所在家庭的年收入也越高。大体上，"小学及以下"文化程度的女性农民家庭，在家庭年收入分组中的比重，随年收入增加而减少。而"大专及以上"学历的女性农民家庭，在家庭年收入分组中的比重，随年收入增加而增加，见表6-4。

表 6-4　不同学历女性农民家庭年收入　　（单位：%）

教育水平	10000 元以下	10001—30000 元	30001—50000 元	50001—70000 元	70000 元以上	合计
小学及以下	22.7	39.6	26.4	9.4	1.9	100.0
初中	9.3	53.7	22.2	7.4	7.4	100.0
高中或中专	9.1	36.4	38.2	10.9	5.4	100.0
大专及以上	11.1	61.1	16.7	0.0	11.1	100.0

6. 宗教情况

通过调查，女性农民大多数无宗教信仰，占比为88.5%；信佛教的人占8.3%；信道教的占0.7%；信天主教（基督教）的占2.1%；其他的占0.3%，见图6-1。

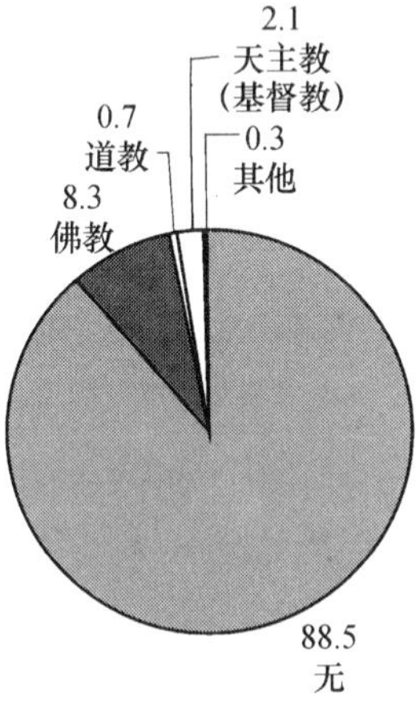

图 6-1　女性农民宗教信仰情况（单位：%）

通过对学历和宗教信仰的交叉分析，发现随着教育水平的提高，信教的人数渐少，信教人群多集中在文化水平较低的人群中，见表6-5。可能是因为文化水平较低的女性农民由于知识的缺乏，需要从宗教中寻找精神依托。

表 6-5 不同学历女性农民信教情况 (单位:%)

教育水平	无	佛教	道教	天主教(基督教)	其他	总计
小学及以下	84.0	10.3	0.0	4.7	0.0	100.0
初中	90.8	6.5	1.8	0.9	0.0	100.0
高中或中专	91.0	9.0	0.0	0.0	0.0	100.0
大专及以上	94.4	5.6	0.0	0.0	0.0	100.0

($N=288$)

7. 职务状况

调查显示,选取的 288 户女性农民样本中,只有 2.4% 的人是村党支部或村委会的成员;2.8% 的人是村民小组干部;而有 94.8% 的人是普通农民,见图 6-2。

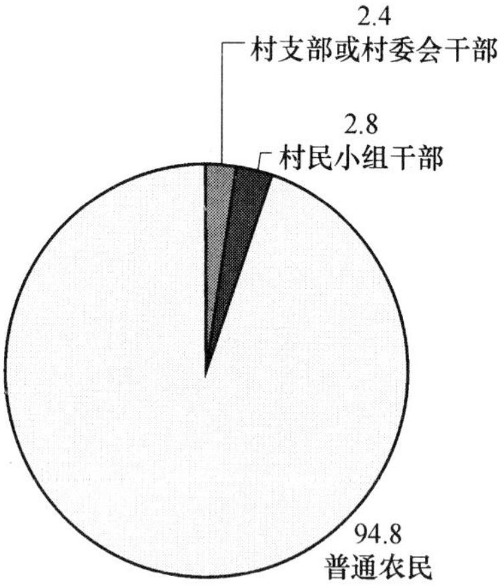

图 6-2 女性农民职务状况(单位:%)

文化水平越高,在村委或村民小组任职的比例越大,小学及以下学历的在村支部或村委会任职的几乎没有,而高中或中专学历的女性农民在村支部或村委会中任职最多,与之相比大专及以上的几乎没有任职,见表 6-6。这一方面可能由于以年龄来看,拥有大专及以上学历的人资历尚浅,尚未任职;另一方面可能由于拥有高学历的人群并未回到农村去。

表 6-6　不同学历的女性农民职务状况　（单位：%）

教育水平	村支部或者村委会干部	村民小组干部	普通农民	总计
小学及以下	0.0	1.9	98.1	100.0
初中	1.8	2.8	95.4	100.0
高中或中专	9.1	5.4	85.5	100.0
大专及以上	0.0	0.0	100.0	100.0

（$N=288$）

8. 外出务工状况

171 人有外出务工经历，占总人数的 59.4%；117 人没有外出务工经历，占总人数的 40.6%，见表 6-7。可见，外出务工已成为一种潮流，作为农村劳动力转移的重要力量，女性农民发挥了重大作用。而且，务工收入已成为家庭收入的重要来源。

表 6-7　女性农民外出务工情况

外出务工经历	人数（人）	百分比（%）
有	171	59.4
没有	117	40.6
合计	288	100.0

（二）政治意识状况

1. 政治认知

（1）法律认知。

考察女性农民对基本法律的认知，我们首先询问了女性农民对“宪法”这个词的理解，调查显示，有占比 45.5% 的人表示知道这个词，但不了解具体内容。选择基本理解和不理解的人数分别为 78 人和 79 人，比例分别为 27.1% 和 27.4%，比例相当，见表 6-8。可见，农民对“宪法”的了解基本停留在最基础的认知层面上。对“我周围的多数农民对《土地管理法》比较熟悉”和“我周围多数农民对《农村土地承包法》比较熟悉”的回答中，表示肯定的比例分别为 30.9% 和 33.0%，也能够得出同样的结论。

表 6-8 女性农民对"宪法"的认识

对"宪法"的认识	人数(人)	比例(%)
基本理解	78	27.1
知道这个词,但不了解内容	131	45.5
不理解	79	27.4
合计	288	100.0

在对"法律在你生活中的作用如何"的判断上,调查数据显示,过半数的女性农民认为法律重要,只有很少的人认为法律不重要。进一步对女性农民的受教育状况和对法律在生活中的作用判断进行交叉分析,可以看出小学及以下学历的女性农民认为法律非常重要和重要的人分别占16.0%和53.9%,23.5%的人表示不清楚,6.6%的人认为法律不重要。初中学历中,认为法律非常重要和重要的人分别占36.6%和45.8%,12.8%的人不清楚,3.7%的人认为法律不重要,0.1%的人认为法律非常不重要。高中或中专学历中,认为法律非常重要和重要的人分别占25.4%和58.2%,9.0%的人不清楚,3.7%的人认为法律不重要,3.7%的人认为法律非常不重要。大专及以上学历中,认为法律非常重要和重要的人分别占27.8%和61.1%,5.6%的人不清楚,5.5%的人认为法律不重要,见表6-9。可见,学历不同,对法律的重要性认识也不同,学历越高,越认可法律的重要性,见图6-3。

表 6-9 不同学历的女性农民对法律作用的重要性分析 (单位:%)

教育水平	非常重要	重要	不清楚	不重要	非常不重要	总计
小学及以下	16.0	53.9	23.5	6.6	0.0	100.0
初中	36.6	45.8	12.8	3.7	0.1	100.0
高中或中专	25.4	58.2	9.0	3.7	3.7	100.0
大专及以上	27.8	61.1	5.6	5.5	0.0	100.0

($N=288$)

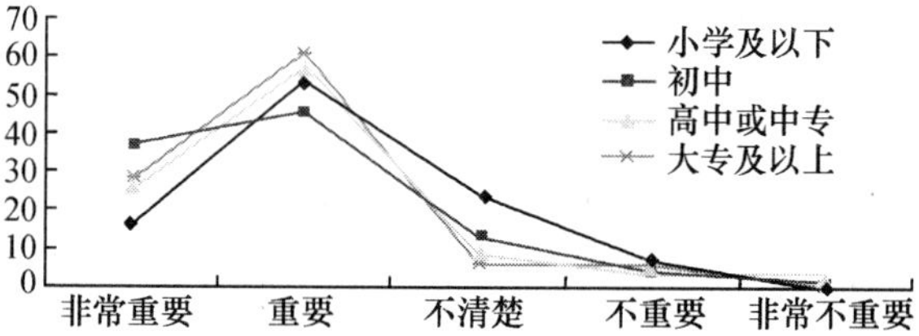

图 6-3 不同学历的女性农民对法律重要性的判断分析(单位:%)

(2) 维权意识。

深入考察女性农民的维权意识,问卷设计了“当你的合法权益受到侵害的时候,你会采取何种手段解决”这个问题,在有效的 287 份回答中,双方协商私了的占 20.2%,忍气吞声的占 13.9%,武力报复的占 1.8%,到法院告状的占 21.3%,找干部解决的占 33.4%,找村里或者有威望的人调解的占 9.4%,见表 6-10。可见,现代社会随着法律的普及,女性农民的维权意识越来越强,在权益遭到侵害时,越来越多的人选择运用法律武器来维护自身权益。调查显示,找干部解决所占的比例最高,说明找干部解决是女性农民维护自身权益最重要的途径。

表 6-10　女性农民合法权益遭受侵害时的解决途径

解决方式	人数(人)	有效百分比(%)
双方协商私了	58	20.2
忍气吞声	40	13.9
武力报复	5	1.8
到法院告状	61	21.3
找干部解决	96	33.4
找村里或者家族中有威望的人调解	27	9.4
总计	287	100.0

可以看出,文化水平越高,选择到法院告状的人的比重越大,选择武力报复的人的比重越小,选择忍气吞声的比重也越小,这说明文化水平越高越愿意用法律武器来维护自己的合法权益。然而,文化水平越高,选择双方协商私了的人的比重也越来越高,见表 6-11。

表 6-11　不同学历女性农民合法权益遭到侵害时的解决途径　(单位:%)

教育水平	双方协商私了	忍气吞声	武力报复	到法院告状	找干部解决	找村里或者家族有威望的人调解	合计
小学及以下	17.0	23.5	1.9	15.1	34.0	8.5	100.0
初中	20.4	10.0	1.8	20.1	34.8	11.9	100.0
高中或中专	23.6	3.6	1.8	31.1	32.7	7.2	100.0
大专及以上	27.8	11.1	0.0	33.3	22.2	5.6	100.0

($N=287$)

为了了解女性农民对自己切身利益的维护程度,问卷设计了“如果乡镇干部把国家本来要补贴给农民的补贴款(比如种粮补贴等)扣下来不发,你会怎么做”

这个问题。可以看出,选择"十分气愤,但是只是找邻居说说算了"的高达33.6%,只有21.9%的人选择了"积极说服动员村干部去要回来",23.0%的人选择了"说服动员熟悉的邻居朋友一起向上级反映意见",还有相当一部分的人持不关心无所谓的态度,见表6-12。

表6-12 如果乡镇干部把国家本来要补贴给农民的钱款扣下来不发,你会怎么做

	人数(人)	有效百分比(%)
不关心,反正受损害的不是我一个人	32	11.3
十分气愤,但是只是找邻居说说算了	95	33.6
积极说服动员村干部去要回来	62	21.9
说服、动员熟悉的邻居朋友一起向上级反映意见	65	23.0
无所谓,国家的事和我没有关系	29	10.2
总计	283	100.0

(3)社会家庭。

了解女性农民对家庭的认知,问卷设计了"家里的事情应该由夫妻双方平等协商来办"这个问题。调查数据表明,非常同意的占20.8%;同意的占65.6%;不清楚的占5.7%;不同意的占6.9%;非常不同意的占1%,见图6-4。说明女性农民非常重视自己在家庭中的地位,随着女性意识的觉醒,传统的"一切由丈夫做主"的观念有所改变。

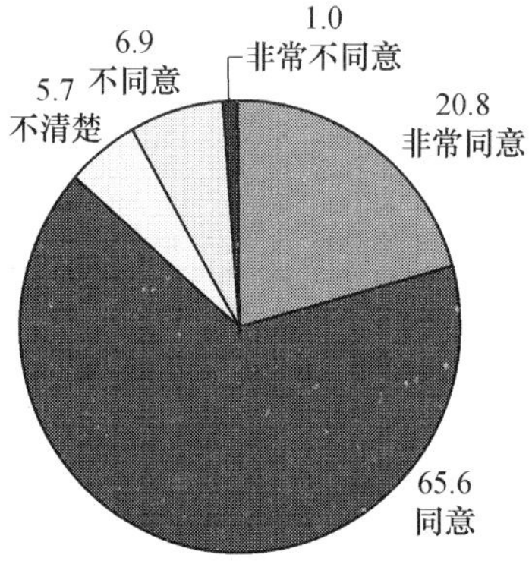

图6-4 女性农民的家庭地位认识(单位:%)

受教育程度越高,对"家里的事情应该由夫妻双方平等协商来办"这个观点持同意态度的女性农民所占的比重越大,见表6-13。可见教育程度是影响女性农民自身意识的一个重要因素。

表 6-13　不同学历女性农民的家庭地位认识　　（单位:%）

教育水平	非常同意	同意	不清楚	不同意	非常不同意	总计
小学及以下	15.1	71	7.3	4.6	0.0	100.0
初中	20.0	61.5	6.5	10.2	1.8	100.0
高中或中专	32.7	60.0	1.8	5.5	0.0	100.0
大专及以上	22.3	66.7	0.0	5.5	5.5	100.0

（$N=288$）

为了了解女性农民的人际关系，问卷设计了“我的邻居和朋友都是好人，值得信任”这个问题，调查数据显示，非常同意的占 7.3%；同意的占 65.6%；不清楚的占 14.6%；不同意的占 11.1%；非常不同意的占 1.4%，见图 6-5。

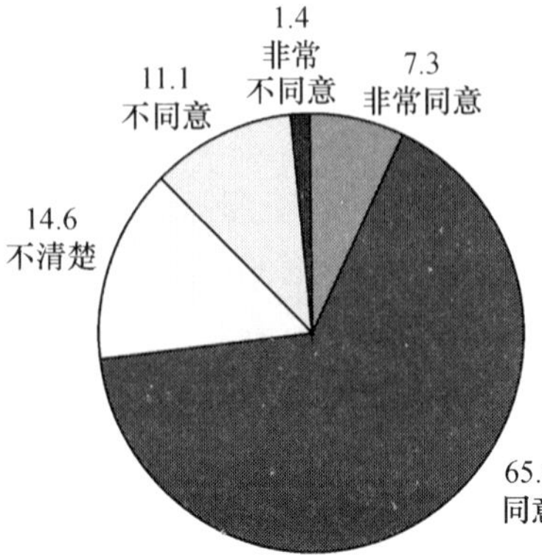

图 6-5　“我的邻居和朋友是好人，值得信任”（单位：%）

从表 6-14 学历与对邻里关系态度的交叉数据分析中，回答同意的样本数，在各种答案组里相对比例最高，这说明邻里关系很好的女性农民在样本数中属相对多数。随着学历的提高，选择不同意和非常不同意的人群比例越来越大，说明受教育程度的提高，与人际关系的改善并不具有正相关关系。

表 6-14　不同学历女性农民对邻里关系认识　　（单位:%）

教育水平	非常同意	同意	不清楚	不同意	非常不同意	总计
小学及以下	8.5	72.6	13.2	5.7	0.0	100.0
初中	8.2	59.6	16.5	13.8	1.9	100.0
高中或中专	3.6	69.1	14.6	12.7	0.0	100.0
大专及以上	5.6	50.0	11.1	22.2	11.1	100.0

（$N=283$）

为了了解女性农民的基层政治体验,问卷设计了“村干部与农民关系变好了”这个问题。频率分析显示,非常同意的占6.3%;同意的占35.4%;不清楚的占32.9%;不同意的占23.3%;非常不同意的占2.1%,见表6-15。可见过四成的女性农民都认为村干部和农民的关系变好了。

表6-15 女性农民基层政治体验 (单位:%)

村干部与农民关系变好了	人数(人)	百分比(%)
非常同意	18	6.3
同意	102	35.4
不清楚	95	32.9
不同意	67	23.3
非常不同意	6	2.1
合计	288	100.0

($N=288$)

从表6-16对学历和女性农民对“村干部与农民关系变好了”的态度的交叉分析中显示,不同学历女性农民基层政治体验差异不明显,这说明随着农村基层民主的发展,村干部与村民的关系得到了改善。

表6-16 不同学历女性农民基层政治体验 (单位:%)

教育水平	村干部与农民关系变好了					总计
	非常同意	同意	不清楚	不同意	非常不同意	
小学及以下	2.8	35.9	33.0	26.5	1.8	100.0
初中	8.3	34.0	33.0	22.9	1.8	100.0
高中或中专	7.2	38.1	34.6	18.2	1.9	100.0
大专及以上	11.1	33.3	27.9	22.2	5.5	100.0

($N=288$)

(4) 满意度与自豪感。

在“我对现在的生活很满意”这个问题中,调查数据显示,非常同意的占13.2%;同意的占53.5%;不清楚的占12.2%;不同意的占19.7%;非常不同意的占1.4%。这说明,女性农民普遍对目前的生活感到满意,见表6-17。

在“如果有机会,我希望成为一个城市人”这个问题中,调查数据显示,非常同意的占6.6%;同意的占66.0%;不清楚的占13.2%;不同意的占14.2%,见表6-18。有将近三分之二的女性农民都希望有机会成为城市人,女性农民虽然对现在生活的满意度很高,但还是希望有提高自己生活水平和社会地位的机会。

表 6-17　女性农民对目前生活的满意度

对现在的生活很满意	人数(人)	百分比(%)
非常同意	38	13.2
同意	154	53.5
不清楚	35	12.2
不同意	57	19.7
非常不同意	4	1.4
总计	288	100.0

表 6-18　女性农民对成为城市人的期待

如果有机会,我希望成为一个城市人	人数(人)	百分比(%)
非常同意	19	6.6
同意	190	66.0
不清楚	38	13.2
不同意	41	14.2
总计	288	100.0

1. 政治态度

(1) 对政策的态度。

为了了解女性农民对不同层级领导干部决策的态度,问卷设计了"一般情况下,我都支持村组干部决策的事"、"一般情况下,我都支持乡镇干部决策的事"、"一般情况下,我都支持县里干部决策的事"、"一般情况下,我都支持国家领导决策的事"这四个问题,数据显示,女性农民对村组、乡镇、县、国家决策持同意态度的比重最多,分别达到了61.1%、58.7%、54.2%、66.3%。见表2-23。这说明女性农民对各级政府的政策决策较为了解而且持满意态度。

可以看出,在各组中,女性农民对国家领导决策的事,持非常同意、同意态度的比重最高;持不清楚、不同意、非常不同意态度的比重低于其他各组。在地方政府层次上,女性农民对决策的支持度随着政治层级的提升而呈现一种递减的状况,见图6-6。

表6-19 女性农民对不同层级领导决策的态度 (单位:%)

不同层级领导的决策	非常同意	同意	不清楚	不同意	非常不同意	总计
一般情况下,我都支持村组干部决策的事	8.0	61.1	22.9	8.0	1.0	100.0
一般情况下,我都支持乡镇干部决策的事	3.1	58.7	30.6	6.9	0.7	100.0
一般情况下,我都支持县里干部决策的事	2.8	54.2	32.6	9.4	1.0	100.0
一般情况下,我都支持国家领导决策的事	10.4	66.3	17.7	4.6	1.0	100.0

($N=288$)

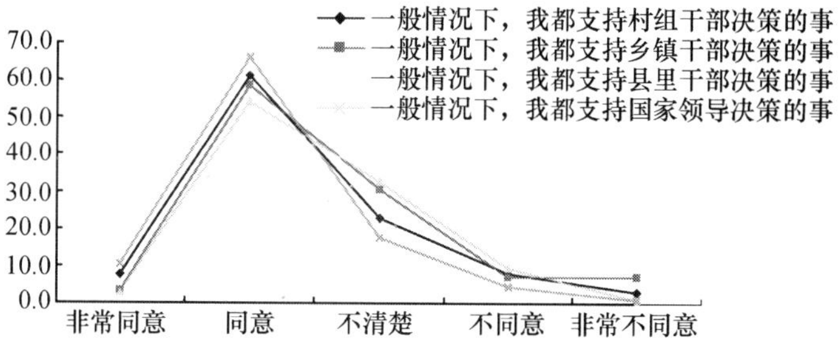

图6-6 女性农民对不同层级领导决策的态度(单位:%)

(2) 对基层治理的态度。

为了了解女性农民对村民自治的态度,问卷设计了"当你参加村里选举时,促使你去投票的考虑是什么"这个问题。数据显示,参加投票让我感觉自己受到尊重的占20.1%;参加投票是法律规定的责任的占36.5%;参加投票可以获得误工补助的占4.9%;参加投票没什么感觉,随大流而已的占38.5%,见表6-20。可见,在农村,大多数女性农民已经逐渐变得更有理性意识,但是也有超过三分之一的女性农民参加选举投票的最大动因是随大溜,这说明部分女性农民缺少自主的参与意识,缺乏自主精神。

表6-20 促使女性农民去投票的考虑

促使投票的考虑	人数(人)	有效百分比(%)
参加投票让我感觉自己受到尊重	58	20.1
参加投票是法律规定的责任	105	36.5
参加投票可以获得误工补贴	14	4.9
参加投票没什么感觉,随大流而已	111	38.5
总计	288	100.0

了解女性农民对农村工作的认识，问卷设计了"农村要想搞好，没有包青天式的干部不行"这个问题。调查数据显示，持非常同意态度的占 3.5%，持同意态度的占 49.7%，持不清楚态度的占 25.3%，持不同意态度的占 17.7%，持非常不同意态度的占 3.8%，见表 6-21。可见，过半数的女性农民对干部的公平公正的素质期待很高。

表 6-21 "农村要想搞好，没有包青天式的干部不行"调查情况 （单位：%）

	非常同意	同意	不清楚	不同意	非常不同意	合计
农村要想搞好，没有包青天式的干部不行	3.5	49.7	25.3	17.7	3.8	100.0

（$N=288$）

（3）最需要解决的问题。

对于"在你看来，解决下面哪些问题最重要"这个多选题，样本对备选答案的汇总情况，见表 6-22。按选择比重排序，有这样的轻重缓急顺序：惩治卖假药给农民的人 > 惩治村霸 > 提高社会地位受人尊重 > 维护社会治安 > 监督干部，防止他们谋取私利 > 提供提高农作物产量与价格的科学技术 > 提高大家的道德水平 > 消除不平等和不公正。

值得注意的是，女性农民对于"提高自身社会地位"的要求已经排到了"提供提高农作物产量与价格的科学技术"要求之前。对于"提高社会地位，受人尊重"这样并不需要多少资金的要求，对于资金不充裕但渠道广泛的妇联组织来说，应该可以大显身手。

表 6-22 "在你看来，解决下面哪些问题最重要"调查情况 （单位：%）

需解决的问题		需解决的问题	
提高大家的道德水平	65.3	修好村里道路	80.9
消除不平等和不公正	54.2	惩治村霸	89.6
提供提高农作物产量与价格的科学技术	76.4	监督干部，防止他们谋私利	77.1
改善家庭经济条件	40.6	惩治卖假药给农民的人	89.6
提高社会地位受人尊重	84.7	维护社会治安	83.7

（$N=288$）

3. 政治情感

为了考察女性农民的政治情感，问卷设计了"在生活中，你最佩服的人是什么样的"这个多选题。调查数据显示，按照比重，依次为：精通一门技术（49.7%）>

无论条件如何艰难,总是追求上进(42.4%)>勤俭节约(37.8%)>在社会上混的开,有关系(36.8%)>积极参加村里的公益事业(29.9%)>慷慨大方/专心做好自己的事情(27.1%)>不被别人欺骗>恭敬顺从他人(6.9%)>很少和他人来往(2.1%),见图6-7。可见女性农民最佩服的人均是掌握技术,在社会上有一定地位,造福公众,勤俭节约的人。这表明了女性农民对自己人生或者社会的一种期待。

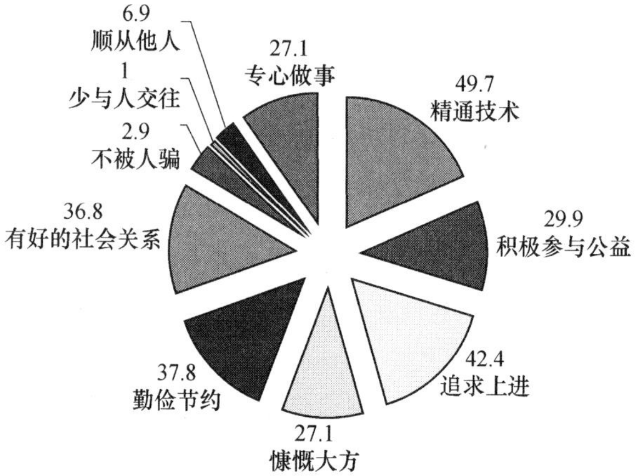

图 6-7 "在生活中你最佩服的人是什么样的"调查情况(单位:%)

考察女性农民对"只要有可能,我愿意检举揭发干部的不廉洁行为"的回答,可以看到,表示非常同意的占2.1%,同意的占24.7%,不清楚的占24.6%,不同意的占44.4%,非常不同意的占4.2%。在"我觉得我根本不可能过上自己想要的生活"这个问题的调查结果中,表示非常同意的占4.2%,同意的占19.4%,不清楚的占15.2%,不同意的占55.6%,非常不同意的占5.6%。在"农民的收入水平相比较劳动付出来说太少了"这个问题的调查结果中,可以看到,表示非常同意的占14.2%,同意的占62.5%,不清楚的占11.5%,不同意的占8.7%,非常不同意的占3.1%,见表6-23。

可见,第一,大多数女性农民并不愿意揭发干部的不廉洁行为,可能与"不愿出头"习惯有关。第二,女性农民对未来生活较有信心。第三,近四分之三的女性农民认为自己的回报相对于付出来说太少了,这说明,女性农民对自己的收入还不甚满意。

表 6-23 女性农民的政治情感调查情况 （单位：%）

	非常同意	同意	不清楚	不同意	非常不同意	合计
只要有可能，我愿意检举揭发干部的不廉洁行为	2.1	24.7	24.6	44.4	4.2	100.0
我觉得我根本不可能过上自己想要的生活	4.2	19.4	15.2	55.6	5.6	100.0
农民的收入水平相比较劳动付出来说太少了	14.2	62.5	11.5	8.7	3.1	100.0

（$N=288$）

从表 6-24 的数据来看，在问到“你希望自己能成为下面哪个组织的成员”这个问题时，有以下结论：第一选择村民代表会议的占比重最大，达到 24.6%，这说明女性农民比较重视农村事务的发言权，愿意参与到集体事务中来。第二，选择个体户或私营企业家协会的样本比例排在第二位，占 14.2%。第三，选择村民理财小组的样本比例排在第三位，达到 13.5%。第四，选择村委会或者党支部的比重为 7.3%。

表 6-24 女性农民希望加入的社会组织

村组织	人数	百分比（%）
未回答	52	18.1
村民理财小组	39	13.5
村民代表会议	71	24.6
农村民间宗教组织	11	3.8
个体户或私营企业家协会	41	14.2
新农村建设理事会	12	4.2
农村红白喜事理事会	10	3.5
村民委员会或者村党支部	21	7.3
农民经济合作社	31	10.8
总计	288	100.0

（$N=288$）

2. 政治经历

（1）喜欢什么电视节目和报纸杂志。

表 6-25 的频数统计表表明了女性农民对不同类型的电视节目的喜好程度的差异。按照喜欢程度从高到低排序，依次是：新闻节目（35.5%）、农村题材电视剧（19.1%）、娱乐节目或晚会（16.4%）、气象预报（10.5%）、戏曲节目（8.0%）、

城市题材电视剧(7.7%)、其他(2.8%)。

表 6-25 女性农民喜欢什么电视节目

电视节目	人数(人)	有效百分比(%)
新闻节目	102	35.5
气象预报	30	10.5
农村题材电视剧	55	19.1
城市题材电视剧	22	7.7
娱乐节目或晚会	47	16.4
戏曲节目	23	8.0
其他	8	2.8
总计	287	100.0

报刊在信息传播中起着重要的作用,所以选取了“你是否看报纸这个问题”来考察报纸对女性农民的重要性。看报纸的女性农民有95人,占总数的33%;不看报纸的有193人,占总数的67%,见表6-26。

表 6-26 女性农民是否看报纸 (单位:%)

	人数	有效百分比(%)
不看	193	67.0
看	95	33.0
总计	288	100.0

通过表6-27对学历和是否看报纸的交叉分析,可以看出,学历越高的女性农民看报纸的人数越多,所占比重也越大。但是还有相当一部分女性农民没有看报纸,可能是因为农村地区相对封闭,报纸并不容易送达,或者在广大农村地区,报纸还未广泛流传,成为传播信息的重要渠道。

表 6-27 不同学历女性农民的看报纸的习惯差异 (单位:%)

教育水平	看	不看	总计
小学及以下	18.9	81.1	100.0
初中	38.5	61.5	100.0
高中或中专	43.7	56.3	100.0
大专及以上	50.0	50.0	100.0

($N=288$)

(2) 社会交往。

考察女性农民的社会交往状况,问卷设计了“你和下列哪些人有过多交往”这个问题。表6-28的调查数据显示,排在前四位的是:本村外出打工的村民(50.7%),村干部(35.8%),本村经商的村民(28.1%),中小学教师(24.3%)。见表4-1。这似乎说明:第一,女性农民越来越关注经济,越来越重视农村劳务输出。第二,女性农民关注村庄公共事务。第三,女性农民比较重视教育。

表6-28　你和下列哪些人有过多交往　(单位:%)

	是	否	合计
村干部	35.8	64.2	100.0
乡镇包村干部	17.0	83.0	100.0
本村经商的村民	28.1	71.9	100.0
外村经商的村民	8.7	91.3	100.0
本村外出打工的村民	50.7	49.3	100.0
外村外出打工的村民	9.7	90.3	100.0
乡镇干部	8.3	91.7	100.0
县里的干部	3.5	96.5	100.0
中小学教师	24.3	75.7	100.0

($N=288$)

在问到“你认为和哪些人交往使你感到高兴”这个问题时,表6-29的数据显示,排在前四位的是:本村外出打工的村民(46.9%),本村经商的村民(34.7%),村干部(29.5%),中小学教师(27.8%),见表4-2。这与“你和下列哪些人有过多交往”的调查结果基本一致。

表6-29　你认为和哪些人交往使你感到高兴　(单位:%)

	是	否	合计
村干部	29.5	70.5	100.0
乡镇包村干部	12.5	87.5	100.0
本村经商的村民	34.7	65.3	100.0
外村经商的村民	13.2	86.8	100.0
本村外出打工的村民	46.9	63.1	100.0
外村外出打工的村民	10.4	90.6	100.0
乡镇干部	9.0	91.0	100.0
县里的干部	7.3	92.1	100.0
中小学教师	27.8	92.2	100.0

3. 利益诉求与行为表达

(1) 利益诉求。

了解女性农民的利益表达方式与渠道,问卷设计了"如果村里有人在讨论土地分配等关系到大家利益的事情,你不清楚怎么回事,你会怎么了解具体情况"这个问题。数据显示,向关系好的农民打听的占45.1%;私下问负责的村组干部的占26.4%;在村组会议上问村组干部的占16.7%;不是我一个人的事,我不管的占11.8%,见表6-30。

表6-30 女性农民对"不清楚土地分配的事情,你会怎么了解具体情况"的应对选择

	人数(人)	有效百分比(%)
向关系好的村民打听	130	45.1
私下问负责的村组干部	76	26.4
在村组会议上问村组干部	48	16.7
不是我一个人的事,我不管	34	11.8
总计	287	100.0

继续深入考察"如果上述土地分配的方案严重损害了你和一些其他村民的利益,你会怎么做",从调查数据可以看出,49.3%的女性农民都选择在村组会议上给村组干部提意见,29.6%的女性农民选择联合其他受损的村民一起提意见。而其他方式,如找干部吵闹、联合其他受损的村民一起上访、找有关系有能力的人行贿干部等方式分别占比9.6%、5.4%、2.9%。选择联合其他受损的村民一起围堵干部和坚决上访到北京的人分别只占1.4%和1.8%。没有人选择暴力威胁敢出台这种政策的人,见表6-31。这说明,女性农民采取有序的方式维权,很少采取暴力或极端的方式。

表6-31 女性农民对"如果土地分配方案损害了你的利益,你会怎么做"的选择

你会怎么做的方式	人数(人)	有效百分比(%)
找干部吵闹	27	9.6
在村组会议上给村组干部提意见	138	49.3
找有关系有能力的人帮助协调、行贿干部	8	2.9
只要敢这样我就坚决上访,到北京都行	5	1.8
联合其他受损的村民一起提意见	83	29.6
联合其他受损的村民一起围堵干部	4	1.4
联合其他受损的村民一起上访	15	5.4
暴力威胁敢出台这种政策的人	0	0.0
合计	280	100.0

在问到"如果你所在的地方政府或干部搞了违背国家政策的'土政策',你会怎么做"这个问题时,调查显示,按照比重,从大到小排序依次是:集合一些村民一起提意见(45.8%),不关心这种事(15.7%),反正不是我一个人的事,委曲求全算了(12.2%),上访(11.5%),打电话或者写信给电视台、报纸反映情况(11.5%),到法院打官司(1.7%),贿赂干部、让他给我优待就行了(1.4%),见图6-8。

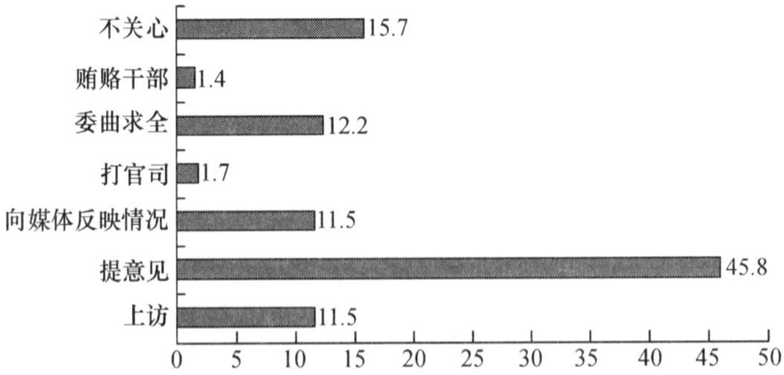

图6-8 女性农民对"地方政府或干部搞了违背国家政策的'土政策'"的应对方式(单位:%)

这说明女性农民大多数比较在乎自己的合法利益,大多数比较理性,能通过有序的方式表达自己的利益诉求,但选择到法院打官司的比重较低。

(2)行为表达。

考察女性农民的行为表达方式,问卷设计了"我周围的农民都不把选举当回事"、"我周围的农民在村里开会时都不发言"、"如果我带头批评村干部的工作,其他村民都会说我傻"这三个问题。选择"我周围的农民都不把参加选举当回事"的有48.6%;选择"我周围的农民在村里开会时都不发言"的有33.0%;选择"如果我带头批评村干部的工作,其他村民都会说我傻"的有42.4%,见表6-32。这说明:第一,过半数的女性农民重视选举的作用。第二,大多数女性农民敢于对村干部的工作提出批评意见。第三,大多数女性农民敢于在村组会议上发表自己的看法。

表6-32 女性农民是否会上发言和批评村干部工作 (单位:%)

	是	否	合计
我周围的农民都不把参加选举当回事	48.6	51.4	100.0
我周围的农民在村里开会时都不发言	33.0	67.0	100.0
如果我带头批评村干部的工作,其他村民都会说我傻	42.4	57.6	100.0

($N=288$)

在问到“我周围的农民是否经常议论国家政策”,“我周围的农民是否经常议论县里干部的工作”,“我周围的农民是否经常议论乡镇干部的工作”,“我周围的农民是否经常议论村组干部的工作”这四个问题时,可以看出,女性农民首先议论最多的是村组干部的工作,比重为59.7%;其次议论最多的是国家政策,比重达到50.7%;排在第三位的是议论乡镇干部的工作,占28.5%;排在第四位的是议论县里干部的工作,占19.8%,见表6-33。可见,在地方政府层次上,女性农民对政府决策的关注度随着政治层级的提升而呈现一种递减的状况,对村组干部决策的关注度要远远大于对乡镇干部和县里干部的关注度。

表6-33　女性农民是否议论各级政府的工作　(单位:%)

是否经常议论	议论内容			
	国家政策	县里干部的工作	乡镇干部的工作	村组干部的工作
是	50.7	19.8	28.5	59.7
否	49.3	90.2	81.5	40.3
合计	100.0	100.0	100.0	100.0

($N=288$)

4. 政治参与程度

女性农民政治参与程度是指女性农民在政治参与中的深度与广度,即:女性农民政治参与规模的大小与参与方式的多少。女性农民的政治参与很大程度上是指女性农民对“村庄政治”的参与程度。

为了了解女性农民的政治参与程度,选择了“我曾经打算竞选村干部”这个问题。数据显示,非常同意的占2.1%;同意的占21.6%;不清楚的占14.9%;不同意的占57.6%;非常不同意的占3.8%,见表6-34。可见女性农民对基层的政治参与态度并不积极,消极被动色彩较浓。

表6-34　女性农民是否打算竞选村干部

竞选村干部的态度	人数(人)	百分比(%)	有效百分比(%)
非常同意	6	2.1	2.1
同意	62	21.6	21.6
不清楚	43	14.9	14.9
不同意	166	57.6	57.6
非常不同意	11	3.8	3.8
总计	288	100.0	100.0

对农村女性的政治参与程度进行分层研究，有利于了解不同层次的女性农民政治参与程度。表 6-35 的数据可以得出以下结论：

第一，教育对一个人的各方面的发展有很大影响，接受良好教育是了解政治程序、产生政治意识、具备参政能力的前提。同时受教育年限与农村妇女对政治象征、政治典则和选举程序的了解呈正相关。可以说受教育程度越高的人，其文化知识水平和综合素质越高，其参政能力越强，也就越关心社会事务。农村青年一代女性由于其受教育程度的提高，其对社会政治评判的能力较强，她们参与社会、参与政治的能力相对就高。第二，见识广度也是影响妇女参政程度的一大因素。长期以来，由于受旧道德的束缚和知识水平的限制，造成一些农村妇女视野较为狭窄，观念较为落后。比起长期生活在农村的中老年女性来说，青年女性对外交往更为密切。特别是那些有过外出打工经历的女性，她们的相关政治信息更为丰富，对法律法规及国家政策比较了解。可以说她们在带回打工所得的同时也把在城市里所学到的合作观念、民主意识等进步思想带回了家乡，因而对自我权利的要求也更为迫切，对政治参与也更加积极。第三，一般而言，经济水平与政治参与呈正相关关系，较高的经济收入不仅会增强人们的参与意识，同时也会提高人们参与能力。很难想象一个在为自己生计奔波的人会对周围政治生活产生兴趣。政治学的有关研究也表明：对社会经济资源占有的多少，往往会造成人们享有政治权利的差别，人们拥有的经济资源越多，对政治和社会事务的参与越活跃，对政治和社会事务的影响力也越大。也就是说，经济地位决定了政治地位，参与经济活动的实际状况决定了农村青年女性的政治参与水平，由此可见经济发展水平是影响农村妇女参与基层民主的主要因素之一。

表 6-35　女性农民政治参与分层研究　（单位：%）

		曾打算竞选村干部	是村委会或党支部的成员	参加过村农民大会	在村农民大会上积极发言
收入	收入平均水平	66.1	75.9	65.0	10.0
	收入中上	77.0	80.0	77.0	13.0
	收入中下	70.0	53.0	60.0	9.0
学历水平	小学及以下	22.6	2.8	8.5	20.8
	初中	72.5	5.5	9.2	31.2
	高中或中专	83.6	9.1	1.8	27.3
	大专及以上	77.8	0.0	5.6	22.2
务工经历	曾外出打工	22.8	5.3	8.2	22.8
	不曾外出打工	19.7	4.3	6.0	30.8

（$N=288$）

(四) 政治评价和认同

1. 安全感

在"生活在我们这个地方让我感觉非常安全"这个多选题中,表示非常同意和同意的比例分别为 6.6% 和 68.4%,比例合计为 75%,分别有 9.7% 和 0.7% 的人表示不同意和非常不同意,此外还有 12.1% 的女性农民表示不清楚,见表 6-36。可见有四分之三的女性农民认为其生活的地方让其感到安全,这表明,女性农民的安全感相对较高,社会风气较好,和谐社会建设在广大农村地区有一定成效。

表 6-36 生活在我们这个地方让我感觉非常安全 (单位:%)

	非常同意	同意	不清楚	不同意	非常不同意	合计
生活在我们这个地方让我觉得非常安全	6.6	68.4	14.6	9.7	0.7	100.0

($N=288$)

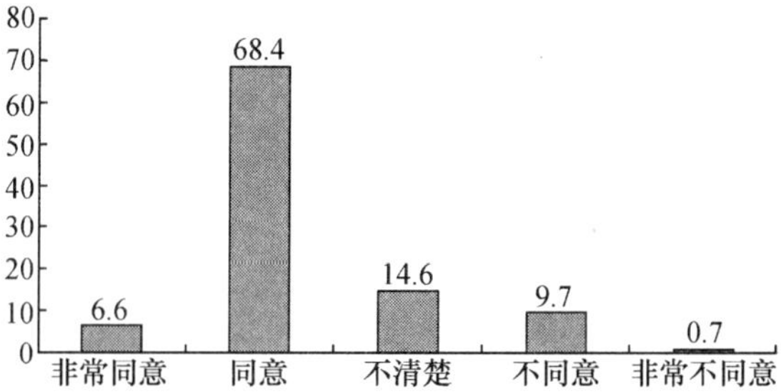

图 6-9 生活在我们这个地方让我感觉非常安全(单位:%)

2. 对地方政府和干部的评价

在对"我们这个地方的干部多数是好的"这个问题的调查结果中,可以看出,表示非常同意和同意的比例分别为 3.5% 和 49.7%,比例合计过半数,分别有 17.7% 和 3.8% 的人表示不同意和非常不同意,此外还有 25.3% 的女性农民表示不清楚。在对"到政府机关办事容易多了"这个问题的调查结果中,可以看出,表示非常同意和同意的比例分别为 3.8% 和 45.5%,比例合计近半数,分别有 24.0% 和 3.1% 的人表示不同意和非常不同意,此外还有 23.6% 的女性农民表示不清楚,见表 6-37 和图 6-10,这说明地方干群关系有所改善。

表 6-37　女性农民对地方干部和政府服务的评价　（单位:%）

	非常同意	同意	不清楚	不同意	非常不同意	合计
我们这个地方的干部多数是好的	3.5	49.7	25.3	17.7	3.8	100.0
到政府机关办事容易多了	3.8	45.5	23.6	24.0	3.1	100.0

（N = 288）

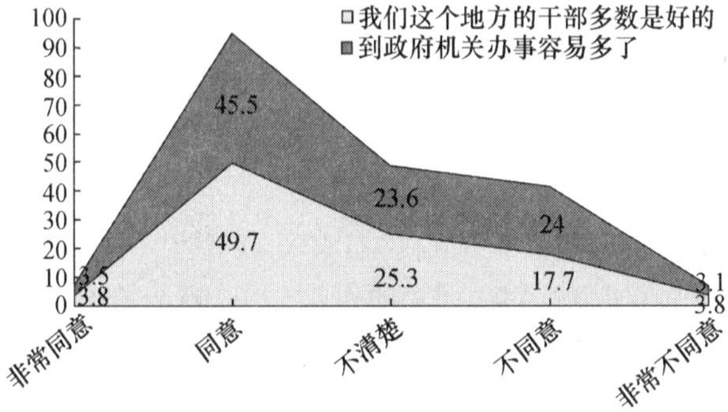

图 6-10　女性农民对地方干部和政府服务的评价（单位:%）

进一步考察女性农民对地方政府和干部的评价，根据对女性农民"政府正在做越来越多的好事服务农民"的调查数据，可以看出，表示非常同意和同意的比例分别为 10.8% 和 65.6%，比例合计 76.4%；分别有 3.8% 和 1.7% 的人表示不同意和非常不同意；此外还有 18.1% 的女性农民表示不清楚。根据对女性农民"我认为现在当官的很多都有腐败行为"的调查数据，可以看出，表示非常同意和同意的比例分别为 15.6% 和 58.0%，比例合计为 73.6%；分别有 10.8% 和 2.4% 的人表示不同意和非常不同意；此外还有 13.2% 的女性农民表示不清楚，见表 6-38 和图 6-11。可见，女性农民普遍认为现在在干部中存在一些腐败现象，并且比较关注，但对政府越来越服务农民持肯定态度。

表 6-38　女性农民对地方政府和干部的评价　（单位:%）

	非常同意	同意	不清楚	不同意	非常不同意	合计
政府在做越来越多的好事服务农民	10.8	65.6	18.1	3.8	1.7	100.0
我认为现在当官的很多都有腐败行为	15.6	58.0	13.2	10.8	2.4	100.0

（N = 288）

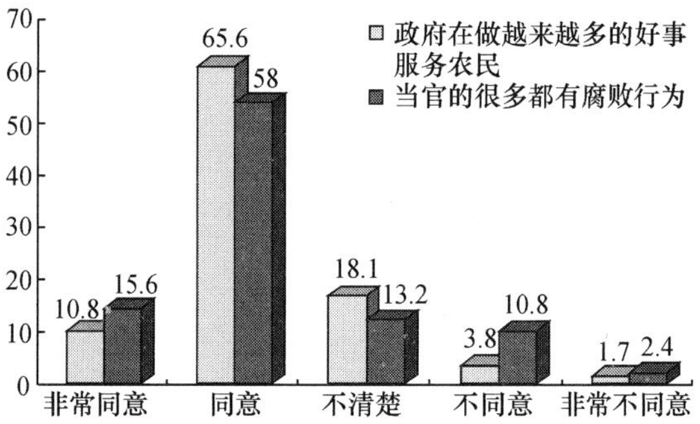

图6-11　女性农民对地方政府和干部的评价(单位:%)

3. 对党和国家政策的评价

在“我觉得党和国家是真正关心我们农民的”这个问题的调查结果中,可以看到,表示非常同意的占19.4%,同意的占63.2%,不清楚的占13.5%,不同意的占3.9%,非常不同意的占0%,见图6-12。

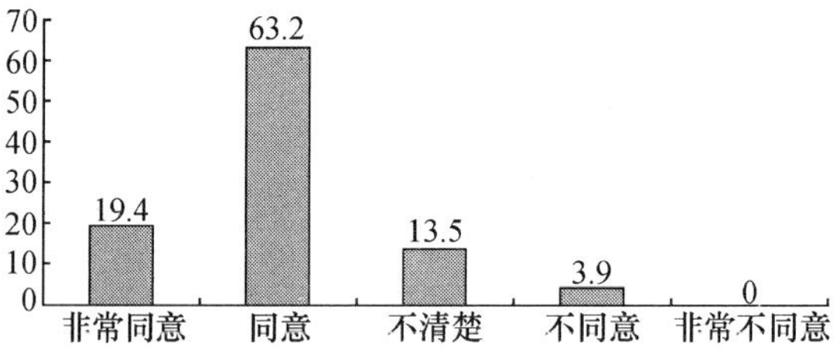

图6-12　我觉得党和国家是真正关心我们农民的(单位:%)

对“中央的农村政策很受农民欢迎”这个问题的调查结果显示,持非常同意和同意态度的女性农民所占比分别是16.7%和63.5%,持不同意和非常不同意态度的女性农民所占比分别是2.4%和0.7%,另有16.7%的女性农民持不清楚态度,见图6-13。

可见,女性农民对党和国家的政策以及惠农政策满意度较高,说明党和国家的农村政策深入人心,得到了女性农民的广泛赞同。

4. 对自我的评价

在对“我有时候觉得自己的行为和想法无法控制”这个问题的调查结果中,可以看出,表示非常同意和同意的比例分别为3.1%和40.6%,比例合计超过四成;分别有33%和1.7%的人表示不同意和非常不同意;此外还有21.6%的女性农民表示不清楚。在对“我做事情很少有碰碰运气的心态”这个问题的调查结果

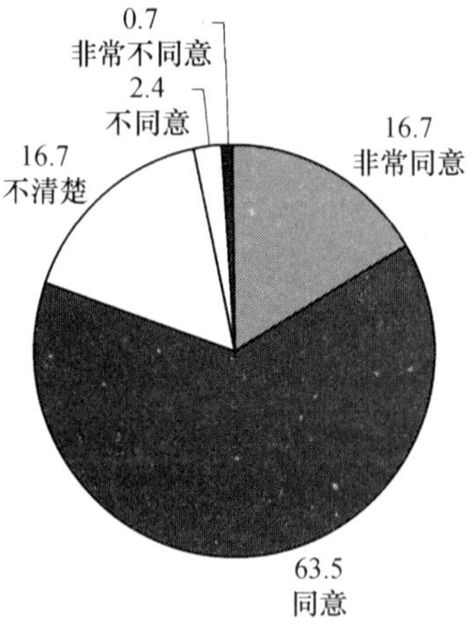

图 6-13　中央的农村政策很受农民欢迎(单位:%)

中,可以看出,表示非常同意和同意的比例分别为 2.4% 和 60.4%,比例合计 62.8%;分别有 17.4% 和 1.7% 的人表示不同意和非常不同意;此外还有 18.1% 的女性农民表示不清楚。对“我觉得无法控制我周围发生的事情”这个问题的调查结果显示,表示非常同意和同意的比例分别为 6.6% 和 62.6%,比例合计为 68.8%;分别有 15.0% 和 1.4% 的人表示不同意和非常不同意;此外还有 14.4% 的女性农民表示不清楚。对“我相信我的未来掌握在我自己的手中”这个问题的调查结果显示,表示非常同意和同意的比例分别为 11.9% 和 54.2%,比例合计 66.1%;分别有 13.6% 和 1.7% 的人表示不同意和非常不同意;此外还有 18.5% 的女性农民表示不清楚,见表 6-39。

表 6-39　女性农民对自我的评价　(单位:%)

	非常同意	同意	不清楚	不同意	非常不同意	合计
我有时候觉得自己的行为和想法无法控制	3.1	40.6	21.6	33.0	1.7	100.0
我做事情很少有碰碰运气的心态	2.4	60.4	18.1	17.4	1.7	100.0
我觉得无法控制我周围发生的事情	6.6	62.6	14.4	15.0	1.4	100.0
我相信我的未来掌握在我自己的手中	11.9	54.2	18.6	13.6	1.7	100.0

($N=288$)

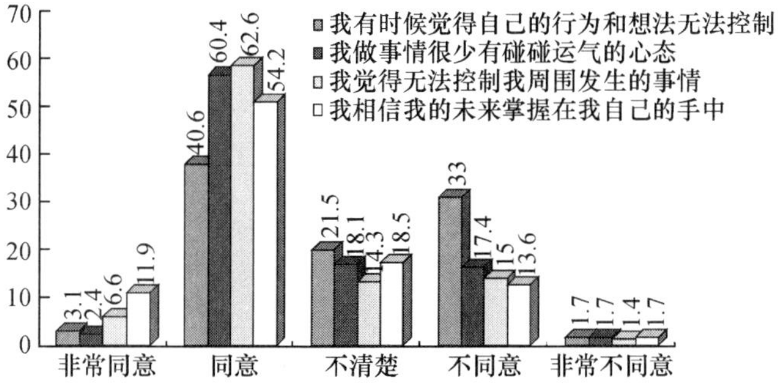

图 6-14　女性农民对自我的评价(单位:%)

可见,第一,大部分女性农民对未来都很有信心,相信依靠自己的努力,可以改变自己的未来。第二,女性农民大多数都能实事求是,脚踏实地,而不是依靠运气。第三,大多数女性农民对自己对周围的影响力没有自信,不相信依靠自己的能力可以改变周围的事。缺乏自信可能是影响女性农民政治参与的重要原因之一。第四,相当一部分的女性农民觉得有时候自己的行为和想法无法控制,这可能是女性农民的理性化水平不足的表现。

5. 对农村生活的评价

考察女性农民对农村生活的评价发现,对"我不喜欢农村生活"的回答中,表示非常同意、同意、不清楚、不同意和非常不同意的比例分别为4.9%、19.9%、12.1%、58.2%和4.9%,从合计63.1%的比例可以看出较高比例的女性农民对农村生活不排斥。对"我希望自己的后代不再当农民"的回答中,表示非常同意、同意、不清楚、不同意和非常不同意的比例分别为17.7%、60.8%、10.4%、9.4%和1.7%,可以看出78.5%的女性农民希望自己的后代不再是农民,这种表面看来颇为矛盾的现象表明,尽管女性农民因为各种原因不排斥自己生活在农村,但是却强烈希望自己的后代脱离农村。见表6-40。

表 6-40　女性农民对农村生活的评价　(单位:%)

	非常同意	同意	不清楚	不同意	非常不同意	总计
我不喜欢农村生活	4.9	19.9	12.1	58.2	4.9	100.0
我希望自己的后代不再当农民	17.7	60.8	10.4	9.4	1.7	100.0

三、结论和建议

（一）结论及原因分析

经过对女性农民政治发展状况的调查研究，发现女性农民总体参政水平不高，表现出参政意识较弱、参政环境较差、法律及维权意识较弱、组织化程度不高等问题，具体分析如下：

1. 女性农民的法律意识和维权意识需加强

女性农民的法律意识、法制观念，会对她们民主观念的产生和民主权利的争取产生影响。然而普遍存在的女性农民法律知识的欠缺、法律意识、法制观念的淡薄，必然会对她们民主观念的产生和民主权利的争取产生消极的影响。

在调查研究中发现，女性农民法律素养普遍较低，害怕打官司，情大于法，对法律缺乏信任。女性农民法律观念的淡薄和维权意识的薄弱，与长期以来形成的传统伦理和乡土规范有关。女性农民在行为初期，所依赖的是其熟悉的传统伦理与乡土规范所确立的行为规则，而并不寻找法律与制度上的支持。在广大农村地区，受一些宗族以及“从夫权”思想的影响，女性农民的权益遭到侵害时，往往并不亲自去维护，而是依靠其丈夫的帮助，或者依靠整个宗族的势力来维护自身的权益，这说明在农村传统的社会构架中，法律是没有权威的。同时，由于数千年文化的影响，农村存在一种“无讼”思想，认为打官司是丢人的，伤风化的，因此她们更愿意找有威望的人来调解。同时，由于社会上存在一些诸如买通法官，玩弄法律的丑恶现象，也造成了女性农民对法律的不信任。

2. 女性农民的参政程度需要提高

女性农民的总体参政水平不高，同时缺乏积极的主人翁态度和责任感，有很大的消极被动性。影响女性农民参政的因素主要有以下几个：

（1）女性农民在家庭中的经济地位较低。

经济基础决定上层建筑。女性农民在家庭中的经济地位直接决定了其所获得的物质资源的多少，从而决定了其所拥有的政治资源状况，进而影响其政治地位的高低。女性农民只有在家庭中拥有较高的经济地位和自主的决策权，才能更加关心村庄的公共事务，才能更加主动地表达自己的观点和想法，才能更愿意维护自己的利益。在传统的家庭关系中，丈夫是家庭的主导和决策者，女性没有自己的独立意识和地位。随着社会的不断发展，使女性农民逐渐获得与丈夫共同商讨决定家庭经济事务的权利,逐渐有了自己独立的经济地位,这是女性农民参政的经济基础。然而在广大农村地区,受"夫权"思想的影响,大多数女性农民在家庭决策方面并未获得与男性同等的权利,仍以男性为主导。但是,这样一种平等的经济权利的出现,为女性农民提供了和男性平等对话的机制,为女性农民的政治参与提供了良好的基础,反过来政治参与所带来的实际利益也进一步促进了女性的参与热情。

(2) 传统观念的影响。

传统社会"男主外,女主内"、"男主女从"的思想严重影响女性农民的政治参与。这种观念在几千年的演化发展中,逐渐内化到人们生活的方方面面,影响人们的社会活动。虽然在今天,男女平等的观念已深入人心,社会也在慢慢摒弃传统的陈规陋习。但是,在农村社会,这种思想仍然有很大的影响,使男性成为农村社会的主导力量和强势力量,女性处于附属地位。这样就导致人们往往用更苛刻的标准来衡量女性农民,增大了女性农民政治参与的难度,造成了男女不平等的从政环境。同时,农村社会普遍形成了对女性的"贤妻良母"的角色评定,束缚了女性的活动和交往范围,从而限制了女性农民的眼界和对人际关系资源的掌握,更加大了女性政治参与的难度。由于长期处于这种角色期待之下,很难在短期内适应其他的社会政治角色。同时,尽管男女平等思想早已在农村进行了宣传,早已成为农村的一种普世价值,但是女性农民对于男女平等的观念仅仅是作为"人"的意识的一种认定,并没有上升到女性参政的高度。女性平等的参政观念也源自对男女平等的权利论证,并没有在广大农村真正实行。

(3) 女性农民的参政意识薄弱。

女性农民的参政意识直接影响其政治参与行为。政治意识包括政治认知、政治情感、政治态度。政治认知是政治参与的知识基础,政治态度是政治参与的调节机制,政治情感是政治参与的制约因素。女性农民一般都比较关心国家的政策,也比较关心村庄的公共事务,但是并不敢于挑大梁——成为村庄的领导,进入"村两委"。女性农民的参政意识较薄弱与其家庭经济弱势地位和传统"男尊女卑"文化的影响是分不开的,同时,也与女性自身的政治开化程度有关。许多女性将自己定位为家庭妇女,缺乏对社会公共事务的关心,甚至对公共事务不闻不问,"一心只扫门前雪,不管他人瓦上霜",将自己禁锢在狭小的家庭环境中。一部分女性虽然愿意关心公共事务,愿意参政,但缺乏自信,缺乏经验,畏首畏尾,不能独立自主地表达女性作为"政治人"的声音。还有一些女性抱着随波逐流的态度,害怕或不愿意承担责任,也最终沦为"男性政治"的陪衬。

(4) 女性农民受教育程度偏低。

文化素质的高低关系到女性农民的政治参与。当女性同男性对同一职位进行角逐时,女性必须显示出比男性更高的文化素质。受教育程度的提高,有利于培养女性农民的文化素质。同时,文化水平也关系到女性农民的政治意识,只有提高女性农民的文化水平,才有可能提高女性农民的参政程度。调研数据也表明,文化水平高的女性农民其参政程度较高。随着农村经济的发展和人们思想水平的提高,要改善女性的教育,为女性提供同男孩一样的教育标准。一个受到良好教育的女性,才能在政治参与上争得自己的一席之地。

(5) 选举行为不规范。

虽然女性农民在理论上获得了与男性同等的参政机会,但是由于村内情况的复杂性,选举竞争激烈且行为不规范。现代民主往往与经济利益挂钩,候选人的条件,除了其品质、素质、能力外,其经济实力也往往被纳入考虑的范围。有些已经致富的人,许诺将给村里带来经济利益,自然能够吸引众人,这无疑给女性农民造成压力。另外,在许多农村地区,宗族势力强大,宗族或大家族努力"推销"自己的候选人,而这些候选人中,往往很难有女性。再者,由于贿选的存在,且大多数贿选的操作者都是男性,也进一步导致了农村女性参政困难。

3. 女性农民参政的机制和环境需要改善

促进女性农民参与基层治理一直是促进男女平等和妇女发展中较重要的方面。近些年,我国也相继出台了一系列法律法规来促进女性参政,尤其是女性农民参与基层治理方面,采取了多种保护与强制性措施。但是,女性农民的政治参与程度的总体水平还是偏低,女性在各级领导干部中的比例也处于较低水平。

这主要是因为女性农民的政治参与机制与环境存在缺陷:首先,一些领导干部和组织部门对女性农民参政的认识存在误区。对促进女性农民参政工作的必要性认识不足,多从照顾的角度来安排配备女性干部;一些党政领导对女性农民参政怀有偏见,低估女性能力,认为女性农民不适合参政,更不适合担任领导职务;或者从传统观念出发,倾向于给女性安排认为女性"合适"的工作岗位,不重视女性干部,甚至歧视女性干部。其次,促进女性农民参政的措施不能有效实行。规则较原则化,缺乏可操作性,且往往停留在文件上,难于真正贯彻落实。关于女性参政比例规定并不明确,措施也不完善。对女性农民的培养选拔任用上,也存在诸多不利因素。同时,由于传统观念和性别分工、角色期待的影响以及社会和舆论的各种压力,给女性造成了很大的心理负担,使女性农民的参政环境显然不如男性。

4. 女性农民的组织化程度需要提高

调查显示女性农民的组织化程度较低。具有中共党员、共青团员组织化身份的女性农民参与程度明显要高些,但相比之下,女性农民在基层组织中的参与率还是比较低。可以在文化程度、综合素质较高的女青年中发展团员、党员,让她们参加村庄的辅助事务处理,让她们懂得选举程序,提供平台和机会让她们展示才能。同时还可以吸收女性农民加入各种基层组织,提高女性农民的组织化程度,拓展女性农民在不同领域的才能。

(二)建议

虽然女性农民在政治意识、政治参与方面存在许多问题,但是,在今后几年,以科学发展观为指导,以改善民生、促进公平为重点,推动和谐社会建设将是中国社会发展的主题。着力解决各种农村问题,女性农民也会得到更多的实惠,也为推动女性农民的政治参与提供了良好契机。随着农村政治经济的不断发展,新农村建设的不断深入,基层民主的大力开展,以及民主法治思想等在广大农村地区的宣传,在性别平等的视角和平台上,发挥妇联组织和各级党政机关领导的作用,提高女性农民综合素质,通过这些措施女性农民的政治民主意识、参政水平都将会有长足发展和提高。为此,提出以下政策建议:

1. 探索农村普法模式,维护合法权益

目前,我国采取了各种方式对全社会进行普法教育,目的在于让全体社会成员“获得法律知识、培养法律情感、确立法律信仰”。然而在广大农村地区,这种普法并未取得预期效果。为了增强女性农民的法律意识,必须探索新的模式,结合现阶段女性农民的实际需求,采取各种各样的有效形式,提高女性农民学习法律的热情,将现代法治思想与民主思想相结合,提高女性农民的法律意识。

保护女性农民的合法权益是全社会的责任,各级政府在推进新农村建设时,应当关注女性农民的实际需求,维护其合法权益,提高其维权意识,在这方面,妇联可以发挥作用。建立健全妇女维权网络,为女性农民提供法律咨询与法律援助。

2. 全面加强女性农民的能力建设

各级政府要加强对女性农民文化和综合素质的培养,举办扫盲班,文化提高班来提高女性农民的综合文化素质。加强对女性后备干部的培养,由于农村并不能吸引高文化素质的年轻人,愿意留在村内的女性农民均文化层次较低,要注重对青年女性干部的教育培养。推荐选送优秀农村女干部参加党校培训和学历教育,充分发挥妇女培训基地和学校的作用。鼓励女性农民摆脱封建思想的束缚,鼓励她们参政议政,培养其信心和自主性,塑造其荣誉感和归属感,提高其在村民中的信任度,从而促使她们关心政治,参与政治。

3. 规范选举方式与程序,推进基层民主化

首先,建立好选举委员会。选举委员会应该由村民会议、村民代表会议或村民小组选举产生,使选举委员会有广泛的民意基础,在群众中有较高威信。对选举委员会成员限定其任职资格条件,并保证其性别构成,提高其竞选能力,保证选举活动规范而有序地进行。其次,制定规范的选举规则。选举规则首先要合法,杜绝贿选、人身攻击、以空口承诺拉选票的行为。其一,选举规则要公平。订立的选举规则要给所有的候选人以平等的机会,杜绝歧视女性的行为。其二,选举规则要公开。使所有选举活动都受到大家的监督,杜绝暗箱操作。其三,建立合理的竞选程序,确保选举活动有效且合理地展开。

4. 各级政府、领导要提高对女性农民参政的认识

各级政府、领导要从加强基层民主和全面协调可持续发展的角度,来认识女性农民参政的重要性。对各级领导干部要加强宣传教育,使女性参政思想不仅仅停留在理论层次。各级政府和领导干部要认识到女性农民参政的重要性:首先,优化各级领导性别构成,男女互补,而不是将女性作为"陪衬"或"补充"。不是安排认为"适合"女性的工作岗位,不歧视女性干部。其次,加强对农村女性农民的宣传,改变作风,密切同群众的联系。认真贯彻落实促进女性农民参政的政策法律,组织对女性农民进行教育,增强其信心,减少其参政的社会压力。

5. 发挥妇联组织的作用

妇联组织在女性农民心目中具有很高的地位,妇联组织应该发挥这一优势,对女性农民加强教育、做好女性农民参与基层民主的辅助工作。可以传播知识、进行普法教育;充分听取并反映女性农民的意见要求;在基层选举的时候,妇联可以做协调工作,为女性候选人出谋划策;加强宣传动员工作,促进女性农民政治参与,帮助女性农民优化工作环境等等。同时,各级政府在给妇联交任务、压担子的同时,应当给予相应的资源配置,对妇联创建的农村妇女学校等培训基地、科技指导中心等服务机构给予支持,以提高妇联组织服务大局、服务妇女的能力。

6. 发挥电视媒体的宣传作用

电视在女性农民的生产生活中发挥着重大作用,承担着女性农民与外界沟通的桥梁作用。因此有关部门应该充分认识到电视在宣传妇女、教育妇女、培训妇女中不可替代的积极作用,予以重视并加大投入,如开展面向女性农民的电视教学、技术培训、法律咨询、典型宣传、经验推广等工作,使电视成为培育女性农民政治意识的重要载体。

第七章　城郊农民政治发展状况

城郊农民这个特殊的社会群体的出现是因为城市化和现代化的推进而进入人们的研究视域的，随着城市化进展而来的城市规模的扩展，使得大量处在城乡结合部的村庄逐步被纳入城市发展规划中。处在城郊结合部的农民大多面临着一个普遍的问题，就是村庄被吞并、土地被征用、生活被打乱的局面，他们既不是纯粹的农村人，也不是纯粹的城市人，面临的是如何在城市进化和村庄消失的夹缝中找到自己的生存世界、重新构筑自己的生活世界的重大问题。

城郊农民是与城郊村紧密相连的概念，按照于洪生的解释，城郊村就是处于城市与乡村结合部的村庄，①也有称为"城乡结合部"、"都市里的村庄"或"城中村"的。万向东以工业化、非农化、市场化、城镇化的程度为指标，观察了以大城市为中心的各类社区的梯度分布，排列出大城市中心区、边缘区、城乡结合部、近郊区、远郊区和边远（疆）地区的一维两极的线性分布系列。② 李培林通过对广州市的调查认为"城中村"大体可以分为三种类型：一是处于繁华市区、已经完全没有农用地的村落；二是处于市区周边、还有少量农用地的村落；三是处于远郊、还有较多农用地的村落。③ 本文不是试图对城郊村作一地理区域界定，而是归结出城郊村的一般性特征，即城郊村具有作为城乡二元混合体的典型特征，这类村庄由于地理位置接近城市，往往直接参与了城市化，受到城市的影响比较大。与此同时，它们又在一定程度上保留着原有的农村社会的特点。④那么城郊农民就是生活在具有这种特点村庄中的农民。

本报告对城郊农民的研究共分为三个部分：第一部分，对既有的关于城郊农民政治发展状况的研究进行简要总结，并阐明本报告研究的价值和使用的方法；

---

① 于洪生：《城郊村——城市化背景下的村务管理调研》，社会科学文献出版社 2005 年版，第 2 页。

② 万向东：《都市边缘的村庄——广东北郊蓼江村的实地研究》，中国社会科学出版社 2005 年版，第 17 页。

③ 李培林：《巨变：村落的终结——都市里的村庄研究》，《中国社会科学》2002 年第 1 期。

④ 桑玉成：《发达地区城郊村的村民自治——以嘉定区江桥镇太平村为例的研究》，复旦大学硕士学位论文，2008 年。

第二部分,在对城郊农民的政治发展状况做出相应的假设的基础上设定研究问题,并通过全方位的实证描述分析总结出城郊农民政治发展状况上的一般性特征;第三部分,对城郊农民的政治发展状况进行概括总结并针对存在的风险问题提出一些建议。

一、理论探讨与研究基础

对城郊农民政治发展状况的研究并没有形成完整的讨论体系,本文的梳理试图从城郊农民的政治处境和角色、政治意识、政治参与和政治认同四个方面进行厘清。

第一,对城郊农民的政治处境和角色的研究。城郊村本身具有作为城乡二元混合体的典型特征,这决定了城郊农民有一种处在城市和乡村之间的困境、身份上也有一种徘徊于市民和农民之间的角色冲突,于洪生认为,生活在城郊村的农民是典型的“过渡人”,他们当前的生存状况,正体现着我国农民处于从农业社会向工业社会、由乡村向都市过渡的特征。[①] 城市化作为历史的趋势,规模的扩展所伴随的是城郊村的被吸纳,城郊农民也就面临着要在城市化的过程中完成自己角色的转变,郑杭生将农民的这一角色转变的过程称为市民化,即指作为一种职业的“农民”和作为一种社会身份的“农民”在向市民转变的进程中,发展出相应的能力,学习并获得市民的基本资格、适应城市并具备一个城市市民基本素质的过程。[②]

文军认为,农民市民化不仅仅是其职业身份的转变(非农化)和居住空间的转移(城市化),更是农民社会文化属性与角色内涵的转型过程(市民化)和各种社会关系的重构(结构化)与城市社会生活再适应的过程(再社会化)。[③] 毛丹认为,运用角色理论分析农民市民化特别是城郊农民市民化问题是一个很好的提议,通过对城郊失地农民特别是撤村建居农民的市民化问题的讨论,得出目前城郊农民市民化的主要障碍并不是农民对新角色认同困难、担当能力低下,而是农民受到了赋权不足与身份缺损、新老市民互动不良、农民认同条件这三方面的限制。[④] 而且,通过对浙江J市的研究,毛丹认为城郊农民不愿做居民,不能被简单

① 于洪生:《城郊村:城市化背景下的村务管理调研》,社会科学文献出版社2006年版,封底评论。

② 郑杭生:《农民市民化:当代中国社会学的重要研究主题》,《甘肃社会科学》2005年第4期。

③ 文军:《农民市民化:从农民到市民的角色转型——以上海郊区农民市民化为例》,《华东师范大学学报》(哲学社会科学版)2004年第3期。

④ 毛丹:《赋权、互动与认同:角色视角中的城郊农民市民化问题》,《社会学研究》2009年第4期。

归为经济利益补偿不足,也不是因为市民化的个别条件不够好,而是因为从农民安全经济学的尺度看,目前地方政府发起的撤村建居、整体动迁、城中村改造等城市化工程,在很多方面与农民的安全经济学标准有矛盾。[①] 李炬、汤云刚的研究也表明,尽管城郊农民在转化为市民过程中个人社会位置和社会属性发生了变化,社会身份也随之发生了转换,在职业、观念、生活方式上与市民日趋接近,但制度安排的惯性使他们仍然被城市居民看做农民,得不到城市居民的社会心理认可,而城市居民的心里排斥也就无形中阻止了城郊农民对城市与市民的认同、靠拢和适应。[②]

既有的对城郊农民处境和角色的研究表明,城郊农民是处在乡村和城市之间的"过渡人",但向市民化身份的转变是一个历史的必然趋势。但在转变的过程中,城郊农民普遍面临着身份认同、社会风险和心理排斥等的困难,这些处境和角色上的困难必然会反映在城郊农民的政治意识、政治参与和利益表达及政治认同评价上。

第二,对城郊农民政治意识的研究。胡莹对广州石牌村的研究表明城中村处在农业文化与现代都市文化、本土文化与外来文化的冲突和融合之中,[③]文化冲融的走向是逐渐整合演进成为一种新文化,这种新文化所伴随的是城郊农民的角色转变和城郊村的由乡变城。汪勇等对广东佛山的夏西村由村变城的研究认为,夏西村民市民化的转变不仅是经济的发展,更重要的是村民自身素质和认识的转化及身份的认同。[④] 杜洪海对城郊农民的考察表明其融入城市社会有四个方面的障碍,即城郊农民"农转非"意愿不强;城郊农民转变为市民需要支付较高的成本,这影响其身份转换的认同;城郊农民对城市生活心存疑虑,对未来生活预期不高;城郊农民对城市社会难以形成文化认同。[⑤] 陈映芳通过对上海征地农民的市民化考察认为,征地人员已经形成有独立的将社会现状问题化的能力:这是一种不依赖于来自"上面"、"外面"(局外人)的支配权、话语权的独自判断社会事实的能力。这样一种能力反映的是征地人员中市民意识的逐渐生成,这种意识与生活式样、平等愿望、权利意识等等相关联。以此为背景,他们的不满主要集中在这几

① 毛丹、王燕锋:《J市农民为什么不愿做市民——城郊农民的安全经济学》,《社会学研究》2006年第6期。

② 李炬、汤云刚:《关注城郊农民市民化过程中的社会问题》,《法制与经济》2009年第6期。

③ 胡莹:《城中村的文化冲融——以广州市石牌村为例》,《城市问题》2002年第2期。

④ 汪勇、李尚旗、刘娟等:《求索中的演进——佛山夏西村的变迁》,广东人民出版社2008年版,第310页。

⑤ 杜洪生:《城市化进程中城郊农民融入城市社会问题研究》,《社会科学》2004年第7期。

个方面:1. 利益受损感。征地人员普遍认为被征土地和动迁房屋的实际价值并没有真正得到补偿。2. 权利无保障感。受访者普遍反映征地过程中他们的知情权没有得到实现。征地后他们作为市民的劳动权、享受社会保障的权利也并未真正落实。3. 不平等感。存在着各征地区域之间的政策性不平等,干部与一般人员间的不平等,郊区居民与城市居民间的不平等。4. 非市民待遇。农龄不算工龄,福利保障待遇的被区别对待等。[①] 而马磊、陆喜元以兰州市安宁区的三个社区为个案,也探讨了转型期城中村改造过程中居民的政治心态问题,认为在三个社区,有超过 80% 的社区居民对党和国家的政策关注度都提高,认同感不断增强;而且居民的政治参与意识也在不断提高,对政府和社区居委会工作人员的素质和公共服务质量要求提高;居民的法律意识,特别是维权意识不断增强。不过,分析还表明,部分居民的政治意识比较落后,居民的政治参与受到社会资本丰歉程度的影响等。[②]

既有的对城郊农民政治意识的研究表明,城郊农民由于处在城市的扩展中往往因征地的发生而表现出市民意识的逐渐生成和不满的集中,而由于文化的冲融表现出政治意识上的提升。

第三,对城郊农民政治参与和利益表达状况的研究。当前对城郊农民政治参与的研究着重的是探讨城郊农民在土地被征用、村庄被吞并过程中,农民的利益表达和行动方式,切入点是保障城郊农民的权益。李一平通过对城郊农民集体维权行动的缘起、方式和机理的分析,认为因土地征用、村级集体资产管理和处置、房屋拆迁与安置问题所导致的集体上访、静坐和示威、聚众闹事等城郊农民集体维权行动的频发,是社会变迁过程中多种因素综合作用的结果,是各种社会矛盾的综合反映。[③] 周兆安通过对 L 市 A 区 K 乡 L 村庄十三户被拆迁户维权的个案考察,揭示了城郊农民在自身利益受损情况下所展开的抗争活动——双极维权机制,具体指处在社会底层的农民群体,当遭遇较大利益调整而使其利益受损时,一般都会与直接利益调整主体或利益剥夺者进行本能地、自发地日常对抗,当利益调整较为重大或利益受损程度较为严重时,处于社会底层的农民群体就会理性地

① 陈映芳:《征地农民的市民化——上海市的调查》,《华东师范大学学报》(哲学社会科学版)2003年第3期。

② 马磊、陆喜元:《转型期城中村居民政治发展心态研究——以兰州市安宁区为例》,《学术纵横》2008年第12期。

③ 李一平:《城郊农民集体维权行动的缘起、方式与机理分析》,《中共中央党校学报》2005年第8期。

借用各种资源将日常对抗推向具有一定规模和一定程度破坏性的集体行动。[①] 从这个角度来看,城郊农民因城市化过程中对自身利益的激活展现了自身对利益的重新认识,也在具体的实践中因利益的激活而形成了维护权益的行动。

第四,对城郊农民政治社会认同的研究。权小娟和王宏波以西安市"郝家村"为个案的研究,得出了"城中村"是断裂社会的连接带的结论,并认为城中村的人们要么融入城市,成为城市当中的一员;要么返回农村,用他们在"城中村"中获得的新特性去感染、影响农村,在农村内部增加了很多城市性因素。并进一步认为,"城中村"同时生产着"新城市"和"新农村",从而在整体上提高了我国的城市化、现代化水平,有助于社会的和谐。[②] 然而,郑庆昌和钱鼎伟的研究表明,"城中村"村民虽然身处在城市,但自身素质还未能适应城市化要求,思想观念和行为方式急待转变,也即城郊农民要适应和真正实现与城市文化的融合还需要进一步推进人的城市化。[③] 虽然权小娟以郝家村的个案得出了城中村及其村民的较为积极的方面,但城郊村村民的社会政治认同仍然存在风险。于孙姆、刘艳飞以福州市城中村村民的研究认为,一方面城中村村民在经济收入、生活方式等方面已能够比较好地适应城市社会,在生活形态等方面初步具备了一些现代城市的特点,在心理上也对城市生活方式作出了肯定的评价,但其对城市的适应仍然是一种浅层次的适应,城中村村民在个人素质、职业层次等方面并没能跟上城市的步伐;同时明显缺乏竞争的意识;传统的村落关系和网络仍在继续延伸……因此,在渐进的都市化过程中,村民始终立足于以血缘、地缘为核心的熟人社会,进行着社区文化的改造,实践着对城市生活的再适应。[④]

通过对城郊农民以上四个方面的梳理,我们可以得出,城郊农民的市民化角色的转变是一个必然的趋势,但这种转变不可能一蹴而就地实现,而需要有一个渐进学习的过程。不过城市化的速度往往打破了渐进的可能,激进的不适应首先在政治意识上表现出来,城郊农民的政治意识虽有乡村传统的作用因素,但在文化的冲融中所感受到的更多是现代城市文化的影响,其政治意识也具有城市人水平的期待,但非城市人的身份与此有一定的距离,这种身份和期待的差距将成为

① 周兆安:《从日常对抗到集体行动:城郊农民维权的一个分析框架》,《新疆社科论坛》2010 年第 5 期。

② 权小娟、王宏波:《"城中村":断裂社会的连接带——基于西安市"郝家村"的个案研究》,《中国社会科学院研究生学报》2007 年第 1 期。

③ 郑庆昌、钱鼎伟:《城中村:农村城市化的困境与出路》,《东南学术》2004 年增刊。

④ 于孙姆、刘艳飞:《城中村村民城市适应问题研究——以福州市为例》,《山西师大学报》(社会科学版)2006 年第 9 期。

城郊农民政治发展的风险。当然,城市化的推进还伴随的是城郊村土地的被征用,从保障权益的角度出发,城郊农民进行了不同程度和不同层次的政治行动,利益表达和政治行为方式的制度化与否也成为城郊农民政治发展的风险性因子。总而言之,不论是城郊农民政治身份意识的转变,还是其维护权益的方式,将通过其政治认同得到表现,但城郊农民明显是处在城市和乡村的双重边缘角色,要完成市民化的改造、融入城市社区生活尚需时日,但回归乡村已经被城市化的推进所淹没,总体上呈现出一种漂移的“无根”角色。

通过对既有文献的梳理,我们发现对城郊农民各方面的政治发展状况讨论较多,但更多的是以一种理论性的归结,缺乏对其政治发展状况的系统实证研究。本报告试图从四个研究主题(即基本政治属性和处境、政治意识、政治参与、政治评价和认同)展开,试图以此为基点,对城郊农民的政治发展状况进行全方位地实证描述分析,从而形成对城郊农民政治发展状况的系统评估。

本报告使用的数据是依靠华中师范大学中国农村研究院“百村十年”观察项目做的关于“农民政治发展状况”的专题调查(简称“百村政治专题数据”),根据对全国 270 个村庄的调研,其中共有 37 个城郊村和 5 个城中村(统称为“城郊村”),调查得到的有效样本数据为 662 份。

二、城郊农民政治发展状况的实证分析

城郊农民是因城郊村的特殊地理政治区位而产生的特殊群体,处在城市与乡村的交接点上造就了城郊农民的特殊政治社会角色和身份,考察其在农村民主法制建设和政治稳定上的状况具有重要的政治社会意义。本部分试图通过对农民政治发展状况进行实证性的全景梳理,发现城郊农民的一般政治发展状况和主要问题。

本部分通过对城郊农民政治发展状况的考察建基于以下几个基本的假设:第一,城郊农民处在城市和乡村之间,他们的政治认知了解度、民主权利意识和法律意识应该更趋向于受到城市的影响而较高,维权方式的选择也应更加理性;第二,城郊农民在身份上仍然是农民,但处在一种向城市人的过渡中,这种过渡特性使得城郊农民对社会认同和地方政府干部的评价不高,也驱使城郊农民反向地产生对传统社区的依赖意识;第三,城郊农民向市民化的迈进是历史的趋势,但却不是可以一蹴而就的事情,这充分表现城郊农民在身份转换和生活变化中存在较大的不适应。

为了对研究假设进行检验,我们以政治意识、政治参与及政治评价和认同等为主轴考察了以下问题:第一,考察了城郊农民对基本政治的了解度、对基层民主的认知,以及法律意识、身份意识、社区信任意识和社会认同意识,通过政治认知、情感和态度建构起对城郊农民政治意识的研究体系;第二,对于城郊农民政治参与的研究,我们设定了对政治信息的获取方式、对村民自治的参与状况、社会交往状况、利益表达和政治行动方式选择等考察方向;第三,研究城郊农民的政治评价和认同,我们着力从城郊农民对中央政策与国家发展的评价、对地方干部和腐败的评价、对村民自治效果的评价以及对社会信任和未来预期的评价等。

(一) 被调查城郊农民的基本政治社会状况

如表7-1所示,如果按照经济地理的特征进行分类,我们可以看到数据分别代表了全国各个不同特点的农村地区。下面将对有效样本数据显示的城郊农民的基本政治社会属性描述:从受访者的性别构成来看,662位城郊农民中,男性占比80.4%,女性占比19.6%,男女性别比约为4.1:1。受访者中年龄最小的为18岁,最大为87岁,按照一定的年龄特征,将年龄进行分段,其中30岁以下的占比3.5%,30—39岁、40—49岁、50—59岁和60岁以上的分别占比15.3%、34.3%、28.2%和18.7%,可见年龄结构的主体是40—59岁的中年人,占比为62.5%。被访者的受教育状况以初中及初中以下学历水平为主,其中,小学及以下学历的占51.6%,初中文化程度的占35.4%,而高中(含中职、中专)占12.0%,大专及以上的占1.0%。

总体调查对象中已婚比例占绝大多数,为89.7%,未婚、离异和丧偶的比例分别占5.2%、0.6%和4.5%。在信仰上,表示无宗教信仰的人数最多,为541人,占比为82.7%,而排在第二位的是信仰佛教的人,占比为14.2%;政治信仰上显示的是中共党员占比22.4%,其余均为非党员,调查的有效样本中,是干部的城郊农民比例为12.0%。

表 7-1　样本人群的基本社会构成状况

基本特征	频数	占比(%)
经济地理分布		
东部	135	20.4
中部	240	36.3
西部	287	43.3
($N=662$)		
性别		
男	532	80.4
女	130	19.6
($N=662$)		
年龄结构		
30 岁以下	23	3.5
30—39 岁	101	15.3
40—49 岁	227	34.3
50—59 岁	187	28.2
60 岁以上	124	18.7
($N=662$)		
教育水平		
初中以下	340	51.6
初中	233	35.4
高中	79	12
高中以上	7	1
($N=659$)		
婚姻状况		
未婚	34	5.2
已婚	592	89.7
离异	4	0.6
丧偶	30	4.5
($N=660$)		
宗教信仰		
无	541	82.7
佛教	93	14.2
其他宗教	20	3.1
($N=654$)		

(续表)

基本特征	频数	占比(%)
政治面貌		
党员	125	22.4
非党员	534	77.6
($N=659$)		
是否干部		
是	79	12
否	580	88
($N=659$)		

(二)城郊农民的政治意识状况

1. 基本政治了解度

通过考察城郊农民对从中央到村里各个不同政治层次的重要领导人的知晓情况,如表7-2所示,城郊农民知道总理、县长、镇长和村长的比例分别占有效样本数的88.8%、35.8%、47.1%和98.2%。我们可以很明显地看到城郊农民对总理和村长的知晓比例远远高于对县长和镇长的知晓比例,如果将其知晓度转化为如图7-1所示,可以看到城郊农民对从中央、县、乡镇和村里的领导的知晓度呈一个"V"模型,即对中央和村级层次干部的了解度高,而对县乡领导人的了解度相对较低。

表7-2 城郊农民的政治了解度 (单位:%)

	知道	不知道	合计
您知道总理是谁吗?	88.8 (586)	11.2 (74)	100.0 (660)
您知道所在县的县长是谁吗?	35.8 (236)	64.2 (423)	100.0 (659)
您知道所在乡镇的镇长是谁吗?	47.1 (311)	52.9 (349)	100.0 (660)
您知道所在村的村长是谁吗?	98.2 (647)	1.8 (12)	100.0 (659)

2. 对基层民主的认知

从对城郊农民关于是否知道"村民自治"的考察中,根据有效的660份数据中,有390人表示知道村民自治,占比为59.1%,不知道村民自治的比例为40.9%。

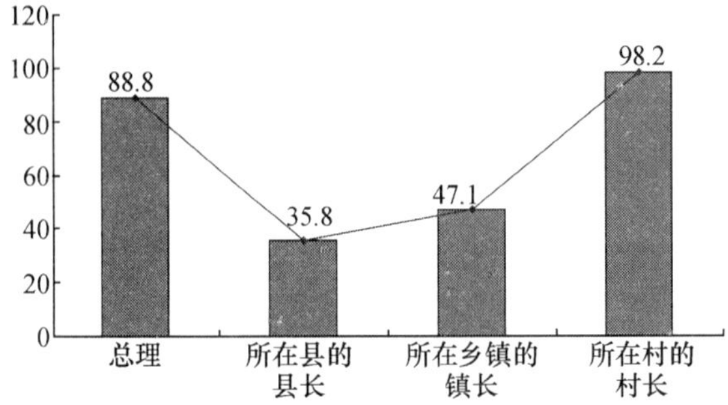

图 7-1　城郊农民对不同政治层次的领导表示知道的差异对比(单位:%)

如果考察不同受教育水平的城郊农民对"村民自治"的知晓度,可以发现,如表 7-3 和图 7-2 所示,受教育水平越高,对村民自治的知晓度也越高。当受教育水平为初中以下的时候,知晓的比例为 49.7%,初中、高中和高中以上学历的城郊农民对"村民自治"的知晓比例分别为 63.9%、81.0% 和 100.0%。不过对样本数据政治社会属性的描述分析显示,城郊农民的受教育水平以初中及初中以下为主,仅从城郊农民对"村民自治"的认知度上,说明村民自治的实践效果仍需要不断完善。

表 7-3　不同受教育水平的城郊农民对"村民自治"的知晓度　　(单位:%)

受教育程度	对村民自治的知晓度		合计
	知道	不知道	
初中以下	49.7	50.3	100.0(340)
初中	63.9	36.1	100.0(233)
高中	81.0	19.0	100.0(79)
高中以上	100.0	0.0	100.0(7)

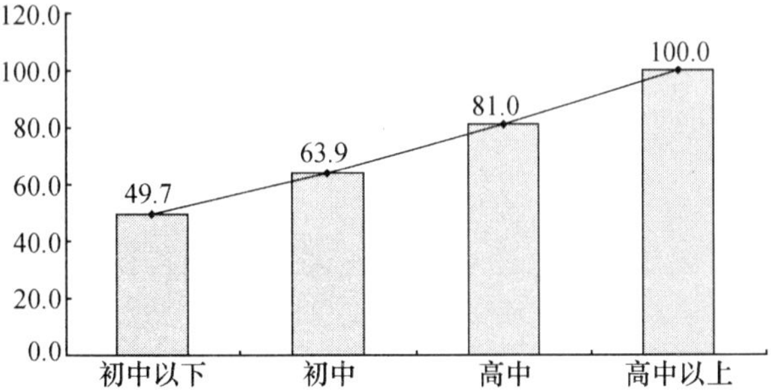

图 7-2　不同教育水平的城郊农民对"村民自治"的认知状况(单位:%)

通过考察城郊农民对参与村庄管理作用的认知,据有效的 652 份样本数据显示,认为非常有用和比较有用的比例分别为 11.7% 和 30.7%,比例合计为 42.4%,认为没有作用和作用不大的比例合计为 27.1%,另有 30.5% 的人认为参与的作用一般(见图 7-3)。

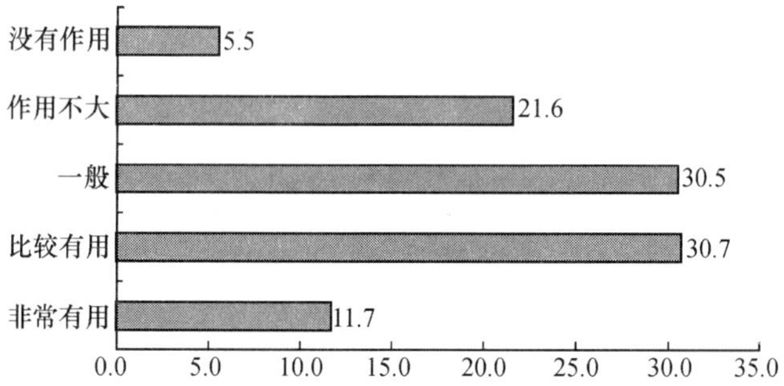

图 7-3 城郊农民对参与村庄管理作用的认知(单位:%)

如果对城郊农民的受教育程度与对参与村庄管理作用的认识做进一步的交叉分析,表明,城郊农民的受教育程度的不同与对参与村庄管理作用的认识存在统计意义上的差异,卡方值为 0.001。如表 7-4 和图 7-4 所示,初中以下文化程度的城郊农民认为参与村庄管理非常有用和比较有用的比例为 36.8%,认为作用不大和没有作用的比例为 30.6%,此外,还有 32.6% 的人认为作用一般,虽然认为有用的比例高于认为作用不大和没有作用的比例,但总体来说其认识比较模糊,认为有用的比例并没有取得压倒性的优势。随着受教育程度的提高,初中、高中和高中以上认为参与村庄管理有用的比例分别为 43.9%、57.7% 和 85.7%,其比例是逐渐上升的。

表 7-4 不同受教育水平的城郊农民对参与村庄管理作用的认知 (单位:%)

受教育程度	对自身参与村庄管理的作用的认知					合计
	非常有用	比较有用	一般	作用不大	没有作用	
初中以下	8.4	28.4	32.6	23.4	7.2	100.0(340)
初中	12.6	31.3	31.7	19.6	4.8	100.0(233)
高中	24.4	33.3	20.5	20.5	1.3	100.0(79)
大专及以上	0.0	85.7	0.0	14.3	0.0	100.0(7)

($N = 649$)

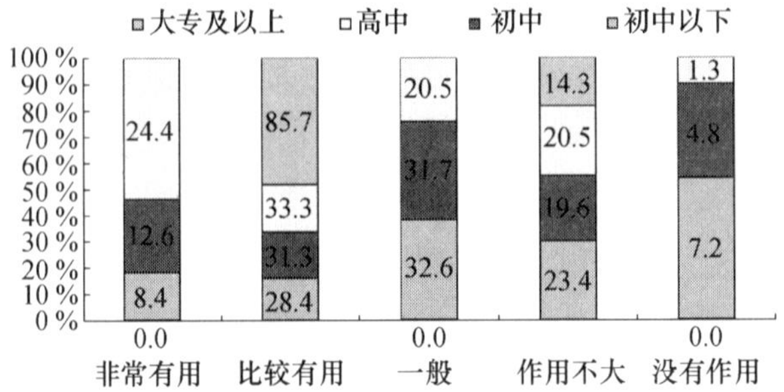

图 7-4　不同学历水平的城郊农民对参与村庄管理作用的认知(单位:%)

总的来说,我们可以将城郊农民对基层民主的认知状况描述如下:首先,在对"村民自治"的认知上,59.1%的城郊农民表示知道,进一步考察学历水平与对"村民自治"的知晓度的关系,呈现学历水平越高,对"村民自治"的知晓度也越高;其次,考察城郊农民对参与村庄管理作用的认识发现,认为参与村庄管理有用的城郊农民占比并没有显著性的优势,为42.4%,而对学历水平与参与村庄管理作用认知做价差分析,也显示受教育水平越高,认为参与村庄管理有用的比例呈上升趋势。可见,受教育水平的高低是影响城郊农民民主意识的重要因素,不过对样本数据受教育状况的描述显示,城郊农民的学历水平以初中及初中以下为主,这说明城郊农民对"村民自治"的知晓上尚存在一定局限,而对参与村庄管理作用认知上也存在一定的缺陷。

3. *法律意识*

法律是衡量社会公正的准绳,我们询问了城郊农民对法律公正性的认知,调查发现,认为法律非常公正和比较公正的比例分别为19.8%、45.7%,比例合计为65.5%,而认为法律的公正性一般、不太公正和很不公正的比例分别为23.2%、9.8%、1.5%。在对法律维权作用的认知上,有61.2%的人表示法律完全可以或基本可以保障自己的权益,认为法律保障权益的作用一般的比例为24.7%,而明确认为法律不太能够和完全不能保护权益的比例分别为12.9%、1.2%(见表7-5)。

表 7-5　城郊农民的法律意识　(单位:%)

	非常公正	比较公正	一般	不太公正	很不公正	合计
您认为法律是公正的吗?	19.8 (130)	45.7 (300)	23.2 (152)	9.8 (64)	1.5 (10)	100.0 (656)
	完全可以	基本可以	一般	不太能够	完全不能	
您认为法律能保障您的权益吗?	17.7 (116)	43.5 (286)	24.7 (162)	12.9 (85)	1.2 (8)	100.0 (657)

(注:括号内为频数。)

进一步考察城郊农民采用法律途径保障自己合法权益的意愿,统计数据显示,表示非常愿意和比较愿意的比例分别为22.9%、34.3%,占比合计为57.2%,持不太愿意和很不愿意态度的比例分别为13.3%、1.4%,另有28.1%的人表现出的意愿一般(见表7-6、图7-5)。

表7-6 农民采用法律途径保障自己合法权益的意愿状况

	非常愿意	比较愿意	一般	不太愿意	很不愿意
频数	149	223	183	87	9
占比(%)	22.9	34.3	28.1	13.3	1.4

($N=651$)

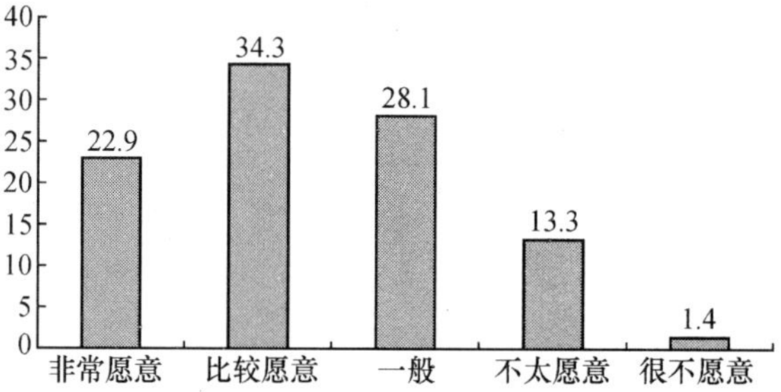

图7-5 城郊农民采用法律途径保障自己合法权益的意愿状况(单位:%)

总的来说,有65.5%的城郊农民相信法律是公正的,说明法律的公正性得到了基本的认可,但是并没有取得绝对性优势,另有61.2%的人相信法律可以保障自己的权益,体现出城郊农民较为信任法律的维权作用,不过表示愿意采用法律手段维护自己合法权益的比例为57.2%,这说明城郊农民的法律意识有待进一步提高,持态度一般的比例二成以上,显示了法律的作用和公正性也需要进一步提升。

4. *身份意识*

我们首先考察了城郊农民对自身生活水平和社会地位的历史认知,调查显示,与十年前相比,89.0%的城郊农民认为自己的生活水平提高了,认为没有变化、说不清和降低了的比例均非常少,比例分别为6.0%、1.9%和3.1%。在对社会地位的历史认知中,仅有50.3%的人认为自己的社会地位相比于十年前提高了,认为没有变化的比例达40.1%,表示说不清和降低了的比例分别占7.3%、2.3%(见表7-7、图7-6)。从直观上看,城郊农民认为自身社会地位提高的认知比例远低于对生活水平提高的认知比例,相差三十八点七个百分点,也说明了城郊农民社会地位的提高并没有与其生活水平的改进比例同步增长。

表 7-7 城郊农民对自家生活水平和社会地位与十年前的对比认知

		提高了	没有变化	说不清	降低了	合计
生活水平	频数	550	37	12	19	618
	占比(%)	89.0	6.0	1.9	3.1	100.0
社会地位	频数	310	247	45	14	616
	占比(%)	50.3	40.1	7.3	2.3	100.0

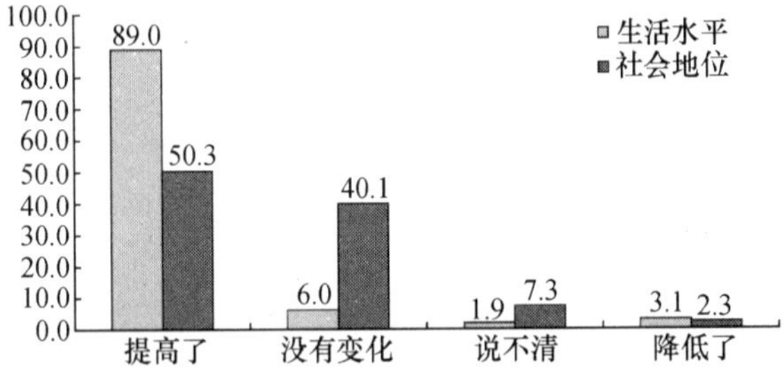

图 7-6 城郊农民对自家生活水平和社会地位的历史性比较认知(单位:%)

进一步对城郊农民的生活水平与社会地位的历史认知进行交叉分析,根据Pearson 卡方检验可知,对家庭生活水平具有不同历史认知的城郊农民对自身社会地位的评价上存在差异($p = 0.031 < 0.05$),认为与十年前相比生活水平降低了和没有变化的人倾向于认为自己的社会地位没有变化,认为自己的生活水平提高了的人中,有55.4%的人认为自己的社会地位提高了,有37.6%的人认为社会地位并没有什么变化(见表7-8)。

表 7-8 对生活水平持不同满意度的城郊农民对农民社会地位的认知 (单位:%)

生活水平	社会地位				合计
	提高了	没有变化	说不清	降低了	
提高了	55.4	37.6	5.7	1.3	100.0(548)
没有变化	2.7	81.1	8.1	8.1	100.0(37)
说不清	16.7	0.0	83.3	0.0	100.0(12)
降低了	15.8	57.9	5.2	21.1	100.0(19)

($N = 616$)

在对"您认为农民的社会地位高吗?"的回答中,我们发现,认为农民社会地位非常高和比较高的比例分别为5.5%、21.4%,占比最多的是对此持一般态度的人,为36.3%,认为比较低和很低的比例分别为28.9%和7.9%(见表7-9、图7-7)。

表 7-9 城郊农民对农民社会地位的认知

	非常高	比较高	一般	比较低	很低
频数	36	140	238	189	52
占比(%)	5.5	21.4	36.3	28.9	7.9

($N=655$)

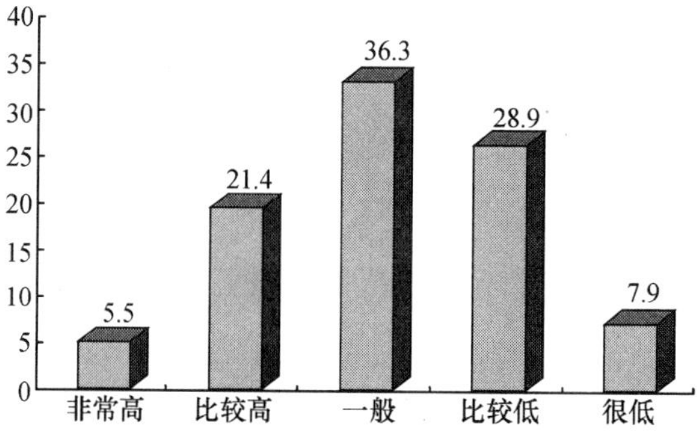

图 7-7 城郊农民对农民社会地位的认知(单位:%)

进一步分析城郊农民对家庭收入的满意度与对农民社会地位认知的关系,我们根据 Pearson 卡方检验发现两者存在显著差异($p=0.00<0.05$),如表 7-10 所示。对家庭经济收入不满意的城郊农民一般趋向于认为农民的社会地位较低,认为家庭收入一般的人有 48.5% 的人表示农民的社会地位一般,当农民对自己家庭的收入表示非常满意的时候,选择对农民社会地位有较高认同的比例为 51.7%,可以看出,随着城郊农民对自身家庭收入的满意度的提升,认同农民社会地位较高的比例也不断增加。

表 7-10 对家庭经济收入持不同满意度的城郊农民对农民社会地位的认知差异

(单位:%)

对家庭收入的满意度	对农民社会地位较高的认同					合计
	非常高	比较高	一般	比较低	很低	
很满意	8.3	51.7	16.6	16.7	6.7	100.0(60)
较满意	7.3	27.2	35.9	24.3	5.3	100.0(206)
一般	3.6	11.8	48.5	30.2	5.9	100.0(169)
不太满意	4.2	15.7	33.0	36.6	10.5	100.0(191)
很不满意	7.1	10.7	28.6	28.6	25.0	100.0(28)

($N=654$)

通过历史的对比考察和现实的认知,我们发现相比于十年前来说,绝对多数城郊农民认为自己的生活水平有了提高,但认为自己的社会地位相应提高了的比例仅占五成,认为没有什么变化的占四成,也即城郊农民对自身社会地位的认知并没有随着生活水平的较大改善而有显著性改观,卡方检验发现两者之间的高度相关性。从现实的考量来说,城郊农民中仅有26.9%的人认为农民具有较高的社会地位,显示了城郊农民对自身社会地位的认知程度很低,通过卡方检验,我们发现农民对家庭收入的满意度与对农民社会地位的认知上存在显著性差异,即随着城郊农民对自身家庭收入的满意度的提升,认同农民社会地位较高的比例也不断增加。这说明城郊农民由于处在城郊村的特殊地理位置,他们对城市和农村的差别有着更深的认识,从自身农民身份的角度来认知农民的社会地位很容易得出农民社会地位并不高的结论。不过对家庭收入和生活水平的不同感知与对农民身份的认识之间存在着显著相关性,也蕴含着提高农民社会身份认知的重要内容在于改善城郊农民的家庭经济状况。

5. 社区信任意识

城郊农民普遍认为周围的人值得信任,在有效的652份数据中,认为"很信任"和"较信任"的比例分别为16.4%和55.8%,认为"一般"的比例为21.3%,而表示"不太信任"和"很不信任"的比例合计仅为6.5%,从信任的比例为72.2%可以看出,城郊农民还是普遍信任社区邻里的。

进一步考察城郊农民在对题"遇到困难时,主要是谁帮助您家渡过难关?"的回答,我们发现,占比最高的是亲戚,为77.3%,认为主要是朋友、邻居和政府的比例分别为25.1%、15.0%和11.5%(见表7-11)。

表7-11 城郊农民认为帮助渡过困难的主要对象 (单位:%)

主要对象	亲戚	朋友	邻居	政府	其他
比例	77.3	25.1	15.0	11.5	2.3

(注:本题为多选题,所以累积百分比可能≥100.0%,在总的662份样本中,有效的样本数为608份,其余54份为缺失值。)

可见,城郊农民七成以上的社区信任主要是建立在传统的血缘关系网络基础上的,认为主要是政府帮助渡过困难的比例仅11.5%,说明虽然城郊农民在地域上更容易受到城市化的影响,但农民的社会认同仍然有着较高的对社区的信任,另一方面传统的互助网络并没有被破坏,仍然发挥着很强的社会功能。

6. 社会认同意识

我们对城郊农民的社会认同意识的考察主要分析的是城郊农民对贫富差距、社会治安和社会风气的认识。从对社会贫富差距的认识来看,有66.0%的城郊农民表示目前的贫富差距非常严重,表示不同意和非常不同意的比例仅 13.3%,说明城郊农民对社会经济状况有着较高程度的担忧。然而,城郊农民对社会治安和社会风气表示担心的比例很少,两者均没有超过 15.0%,对社会治安持不担心和有点担心的比例分别为 32.8% 和 25.9%,比例合计为 58.7%;对社会风气不担心和有点担心的比例分别为 28.1% 和 28.3%,比例合计为 56.4%,两者的比例相当(见表 7-12)。

表 7-12 城郊农民的社会认同意识 (单位:%)

	非常同意	比较同意	一般	不同意	非常不同意	合计
目前贫富差距非常严重	18.1 (118)	47.9 (313)	20.7 (135)	12.4 (81)	0.9 (6)	100.0 (653)
目前的社会治安让人担心	1.5 (10)	12.2 (80)	27.6 (181)	25.9 (170)	32.8 (215)	100.0 (656)
目前的社会风气让人担心	1.8 (12)	13.2 (86)	28.6 (186)	28.3 (184)	28.1 (183)	100.0 (651)

(注:括号内为样本频数。)

总的来说,城郊农民对社会经济状况表现出较高程度的担忧,但在社会治安和社会风气上,城郊农民表现出了一定程度的信心,不过态度一般占近三成的比例还是反映出了其在社会信任和认同意识上存在的不同程度的隐忧。

对城郊农民的政治意识的研究表明,第一,城郊农民对从中央、县、乡镇到村里的领导的知晓度呈一个"V"模型,即对中央和村级层次干部的了解度高,而对县乡领导人的了解度相对较低;第二,59.1% 的城郊农民知晓"村民自治",认为参与村庄管理有用的比例为 42.4%,考察城郊农民的受教育程度与这两者的关系均显示有相关性,即受伴随教育程度的提高的是城郊农民的民主权利意识的提高,但是城郊农民的学历水平以初中及以下为主则显示了城郊农民民主权利意识上的不足;第三,有 65.5% 的城郊农民相信法律是公正的,而相信法律能保障自己权益的比例为 61.2%,说明法律的公正性得到城郊农民的基本认可,但并没有取得压倒性的优势,愿意采用法律手段维护自己权益的比例相对略少,为 57.2%;第四,从历史的角度来说,城郊农民普遍认为自身的生活水平有了提高,但社会地位并没有与此相应地提升,从现实评价来说,仅有 26.9% 的城郊农民认同农民具有较高的社会地位,但随着城郊农民对自身家庭收入的满意度的提升,认同农民社会地位较高的比例也不断增加;第五,城郊农民对社区生活有着较高的信任意识,这表现在对传统组织网络功能的肯定;第六,有 66.0% 的城郊农民认为目前的贫富差距非常严重，社会经济差异不容乐观，但在社会治安和社会风气上则表现出了一定的信心，不过总体来说城郊农民的社会认同意识呈现出不同程度的隐忧。

（三）城郊农民的政治参与状况

我们对城郊农民政治参与状况的研究，主要从城郊农民对政治信息的获取方式、对村民自治的参与状况、社会交往状况及利益表达和整治行动方式选择等角度展开分析。

1. 获取政治信息的方式

我们主要从对不同政治层次的信息的获取入手进行分析，统计数据显示，89.0%的城郊农民主要是通过广播电视了解国家大事的，其他方式，如报纸杂志、与他人闲聊和村干部传达等方式所占的比例分别为18.9%、25.8%和12.2%（见表7-13、图7-8）。

表7-13　城郊农民了解国家大事的信息获取方式　（单位：%）

方式	广播电视	报纸杂志	与他人闲聊	村干部传达	其他
占比	89.0	18.9	25.8	12.2	1.8

（$N=633$，注：本题为多选题，所以累计百分比可能≥100.0%。）

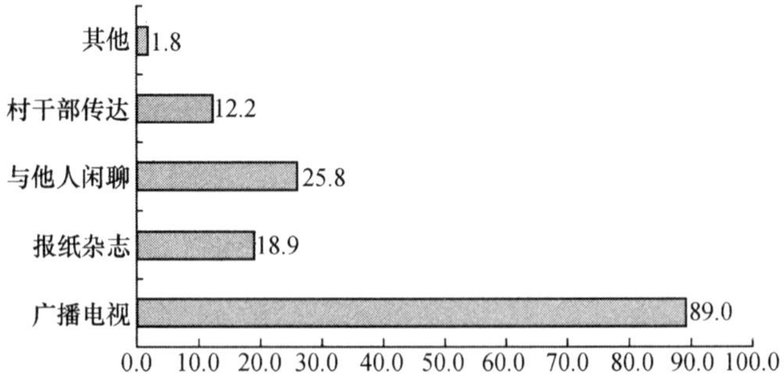

图7-8　城郊农民了解国家大事的信息获取方式（单位：%）

城郊农民对村里和乡镇重大事情消息的获取，通过村民转述的方式所占的比例最高，分别为58.6%和59.8%。此外，对于村里重大事情的消息，通过广播、村民大会、宣传栏和村务公开栏公开获取的比例分别占比22.1%、27.6%、15.9%和17.5%，乡镇重大事情的消息通过村民大会、广播、村务公开栏公开和宣传栏，比例分别为22.5%、16.8%、15.3%和13.7%（见图7-9）。

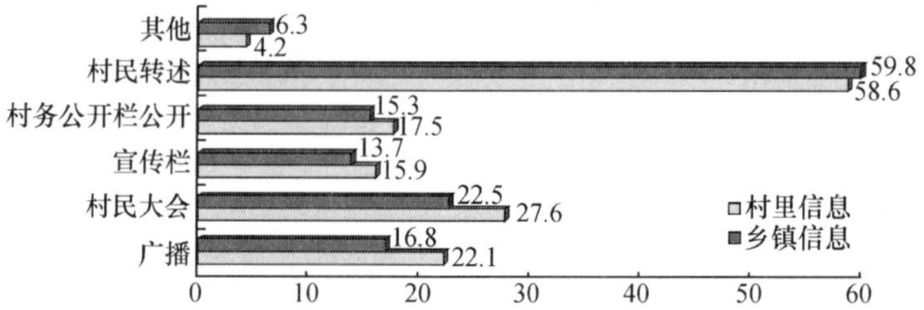

图7-9　城郊农民了解乡镇和村里信息的方式比较(单位:%)

可见,城郊农民对不同政治层次的信息的获取方式呈现出一定程度的差异,了解国家大事主要是通过广播电视方式,占比85.0%,对乡镇和村里的重要事情,主要通过村民转述知晓,占比分别为59.8%和58.6。这种差异在于,相比于村里和乡镇的地理区域,城郊农民离国家的距离最远,农民只能利用广播电视等现代信息技术了解,而村里和乡镇与村民一般不会有很远的距离,通过习惯性的口头相传就能够实现信息的通达。不过应该注意的是通过广播电视信息技术一般不会产生信息的阻滞和失真,而通过口头相传容易产生信息的遗漏,这点应该引起重视。

2. 参与村民自治的状况

在农村实行的村民自治制度包含民主选举、民主决策、民主管理和民主监督四个方面,对城郊农民的村庄选举、决策、管理和监督方面参与状况的考察能够反映城郊农民行使民主权利的状况,也能够评估出村民自治制度在城郊村的实施情况(见图7-10)。

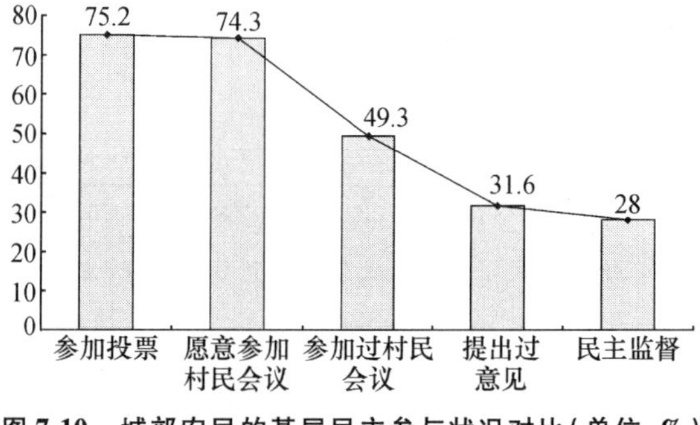

图7-10　城郊农民的基层民主参与状况对比(单位:%)

询问农民"您是否参加了上一届村民委员会选举投票"的回答,根据有效的658份样本数据,有495人明确表示参加了投票,占比为75.2%。虽然较高的参与比例体现了民主选举的整体状况，但从村庄政治管理者是直接管理村庄事务而涉及每一个村民的利益来看，城郊农民的这种参与投票的比例远没有达到村民自治的民主要求。

根据对 568 位城郊农民“是否愿意参加村民会议”的询问，数据显示，422 人明确表示愿意，占比 74.3%，进一步考察城郊农民“是否参加了 2010 年召开的村民会议”，有 8.4% 的人表示在 2010 年村里没有召开过村民会议，49.3% 的人表示参加了，认为没有参加的比例为 42.3%。从参与意愿和实际的参与状况的对比来看，相差二十五个百分点，说明了城郊农民的参与村民会议的意愿和实践之间出现了断裂。对参加过 2010 年村民会议的城郊农民进一步考察其在村民会议上是否提出过意见，168 人持肯定的态度，占比 31.6%。这说明城郊农民参与基层民主管理的比例非常之小。

考察城郊农民对村庄的村务、财务和政务的监督表明，在有效的 636 份样本中，57 人明确表示村务、财务和政务从来没有公开过，占比 9.0%，表示有进行过监督的占比 28.0%，说明城郊农民的民主监督参与明显不够。

如果对城郊农民参与村庄事务进行历史性考察，通过询问“与十年前相比，你参与村庄事务是否发生了变化”，我们发现 45.2% 的人认为更多了，表示没有变化的比例为 40.1%，认为更少或说不清的比例相当（见表 7-14）。

表 7-14　与十年前相比，城郊农民参与村庄事务的变化　（单位：%）

	更多	更少	没有变化	说不清	合计
参与村庄事务	45.2 （275）	7.4 （45）	40.1 （244）	7.3 （44）	100.0 （608）

（注：括号内为频数。）

总的来说，首先，城郊农民认为相比于十年前对村庄事务的参与，表示更多了的比例仅为 45.2%，表示没有变化的比例也高达四成，说明城郊农民对村庄事务的参与并没有随着时间的推移而表现出非常明显的提升。另外，从城郊农民对四个民主的参与状况来看，对民主选举的参与相对走在最前列，但是比例仍然没有达到村民自治的要求，参加村民会议的较高意愿，并没有转化为较高的参与实践，提出意见以参与民主决策的比例更低，对村务、政务和财务进行监督的比例尚没有达到三成。可见，虽然城郊农民更容易受到现代民主意识的感染，但是其对基层民主参与的不足预示着村民自治制度效力的低下。

3. 城郊农民的社会交往状况

考察城郊农民的社会交往状况，我们主要关注的是交往的人群特征和区域特征。根据城郊农民对“您平时打交道较多的是?”的回答,数据显示,62.9%的城郊农民打交道最多的是邻居,亲戚、朋友的比例分别为13.3%、21.8%,其他的比例极低,为2.0%(见表7-15、图7-11)。

表7-15 城郊农民的交往人群特征 (单位:%)

	邻居	朋友	亲戚	其他	合计
平时打交道最多的人	62.9	13.3	21.8	2.0	100.0(655)

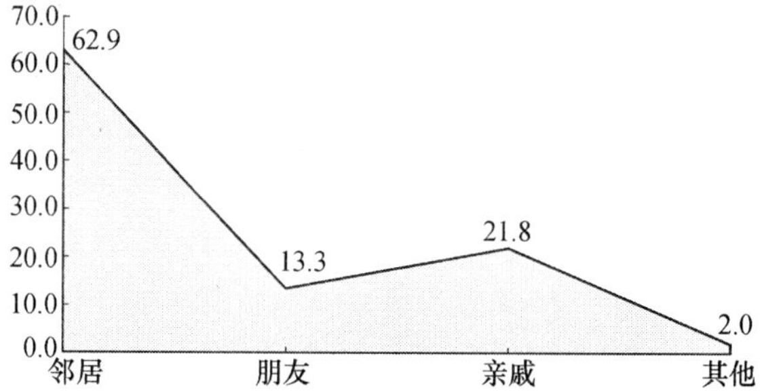

图7-11 城郊农民的交往人群特征(单位:%)

分析城郊农民的交往区域特征,我们发现,城郊农民表示去的最多的是县里,占比40.9%,到乡镇上去的比例略低,为38.3%,到市里、省里和省外的比例分别为16.3%、0.9%和3.6%,如表7-16和图7-12所示。这显示出城郊农民的交往活动区域以乡镇和县为主,两者的比例合计为79.2%,另外,去市里也较多。

表7-16 城郊农民的交往区域特征 (单位:%)

	镇上/乡里	县里	市里	省里	省外	合计
去的最多的区域	38.3	40.9	16.3	0.9	3.6	100.0(645)

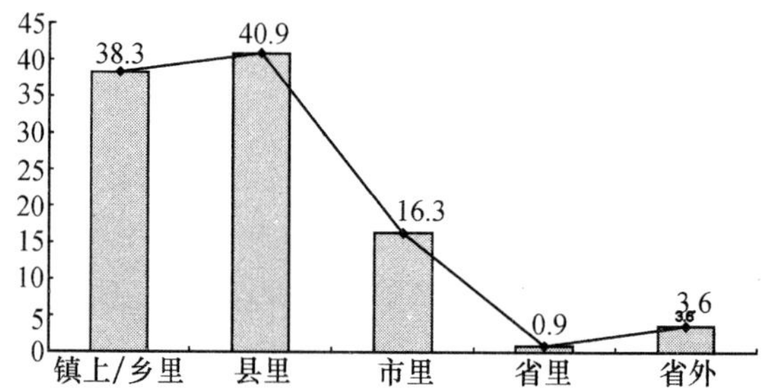

图7-12 城郊农民的交往区域特征(单位:%)

总的来说，城郊农民的社会交往状况呈现出交往对象上的以邻居为主，占比62.9%，交往的区域范围以乡镇和县为主，占比79.2%。

4. 利益诉求对象和政治行动方式选择

首先，我们考察了城郊农民在需要帮助时的诉求对象选择，排在前三位的分别是亲戚、邻居和朋友，占比分别为73.6%、46.3%和34.5%，而诉诸政府的比例仅6.2%，远远低于对亲戚、邻居和朋友的诉求比例，如表7-17和图7-13所示。

表7-17　城郊农民需要帮助时的诉求对象选择　（单位：%）

	邻居	亲戚	朋友	政府	其他
需要帮助时的诉求对象	46.3	73.6	34.5	6.2	1.9

（注：本题为多选题，所以累积百分比可能≥100.0%。）

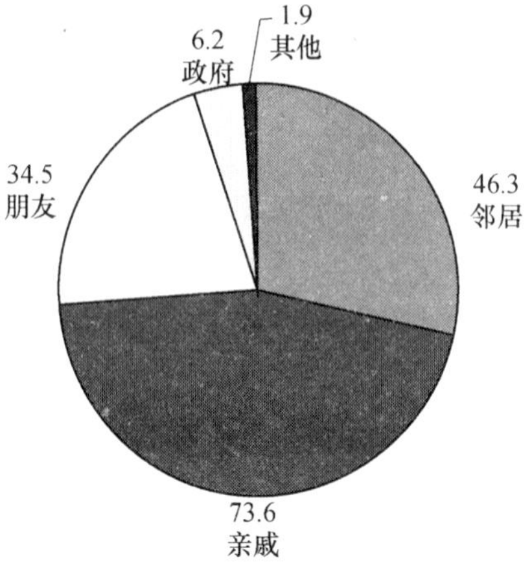

图7-13　城郊农民需要帮助时的诉求对象选择（单位：%）

城郊农民所在的城郊村因与城市的特殊地理区位联系，在城市的扩展和地方经济的发展中，城郊农民往往面临着土地被征用、村庄被吞并的风险，我们将以征地拆迁中农民的政治反应和近年来发生在城郊村的一些征地拆迁事件来说明城郊农民的利益表达和政治行动方式的选择。

根据对若征地情况发生时，城郊农民所采取的解决方式选择，排在前三位的分别是与征地方沟通、默默忍受和上访，比例分别为40.0%、36.1%和15.7%，其他占比相对较大的方式选择为打官司、找熟人和暴力对抗，分别为7.4%、5.7%和5.2%。当遇到拆迁发生时，城郊农民的行动方式选择中，排在前三位的也分别是与拆迁方沟通、默默忍受和上访，占比分别为36.6%、34.8%和15.2%，打官司的比例为10.4%,其他的选择相对较低。可见,在发生征地拆迁事件时,城郊农民所采取的解决方式主要有与征地拆迁方沟通、默默忍受,这两者的比例相对较大,上访也占有一定的比例,选择通过法律方式解决的比例较低,并没有成为城郊农民的主体性选择,说明城郊农民的法律维权意识亦有待提升。采取沟通的方式所占比例最大,体现了城郊农民相对理性的行为取向,不过,默默忍受的高比例却体现了城郊农民对自身权益维护上的不足,上访的一定比例也应该引起重视。

可见,当城郊农民需要寻求帮助,一般会有73.6%的人找亲戚,找邻居和朋友的比例分别为46.3%和34.5%,诉诸政府的比例很低;当遇到征地、拆迁之类的事情时,城郊农民的选择主要是与征地拆迁方沟通、默默忍受,这两者的比例相对较大,上访也占有一定的比例,但选择通过法律方式解决的选择比例较低。总体来说,城郊农民的利益表达和行动方式相对理性,但当合法权益无法得到很好的满足时,其政治行动方式会趋向于极端,这需要引起高度重视。

通过对城郊农民政治参与状况的分析,我们发现:第一,城郊农民对政治信息的获取呈现出层次性差异,占比89.0%的人对国家大事的了解倾向于通过广播电视方式,对村庄和乡镇的重大事情通过村民转述获得信息的比例则相对较大;第二,城郊农民对村庄事务的参与并没有呈现出历史性的明显提升,仅有45.2%的人认为自己参与村庄事务相比于十年前更多了,而对四个民主的参与实践也显现不同程度的缺陷,村民自治的效力较为低下;第三,城郊农民的社会交往对象以邻居为主,交往的区域范围主要是县乡,比例分别为62.9%和79.2%;第四,城郊农民在寻求帮助时一般趋向于找亲戚、邻居和朋友,遇到征地拆迁等时,他们的利益维护方式以沟通和默默忍受为主,上访也占有一定的比例,不过选择通过法律方式解决的比例极低。

(四)城郊农民的政治评价和认同状况

我们主要从对中央政策和国家发展、对地方干部和腐败、对村民自治及对社会信任和未来预期的评价认同中来建构城郊农民的政治评价体系。

1. 对国家发展和农村政策的评价

从城郊农民对国家发展的信心度来看,表示很有信心和较有信心的比例分别为37.7%和42.5%,合计为80.2%,持一般态度所占的比例为18.6%,另外,仅1.2%的人表示信心不大或没有信心。在对惠农政策的评价上,认为比较好和非常好的比例分别占到52.5%和26.8%,合计79.3%的比例说明了城郊农民对国家的惠农政策的评价很高(见表7-18)。

表 7-18　城郊农民对国家的认同和对惠农政策的评价

国家发展	很有信心	较有信心	一般	信心不大	没有信心	合计
频数	249	281	123	5	3	661
占比(%)	37.7	42.5	18.6	0.7	0.5	100.0
惠农政策	非常好	比较好	一般	不太好	很不好	合计
频数	176	345	115	21	0	657
占比(%)	26.8	52.5	17.5	3.2	0.0	100.0

进一步考察惠农政策的最大实惠显示,占比 49.5% 的城郊农民认为惠农政策的最大实惠是收入增加,认为最大效果是环境改善、生产提高和生活安稳的比例分别为 14.9%、7.3% 和 24.2%(见表 7-19)。

表 7-19　城郊农民对惠农政策的最大效果的评价　(单位:%)

	收入增加	环境改善	生产提高	生活安稳	其他	合计
惠农政策的最大实惠	49.5	14.9	7.3	24.2	4.1	100.0(631)

简而言之,有 80.2% 的城郊农民对国家的发展有信心,认为国家的惠农政策好的比例与此相当,为 79.3%,这种对国家惠农政策和发展的较高评价体现出城郊农民有着对国家的信心,在对惠农政策的效果评价上,认为其最大实惠在于收入的增加,生活安稳所占的比重也较大。

2. 对地方干部和腐败的评价

首先,在对地方干部工作的评价上,我们考察的地方干部为县乡和村庄干部两个层面,数据显示,城郊农民对县乡干部表示满意的比例为 40.4%,评价一般的比例与此相当,为 40.5%,表示不满意的比例相对很少,不到两成;在对村庄干部工作的评价上,表示满意的比例为 50.2%,持一般态度的比例为 31.4%,如表 7-20 和图 7-14 所示。

表 7-20　城郊农民对地方干部工作的认同　(单位:%)

	非常满意	比较满意	一般	不太满意	很不满意	合计
县乡干部	7.5 (49)	32.9 (216)	40.5 (266)	17.4 (114)	1.7 (11)	100.0 (656)
村庄干部	11.8 (78)	38.4 (253)	31.4 (207)	16.1 (106)	2.3 (15)	100.0 (659)

(注:括号内为频数。)

从对地方干部的评价来看,对村庄干部的满意度要高于对县乡干部的满意度约

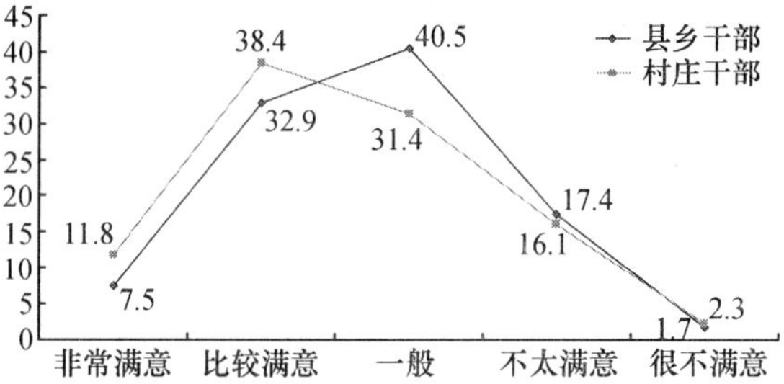

图 7-14　城郊农民对地方干部的认同评价(单位:%)

十个百分点,不过与对国家的信心和认同度来说,这两者的比例都是相对较低的。

考察城郊农民对腐败的评价,我们发现,认为当前腐败非常严重和比较严重的比例分别为30.3%和23.9%,认为腐败问题完全没有和不太普遍的比例较低,分别为1.1%和16.3%,对此态度一般的比例为28.4%,如表7-21和图7-15所示。城郊农民对腐败的评价比例超过五成,说明腐败已经成为影响社会的重要隐患,尤其是认为腐败非常严重的比例达三成更说明了腐败已经成为影响城郊农民对政治发展信心的重要内容。

表 7-21　城郊农民对腐败的评价

	完全没有	不太普遍	一般	比较严重	非常严重	合计
频数	7	107	187	157	199	657
占比(%)	1.1	16.3	28.4	23.9	30.3	100.0

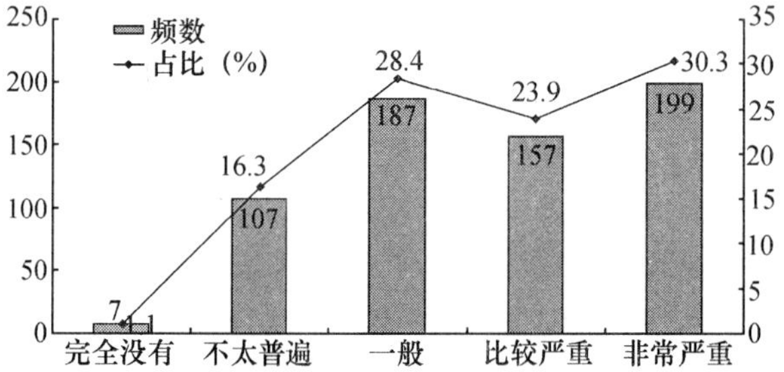

图 7-15　城郊农民对腐败的评价(单位:%)

总的来说,城郊农民对地方干部的评价均不是很高,不过也呈现出对村庄干部的评价高于对县乡干部的认同,这种评价不高与对腐败的评价有着紧密的关系。城郊农民认为腐败较为严重、非常严重的比例高达三成更说明了腐败问题的社会危害,这充分说明了地方治理中所蕴含着的风险性因素。

3. 对村民自治的评价

在对城郊农民民主意识和民主参与行为进行考察后,我们进一步考察城郊农民对村民自治的评价。我们询问了城郊农民对村民自治发挥的作用的评价,数据显示,认为村民自治的作用很大和较大的比例分别为9.7%和25.0%,认为一般的比例为37.7%,表示作用不大和没有作用的比例分别为21.9%和5.7%,如表7-22和图7-16所示。

表7-22　城郊农民对村民自治发挥的作用的评价

	作用很大	作用较大	一般	作用不大	没有作用	合计
频数	63	162	245	142	37	649
占比(%)	9.7	25.0	37.7	21.9	5.7	100.0

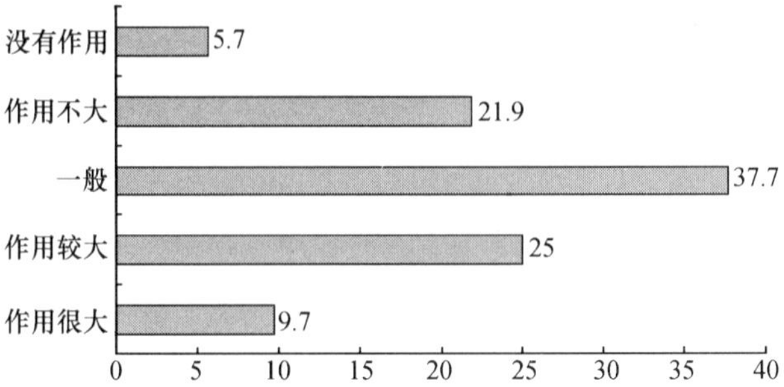

图7-16　城郊农民对村民自治发挥的作用的评价(单位:%)

当前,民主选举走在四个民主的前列,也是基层民主的先行者,我们询问了城郊农民对最近一届的村委会选举的看法,数据表明,认为非常好和比较好的所占比例分别为10.2%和33.6%,认为一般的比例较大,为38.2%,认为不太好和很不好的比例分别为13.7%和4.3%,相对较少,如表7-23和图7-17所示。

表7-23　城郊农民对最近一届村委会选举的评价

	非常好	比较好	一般	不太好	很不好	合计
频数	67	221	251	90	28	657
占比(%)	10.2	33.6	38.2	13.7	4.3	100.0

从城郊农民对村民自治和民主选举的评价来看,仅有34.7%的人表示村民自治发挥了作用,尚不及认为村民自治作用一般的比例,对上一届村委会选举的评价,评价较高的比例为43.8%,一般的比例为38.2%。可见,在城郊农民的眼

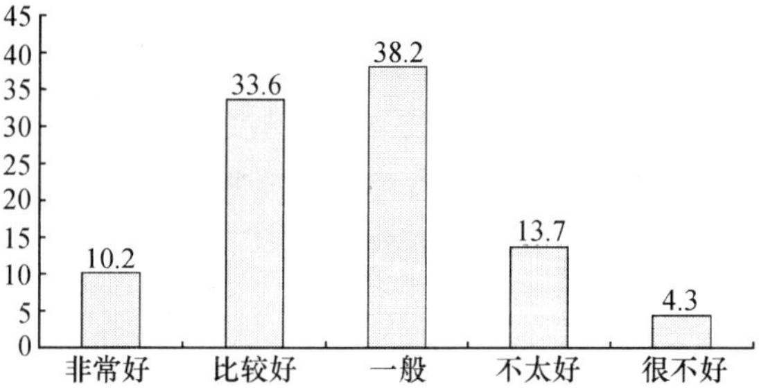

图7-17　城郊农民对最近一届村委会选举的评价(单位:%)

中,基层民主发挥的作用不大,也说明基层民主治理中的风险还有待克服。

4. 对社会状况和未来预期的评价

考察城郊农民的社会评价状况,我们使用的是贫富差距的这个变量指标。根据城郊农民对“近5年来我国的贫富差距在扩大”和“未来5年我国的贫富差距将缩小”两个问题的认同评价,我们发现共有占比79.3%的城郊农民认为近5年来我国的贫富差距在扩大,持说不清、不赞同的比例分别为15.1%、5.6%。不过,认为未来5年我国的贫富差距将缩小的比例仅为19.2%,占比47.4%的人表示对此说不清楚,另有27.7%和5.7%的人分别表示不太赞同和非常不赞同,如表7-24和图7-18所示。

表7-24　城郊农民对贫富差距的社会评价　　(单位:%)

	非常赞同	比较赞同	说不清	不太赞同	完全不赞同	合计
近5年来我国的贫富差距在扩大	27.2 (167)	52.1 (320)	15.1 (93)	4.6 (28)	1.0 (6)	100.0 (614)
未来5年我国的贫富差距将缩小	3.6 (22)	15.6 (96)	47.4 (292)	27.7 (171)	5.7 (35)	100.0 (616)

(注:括号内为频数。)

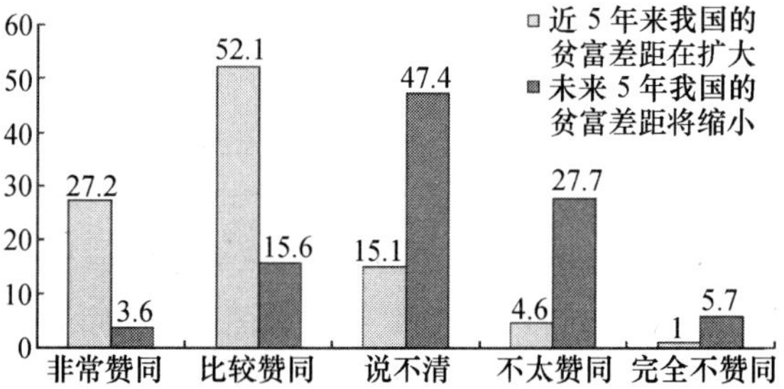

图7-18　城郊农民对贫富差距的社会评价(单位:%)

对于城郊农民的未来社会预期,我们测量了城郊农民对两个问题的回答,一个是社会保障,另一个是法治。根据城郊农民对将来能不能看得起病的担心情况来看,表示非常担心、比较担心、一般、有点担心和不担心的比例分别为11.6%、17.2%、16.3%、36.0%和18.9%(见图7-19),表示不担心的比例仅18.9%,说明城郊农民对未来的社会保障制度的发展还是有一定的疑虑的。

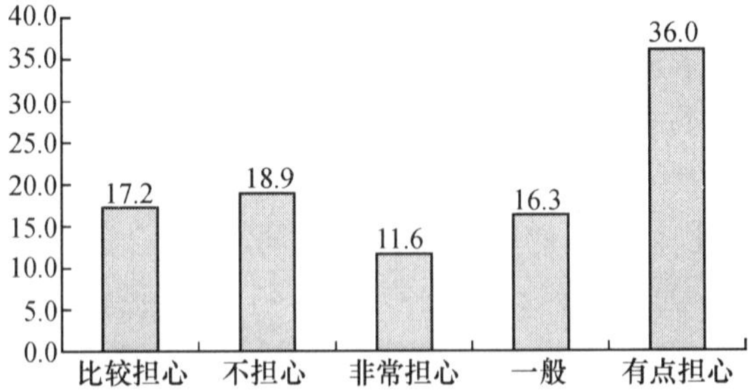

图7-19 城郊农民对未来能否看得起病的担心程度(单位:%)

在对未来建成法治社会的信心上,表示很有信心和较有信心的比例分别为23.7%和41.5%,合计为65.2%,表示信心一般、信心不大和没有信心的比例分别为27.6%、6.0%和1.2%,如图7-20所示,可见城郊农民还是对法治社会的建成较有信心。

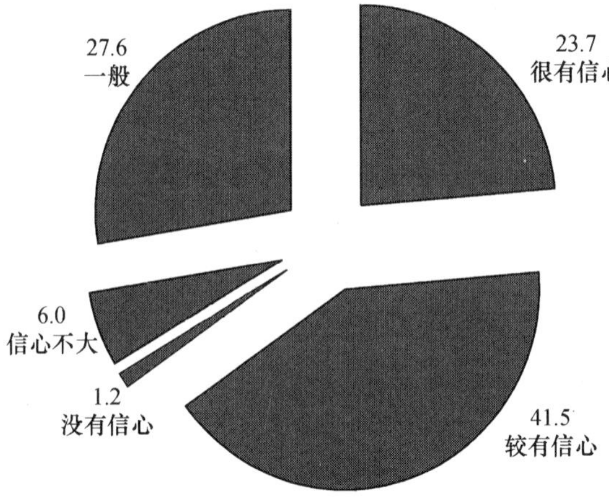

图7-20 城郊农民对未来建成法治社会的信心评价(单位:%)

总的来说,城郊农民对前后贫富差距的评价显示了社会认同上的困境,有79.3%的城郊农民认为近5年来我国的贫富差距在扩大,但仅有19.2%的人认为未来五年我国的贫富差距将会缩小,这两者的差异对比显示了城郊农民对社会状况的评价水平不高。考察城郊农民的社会未来预期可以发现,其对未来的社会保障水平的完善持有疑虑,仅18.9%的人表示不担心,在对未来法治建设的预期上,城郊农民显示了较为基本的信任。

对城郊农民政治评价和认同的分析,我们可以归结出如下一般性特点:第一,城郊农民对国家的发展和惠农政策有着高位的认同,比例分别为80.2%和79.3%,而且认为惠农政策的最大效果在于收入的增加,生活安稳占的比重也较大;第二,城郊农民对村庄干部的评价高于对县乡干部的认同,但比例均不高,同时,城郊农民对腐败严重的较高评价蕴含着地方治理的风险;第三,对于村民自治发挥的作用仅为占比34.7%的城郊农民所认同,村委会选举虽然走在基层民主的前列,但城郊农民对此评价较高的比例也仅43.8%,说明城郊村的民主治理有待进一步改善;第四,城郊农民对社会贫富差距的评价上存在很大风险,这缘于79.3%的人认为近五年来的贫富差距在扩大,但是仅有19.2%的人认为未来五年的贫富差距将缩小,而且城郊农民对未来社会保障的完善存在疑虑,不过对建成法治社会较有信心。

四、总结与建议

城郊农民是典型的"过渡人",他们是处在乡村向城市过渡的中间地带,也正是这种亦城亦乡、非城非农的特性使得城郊农民在城乡的二元体制结构中处于被边缘的弱势者地位,传统农村社会的特性已经为现代化所动摇,但现代性并未在他们中间取得显著性地位。随着城市化的推进和社会经济的发展,他们普遍面临着向城市人身份的转换和社会政治经济条件改变的局面,这是城郊农民政治属性和处境上所表现出来的特点和风险。对其政治意识、政治参与和政治评价的实证研究表明,第一,城郊农民对中央、县、乡镇和村里的认知呈现"V"模型,即对中央和村里的政治了解度远远高于对县乡的了解度,与此相对应的是对国家发展和惠农政策有着高位的认同,但对地方干部的评价普遍不高;第二,城郊农民的民主权利意识不足,仅有59.1%的人知晓"村民自治",认为参与村庄管理有用的比例仅42.4%,在实际的参与上,村民自治在城郊村的实践效力较为低下;第三,城郊农民对法律有着较高的认同,但是采用法律来维护自己合法权益的意愿和行为较为有限,而更期望通过协商沟通来解决,或者选择默默忍受,不过对法治社会的建设表现出了较为基本的信任;第四,仅有26.9%的城郊农民认同农民具有较高的社会地位,历史的考察也没有显示出其社会地位有较大程度的改善,在对社会状况的评价上,认为贫富差距非常严峻,即便如此,对社会治安和风气表现出了一定的信心,城郊农民对自身社区的认同度还是相当高的,这缘于传统组织网络功能的存在。

通过对城郊农民政治发展状况的全面考察,我们总结出了其在政治发展上所表现出的一般性特点和主要问题,通过实证分析,我们进一步认为,城郊农民的处境面临着城市和乡村的双重边缘化危险,其市民化的推进透露着艰难;虽然城郊农民的地理环境使其很容易受到现代因素的冲击,但其民主意识、法律意识、身份认知、社区和社会认同意识上还是呈现出不同程度的风险;对基层民主的参与尚显不足,利益表达机制上不畅通,由于征地拆迁引发的暴力对抗事件在城郊地区屡次上演;政治评价上对中央和国家政策有很高的认同,但隐忧仍然存在,表现在对基层民主的作用评价不高、对社会贫富差距和腐败有较大的担忧。

下面我们将针对问题提出相应的政策建议,以更好地维护城郊农民的合法权益,这对于促进城郊村治理中的民主和谐发展、维护基层社会的稳定和更有效地推进城市化的发展具有重要的政治社会意义。根据以上的研究分析,我们主要提出以下几条建议:

消除社会偏见,推动城郊农民的市民化进程。长期以来,中国城乡之间的二元结构使得城市人和农村人之间的心理、社会差距不断拉大,城市人有着对农村人的天然优越感,而农村人也有着期待成为城市人的期望,城郊农民却处在城市和农村的中间点上。虽然他们身为农民,但是对农民社会地位的评价普遍不高,而且随着城市的扩展和社会经济的发展,城郊村面临着被城市所吞并的命运,城郊农民也面临着身份向市民迈进的步伐,但这种步伐的迈进有着心理和现实的局限因素,城市人的歧见和农村的隔离使得他们的身份转换面临着挑战。那么,在推进城郊村改造中应该更多地从农民就业的角度安排好城郊农民的就业出路,消除其社会挫折感,还要通过社区改造培养城郊农民的现代意识和城市文明,并建立起新的对社会和城市生活的认知,避免让其成为危害城市社会发展和稳定的催化剂。

继续深入支农惠农政策,加强对政策执行的监督和腐败的预防。当前,城郊农民有着对国家发展和农村政策的较高评价,这与近几年来国家对农村的强有力的支农惠农政策有着密切的关系。这种农民与国家之间的良性关系需要进一步维系,首先就需要国家继续完善对农村的支农惠农政策体系,如建立健全农村社会保障体系、完善土地制度等。另外,国家政策要作用于民众需要各级政府的政策执行力,城郊农民对地方政府和干部信任度远远比不上对国家的认同,这将影响政策的整体效力,需要一方面继续推进政府公共服务职能的深入,推进政府行政管理体制改革,另一方面加强对政策执行的监督和管理,建立和完善社会监督管理机制,从政策过程和源头上加强对腐败的预防和治理,以此重新建构起城郊农民对国家和地方政府的较高的信任度。

推进基层民主的深化,充分调动农民的民主参与热情。城郊村在改造之前实行的是村民自治制度,但调查显示,城郊农民对村民自治的认知、参与和评价水平都不是很高。不过城郊村的发展需要充分发挥出城郊农民的民主热情,即使城郊村已经改造完成,也需要继续推进基层民主的深化。首先要继续推进基层民主的法律体系建设,理顺农民与村委会组织的关系,着重从社会公共服务的角度调动农民的积极性和参与热情;第二,要完成村委会组织和农村干部角色的转变,更多地向公共服务和社会管理的角色迈进,进而克服统治和强制成分的延续;第三,充分调动农民的积极性,从参与和监督上推进村民自治向更深一层发展。

提高城郊农民的法律意识,维护法律的公正和权威。城郊农民的法律意识相对较高,但其对法律的公正性和作用的认知尚存在不足,而且采用法律途径维护自己合法权益的比例也较小,这与法律在实际生活中并没有有效发挥其维护社会公正的作用密切相关。法律是维护社会公正的准绳,但由于法律体系的不健全和执法中的不力,生活中人情大于国法、权大于法的现象还存在,要想充分发挥法律的权威性作用,就必须从完善法律体系着手,严格执法过程,加强对执法人员的法律培训,杜绝职务行为的任意性,同时保证司法机构独立办案,从过程的公正保证法律的信度。同时,要提高城郊农民的法律意识,就必须改善传统的普法宣传策略,综合运用司法实践、法律中介服务机构的作用,使城郊农民知法、懂法和会用法,提升法律在其维权中的地位和作用。

构建合理多元的利益表达机制,将城郊农民的利益表达纳入制度框架内。城郊农民往往因失地而成为城市化进程中的弱势群体,当前城郊农民在维护自己合法权益上的利益表达机制尚不畅通。协商沟通和默默忍受成为城郊农民维权的主体方式选择,但往往因协商沟通的不力而产生暴力性对抗事件,尤其是最近几年随着城市化的加速发展而更加突出。那么要维护城郊地区的稳定,更好地维护城郊农民的合法权益,就应该构建合理多元的利益表达机制。这就需要地方政府更好地践行“以人为本”的理念,改变传统的管理思路,维护农民的合法利益表达,尊重农民的利益表达权利,通过制度化的方式建立起利益协调的机制,将各种不同层次的利益表达纳入制度化范围内。

推动社会管理改革,缩小贫富差距和城乡差距。城郊农民对自身及农民社会地位的评价不高,从与十年前相比和对当下的认知都呈现这种状况。另外,贫富差距也为城郊农民所担忧,并认为未来五年内贫富差距并没有缩小的趋势,这显示出城郊农民在身份意识和社会认同上呈现出一定程度的风险。那么,要消解这种社会风险,就需要从推进社会管理改革的角度,着力于缩减贫富差距和城乡差距。具体来说要推进城郊农民的市民化转变,这种转变是以保障他们在城市有稳定的就业、有稳定的收入、有相对固定的住房,同时还要保障他们与其他市民没有任何差别的社会保障和政治权利,而不会沦为城市新的贫民;第二是要以“以人为本”为核心理念,推进落后城郊村的新村改造,也即建设具有现代服务功能的新村,让城郊农民享受现代文明;第三,要推进社会分配体制的改革,更加注重再分配体制的公平,弱化城郊农民的社会不公平感。

第八章　老年农民政治发展状况

什么是老年农民？顾名思义，老年农民概念和两个名词有关联：即农村和老年人。农村是一个相对于城市的称谓，指农业区，有集镇、村落，以农业产业为主，包括各种农场、林场、园艺和蔬菜生产等，人口呈散落居住，是以从事农业生产为主的农业人口居住的地区，是同城市相对应的区域，具有特定的自然景观和社会经济条件，也叫乡村。对于"老年人"这一概念，一方面，从人口学家的定义来考察其内涵，当前国内外主要有四种观点：根据年代年龄，也就是出生年龄来界定老年人。西方国家把45—64岁称为初老期，65—89岁称为老年期，90岁以上称为老寿期。根据我国的实际情况，规定45—59岁为初老期，60—79岁为老年期，80岁以上为长寿期。根据生理年龄，也就是以个体细胞、组织、器官、系统的生理状态、生理功能以及反映这些状态和功能的生理指标确定的个体年龄，因而生理年龄在60岁以上的人被认为是老年人。根据社会年龄，即根据一个人在与其他人交往的角色作用来确定的个体年龄，也就是说一个人的社会地位越高，发挥的作用越大，社会年龄就越成熟。另一方面，从政策的层面来考量，世界卫生组织对老年人的定义为60周岁以上的人群，西方一些发达国家则认为65岁是分界点。我国历来称60岁为"花甲"，并规定这一年龄为退休年龄。为了保证研究资料的确定性和客观性，本文将年龄在60岁以上的人界定为老年人。通过这种限定，本文中的老年农民指生活在农村，以农业生产为主要收入来源的60岁以上的人。

"老年农民的政治发展状况"报告对于老年农民的研究主要从三个层面展开：第一层面，对既有的关于老年人政治的研究进行简要的总结，并阐明报告所使用的研究方法和研究价值；第二层面，在对老年农民政治发展状况做出基本的假设的基础上设定研究的相关问题，继而通过全方位、多层面的描述和交叉分析总结出老年农民政治发展状况的一般特征；第三层面，对老年农民的政治发展状况进行总结性概括，找到存在的问题及风险并给予政策性建议。

一、理论探讨与研究基础

国外学者对于老年人的研究多从其参与社会这个问题给予关注,研究的领域从老年人的经济参与逐步拓展到老年人参与社区活动、志愿者活动等方面,并且一些学者的研究已经体现了生命全程的观点。塞尔比和谢克特对美国在开发和利用老年人力资源方面做了介绍,提出20世纪80年代的美国就已经把老年人看成是一种十分重要的社会生产资源,通过成人教育、再培训和康复医疗等方式来发展老年人力资源,并且把上述活动看成是对老年人的一种投资。① 美国学者霍曼、基亚克等学者则对老年人参与社区活动给予了关注,认为积极参与社区和利益团体活动,能使老年人感到在其日趋狭窄的社会生活范围中仍能发挥作用。这利于老年人保持与社会的一体化,抵消在角色和他人交往方面的损失,更是衡量老年人幸福指数的重要因素之一。② 以角色理论研究老年人为代表的学者有布劳以及上野千鹤子。布劳的角色理论指出,从中年开始个人就要准备扮演新的有意义的角色,借以抵消或缓和老年期必然面对的"角色退出";同时还认为不管社会参与的程度如何,只要有参与都会对在原来的主要角色退出后维持以前的活力和意识产生十分重要的作用。③ 上野千鹤子指出,老年人应该多参加老龄组织和老年团体所举行的各种活动,日本女人从35岁就应该做好老年的准备。④ 美国活动理论学家阿诺德·古林提出积极老年化理论,认为所有人包括老年人都应该把社会活动作为自己活动的基础。参与社会活动的机会对于实现老年人经济需求、健康需求、心理需求、社会参与需求有着重要作用。老年人参与社会不仅是老年人的期望,更符合社会的经济需求,他们应该有机会能够从事令人满意的生产性工作。

我国对老年人参与社会的研究侧重于老年人退休后继续从事工作的研究,或者说更侧重于对老年人经济参与的研究。

(1) 对于老年人参与社会的涵义的论述。陈蕃认为老年人参与社会就是指老年人参加社会的经济、政治、文化等各种活动,老有所为的内容应当包括再就业、社会公益活动和家务劳动。⑤ 袁缉辉也认为老年人参与社会就是指老年人参

---

① 〔瑞〕P. 塞尔比、M. 谢克特:《老龄化的二〇〇〇年:对社会的挑战》,新蔚、黄育馥译,生活·读书·新知三联书店1987年版,第173页。

② 〔美〕霍曼、基亚克:《社会老年学》,冯韵文、屠敏珠译,北京社会科学文献出版社1992年版,第439—450页。

③ 〔美〕布劳:《变迁社会与老年》,朱岑楼译,世界图书出版公司1992年版,第5—16页。

④ 〔日〕上野千鹤子:《一个人的老后》,杨明绮译,广西科学出版社2011年版,第21—31页。

⑤ 陈蕃:《21世纪老龄研究》,宇航出版社1993年版,第123—128页。

加社会的经济、政治、文化等各种活动,并把老年人参与社会与老有所为做了区分,但是在具体论述时,仍然把老年人参与社会等同于老有所为。[①] 杨宗传认为老年人社会参与应包含一切有益于社会的活动,它的内容包括以下5个方面:参与社会经济发展活动、参与家务劳动、参与社会文化活动、参与社会人际交往与旅游活动和在家庭范围内参与文化娱乐活动,较前者较为科学。[②]

(2) 对于老年人参与社会经济发展的状况的论述。张纯元从老年经济学的角度出发,认为老年人不仅在生理上具备发挥"余热"的基础,而且参与社会的有益活动,是部分老年人身心健康的需要。[③] 邬沧萍利用国际比较和历史比较的方法研究了我国老年人的劳动参与率,认为老年人的劳动参与率在许多国家仍然很高,老年人在家庭和社区内的非正式的经济活动中的角色对所有国家来说都是很重要的,我国农村老年人的劳动参与率明显高于城市地区。[④] 袁缉辉认为强调老年人参与社会活动,保持与社会的密切联系是十分必要的,国家和社会必须要挖掘和利用老年劳动资源,充分发挥老年人的作用,利用他们丰富的经验和才智为社会发展继续做出有益的贡献。他还分析了老年人参与社会发展的必要性和可能性以及影响老年人参与社会发展的因素,同时还划分了老年人参与社会发展的十种主要类型和领域。原新则从人力资源开发的角度论述了老年人参与社会经济发展的必要性。他认为,老年人力资源是人力资源构成的重要组成部分,必须要建立市场机制,把老年人愿为现代化建设作贡献的主观愿望和能力,与社会发展对老年人力资源的客观需要,合理、有效地结合,促进人口经济协调发展。[⑤]

(3) 对于老年人参与社会的意义的论述。陶立群认为老年人参加社会活动能使他们感到自己在生活中的价值,感到自己是社会不可缺少的一部分。[⑥] 李韧认为老年人参与社会不仅是老有所为的问题,它还是一种反映老年人性质、体现老年人价值的形式。通过老年人的社会参与,使老年人能够正确地进行自我认识和自我评价,同时也使社会对老年人有一个客观正确的认识和评价。[⑦]

(4) 对于老年人老有所为的论述。姚远梳理了以前的"老有所为"的观点,并用积极老龄化的理论对"老有所为"概括为工作、培训和受教育等多个方面,将

---

① 袁缉辉:《当代老年社会学》,水牛出版社1991年版,第120—129页。
② 杨宗传:《再论老年人口的社会参与》,《武汉大学学报》2000年第1期。
③ 张纯元:《中国老年人口研究》,北京大学出版社1990年版,第91—96页。
④ 邬沧萍:《人口老龄化过程中的中国老年人》,华东师范大学出版社1996年版,第153—161页。
⑤ 原新:《21世纪我国老年人口规模与老年人力资源开发》,《南方人口》2000年第1期。
⑥ 陶立群:《老年人参与社会发展》,《老年人才资源开发学术研讨文集》2003年版。
⑦ 李韧:《老年人社会参与的意义》,《学术探索》1999年第5期。

老有所为视为老年人的一种权利，是老年人对社会的全面参与和共享发展的成果。[①] 许淑莲从心理学角度详细论述了老年人继续参与社会发展的可能性和智力基础。[②] 蓝成东和张钟汝在他们所设计的七大类老年人统计指标中就包括了老年人发挥余热与社会参与这一类，并认为老年人社会参与的程度是衡量老年人的重要指标之一。

综上，我们可以看出老年人主要研究领域集中在老年人社会参与方面，仍存在许多的局限性：首先，研究过于零散，尚未形成体系；学者对老年人参与社会活动的研究较多，缺乏对老年人公共参与以及其他方面的研究，没有从多方面把握并形成完整的理论或实证体系。其次，缺乏实证研究；对不同区域老年人的研究中区域范围窄，全国性的调查研究不多。第三，对老年农民关注不多，特别是对老年农民的公共参与以及政治发展状况的研究比较少。

本报告对于老年农民的研究将从老年农民基本的政治属性和处境、政治意识、政治参与、政治评价和认同四个方面展开，以调查研究为主线，以全面摸清老年农民政治基本状况为原点，以客观分析老年农民政治发展状况特征、成因及对社会发展影响为支点，以提出相应的对策建议、解决目前老年人政治发展状况存在的问题为重点。本研究的展开是依靠课题组组织的对全国 14 个省的 38 个村庄 1134 个农户的调查，在有效的 1111 份调查数据中，获得了对农村老年人调查的 209 份有效数据。

二、老年农民政治发展状况的实证分析

本部分通过对老年农民政治发展状况的实证分析考察，提出几个基本的假设：首先，他们的文化素质和经济地位相对较低，表现出的民主素质、法律意识也相应较弱；第二，作为村庄元老在村里拥有较大的威信，但毕竟已年迈，对政治事务表现出较少关心和较低程度的参与，维护权益的方式和途径相对较少；第三，作为老年农民，他们享受到了国家优抚政策而建构起了对国家和中央的高度认同。

为了对老年农民的政治发展状况的假设进行检验，我们根据建构的基本政治属性和处境、政治意识、政治态度、政治参与、政治评价和认同等五个主题设定了相应的研究问题和方向。主要考察了以下问题：第一，对老年农民的年龄层、受教

① 姚远：《老有所为与社会发展：理论、模式与政策》，《老年人才资源开发学术研讨文集》2003 年版。

② 许淑莲：《从心理学角度看老年人继续参与社会发展》，《中国老年学杂志》1999 年版，第 249—251 页。

育程度、性别特征、信仰状况、收入情况等方面进行了基本分析;第二,考察了老年农民的身份意识、法律意识、维权意识;第三,考察了老年农民对国家事务及政策的关注度、对农村事务的态度、对选举的态度;第四,对于老年农民政治参与的研究,我们设定了对其政治参与实践和意愿、政治表达和行动方式两个项目;第五,考察老年农民的政治评价和认同,主要是对其过去和当前政治发展状况和行动的评价和权威的认同。本报告将假设老年农民的年龄层次、收入水平、教育背景、身体状况、居住状况等与老年农民的政治意识、政治态度、政治参与、政治评价有较大的相关性,并做交叉数据分析进行综合考量。

(一)老年农民的基本政治属性状况

对调查的209位老年农民的基本政治属性按照性别和年龄、受教育程度、信仰状况、婚姻类型以及务工经历、收入来源进行具体的分析如下:

1. 性别和年龄构成

在受访的209位老年农民中,男性有173人,占比为82.8%,女性有36人,占比为17.2%,男女比例为4.8:1。从年龄结构上来看,年龄最大的为90岁,最小的为60岁。若将年龄结构分为60—69岁、70—79岁、80—89岁三个年龄段,分别有16人、60人、133人,各占比例为7.7%、28.7%、63.6%。可见,受访的老年农民中男性占绝大多数,80—89岁年龄段的老年农民所占的比例63.6%,近三分之二。

2. 受教育程度

将受访老年农民的学历结构分为小学及以下、初中、高中或中专、大专及以上,我们得到老年农民的受教育状况为:大专及以上的1人,占比0.5%;高中或中专的有21人,占比10.1%;初中学历的有40人,占比19.1%;小学及以下学历的有147人,占比70.3%。由此可见,超过七成的老年农民仍是小学及以下学历,说明老年农民的受教育水平普遍不高。

3. 信仰状况

在209位受访的老年农民中,表示没有宗教信仰的有190人,占总样本的90.9%;有13位老年农民为佛教信徒,占比6.2%;有4位老年农民为基督教(或天主教)信徒,占比1.9%;有2位老年农民为道教信徒,占比1.0%。

4. 婚姻状况

在209位受访的老年农民中,已婚的人数为180人,占比86.1%;丧偶的有25人,占比12%;未婚的有3人,占比1.4%;离异的有1人,占比0.5%。

5. 村庄任职状况

在209位受访的老年农民中,按照在村庄的任职状况来划定,其中在村支部或者村委会任职的有10人,占比4.8%;任职村民小组干部的有12人,占比5.7%;多数为普通村民,共187人,占比89.5%。

总的来说,在受访的老年农民中,受教育水平普遍较低,多数是小学及以下学历;近三分之二的老年农民年龄在80—89之间,且男性占据一定的优势;已婚的比例近九成,仅有不到一成的老年农民有宗教信仰;当过村干部的老年农民十分稀少。

(二)老年农民政治认知状况

1. 老年农民自我社会地位认知评价

通过统计,对老年农民"作为一个农民,我感到很自豪"的问答,在采集的209份样本中,有效样本208份(缺失值:1),选择"非常同意"的老年农民有13人,占总样本的6.2%,选择"同意"的老年农民有78人,占总样本的37.3%,两者累计91人,占总样本的43.5%;选择"不同意"的老年农民有57人,占总样本的27.3%,选择"非常不同意"的老年农民有5人,占总样本的2.4%,两者累计62人,占总样本的30.1%,如表8-1所示。以上分析可见,超过四成的老年农民对于自己的农民身份感到自豪。

表8-1 老年农民对农民身份的认知

作为一个农民,我感到很自豪	频数	占比(%)
非常同意	13	6.2
同意	78	37.3
不清楚	55	26.3
不同意	57	27.3
非常不同意	5	2.4
合计	208	99.5
缺失	1	0.5

通过统计,对老年农民"老年人在家里的地位越来越低了"的问答,在采集的209份有效问卷中,有12位老年农民选择"非常同意"占总样本的5.7%,选择"同意"的老年农民有70人,占总样本的33.5%,两者累计82人,占总样本的39.2%;选择"不同意"的老年农民有89人,占总样本的42.6%,选择"非常不同意"的老年农民有5人,占总样本的2.4%,两者累计94人,占总样本的45%,如表8-2所示。

以上分析可见,多数老年农民认为老年人在家庭中的地位没有变得越来越低。

表8-2　老年农民家庭地位评价

家庭地位变得越来越低	频数	占比(%)
非常同意	12	5.7
同意	70	33.5
不清楚	33	15.8
不同意	89	42.6
非常不同意	5	2.4
合计	209	100.0

从老年农民对于自我社会地位的认知来看,尽管有超过四成的老年农民认可自身的农民地位,有近五成的老年农民认为自己在家庭中的地位并没有变化,但是相对于近年来国家对于老年人的优抚政策以及老年农民在传统农村家庭中的地位来说,这一认知评价较低。

2. 老年农民法律意识情况

(1)多数老年农民拥有基本的法律常识。

多数老年农民具备一定的法律基础和法律意识。通过统计,在调查的209份有效农户样本中,老年农民在对于"法律规定村主任必须由村民选举才能担任"这句话做判断时,有177人给予肯定回答,占总数的84.7%,有32人给予否定回答,占总数的15.3%。在对于"宪法规定:年满18周岁的中国公民有选举权和被选举权"的判断中,给予肯定回答的有179人,占总数的85.6%,给予否定回答的有30人,占总数的14.4%。在对"国家主席和总理都是人大代表选出来的"做判断时,有153人给予肯定回答,占总数的73.2%,有56人给予了否定回答,占总数的26.8%。在对于"我周围的农民都认为法律不重要"的判断中(缺失值:4),154人给予否定回答,占总数的73.7%,51人给予肯定回答,占24.4%。在对于"我周围的多数农民都不相信法律能够保护自己的权益"的判断时,159人给予否定回答,占总数的76.1%,50人给予肯定回答,占23.9%。由此可见,多数老年农民对于基本的法律常识还是有所了解的,具备一定的法律基础和法律意识。

(2)老年农民对于"宪法"的理解较为模糊。

超过八成的老年农民对"宪法"不了解。通过统计,在调查的209份有效农户样本中,老年农民对于"宪法"这一词汇"基本理解"的有39人,占总数的18.7%;"知道这个词汇,但是不了解内容"的老年农民有88人,占总数的42.1%;对于"宪法"这一词汇"完全不了解"的老年农民为82人,占总数的39.2%,如表8-3所示。以上分析可见,在调查的有效样本中只有18.7%老年农民对于"宪法"是基本了解的,有81.3%的老年农民对"宪法"这一国家根本大法的理解模糊或是根本不理解。

表8-3 老年农民对于"宪法"的理解

对"宪法"一词的理解	频数	占比(%)
基本理解	39	18.7
知道这个词,但不了解内容	88	42.1
不理解	82	39.2
合计	209	100.0

(3)受教育水平越高的老年农民,对"宪法"的理解程度越高。

如表8-4所示,根据Pearson卡方检验可知,老年农民的受教育水平在对于"宪法"这一词汇的理解上存在显著的差异($p=0.00<0.05$)。通过统计,在调查的209份有效农户样本中,小学及以下学历的老年人有147位,其中对"宪法"基本了解的有15人,占10.2%,知道但不了解内容或根本就不了解的132人,占89.8%。初中学历的老年人有40位,其中对"宪法"基本了解的15人,占37.5%,知道但不了解内容或根本就不了解的25人,占62.5%。高中或中专学历的老年人有21人,其中对"宪法"基本了解的8人,占38.1%,知道但不了解内容的或根本不知道的13人,占61.9%。大专及以上学历的老年农民1人,对"宪法"基本了解的1人,占100%。以上分析可见,随着受教育水平的升高,老年农民对于"宪法"的基本理解的比重分别为10.2%、37.5%、38.1%和100%,呈现逐渐升高的趋势,受教育水平与老年农民对于"宪法"的理解呈现正相关。

表8-4 不同受教育背景的老年农民对于"宪法"的认识

受教育水平		基本理解	知道,但不了解内容	不理解
小学及以下	频数	15	63	69
	占比(%)	10.2	42.9	46.9
初中	频数	15	15	10
	占比(%)	37.5	37.5	25.0
高中或中专	频数	8	10	3
	占比(%)	38.1	47.6	14.3
大专及以上	频数	1	0	0
	占比(%)	100.0	0	0

(4) 七成以上的老年农民肯定法律在其生活中的重要性。

通过统计,在调查的209份有效农户样本中,老年农民认为法律在其生活中"非常重要"和"重要"的人数分别为38人和112人,累计人数为150人,所占比例分别为18.2%和53.6%,二者的累计比例为71.8%。另外,认为"不清楚"法律作用的人数为40人,认为"不重要"以及"非常不重要"的人数为13人和6人,分别占比为19.1%、6.2%、2.9%,总计所占比例为28.2%,如表8-5所示。以上分析可见,有超过七成的老年农民肯定法律在其生活中的重要性。

表 8-5 老年农民对于法律重要性的认知

是否重要	频数	占比(%)
非常重要	38	18.2
重要	112	53.6
不清楚	40	19.1
不重要	13	6.2
非常不重要	6	2.9
合计	209	100.0

(5) 多数老年农民对法律的作用的定位较为准确。

通过统计,在调查的209份有效农户样本中,老年农民对于法律作用的反应中,认为法律的作用是惩罚犯罪的有91人,占总数的43.5%;认为法律的作用是保护老百姓的权利的有73人,占总样本的34.9%;认为法律的作用是管老百姓的有24人,占总样本的11.5%;认为法律的作用是管干部的有15人,占总样本的7.2%,如表8-6所示。以上分析可见,老年农民对于法律作用的反应情况显示,在总样本中有78.4%的老年农民能够正确定位法律的作用,但是也有少部分老年农民对于法律的作用概念模糊。

表 8-6 老年农民对于法律作用的反应

法律作用	频数	占比(%)
管老百姓	24	11.5
管干部	15	7.2
保护老百姓的权利	73	34.9
惩罚犯罪	91	43.5
其他	6	2.9
合计	209	100.0

(6) 老年农民认为法律不公正时处理方式较为理性。

通过统计,在老年农民觉得"法律规定不够公正时怎么办"的问答中,调查的209份有效农户样本中,有32人认为当法律规定不够公正时应该"遵守,但想办法提出建议修改",占总样本的15.3%;有101人认为"不好的法总归是法,还是要遵守的",占总数的48.3%;有60人认为"不遵守要受到制裁,还是遵守的好",占总数的28.7%;有16人认为"既然法律不公正,就没必要遵守",占总数的7.7%,如表8-7所示。以上分析可见,多数老年农民对于法律的权威性和严肃性认识较为深刻,在认为法律不够公正时仍然会遵守或是想办法提出改进意见。

表8-7 老年农民对于法律不公正时的应对方式

应对方式	频数	占比(%)
遵守,但想办法提出建议修改	32	15.3
不好的法总归是法,还是要遵守的	101	48.3
不遵守要受到制裁,还是遵守的好	60	28.7
既然法律不公正,就没有必要遵守	16	7.7
合计	209	100.0

从对于老年农民的法律意识的分析来看:虽然多数老年农民具备基本的法律常识,对于法律的作用定位也较为明确,但是老年农民对于更高层次的国家基本法律的理解仍然不够到位,仍有一部分老年农民对于法律的作用定位较为模糊。并且,这与老年农民的受教育水平有较大的相关性。

3. 老年农民依法维权意愿

(1) 多数老年农民愿意以法律途径保障自身的权益。

通过统计,在209份有效样本中,61.3%的老年农民非常愿意或比较愿意以法律途径来保障自己的权益,14.8%的老年人不太愿意或很不愿意通过法律途径来保障自身的权益。老年农民表示非常愿意、比较愿意采取法律途径保障自身权益的人数为43人、85人,占比分别为20.6%、40.7%,共为61.3%;认为一般的有50人,占比为23.9%;认为不太愿意、很不愿意采取法律途径保障自身权益的分别有27人和4人,占比依次为12.9%和1.9%,共为14.8%,如表8-8所示。以上分析可见,六成以上的老年农民愿意以法律途径保障自身权益。

表8-8 老年农民依法维权意愿

	非常愿意	比较愿意	不太愿意	很不愿意	一般
频数	43	85	27	4	50
占比(%)	20.6	40.7	12.9	1.9	23.9

(2)经济状况较好的老年人更加愿意以法律手段维护自己的权益。

根据Pearson卡方检验可知,经济状况不同的老年人在是否愿意以法律手段维护自己的权益上存在显著差异($p=0.00<0.05$)。如表8-9所示,在调查的209份有效农户样本中,经济收入很好、比较好、一般、不太好和非常不好的老年人非常愿意以法律手段维护自身权益的比例分别为29.0%、22.5%、21.5%、23.8%和26.5%,比较愿意的比例分别为46.6%、46.9%、40.3%、36.3%和34.5%。通过累计,经济收入够用有余、大致够用、一般、困难和非常困难的老年人非常愿意或比较愿意以法律手段维护自己权益的比例分别为75.6%、69.4%、61.8%、60.1%和61.0%。以上分析可见,经济状况较好的老年人法律维权意识较强,更愿意采取法律手段维护自己的权益。

表8-9 不同经济状况的老年人依法维权意愿 (单位:%)

经济状况	非常愿意	比较愿意	一般	不太愿意	很不愿意	合计
很好	29.0	46.6	17.1	6.7	0.6	100
比较好	22.5	46.9	21.0	8.6	1.0	100
一般	21.5	40.3	25.3	12.2	0.7	100
不太好	23.8	36.3	23.2	15.3	1.4	100
非常不好	26.5	34.5	25.2	11.7	2.1	100

(3)文化程度与采取法律手段维护权益意愿成正相关。

根据Pearson卡方检验可知,受教育水平不同的老年人在是否愿意以法律手段维护自己的权益上存在显著差异($p=0.00<0.05$)。根据统计分析,在209份有效样本中,小学及以下学历的老年农民中"非常愿意"用法律手段维护自身权益的有35人,占比23.8%,"比较愿意"的有60人,占总样本的40.8%,两项累计95人,占比64.6%;读过初中的老年农民中"非常愿意"采取法律手段来维护自身权益的有11人,占比27.5%,"比较愿意"的有17人,占比42.5%,两项累计28人,占比70%;在高中或中专以上学历的老年农民中,"非常愿意"采取法律手段的有6人,占比28.5%,"比较愿意"的有10人,占比47.6%,两项累计16人,占比77.1%;大专及以上文化程度的老年农民仅一人,且"比较愿意"采取法律手段的维护自身权益,如表

8-10所示。以上分析可见,文化程度越高,用法律来维护自身权益的老年农民所占的比重越大。

表 8-10　文化程度与法律维权意识的关系

文化程度		非常愿意	比较愿意	一般	不太愿意	很不愿意	合计
小学及以下	频数	35	60	33	17	2	147
	占比(%)	23.8	40.8	22.4	11.6	1.4	100
初中	频数	11	17	7	3	2	40
	占比(%)	27.5	42.5	17.5	7.5	5	100
高中或中专	频数	6	10	4	1	0	21
	占比(%)	28.5	47.6	19.1	4.8	0	100
大专及以上	频数	0	1	0	0	0	1
	占比(%)	0	100	0	0	0	100

(4) 年龄越大的老年人采取法律手段维护自身权益的意愿越弱。

根据统计分析,采集的209份有效样本中,60—69岁的老年人中"非常愿意"采取法律手段来维护自身权益的有4人,占比25.0%,"比较愿意"的有7人,占比43.8%,两项累计11人,占比68.8%;在70—79岁的老年人中"非常愿意"用法律手段来维护自身权益的有14人,占比23.3%,"比较愿意"的有25人,占比41.7%,两项累计39人,占比65.0%;在80—89岁的老年人中"非常愿意"用法律手段维护自身权益有26人,占比19.5%,"比较愿意"的有56人,占比42.1%,两项的累计82人,占比61.6%,如表8-11所示。以上可见,年龄越大的老年人越不愿意采用法律的手段来维护自身的权益。

表 8-11　年龄对是否运用法律手段维护自身权利益的影响

年龄		非常愿意	比较愿意	一般	不太愿意	很不愿意	合计
60—69岁	频数	4	7	4	1	0	16
	占比(%)	25.0	43.8	25.0	6.2	0	100
70—79岁	频数	14	25	13	7	1	60
	占比(%)	23.3	41.7	21.7	11.6	1.7	100
80—89岁	频数	26	56	33	16	2	133
	占比(%)	19.5	42.1	24.8	12.1	1.5	100

(5) 老年农民多不以到法院告状作为维权方式。

通过统计,关于老年农民维权方式的选择,在调查的209份有效农户样本中,选择"双方协商私了"的农户有30人,占总样本的14.4%;选择"忍气吞声"的农户有 31 人,占总户数的 14.8%;选择“武力报复”的农户有 5 人,占总数的 2.4%;32 人选择“到法院告状”这种法律途径,占总数的 15.3%;选择“找干部解决”的农户有 76 人,占总数的 36.4%;选择“找村里或者家族有威望的人调解”的有 35 人,占总数的 16.7%,如表 8-12 所示。总而言之,虽然老年农民依法维权的意愿较高,但在具体维权方式选择中,多数不愿意采取“到法院告状”的方式来维护自身权益,这与农村熟人社会有很大的关系,在熟人社会的圈子里,一般是私了居多。

表 8-12　老年农民维权方式的选择

维权方式	频数	占比(%)
双方协商私了	30	14.4
忍气吞声	31	14.8
武力报复	5	2.4
到法院告状	32	15.3
找干部解决	76	36.4
找村里或者家族有威望的人调解	35	16.7
合计	209	100.0

(三)老年农民政治态度状况

1. 老年农民对于国家大事以及政策的态度

通过统计,对老年农民“国家大事都是当官的操心的事,与老百姓无关”的问答,在采集的 209 份有效样本中,选择“非常同意”的有 26 人,占总样本的 12.5%,选择“同意”的有 91 人,占总样本的 43.5%,两者累计 117 人,占总样本的 55.9%;选择“不清楚”的有 19 人,占总数的 9.1%;选择“不同意”此看法的有 70 人,占总样本的 35.5%,选择“非常不同意”此看法的有 3 人,占总样本的 1.4%,如表 8-13 所示。以上分析可见,将近六成的老年农民认为国家大事与自己关系不大。

表 8-13　老年农民对于国家大事与百姓的相关性反应

国家大事与百姓无关	频数	占比(%)
非常同意	26	12.5
同意	91	43.5
不清楚	19	9.1
不同意	70	33.5
非常不同意	3	1.4
合计	209	100.0

通过统计,对老年农民"老百姓弄不懂国家和政府的事什么重要、什么不重要"的问答,在采集的209份有效样本中,选择"非常同意"的有12人,占总样本的5.7%,选择"同意"的有95人,占总样本的45.5%,两者累计107人,占总样本的51.2%;选择"不同意"的有45人,占总样本的21.5%,选择"非常不同意"的有5人,占总样本的2.4%,两者累计为50人,占总样本的23.9%;选择"不清楚"的有52人,占总样本的24.9%,如表8-14所示。以上分析可见,超过半数的老年农民认为老百姓不能正确区分国家或政府事务是否重要。

表8-14　老年农民对于国家、政府事务重要与否的区分

不懂国家、政府的事哪些重要	频数	占比(%)
非常同意	12	5.7
同意	95	45.5
不清楚	52	24.9
不同意	45	21.5
非常不同意	5	2.4
合计	209	100.0

根据Pearson卡方检验可知,职务不同的老年农民在对国家大事与百姓的相关性的态度上存在显著差异($p = 0.01 < 0.05$)。对农村老年农民"国家大事与百姓无关"的问答,在调查的209份有效样本中,村支部或村委会干部共10人,选择"非常同意"的有5人,占比50%,选择"同意"的有1人,占比10%,两者累计6人,占比60%;村民小组干部共12人,选择"非常同意"的有2人,占比16.7%,选择"同意"的有5人,占比41.7%,两者累计58.4%;普通村民187人,选择"非常同意"的有19人,占比10.1%,选择"同意"的有85人,占比45.5%,如表8-15所示。以上分析可见,担任村庄职务的老年农民与普通老年农民相比,更倾向于认为

表8-15　不同身份的老年农民对于国家大事的态度

职务		非常同意	同意	不清楚	不同意	非常不同意
村支部或村委会干部	计数	5	1	2	2	0
	占比(%)	50.0	10.0	20.0	20.0	0
村民小组干部	计数	2	5	1	4	0
	占比(%)	16.7	41.7	8.3	33.3	0
普通农民	计数	19	85	16	64	3
	占比(%)	10.1	45.5	8.6	34.2	1.6

国家大事与百姓有较大的相关性,担任村庄主要领导的老年农民与村民小组干部相比更倾向于认为国家大事与百姓息息相关。

通过统计,对老年农民"我十分关心国家的农村政策"的问答,在采集的209份有效样本中,认为"非常同意"的老年农民有30人,占总样本的14.4%,回答"同意"的有91人,占总样本的43.5%,两者累计121人,占总样本的57.9%;回答"不同意"的有60人,占总样本的28.7%;回答"不清楚"的有28人,占总样本的13.4%,如表8-16所示。以上分析可见,近六成的老年农民十分关心国家实施的农村政策。

表8-16　老年农民对于国家农村政策的态度

关心国家的农村政策	频数	占比(%)
非常同意	30	14.4
同意	91	43.5
不清楚	28	13.4
不同意	60	28.7
合计	209	100.0

通过统计,对老年农民"一般情况下,我都支持国家领导决策的事"的问答,在采集的209份有效问卷中,回答"非常同意"的老年农民有31人,占总样本的14.8%,回答"同意"的老年农民有132人,占总样本的63.2%,两者累计163人,占总样本的77.8%;回答"不同意"的老年农民有6人,占总样本的2.9%;回答"不清楚"的老年农民有40人,占总样本的19.1%,如表8-17所示。以上分析可见,近八成的老年农民表示在一般情况下会支持国家领导决策的事。

表8-17　老年农民对于支持国家领导决策的态度

支持国家领导决策	频率	占比(%)
非常同意	31	14.8
同意	132	63.2
不清楚	40	19.1
不同意	6	2.9
合计	209	100.0

2. 老年农民对于村庄事务的态度

通过统计,对老年农民"我十分关心村里搞的村务公开的内容"的问答,在采集到的209份有效样本中,回答"非常同意"的老年农民有9人,占总样本的4.3%,回答"同意"的老年农民有83人,占总样本的39.7%,两者累计92人,占总样本的44.0%;回答"不同意"的老年农民有81人,占总样本的38.8%;回答"不清楚"的老年农民有36人,占总样本的17.2%,两者累计117人,占总样本的56.0%,如表8-18所示。以上分析可见,超过五成的老年农民对村务公开不够关心,老年农民对村里搞的村务公开的关心程度不高。

表8-18　老年农民对村务公开关注情况

我十分关心村务公开	频数	占比(%)
非常同意	9	4.3
同意	83	39.7
不清楚	36	17.2
不同意	81	38.8
合计	209	100.0

根据Pearson卡方检验可知,不同受教育水平的老年农民在对是否关心村庄村务公开的态度上存在显著差异($p=0.00<0.05$)。如表8-19所示,通过统计,在调查的209份有效样本中,小学及以下学历的老年农民有147人,其中选择"非常同意"的老年农民有7人,占比4.8%,选择"同意"的老年农民有48人,占比32.7%,两者累计55人,占比37.5%;选择不同意的老年农民有67人,占比45.5%;选择"不清楚"的老年农民有25人,占比17.0%。初中学历的老年农民共40人,其中选择"非常同意"的老年农民有2人,占比5.0%,选择"同意"的老年农民有22人,占比55%,两者累计24人,占比60%;选择"不同意"的老年农民有7人,占比17.5%;选择"不清楚"的老年人有9人,占比22.5%。高中或中专学历的老年农民共21人,其中选择"非常同意"的老年农民0人,选"同意"的老

表8-19　不同教育背景的老年农民对于村务公开的关注

受教育水平		非常同意	同意	不清楚	不同意	合计
小学及以下	频数	7	48	25	67	147
	占比(%)	4.8	32.7	17.0	45.5	100.0
初中	频数	2	22	9	7	40
	占比(%)	5.0	55.0	22.5	17.5	100.0
高中或中专	频数	0	13	1	7	21
	占比(%)	0	61.9	4.8	33.3	100.0
大专及以上	频数	0	1	0	0	1
	占比(%)	0	0	100.0	0	100.0

年农民13人,占比61.9%,两者累计13人,占比61.9%;选择“不同意”的老年农民7人,占比33.3%;选择“不清楚”的老年农民1人,占比4.8%。大专及以上学历的老年农民1人,选择“同意”,占比100%。以上分析可见,随着受教育水平的提高,老年农民对村庄村务公开的关注度也明显增长。

3. 老年农民对于选举的态度

通过统计,对老年农民“我会珍惜手中选票”的问答,在采集到的209份有效样本中,18人选择“非常同意”,占总样本的8.6%,选择“同意”的老年农民有79人,占总样本的37.8%,两者累计87人,占总样本的46.4%;选择“不同意”的老年农民有62人,占比29.7%;选择“不清楚”的老年农民有50人,占比23.9%,如表8-20所示。以上分析可见,多数老年农民对于自己手中的选村干部或人大代表的选票不够珍惜。

表8-20 老年农民对于选举的态度

珍惜手中选票	频数	占比(%)
非常同意	18	8.6
同意	79	37.8
不清楚	50	23.9
不同意	62	29.7
合计	209	100.0

通过统计,对于老年农民参与选举意图的调查,在采集的209份有效样本中,选择“参加投票让我感觉自己受到尊重”的老年农民有30人,占总样本的14.4%;选择“参加投票是法律规定的责任”的老年农民有73人,占总样本的34.9%;选择“参加投票可以获得误工补贴”的老年农民有5人,占总样本的2.4%;选择“参加投票没什么感觉,随大流而已”的老年农民有101人,占总样本的46.3%,如表8-21所示。以上分析可见,多数老年农民参与选举的意图是为获得了尊重或履行责任,但是也有较多的老年农民选举的目的不够明确,具有随大流的从众心理。

表8-21 老年农民对于参与村庄选举投票的意图

选举投票意图	频数	占比(%)
参加投票让我感觉自己受到尊重	30	14.4
参加投票是法律规定的责任	73	34.9
参加投票可以获得误工补贴	5	2.4
参加投票没什么感觉,随大流而已	101	46.3
合计	209	100.0

根据 Pearson 卡方检验可知,不同性别的老年农民在对村里选举投票的态度上存在显著差异($p=0.01<0.05$)。通过统计,在采集到的 209 份有效样本中,农村男性老年人的人数为 173 人,农村女性老年人人数为 36 人。其中选择"参加投票感觉自己受到尊重"的农村男性老年人有 23 人,占比 13.3%,女性老年农民有 7 人,占比 19.4%。选择"参加投票是法律规定的责任"的男性老年农民 68 人,占比 39.3%,农村女性老年人为 5 人,占比 13.9%。选择"参加投票获得误工补贴"的农村男性老年人有 4 人,占比 2.3%,农村女性老年人 1 人,占比 2.8%。选择"参加投票没感觉,随大流而已"的农村男性老年人有 78 人,占比 45.1%,农村女性老年人 23 人,占比 63.9%,如表 8-22 所示。以上分析可见,农村男性老年人对村里选举投票的态度更为理性。

表 8-22　不同性别的老年农民对于村里选举投票的态度

性别		参加投票感觉自己受到尊重	参加投票是法律规定的责任	参加投票获得误工补贴	参加投票没感觉,随大流而已	合计
男	频数	23	68	4	78	173
	占比(%)	13.3	39.3	2.3	45.1	100.0
女	频数	7	5	1	23	36
	占比(%)	19.4	13.9	2.8	63.9	100.0

(四)老年农民政治行为状况

1. 老年农民对于政治形势的关注

通过统计,对老年农民"您平时是否阅读报纸"的问答,在采集的 209 份有效样本中,有 49 位老年农民在平时通过阅读报纸以获得时事资讯,占总样本的 23.0%;有 161 位老年农民平时不看报纸,占总样本的 77.0%,如表 8-23 所示。以上分析可见,近八成的老年农民平时不看报纸,或者说老年农民多数不通过阅读报纸获得时事资讯。

表 8-23　老年农民是否看报情况

是否看报	频数	占比(%)
否	161	77.0
是	49	23.0
合计	209	100.0

近半数的老年农民喜欢观看新闻节目。通过统计,在采集到的 209 份有效样本中,98 位老年农民选择最喜欢看的电视节目为新闻节目,占总样本的 46.9%;

选择喜欢观看戏曲节目、农村题材电视剧、气象预报、娱乐节目或晚会、城市题材电视剧的老年农民分别占总样本的20.1%、13.4%、8.1%、4.8%、1.9%,如表8-24所示。以上分析可见,近半数的老年农民喜欢观看新闻节目,观看新闻是老年农民获得时事资讯的主要途径。

表 8-24 老年农民观看电视节目类别

电视节目	频数	占比(%)
新闻节目	98	46.9
气象预报	17	8.1
农村题材电视剧	28	13.4
城市题材电视剧	4	1.9
娱乐节目或晚会	10	4.8
戏曲节目	42	20.1
其他	10	4.8
合计	209	100.0

2. 老年人的政治配合行为

根据 Pearson 卡方检验可知,不同经济状况的老年人在配合村级组织活动的积极性上存在显著差异($p=0.00<0.05$)。在有效样本中,经济很好和比较好的老年人中,分别有91.4%和82.7%的人表示会积极配合村级组织的活动。经济收入一般、不太好和非常不好的老年人中,表示会积极配合村级组织活动的比例分别为76.3%、76.7%和66.7%,如表8-25所示。以上分析可见,在一定程度上,老年人配合村级组织活动的积极性与其经济状况成正比。

表 8-25 经济状况不同的老年人配合村级组织活动积极性

经济状况		会	不会	说不清	合计
很好	频数	32	1	2	35
	占比(%)	91.4	2.9	5.7	100
比较好	频数	67	3	11	81
	占比(%)	82.7	3.7	13.6	100
一般	频数	29	2	7	38
	占比(%)	76.3	5.3	18.4	100
不太好	频数	33	3	7	43
	占比(%)	76.7	7.0	16.3	100
非常不好	频数	8	1	3	12
	占比(%)	66.7	8.3	25.0	0

3. 老年人参与村庄管理行为

根据统计，在209个有效样本中，有28位老年农民认为参与村庄管理“非常有用”，占总样本的13.2%；有81位老年农民认为参与村庄管理“比较有用”，占总样本的38.7%；二者累计109人，占比51.9%。有34位老年农民认为参与村庄管理“作用不大”，占比16.5%；有8位老年农民认为参与村庄管理“没有作用”，如表8-26所示。以上分析可见，有五成以上的老年人认可参与村庄管理的作用。

表8-26 老年农民对参与村庄管理作用的认识

作用	频数	占比(%)
非常有用	28	13.2
比较有用	81	38.7
一般	58	27.7
作用不大	34	16.5
没有作用	8	3.9
合计	209	100.0

4. 老年农民参与公益事业及村庄组织行为

通过统计，在采集的209份有效样本中，乐于参与本村公益事业的老年农民为134人，占总样本的64.1%；不愿意参与本村公益事业的老年农民有75人，占总样本的35.9%，如表8-27所示。以上分析可见，超过六成的老年农民表示愿意参与本村公益事业，对本村的公益事业比较热心。

表8-27 老年农民参与村里公益事业情况

是否参与	频数	占比(%)
否	75	35.9
是	134	64.1
合计	209	100.0

通过统计，对老年农民选择“愿意参与的村庄组织”调查中，在采集的144份有效样本中，愿意参与村民理财小组的老年农民有16人，占比11.1%；倾向于参与村民代表会议的有51人，占比35.4%；倾向于参与农村民间宗教组织的有8人，占比5.6%；倾向于参与个体户或私营企业家协会的有6人，占比4.2%；倾向于参与新农村建设理事会的有4人，占比2.7%；倾向于参与农村红白喜事理事会的有11人，占比7.6%；倾向于参与村民委员会或村党支部的有26人，占比18.1%；倾向于参与农民经济合作社的有22人，占比15.3%，如表8-28所示。以

上分析可见,老年农民参与意向较高的三个村庄组织依次为村民代表会议、村民委员会或村党支部以及农民经济合作社。

表 8-28 老年农民选择参与村庄组织情况

组织	频数	占比(%)
村民理财小组	16	11.1
村民代表会议	51	35.4
农村民间宗教组织	8	5.6
个体户或私营企业家协会	6	4.2
新农村建设理事会	4	2.7
农村红白喜事理事会	11	7.6
村民委员会或村党支部	26	18.1
农民经济合作社	22	15.3
合计	144	100.0

(五)老年农民政治评价状况

1. 老年农民对于党和国家关心农民的评价

通过统计,对老年农民关于"党和国家真正关心农民"的调查,在采集的 209 份有效样本中,选择"非常同意"的老年农民有 54 人,占总样本的 25.8%,选择"同意"的老年农民有 135 人,占总样本的 64.6%,两者累计 189 人,占总样本的 90.4%;选择"不同意"、"非常不同意"的老年农民各有 1 人,累计 2 人,占总样本的 1%,如表 8-29 所示。以上分析可知,超过九成的老年农民认为党和国家真正关心农民,一心为人民着想。

表 8-29 老年农民对于"党和国家真正关心农民"的评价

党和国家真正关心农民	频数	占比(%)
非常同意	54	25.8
同意	135	64.6
不清楚	18	8.6
不同意	1	0.5
非常不同意	1	0.5
合计	209	100.0

2. 老年农民对政府提供服务的评价

通过统计,对老年农民关于"政府在做更多的好事服务农民"的调查,在采集的209份有效样本中，选择“非常同意”的老年农民有34人，占总样本的16.3%，选择“同意”的老年农民有138人，占总样本的66.0%，两者累计172人，占总样本的82.3%；选择“不同意”的老年农民有9人，占总样本的4.3%，选择“非常不同意”的老年农民有3人，占总样本的1.4%，两者累计12人，占总样本的5.7%，如表8-30所示。以上分析可见，超过八成的老年农民认为政府在做更多的好事服务农民。

表8-30　老年农民对于政府服务的评价

政府在做更多好事服务农民	频数	占比(%)
非常同意	34	16.3
同意	138	66.0
不清楚	25	12.0
不同意	9	4.3
非常不同意	3	1.4
合计	209	100.0

根据Pearson卡方检验可知，村庄中不同职务的老年农民对“政府在提供更多服务”的评价上存在显著差异($p=0.01<0.05$)。通过统计，在采集的209份有效样本中，村支部或村委会干部有10人，其中选择“非常同意”、“同意”的分别有4人、5人，占比40%、50%，累计占比90%；村民小组干部有12人，选择“非常同意”、“同意”的分别有5人、4人，累计占比75%；普通村民187人，选择“非常同意”、“同意”的分别有25人、129人，累计占比82.4%，如表8-31所示。以上分析可见，老年农民普遍认可政府提供的服务，其中村庄主要管理者的认可度较之普通农民更高。

表8-31　不同职务老年农民对政府提供服务的评价

职位		非常同意	同意	不清楚	不同意	非常不同意	合计
村支部或村委会干部	频数	4	5	1	0	0	10
	占比(%)	40.0	50.0	10.0	0	0	100.0
村民小组干部	频数	5	4	0	2	1	12
	占比(%)	41.7	33.3	0	16.7	8.3	100.0
普通村民	频数	25	129	24	7	2	187
	占比(%)	13.4	69.0	12.8	3.7	1.1	100.0

3. 老年农民对于地方安全的评价

通过统计，对老年农民“在我们这个地方生活觉得安全”调查，在采集的209

份有效样本中,选“非常同意”的老年农民有 20 人,占总样本的 9.6%,选择“同意”的老年农民有 142 人,占总样本的 67.9%,两者累计 162 人,占总本的 77.5%;选择“不同意”的老年农民有 16 人,占总样本的 7.7%,选择“非常不同意”的老年农民有 1 人,占总样本的 0.5%,两者累计 17 人,占比 8.2%,如表 8-32 所示。以上分析可见,近八成的老年农民认为生活的地方是安全的。

表 8-32 老年农民对于地方安全的评价

觉得安全	频数	占比(%)
非常同意	20	9.6
同意	142	67.9
不清楚	30	14.3
不同意	16	7.7
非常不同意	1	0.5
合计	209	100.0

根据 Pearson 卡方检验可知,村庄中不同教育背景的老年农民对“在我们生活的地方觉得安全”的评价上存在显著差异($p=0.01<0.05$)。通过统计,在采集的 209 份有效样本中,小学及以下学历的老年农民有 147 人,其中选择“非常同意”的老年农民有 15 人,占比 10.2%,选择“同意”有 97 人,占比 66%,两者累计 112 人,占比 76.2%;初中学历的老年农民有 40 人,其中选择“非常同意”的有 5 人,占比 12.5%,选择“同意”的老年农民有 27 人,占比 67.5%,两者累计 32 人,占比 80%;高中或中专学历的老年农民有 21 人,其中选择“非常同意”的有 0 人,选择“同意”的有 18 人,占比 85.7%,如表 8-33 所示。以上分析可见,受教育水平越高的老年农民,其对地方安全的认可度就越高。

表 8-33 不同教育背景的老年农民安全感评价

学历		非常同意	同意	不清楚	不同意	非常不同意	合计
小学及以下	频数	15	97	21	12	2	147
	占比(%)	10.2	66.0	14.3	8.2	1.3	100.0
初中	频数	5	27	4	4	0	40
	占比(%)	12.5	67.5	10.0	10.0	0	100.0
高中或中专	频数	0	18	3	0	0	21
	占比(%)	0	85.7	14.3	0	0	100.0
大专及以上	频数	0	0	1	0	0	1
	占比(%)	0	0	100.0	0	0	100.0

三、结论分析及简要建议

随着中国人口老龄化速度的加快,老龄工作日益受到社会的重视,与老龄服务、社会保障、医疗卫生相比,老年人思想政治工作并没有得到足够的重视,逐渐成为老龄工作薄弱的一环,然而老年人思想政治工作不仅是老龄工作的重要部分,更是思想政治工作的重点内容。如何使老年人保持积极的世界观、人生观和价值观,强化老年人的思想政治素质,既关系到老龄工作的效果,又关系到建设社会主义和谐社会的目标。为此,应立足时代要求,从老年人的思想状况特点出发,开展有效的思想政治工作是老龄工作的必然延伸,具有重要的意义。

(一)结论分析

首先,政治认知方面:老年农民对于自己的农民身份和在家庭中的地位的认可度有待提升;在对法律以及法律的作用的理解方面不够深入,依法维权意识以及选择适当的维权方式的能力有待提高。其次,政治态度方面:老年农民对国家、政府以及村庄的事务关心不足,大多不能正确认识其重要性,但是对与农民相关的政策较为关心,也更能区分其重要性。再次,政治参与方面:身体状况较好、经济状况较差的老年人向政府、村干部或老年人协会求助的可能性更大;经济状况好的老年农民配合村级组织活动的积极性更高;身体状况较好的、经济状况较好的、合居的老年人更加愿意参与村庄管理;老年农民参与村庄公益事业的积极性有待提高。最后,政治评价方面:绝大多数老年农民认为党和国家真正关心农民,认为政府在做更多的好事服务农民,其中村庄主要管理者对政府提供好的服务的认可度更高;地方安全性尚待提高,但老年农民对地方安全性评价较高,并与其受教育水平成正比。

(二)基本对策建议

第一,发展农村社区养老新模式,推进农村社工人才的专业化。首先,发展农村社区养老新模式。随着经济社会的发展,传统的农村家庭养老模式正面临挑战,老年人的根本利益无法得到切实保障。但就目前情况而言,家庭养老仍然是老年农民主要的、较理想的养老方式。因此,应将目前的农村家庭养老方式做些适度转变,将社会保障政策与家庭养老方式相结合,由政府和社会相结合发展社区养老服务,使社会力量向家庭提供最直接的帮助。这样,老人的子女可以将更多的精力用于工作、学习上,同时老年人也能在家得到全方位照顾,充分享受亲情的温暖。目前,农村社区建设刚刚起步,可以考虑利用当前村改居等机遇,逐步建立和完善农村社区为老年人服务的功能。除了国家和政府加大投入和建设力度之外,农村也应结合自身的实际情况积极行动起来,充分利用现有的资源,抓住机遇积极筹集资金,为老年人的物质和精神生活提供有力的保障。其次,推进农村社会工作人才专业化。在改善老年农民生活状况问题上,除需要政策上的支持外,更需要建立一支专业化的社会工作队伍,加强农村精神文明建设,督促子女赡养、孝敬老人,树立起尊老、敬老、爱老的良好社会风尚,同时组织适合老年人兴趣与爱好的各种活动,以丰富老人们的生活。

第二,完善老龄工作机构建设,增强老龄工作协调性。首先,进一步完善老龄工作机构的建制与设置;成立专门老龄工作部门,配备专门人员,负责老龄工作。由基层老龄工作机构分配使用针对老年人的专项资金,建设发展养老机构、老年人协会等项目。要加强对基层老龄工作人员能力的培训,组织基层老龄工作人员定期走访老年人,掌握老年人的生活动态,及时了解老年人的生活需求。其次,加强老年人课题研究;要充分发挥科研机构、高等院校的科研人员的作用,掌握老年人的人口数量、发展趋势、生活现状、思想动向等问题。再次,建立规划监督、监测机制,即由各级老龄机关公布老年人思想状况发展规划,并接受社会监督。建立老年人政策落实监测制度,在全国范围内选择一定数量观测点,展开跟踪观察。建立老年人工作协调机制,由老龄工作机构牵头,定期组织与老龄工作相关的联席会议,统筹各部门的涉老政策,共同协商拟定相关政策、综合协调有关老龄工作和老龄问题。

第三,完善养老保障体系,改善老年人生活环境。首先,建立多样化的养老方式。努力做到商业性养老与普惠性养老并存。鼓励企业或其他组织建立面向经济条件较好的老年人的商业性养老机构,对待居家养老以及联户养老的老年人,则可以考虑建立普惠性的养老机构,由政府予以相应财政补贴或奖励。其次,构建多层次生活保障体系。建立和完善社会养老保险制度以及新型农村养老保险制度,为老年人提供基本生活保障。加强新型农村合作医疗对老年人的补贴报销范围,降低高龄补贴的年龄要求,实行阶梯性高龄补贴,按年龄层次给予不同老年人以不同高龄补贴。探索设立村级慈善基金,组织村中的能人、富人捐资筹资,以捐助村中的残、弱、贫困老年人。最后,完善老年人权利保障制度。加强老年人权利维护,由志愿者、社会团体、地方政府等组织成立老年人权利援助服务中心,及时为老年人提供法律援助服务。加强对养老机构的规范化管理,由政府组织对养老机构的服务进行成本核算，并由政府财政予以一定补贴，以制定合理收费标准。

第四，拓宽老年人信息获取渠道，创新与老年人沟通方式。首先，拓宽老年人获取信息的渠道。改变传统的以行政村为单位的建设方式，以自然村或村民小组为单位，建立政策宣传栏、报刊阅览亭等基础设施。加强有线电视网络建设，拓宽老年农民信息获取渠道。建立政府财税增量投入机制，应在文化、教育、体育等方面的财政支出预算中列出一部分用于老年人活动场所和设施的建设，将市地方财政中的财税增量部分抽取一定比率投向与老年人相关的文化、教育、体育等设施建设，保证地方财政投入的逐年增长。其次，优化思想工作方式。将村内远程教育、农民培训等设施向老年人开放，定期组织老年人观看电影、参加专题讲座等活动。设立文艺活动周，组织老年人进行戏剧、体育、书法、文学等才艺表演，并对优秀者予以奖励。最后，创新与老年人沟通方式。建立村级座谈机制，由村委会牵头，邀请老年人参加，定期组织老年人座谈会。建立老年人代表机制，以行政村为单位，选举产生老年人组织和老年人代表，由乡镇政府定期召开老年人代表大会，使政府与老年人形成良性沟通渠道。

第五，构建老年人参与平台，拓宽老年人参与渠道。首先，构建老年人参与平台。组建村庄老年人议事会，由本村有威望、有能力的老教师、退休干部、老党员等人组成，并可列席村委员会会议，并参与讨论。建立老年人联络代表制度，老年人议事会成员作为老年人代表，负责一定数量老年人的沟通工作，由老年人代表在日常生活中了解和表达其他老年人的意见要求，并由老年人议事会组织老年人会议，协调和表达老年人利益诉求。其次，构建老年人协会组织。由村委员会牵头，组织成立群众性的休闲文娱协会组织。鼓励地方政府成立老年人协会专项培育基金，每年拨付一定资金扶持，保障其正常发展。加强协会管理人员培训，引入志愿者、大学生村官或乡镇干部对口指导等方式，将较高素质人才吸引到协会组织中来。扩大老年人协会的活动范围，在对待基层政府有关民生建设的会议方面，可以允许协会组织协会负责人列席旁听。最后，构建社会管理新机制。组织老年人成立老年人村庄事务协调理事会，负责协调调解村庄内和村民间日常矛盾纠纷。积极组织村庄内不同经济条件的老年人之间结对互助合作，形成和谐互助的村庄氛围。组织老年人开展村庄教育和宣传活动。由村庄内部分老红军、老干部等定期到村庄内学校与学生开展谈心活动，用自己的亲身经历讲述历史激发学生学习的兴趣。组织老年人参与回报村庄的服务性活动，让老年人真正做到“老有所为”。

第九章　青年农民政治发展状况

青年农民是在农村地区成长起来的新一代农民，他们是农民群体的主要组成部分，也将是未来农村社会的主要政治社会力量，研究他们的政治发展状况对于协调乡村发展，推动农村经济进步，维持社会稳定有着重要的作用。[①] 在此，我们主要对青年农民的政治发展状况进行研究，了解现阶段我国青年农民的政治发展状况，从而引起国家对农村青年发展的高度关注，也为国家农村发展政策的制定提供依据。

在研究青年农民的政治发展状况之前，我们首先要弄清楚青年农民这一概念的界定。当前对青年农民的界定，不同的学者和研究机构有着不同的划分，而对青年农民界定的关键因素就是年龄。联合国教科文组织将14—34岁确定为青年人口（1982年），而世界卫生组织的界定标准是14—44岁（1992年），另外，联合国人口基金的界定是14—24岁为青年人口（1998年）。这是国际组织的代表性界定标准，关于国内的有关代表性界定，国家统计局界定15—34岁为青年人口（人口普查），但共青团的相关界定14—28岁为青年人口（《团章》）。

本报告认为我们要研究的是青年农民的政治发展状况，又在既有的界定标准基础上，那么青年农民首先必须是有着独立政治意识的个体。根据一般的认定，将18岁作为具有独立民事行为能力的界限。至于青年农民的年龄上限，我们综合既有的上限界定和我国的一般性年龄结构特征，将青年农民的年龄界定为18—36岁，所以本报告研究的青年农民的一般性特征为：1. 年龄在18—36岁；2. 具有农民的政治社会身份。

本报告的研究共分为四部分：第一部分，对青年农民进行研究界定，阐明本报告的研究框架；第二部分，简要总结既有的对青年农民政治发展状况的研究，并在指出过去研究存在的不足基础上阐明本报告的创新之处，并对报告的研究基础和方法进行概述；第三部分，在对青年农民的政治发展状况进行假设的基础上设定

---

① 杨名、潘海洋：《中国东部地区农村青年生存状况研究——以浙江省儒岙镇为例》，《河北青年管理干部学院学报》2010年第6期。

研究问题,并进一步从基本政治属性和处境、政治意识、政治参与以及政治评价和权威认同感四个方面对青年农民的政治发展状况进行实证分析;第四部分,总结与建议。通过实证分析研究,总结出青年农民总体政治发展状况。对青年农民政治发展状况做整体系统分析后,为青年农民有一个良好的政治发展前景提出一些简单的建议。

一、既有研究概述及研究方法

本报告对青年农民政治发展状况的实证研究主要从青年农民政治结构、政治意识、政治参与和政治评价与权威认同感四个方面展开,下面将对既有学者关于青年农民政治发展状况的研究分别按照这四个方面进行梳理:

其一,青年农民政治结构。青年农民政治结构状况是对青年农民整体的一个静态描述,也就是指青年农民的基本政治属性和处境。这个静态描述主要包括农村青年农民的教育程度、政治面貌、信仰、从事的职业及收入来源和青年农民在国家治理中担任的政治角色。首先,我国农村青年的知识文化水平普遍比较低。随着我国经济发展水平的提高,农村青年的受教育程度和过去相比有了很大提高,但随着城乡差距的不断扩大,农村青年的教育文化水平与城市青年之间的差距也在不断扩大。2006 年 4 月,农业部副部长危朝安说,在我国 4.9 亿农村劳动力中,高中以上文化程度占 13%,小学以下文化程度占 36.7%,接受过系统农业职业技术教育的不足 5%,相对偏低的农民素质已经成为解决三农问题的瓶颈。我国每十万人口中受过高中、中专、大专、本科、研究生教育的人数,城市分别是农村的 34 倍、62 倍、13.3 倍、43.8 倍、68.1 倍。[①] 现在这种差距仍然存在,在某种程度上还有加剧的趋势。学者对青年农民教育程度的研究也基本上与上述数据所展现的趋势相符合。其次,我国青年农民政治面貌状况。我国青年农民的政治面貌与他们所受的教育程度成正比例关系。我国青少年在上初中后基本上具有了加入中国共产主义青年团成为共青团员的资格。但要加入中国共产党,基本上要满十八岁,具备独立的政治资格。由于高中阶段加入中国共产党的名额十分有限,所以,大多数农村青年成为中国共产党则要进入大学,才有机会成为一名党员。因此,农村青年的政治面貌是以共青团员为主。第三,青年农民的信仰。青年农民是我国农村群体的主力军,精神生活怎么样、信仰状况怎么样,关系着我国农村的

① 参见田雨:《新农村建设中青年农民素质状况研究》,《黑龙江社会科学》2007 年第 2 期。

上层建筑建设。我国学者这些年这方面的研究显示农村青年大部分信仰毛泽东思想和邓小平理论。这表示我国青年农民的主体信仰还是共产主义信仰,对党和国家的政治权威有着高度的认同感。但是还有相当一部分的青年农民信仰宗教。虽然比例小,但绝对数却非常大,这种状况需要引起高度重视,以便积极地进行引导,通过正确途径信仰宗教。青年农民的宗教信仰呈现出以下特点:(1)在信教的青年教民中,女性占多数,文化程度与信教者数量成反比。在农村,女性青年的文化程度低于男性,信教者人数也要多于男性。(2)宗教的传播途径以"家庭血缘"媒介为主,青年教民选择宗教信仰有着很大的盲目性。(3)教民年龄趋于低龄化、年轻化。现在十六、七岁的少年不爱学习爱信教。(4)青年教民以信基督教为主。(5)信仰宗教的人数与经济发展成反比。经济发展水平低的地方,信仰宗教的人数多。(6)部分地方教会的号召力较强,威信甚至超过了当地政府。很多村民对当地村庄事务参与的热情低于宗教事务。① 第四,青年农民从事的职业及其收入来源。我国青年农民总体就业环境严峻。我国目前就业总量和失业人数都在增加,并且幅度很大,但需要就业的人数增加速度超过了就业岗位的增加速度。在城乡就业压力并存的情况下,农村青年作为弱势群体,总体就业环境更加严峻。但是严峻的同时,又呈现出新的特点。农村青年就业流动性不断加大。这种流动性使青年农民演变为进城的新生代农民工、留守农村的创业务农青年以及从农村出来的底层知识青年。青年农民不同的就业类型也形成了不同的收入来源。第五,青年农民对在国家治理中担任的政治角色的认识。农村青年在国家治理中是一个被边缘化的群体。这种边缘化既有青年农民自身的原因也有国家体制的原因。进城务工的二代农民工和留守农村的青年缺乏较强的政治意识,对政治角色概念尚不清楚,关注更多的是基本生存。较高文化水平的底层知识青年有着强烈的参政意愿和政治诉求,但参与机制却不健全。

其二,青年农民政治意识。青年农民政治意识是指政治认知、政治情感和政治态度。具体体现为青年农民对国家法律、国家政治权威认同、自身政治权利的认识。对此有研究的学者叶笑云、严荣、郭惠川、高旺得出的结论如下:青年农民的政治意识有积极意识和消极意识之分。积极方面是指青年农民的政治知识日益增多,政治热情、法制意识明显增强,自主意识、参与意识成为农民政治参与的主要动机;农民的政治心态也由保守转为开放;对国家的政治信任感和认同感增

① 赵社民:《农村青年宗教信仰状况调查——以河南省为例》,《当代青年研究》2004年第6期。

强。消极方面是指政治冷漠、依赖心理增强，并向家族转移；小农意识，缺乏整体感。[①] J.C.亚历山大认为，如果一个民族共同体的成员在性格、动因上具有消极被动、依赖性、非理性情绪化等特征，在社会关系上就具有秘密、多疑、遵从（权威）、自利欺骗、算计、阴谋、不信任等特征。[②] 在目前的中国农村，这种文化现象很是明显。这种政治心理现象也引起和加剧了乡村社会的矛盾。因此，在研究青年农民政治意识时，要更多地关注青年农民政治意识的消极方面，消除威胁农村发展的因素。

其三，青年农民的政治参与。政治参与是指人们政治意识的具体行动体现，是人们的政治行为表现。农村青年的政治参与基本上体现在村级事务治理中。由于农村情况的复杂性，农村青年的政治参与现状也比较复杂。随着国家法律机制的不断健全，农村基层民主发展的不断完善，农村青年政治权利意识的不断提高，农民政治参与形式、参与渠道呈现多样化。（1）农村青年政治权利意识和独立自主意识增强，大多数的政治参与都是以自身利益为出发点的，希望通过获得合法的政治权利为自己带来经济利益，因此参与内容更加功利性。[③]（2）农村青年政治参与态度的矛盾性。市场经济的发展和农村青年独立、利益意识的萌生，刺激了人们政治参与行为。这可以由经济人假设来推理。在村民自治体制下，农村青年主动参与村庄事务管理。根据一些学者对村民选举态度和投票情况的调查，村民自愿投票的程度和村委会选举的民主程度已经大大提高。但是，一些农村青年的依赖性和被动性仍然十分严重，很多人在行使自己的合法权利时，从众心理和政治冷漠心理仍起到非常重要的作用。[④]（3）农村青年政治参与渠道的矛盾性。政治参与渠道是否法制化和规范化直接影响到青年农民的政治参与水平。在农村，村民自治制度及相关的法律和政策，为青年农民的政治参与提供了合法的渠道。但是，这些渠道也是不完善的，村庄政治参与中的违规现象也很普遍。

其四，青年农民的政治评价和权威认同感。所谓政治评价是指青年农民对国家方针政策的满意度。权威认同感是指青年农民的国家整体感以及对国家政治

---

① 叶笑云：《浅谈当前中国农民政治心理现代化》，《理论与现代化》2001 第 12 期。严荣：《当代农村青年的政治心理》，《青年研究》2002 年第 2 期。郭惠川：《浅析我国现阶段农民的政治心理的变化》，《成都行政学院学报》2003 年第 4 期。

② 邓正来、〔英〕J.C.亚历山大编：《国家与市民社会》，中央编译出版社 1999 年版，第 217—218 页。

③ 高旺：《农村青年在村民自治中地位和作用——从政治意识与政治参与状况所作的分析》，该文为共青团中央 2002—2003 年度青少年和青少年工作研究重点课题——“农村青年在村民自治中的地位和作用”的研究成果。

④ 高旺：《农村青年在村民自治中地位和作用——从政治意识与政治参与状况所作的分析》。

权威的服从认可感。在国家稳定发展,人们生活水平不断提高的大背景下,青年农民有着高度的国家集体感和权威认同感。随着国家新农村建设的顺利展开,各项惠农政策不断出台实施,青年农民生活幸福感不断提升,有着强烈的国家归属感和权威认同感。但是这种政治评价和权威认同在国家政权层级上却不同。对中央政权的认同感要高于对基层政权的认同感。

通过对既有学者研究结果的总结,我们可以看出既有学者对青年农民政治发展状况的研究主要侧重对政治参与行为的研究,其他方面研究文献甚少。本报告除了青年农民的政治参与行为外,对其他方面也进行了详细的论述,并把这几方面紧密联系起来,相互分析研究。本报告对青年农民的政治发展状况有着全面系统的分析,使青年农民政治发展研究有着较高的理论和现实价值。

本报告对青年农民政治发展状况进行研究的数据来自于问卷调查得来的数据。数据来源于课题组于2011年7—8月对全国14个省的38个村庄的1134户进行的专项调查。按照本报告所使用的青年农民年龄层界定,我们在有效的1111份问卷数据中,共获得了223个青年农民的政治发展状况数据资料。

二、青年农民政治发展状况的实证分析

许多学者的研究和历史实践表明,青年人口是社会的中坚力量和宝贵资源,是重大社会变革的推动者,青年的观念和行为状况往往代表着社会前进的方向。农村青年是中国青年的重要组成部分,他们作为农村社会文化水平较高、对外部情况比较熟悉、思想解放而有活力的群体,在农村各项事务的参与中发挥着重要的作用。因此,研究农村青年政治发展状况,不仅对中国农村的发展和现代化有着重要的意义,而且对我国现代国家建构有着至关重要的影响。

本部分对青年农民政治发展状况的实证分析是建立在以下的研究假设基础上的:第一,青年农民与农村其他群体相比有着较高的政治意识,但低于城市居民;第二,青年农民的政治参与行为与他们自身的文化水平相关,比以往历史阶段的青年农民要高,且是有选择性的参与;第三,青年农民对国家有着较高的政治评价和权威认同,这主要是对中央政权的权威认同,对基层政权权威的认同感偏低。

为了检验农民政治发展状况的假设,我们主要设定了如下研究问题:第一,对青年农民的政治结构状况进行描述,主要分析受教育程度、政治面貌、信仰状况、务工经历及收入状况;第二,对青年农民政治意识的考察,主要是研究青年农民的

法律意识、权利意识、身份意识、对国家政治时事的了解度、对农村社区生活的认识、对国家干部工作的态度、对自身能力的认识以及青年农民的社会信任感等；第三，青年农民的政治参与状况，我们主要从四个方面进行分析；第四，对青年农民的政治评价和认同考察，主要从国家政策、基层政府、干群关系和对农村社会评价四个方面来分析。

（一）青年农民政治结构状况

青年农民政治结构状况也就是基本政治属性和处境，主要包括受教育程度、信仰状况、务工经历及收入状况。

1. 青年农民受教育程度

从图9-1中，我们可以看出，农村青年的受教育水平主要集中在初中、高中或中专，初中占45.3%，高中或中专占27.8%，二者总和占73.1%；小学及以下和大专及以上的受教育人群偏少，小学占10.3%，大专及以上占16.6%。这一分布状况表明，农村青年作为农村新一代的主力，在国家改革开放发展的新背景下，比他们父辈享受到的教育资源要多一些，基本上摆脱了文盲状况，享受了国家的九年义务教育和高中或中等职业技术教育。但同时农村青年也是不幸的一代，由于国家体制机制的不完善，城乡差距的扩大，教育资源的失衡，农村青年进入高校继续深造的机会很少，进入上层社会、改变命运的机会相对也就微乎其微了，这就使农村青年在中国青年群体中处于一个尴尬的处境。他们受过一定程度的教育，强烈地想改变自己的命运。但是在当今知识信息时代的大环境下，他们所具有的这些知识资本在激烈的社会竞争中是完全不够的，尤其是青年农民工和底层知识青年的处境更加糟糕。

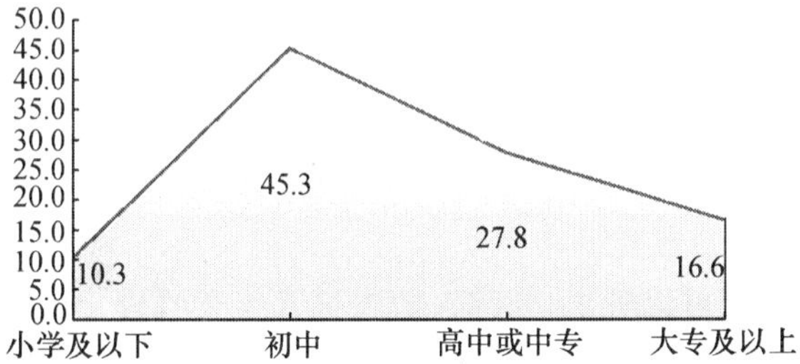

图9-1　青年农民知识文化水平（单位：%）

2. 青年农民信仰状况

从图 9-2 可以看出,青年农民的宗教信仰呈现如下特点:93.8% 的青年农民没有宗教信仰,4.9% 的青年农民信仰佛教,0.4% 的青年农民信仰道教,0.9% 的青年农民信仰天主教(基督教)。这一宗教信仰分布状况说明了绝大多数青年农民已摆脱了封建思想的束缚,思想上更加开放。结合青年农民的受教育情况,青年农民大部分都处于初中和高中水平,接受党的思想政治教育的机会不足,成为党员的可能性不大。因此,我国绝大多数的农村青年在各种思想潮流、信仰冲击下,已经没有了自己的信仰。另外,我们还应当看到,仍然有一小部分的农村青年是有宗教信仰的,佛教和道教是农村青年主信的两种宗教。最近逐渐兴起的外来宗教——天主教(基督教),在信教的农村青年群体中不占主流地位。从上述分析,我们可以得出仍有少数的中国农村青年有着传统情结,偏爱于中国本土的宗教,外来宗教目前在中国的影响力仍然很微弱。

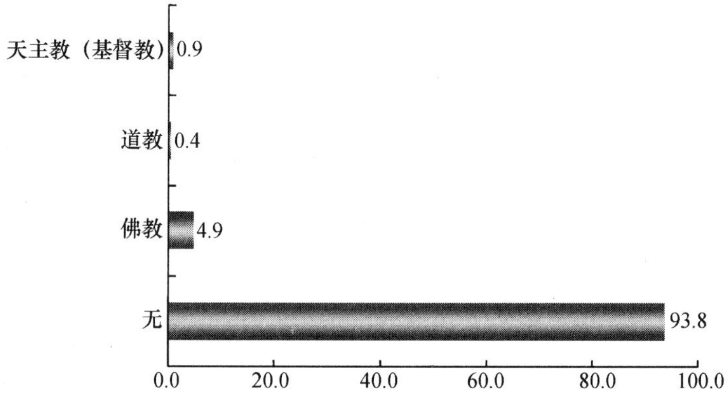

图 9-2 青年农民宗教信仰状况(单位:%)

3. 青年农民的务工经历和收入状况

据国家统计局数据统计,2009 年全国农民工总量为 2.3 亿人,其中进城务工 1.45 亿人,40 岁以下的农村青年占 83.9%,约 1.22 亿人,这一庞大的群体即新生代农民工是农村青年的重要组成部分。

从图 9-3 中,我们可以看出,68.2% 的农村青年有着外出务工经历,31.8% 的青年农民没有外出务工经历。外出务工的农村青年构成了城市农民工的主体,这一形势对国家的乡村城市化发展既有积极的一面又有消极的一面。毋庸置疑,进城务工的农民为我国的城市化建设做出了巨大的贡献。但农民大量进城,一方面造成了农村青壮年劳动力不足及留守老人和留守儿童问题;另一方面对城市自身的吸纳和承受能力也是一个挑战。尤其有着一定知识文化水平的青年农民工，他们有理想、有思想。在日益扩大的城乡差距下，他们对现状的不满心理更加强烈，而国家短期内又找不到合理的解决途径，就会产生很多问题。

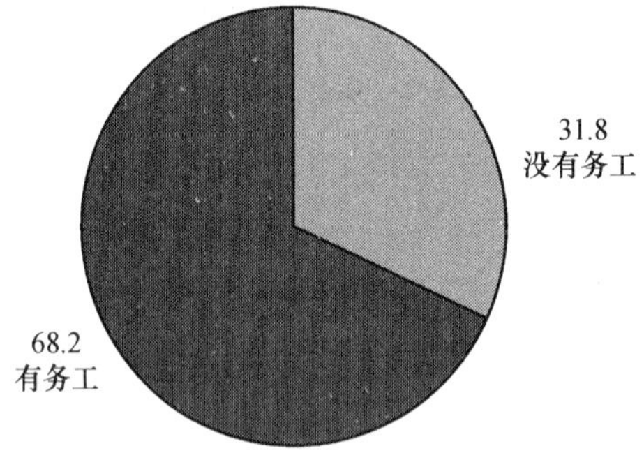

图 9-3 青年农民务工经历（单位：%）

从青年农民的收入状况，我们也可以看出青年农民的基本生活状况。在2011 年全国两会报道中，国家统计局发布抽样调查报告，调查结果显示，2010 年农村居民人均收入为 5919 元。

从图 9-4 中，我们可以看出，青年农民的家庭收入主要集中在 10000—29999 元和 30000—49999 元之间，所占比例分别为 38.6% 和 33.1%，而在 50000—69999 元的高收入水平，青年农民也有着一定的比例，为 18.8%。收入处在极高和极低水平的青年农民比例较少，分别为 8.7% 和 0.8%。按照目前中国农村的收入状况，我们可以看出，青年农民的收入在农村中处于中等偏上水平。

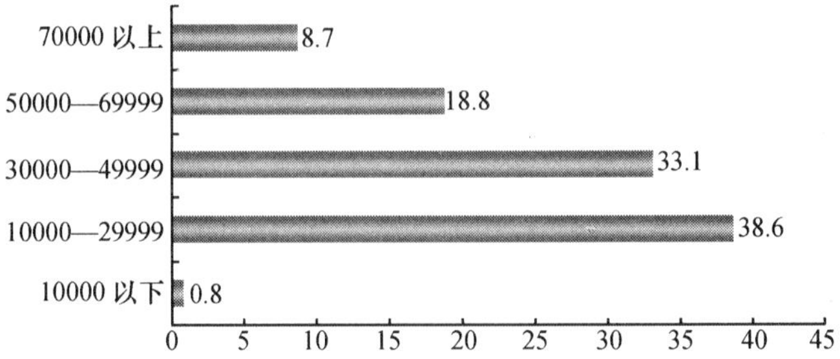

图 9-4 青年农民收入分布状况（单位：%）

从青年农民的受教育程度、信仰状况、务工经历和收入状况，我们可以看出青年农民的一个整体情况以及这个群体存在的问题。首先，青年农民的受教育程度在农村社会中处于中等偏上水平，大多数都完成了国家的九年义务教育。但是从国家整体来看,和城市青年相比,仍然处于低水平。其次,青年农民的信仰缺失现象比较严重。青年农民在受教育期间,完成了马克思主义的基本知识教育,绝大多数没有宗教信仰。只有一小部分农村青年信仰本土传统宗教,西方外来宗教没有太大市场。第三,青年农民收入水平在农村社会中比较高,但是和城市居民相比,仍然有着很大的差距。

(二)青年农民政治意识

青年农民政治意识可以从青年农民对国家法律的知晓度、对自身权利的维护、对国家政治时事的了解度、对自身身份的认识、对农村社区生活的认识、对国家干部工作的态度、对自身能力的认识以及青年农民的社会信任感来考察。

1. 青年农民的法律意识

青年农民作为在一定程度上受过教育的一代,对法律知识的了解要相对高一些。

表9-1中,26.0%的青年农民认为法律非常重要,58.7%的青年农民认为法律是重要的,二者之和84.7%占了绝大比例。这说明青年农民绝大部分认识到了法律的重要性,有着基本的法律意识。

表9-1 青年农民对法律重要性的认识

	非常重要	重要	不清楚	不重要	非常不重要	合计
频数	58	131	25	7	2	223
占比(%)	26.0	58.7	11.2	3.2	0.9	100.0

($N=223$)

图9-5中,41.3%的青年农民认为法律是用来保护老百姓权利的,38.1%的青年农民认为法律是用来惩罚犯罪的。只有12.6%和6.7%的青年农民认为法律是用来管百姓和干部的。这一数据表明青年农民对法律的基本用途是了解的,对法律的作用有着一个较好的把握。

表9-2是青年农民对人情大于国法的认识。46.7%的青年农民对人情大于国法是赞同的,21.5%的青年农民对这一概念不是很清楚,31.8%的青年农民持不赞同的看法。对人情大于国法的认识,赞同的人数多于不赞同的人数。

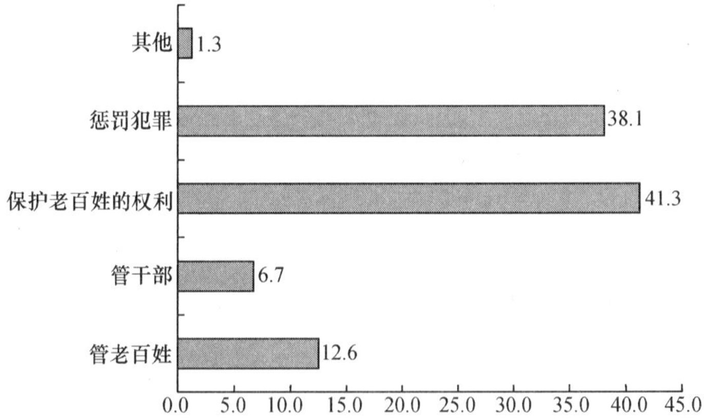

图 9-5　青年农民对法律作用的认识分布（单位：%）

表 9-2　青年农民对人情大于国法的认识

	非常赞同	基本赞同	不清楚	不太赞同	非常不赞同
频数	23	81	48	48	23
占比（%）	10.3	36.4	21.5	21.5	10.3

（$N=223$）

通过上面的分析，我们可以看出，由于青年农民知识文化水平较高，绝大多数的青年农民有着较好的法律意识，并且对法律的基本用途和作用也有着清楚的认识。但是仍有一部分的青年会认为人情大于国法，受着中国传统封建思想的影响。中国毕竟是一个熟人社会和人情社会，即使在现代社会中，人与人之间的交往仍然要受着中国传统因素的影响。

2. 青年农民的权利意识

青年农民的权利意识是政治意识的重要体现，本报告中的权利意识由两个部分组成：一是青年农民的基本政治权利意识；二是青年农民在基层事务治理中的权利意识。

基本政治权利意识。从表 9-3 中，我们可以看出 93.3% 的青年农民对于公民的基本政治权利尤其是与平常生活联系比较多的选举权和被选举权，认为自己拥有选举权和被选举权，也认为村主任必须由村民选举才能担任。

表 9-3 青年农民基本政治权利意识 (单位:%)

	是	否
年满18周岁的中国公民有选举权与被选举权	93.3	6.7
村主任必须由村民选举才能担任	91.9	8.1

($N=223$)

基层民主权利意识。青年农民的基层民主权利意识是青年农民在基层事务中的政治表现态度。从图9-6中,我们可以看出49.8%的青年农民在基层选举中都十分珍惜自己手中的选票,也都意识到自己在基层事务中所应享受和使用的权利。但是46.2%的青年农民却不愿意在基层事务中积极提出自己的意见。这说明青年农民在基层事务中有着很高的权利意识,但具体实施行动力却不足。

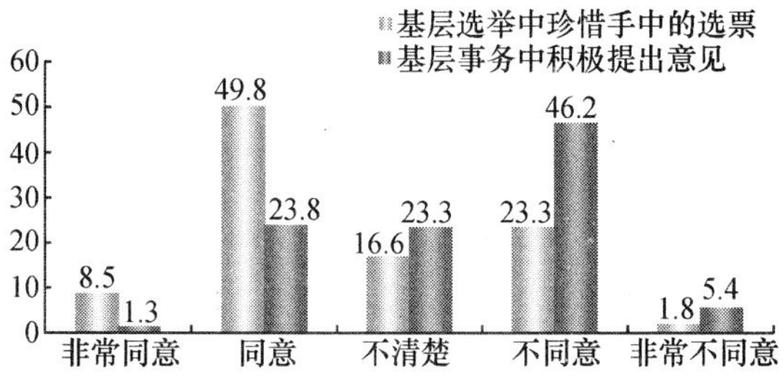

图 9-6 青年农民基层民主权利意识(单位:%)

从上述分析可以看出,青年农民有着很高的基本政治权利意识和基层民主权利意识,但是不愿意积极参与基层政治事务,只有高度的权利意识,却没有积极具体的实际行动。青年农民实际行动力不足,是由很多现实原因造成的。

3. 青年农民对政治事务的了解度

对政治事务的了解体现了青年农民对国家政策的了解,青年农民对政治事务的了解分为对国家事务和基层事务的了解。

从表9-4、图9-7中,我们可以看出58.8%的青年农民非常关心国家农村政策,38.1%的青年农民非常关心村务公开,29.2%的青年农民非常关心乡镇政务公开。这三组数据表明青年农民愿意了解国家政策,对国家政策有着高度的关注度,希望国家实施的政策措施能够给自己带来福利。但对基层事务的关注度不高。在基层事务中,青年农民对村庄事务的关注要高于对乡镇事务的关注。这与现阶段国家政策在农村的实施情况有关,中央政策的制定和实施在国家层面都是比较好的,但是到了基层,尤其在乡镇,政策的实施力度和实施效果就会减弱。但村庄事务毕竟与农民的切身利益息息相关,青年农民又是有着较强政治意识的一个群体,因此对村庄事务的关注度要高于对乡镇事务的关注度。

表 9-4　青年农民对政治事务的了解度　　　　（单位:%）

	非常同意	同意	不清楚	不同意	非常不同意
非常关心国家农村政策	7.2	51.6	16.1	23.8	1.3
非常关心村务公开	5.4	32.7	20.6	38.6	2.7
非常关心乡镇政务公开	5.4	23.8	26.0	41.7	3.1

（$N = 223$）

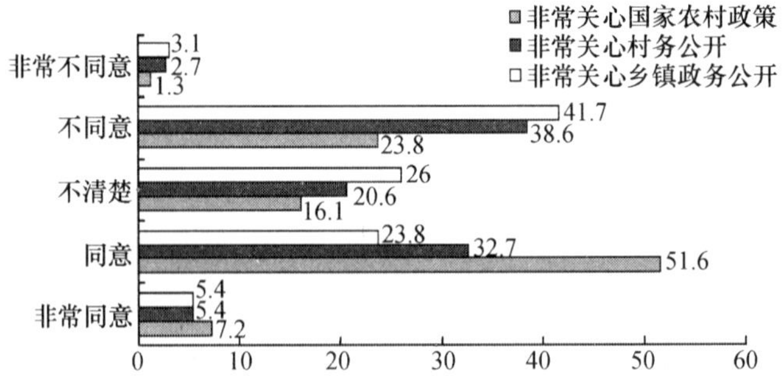

图 9-7　青年农民对政治事务的了解度（单位:%）

可见,青年农民对国家政策有着较高的关注度,对村庄事务的关注要高于对乡镇事务的关注。

4. 青年农民对自身身份的认识

青年农民对自身身份的认识主要考察青年农民对自己农民身份的认识和城乡身份差距的认识。

对农民身份的认识。在表 9-5、图 9-8 中,54.2% 的青年农民对农民身份感到自豪,31.4% 的青年农民对这一说法不赞同。这说明青年农民有着独立的人格和现代化的眼光思维,对农民身份有着正确的态度,不再以农民身份感到自卑。但是仍有 68.6% 的青年农民有着想成为城市人的愿望,这一比例比农民对自身农民身份感到自豪的要高一些。

表 9-5　青年农民对农民身份的认识　　　　（单位:%）

	非常同意	同意	不清楚	不同意	非常不同意
对农民身份感到自豪	5.8	48.4	14.3	26.9	4.5
成为城市人的愿望	6.3	62.3	16.6	13.9	0.9

（$N = 223$）

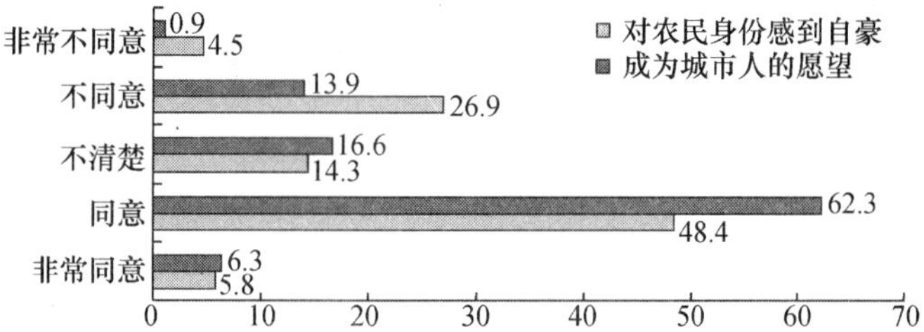

图 9-8 青年农民对农民身份的认识(单位:%)

对城乡身份差距的认识。从表 9-6、图 9-9 中可以看出,53.8% 的青年农民同意农村人和城市人是平等的,33.6% 的农村青年认为农村人和城市人是不平等的。

表 9-6 青年农民对农村人和城市人是平等的认识 (单位:%)

	非常同意	同意	不清楚	不同意	非常不同意
城市人和农村人是平等的	10.8	43.0	12.6	26.9	6.7

($N=223$)

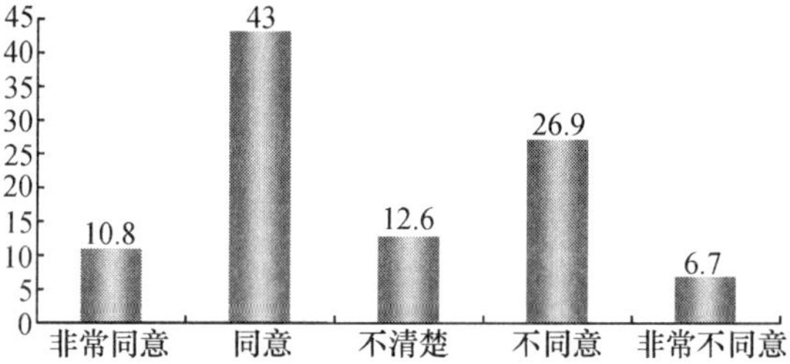

图 9-9 青年农民对农村人和城市人是平等的认识(单位:%)

从上述我们可以看出,青年农民不再以农民身份感到自卑,认为农村人和城市人是没有差别的。但是当问到是否愿意成为城市人时,更多的青年农民表示愿意成为城市人,这体现了青年农民对自身身份认识的矛盾性。这是因为国家的社会主义现代化建设和新农村建设,农民的生活水平得到了很大的提高,很多地方的农民收入并不比城市差,生活压力也小很多,村民幸福感更高一些。但更多的青年农民表示愿意成为城市人。青年农民也是农村流动人口较大的群体,他们一部分成了城市的二代农民工,一部分成了漂流在城市的底层知识青年。由于城乡差距扩大,在城市多年的生活,现代化大都市完善的基础公共服务设施在农村是享受不到的,这就使农村青年有着对城市生活的向往和憧憬。

5. 青年农民对农村社区生活的认识

农村社区生活就是指农村社会生活状况。本部分内容主要是从农村社会风气和农村社会生活现状来研究,从而判断农民对农村社会生活的整体认识。

对农村社区生活风气的认识。在图 9-10 中,37.7% 的农村青年认为社会风气下降很快;33.2% 的农村青年持反对态度;29.1% 的农村青年表示对这一情况不是很了解。这三组数据的比例差距不是很大,这说明有着相对较高知识文化水平的农村青年对农村社会风气的认识是多样化的。

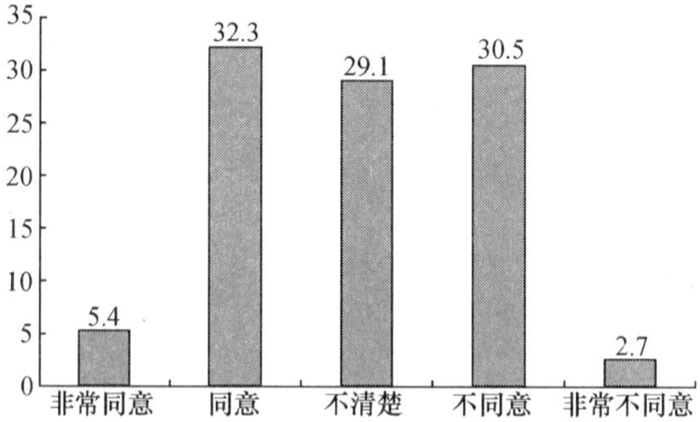

图 9-10　青年农民对农村社会风气下降很快的认识(单位:%)

对农村社区生活现状的认识。从表 9-7、图 9-11 中,我们可以看出,53.8% 的青年农民认为目前农村社会矛盾日益严重,58.8% 的青年农民对目前生活现状不满意,73.9% 的青年农民认为农民生活水平有所提高。超过一半的青年农民认为农村社会生活现状是不满意的,农村社会矛盾也越来越突出。在整个社会矛盾日益突出的今天,农村社会作为整个社会的组成部分,必然会受到各种因素的影响。农村社会虽然存在着很多矛盾,但随着国家整体经济发展水平的提高,农村经济得到了很大发展,生活状况得到了很大改善。因此,大多数青年农民认为农民的生活水平得到了很大的提高。

表 9-7　青年农民对农村社区生活现状的认识　(单位:%)

	非常同意	同意	不清楚	不同意	非常不同意
农村社会矛盾日益严重	5.8	48.0	21.5	22.0	2.7
农民对生活现状不满意	6.8	52.0	21.5	19.3	0.4
农民生活水平提高	9.0	64.9	10.8	13.5	1.8

($N=223$)

青年农民对农村社区生活状况的认识特征有以下几个方面:首先,由于农村

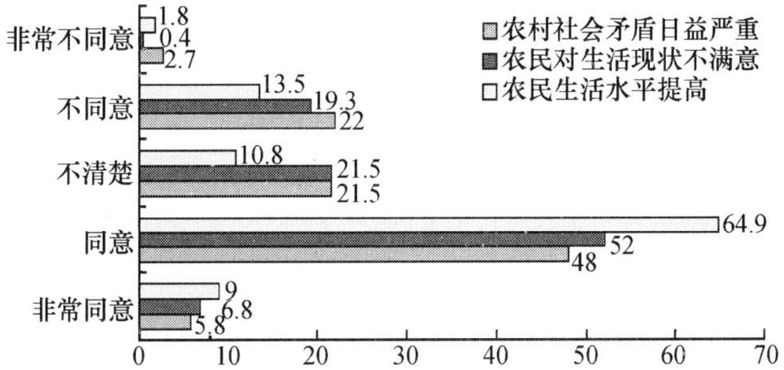

图 9-11 青年农民对农村社区生活状况的认识（单位：%）

青年自身知识文化和生活阅历的多样性，青年农民对农村社会风气的认识呈现出多样性的特点，比例也是比较接近的。整体来看，青年农民对农村社会风气状况是不太了解的。其次，青年农民对农村生活状况的认识符合农村整体的发展趋势，农村社会生活水平有了很大提高，同时社会矛盾也比较突出。

6. 青年农民对干部的态度

干部是国家政策实施的主体，他们在政治事务中发挥的作用直接影响到社会公众对国家的态度和评价。农村青年作为农村社会的主力军，代表了农村社会未来的整体发展趋势。因此，了解青年农民对干部的认识对国家发展和社会进步有着重要的参考价值。青年农民对干部的态度可以从对干部的总体认识和对不同层级干部的认识上把握。

从图 9-12 中可以看出，76.7% 的青年农民认为政府干部很多都有着腐败行为，因此，82.5% 的青年农民认为政府干部应该接受百姓的监督。可以看出，青年农民对政府干部的总体认识更多地偏向于消极方面，这就导致了绝大多数的青年农民愿意参与到对政府干部的监督中，发挥自己当家做主的权利。

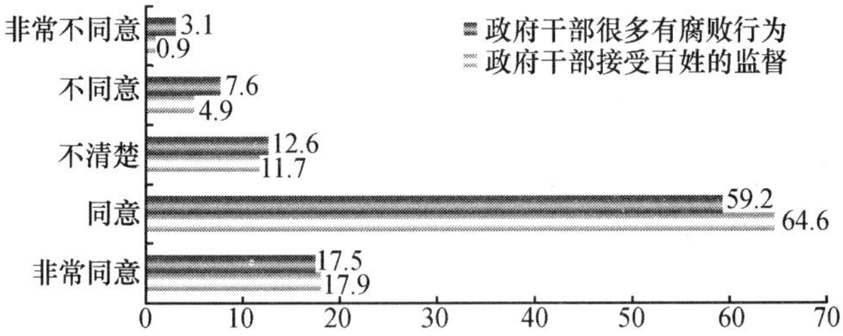

图 9-12 青年农民对国家干部总体的认识（单位：%）

在了解了青年农民对国家干部总体的认识后，我们再来了解青年农民对中央干部和基层干部的认识。在表 9-8、图 9-13 中,75.4% 的青年农民支持国家领导的决策;59.6% 的青年农民支持乡镇干部决策;66.3% 的青年农民支持村组干部决策。这一发展趋势与青年农民对国家政治事务关注度的分布情况是大致相同的。青年农民高度支持国家领导决策,也比较关注村组干部决策,但对乡镇干部的支持度却不是很高。

表 9-8　青年农民对中央干部和基层干部的态度　(单位:%)

	非常同意	同意	不清楚	不同意	非常不同意
支持国家领导决策	8.5	66.9	18.8	4.0	1.8
支持乡镇干部决策	3.1	56.5	26.0	11.7	2.7
支持村组干部决策	5.8	60.5	22.9	8.1	2.7

(N = 223)

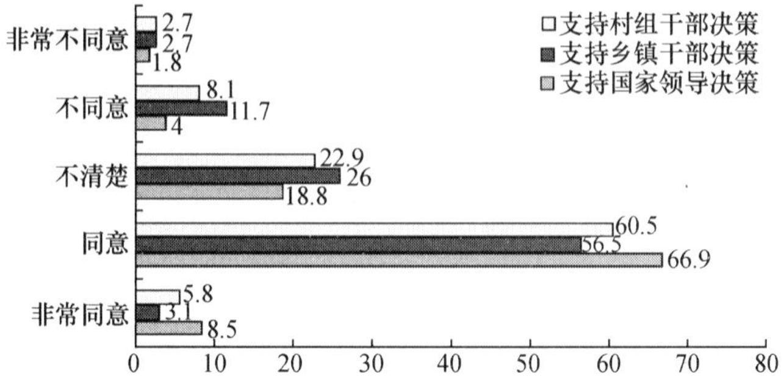

图 9-13　青年农民对中央干部和基层干部的态度(单位:%)

从青年农民对国家干部的态度,我们可以看出青年农民对国家干部总体的认识是不太乐观的,官员的贪污腐败是影响青年干部认识的重要因素。但在某种程度上青年农民却支持者村庄领导的决策,这主要是因为我国基层干部在国家干部队伍中占有很大的比例。青年农民对中央领导工作的支持说明中央干部在青年农民心中有着较高的威望,这与国家实施的一系列民生建设相关。庞大的基层干部队伍,国家的监管力度不够,这就导致了很多基层干部的不作为和乱作为。由于国家农业税的取消,村组干部与农民干部之间的直接经济利益关系就不存在了,利益矛盾也随之减弱了。但村组干部关于村庄发展建设的意见决策却影响着农民的切身利益,青年农民也支持着村庄领导的决策。

7. 青年农民对自身能力的认识

从图9-14中我们可以看出,73.6%的青年农民坚定地认为自己和别人是没有差别的;79.2%的青年农民相信未来掌握在自己手中,只有22.8%的青年农民认为不能过上自己想要的生活。从这些数据中可以看出,青年农民对自身发展能力的认识是比较积极向上的,绝大部分的青年农民不再怨天尤人,不再把希望寄托在别人身上。但是也有一少部分的青年农民对自己命运的掌握不是很清楚,这与他们长期所处的这种复杂的社会关系有关,他们仍有着强烈的等、靠、要思想。

表9-9 青年农民对自身能力的认识 (单位:%)

	非常同意	同意	不清楚	不同意	非常不同意
自己和别人没有差别	6.3	67.3	17.0	7.2	2.2
相信未来掌握在自己手中	15.3	63.9	11.3	8.6	0.9
不能过上自己想要的生活	4.0	18.8	15.2	52.6	9.4

($N=223$)

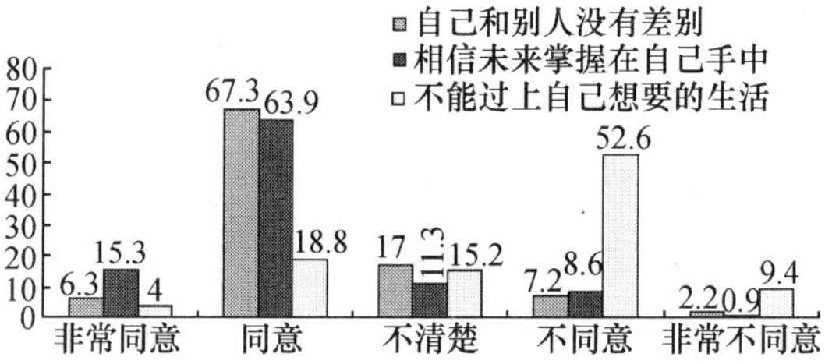

图9-14 青年农民对自身能力的认识(单位:%)

8. 青年农民的信任感

由于复杂多变的国内外环境和城乡环境,现今的青年农民是缺乏安全感的一代。

对社会的信任感。在图9-15中,35.0%的青年农民对自然灾害感到恐惧,49.8%的青年农民对自然灾害并不感到恐惧。52.1%的青年农民总是怀疑自己买到假冒伪劣商品,32.7%的青年农民不会怀疑自己买到假冒伪劣商品。通过这一数据对比,我们可以发现:青年农民来自自然灾害的不安全感较少,但最近几年自然灾害的频繁发生,也给人们的心理留下了一定的阴影;占有一半比例的青年农民在市场经济交往活动中缺乏安全感,但小部分的青年农民能够正确应对市场经济活动中的欺诈行为。

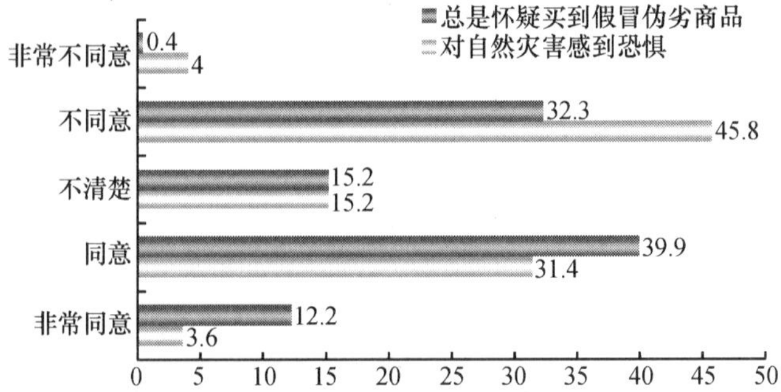

图 9-15 青年农民对社会的信任感(单位:%)

在人际交往中的社会信任感。在图 9-16 中,72.2% 的青年农民认为邻里朋友值得信任,只有 13.0% 的青年农民对邻里朋友感到不信任。57.4% 的青年农民认为人与人之间是利益竞争关系,23.3% 的青年农民不赞同这种说法。中国仍然是一个熟人社会和人情社会,农村作为市场化感应比较慢的社会区域,青年农民仍处于这种熟人交往网络中,只有对自己所熟悉的事情才会感到放心。大多数的青年农民认同人与人之间是利益竞争关系。中国传统文化虽然根深蒂固,但青年农民是走出去的一代,青年农民的流动性使他们在城市中早已受到了市场经济的熏染,了解了市场经济中人与人之间关系的本质。

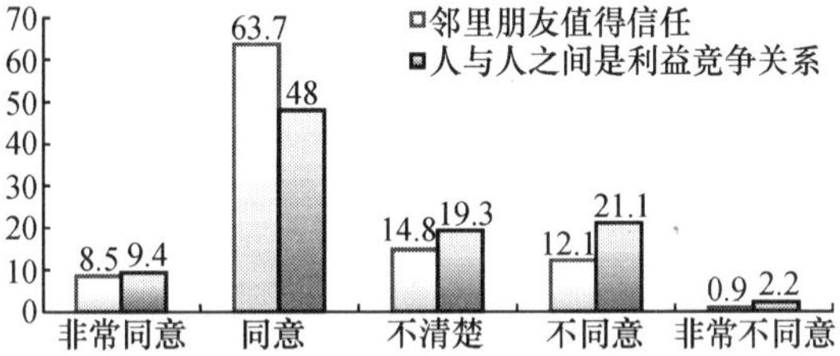

图 9-16 青年农民在人际交往中的信任感(单位:%)

从上述分析中我们可以看出,青年农民在熟人社会中是比较有安全感的,在市场经济交往中是缺乏信任感的。中国特色社会主义市场经济作为中国的一个新生事物,尤其是对于农民来说,应当更容易被接受和信任,但现在的情况却不是这样。市场经济体制的健康运行受到各种因素的影响,现阶段我国还处于社会主义初级阶段,很多方面都还处于探索阶段,各种矛盾和问题必然会出现。市场经济活动中的尔虞我诈、假冒伪劣商品的层出不穷等一些问题反映了我国市场经济秩序的规范性建设需要加强和完善。青年农民对自然灾害有着科学的认识,不会妄加揣测。但由于人们缺乏环境保护意识,自然环境的人为破坏日益严重,我国目前的自然生存环境不断恶化,自然灾害发生频率增多,增加了社会大众的忧患意识。

(三) 青年农民的政治参与状况

青年农民的政治参与行为是他们政治意识的一种直接体现,政治意识的状况也决定了政治参与行为的状况。政治参与行为是从动态层面考察青年农民的政治发展状况。青年农民的政治参与主要从青年农民的村庄组织参与行为、人际交往参与行为、利益诉求行为、政治选举投票行为和参与村干部竞选行为五个方面分析。

1. 村庄组织参与行为

从表9-10中我们可以看出,25.0%的青年农民愿意参与个体户或私营企业家协会;23.8%的青年农民愿意参与村民代表会议;11.7%的青年农民愿意参与村民经济合作社;10.8%的青年农民愿意加入村民理财小组。在排名前四的村庄组织中,有三个是与经济发展相关的组织。

表9-10 青年农民参与村庄组织情况

排序	村庄组织	占比(%)
1	个体户或私营企业家协会	25.0
2	村民代表会议	23.8
3	村民经济合作社	11.7
4	村民理财小组	10.8
5	村民委员会或者村党支部	9.9
6	不期望	9.4
7	新农村建设理事会	4.5
8	农村红白喜事理事会	3.6
9	农村民间宗教组织	1.3

($N=223$)

根据村庄组织排名情况,我们可以得出青年农民对农村经济组织比较感兴趣,有着强烈的致富愿望。青年农民期望加入经济组织来改变自己的生活,并认识到这是改变生活状况最快最直接的途径。除此之外,随着我国村民自治的建设发展,在村庄治理中,农民获得了更大的自主权。青年农民是农村社会中有着敏锐政治触觉的群体,因此会积极参与村民代表会议,代表自己的利益群体表达利益诉求，为他人谋求利益的同时也能更好地为自己谋求利益。

2. 青年农民人际交往对象

从青年农民的人际交往对象可以看出他们的交往偏好，偏好背后代表的是交往对象的利益取向。在表9-11中，95.1%的青年农民愿意和县里的干部交往，92.8%的青年农民愿意和乡镇干部交往，87.0%的青年农民愿意和外村经商的村民交往，85.2%的青年农民愿意和乡镇包村干部交往。从青年农民交往对象的排序来看，青年农民对基层政府干部有着较高的交往兴趣，这表明青年农民认识到了基层政府和干部是政策措施落实的实施主体。基层政府和干部的作为与不作为直接影响着基层民众利益的获得和分配。因此，青年农民不管是单纯地为自己谋取利益或是为他所代表的利益群体谋取利益都愿意和基层干部交往，这表明，青年农民愿意积极地参与基层政治事务。青年农民愿意与外村经商的村民交往，不愿意与本村村民交往，这是因为中国农村熟人社会有利也有弊。农村社会的人际交往越来越以利益为中心，随之而来的利益纠纷和矛盾也日益凸显，熟人社会却不利于这种经济交往活动。

表9-11 青年农民人际交往对象

排序	青年农民的交往对象	占比（%）
1	县里的干部	95.1
2	乡镇干部	92.8
3	外村经商的村民	87.0
4	乡镇包村干部	85.2
5	外村外出打工的村民	84.8
6	中小学教师	78.5
7	本村经商的村民	73.5
8	村干部	65.9
9	本村外出打工的村民	45.7

（$N=223$，注：本题为多选题，所以百分比之和≥100.0%。）

3. 青年农民利益诉求行为

在表9-12中，当农民的利益受到损害时，44.1%的青年农民选择在村组会议上给村组干部提意见，25.5%的青年农民选择联合其他受损的村民一起提意见，9.5%的青年农民选择联合其他受损的村民一起上访。只有20.9%的青年农民选择吵闹、威胁、行贿、围堵干部。从分析中可以看出，79.1%的青年农民在自己利益受到损害时，懂得用合法途径维护自己的权益，这与青年农民较高的法律维权意识有关。只有少数的青年农民可能受中国农村传统强权暴力影响较深,导致他们可能懂法,但却不愿意用法。

表9-12　青年农民利益诉求行为

排序	利益诉求行为选择	占比(%)
1	在村组会议上给村组干部提意见	44.1
2	联合其他受损的村民一起提意见	25.5
3	联合其他受损的村民一起上访	9.5
4	找干部吵闹	9.1
5	找有关系有能力的人帮助协调、行贿干部	5.0
6	联合其他受损的村民一起围堵干部	3.6
7	只要敢这样我就坚决上访,到北京都行	2.7
8	暴力威胁胆敢出台这种政策的人	0.5

($N=220$)

4. 青年农民选举投票行为

投票选举是农民基本的政治权利,是农民行使选举权的主要体现。在表9-13中,47.3%的青年农民认为投票是法律规定的责任,35.1%的青年农民认为参加投票只是随波逐流而已。在图9-17中,55.6%的青年农民并不重视农村选举,这表明,青年农民在基础教育阶段接受到基本法律权利意识的教育,使他们知道自己的权利和义务。但是这种权利和义务更多的是停留在他们的思想观念中,而不能深刻体会政治权利与他们生活的紧密度,这就导致了思想上、形式上的积极投票,而不能真正感受到自己所拥有的政治权利的神圣性和庄严性。

表9-13　促使青年农民参加选举投票的动因

排序		占比(%)
1	参加投票是法律规定的责任	47.3
2	参加投票没什么感觉,随大流而已	35.1
3	参加投票让我感到自己受到尊重	14.9
4	参加投票可以获得误工补贴	2.7

($N=222$)

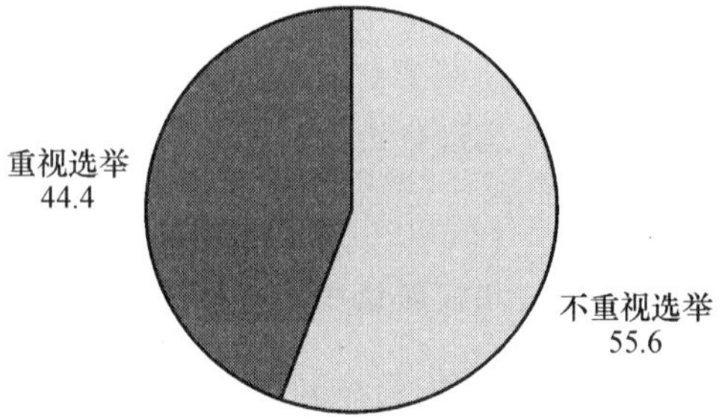

图 9-17　青年农民是否重视选举(单位:%)

青年农民对选举投票权的冷漠说明了实施选举权为他们所带来的利益不在他们的期望范围内。现在国家农业税的取消以及实施的一些惠农政策,村干部与农民之间的直接经济利益联系相对而言减少了。农民如今的生活水平有了很大的提高,尤其是青年农民处于中等偏上的收入水平,不再把较多的希望寄托于村干部身上。但是这种情形的发展并不利于我国村民自治的建设发展和国家民主政治的建设。

5. 参与村干部竞选行为

从青年农民对村干部职位的竞选可以看出青年农民对农村基层政权的评价和认同。在图 9-18 中,25.5% 的青年农民打算竞选村干部,56.6% 的青年农民不打算竞选村干部。36.3% 的青年农民认为自己当选村干部后会做得更好,24.2% 的青年农民认为自己当选村干部后不能做得更好,还有 39.5% 的青年农民对自己做村干部的能力不确定。超过一半人数的青年农民对村干部职位并不感兴趣。这是因为,村干部所掌握的实权远不如以前,青年农民自然对村干部职位没有太多兴趣,青年农民对自己当村干部的能力认识也不是很确定。占有相当比例的青年农民对自己的参政能力认识不清,从而导致了对村干部竞选行为的冷漠。

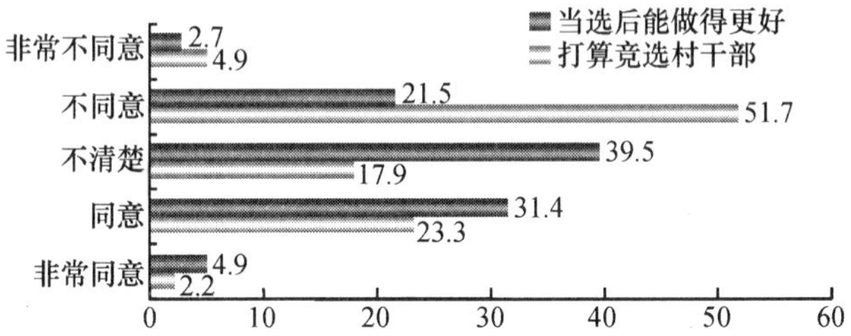

图 9-18　青年农民参与干部竞选行为(单位:%)

从上述五个方面的分析,我们可以看出青年农民的政治参与行为呈现出以下特点:青年农民较多愿意参与村庄组织中的经济组织,并且也愿意和县乡基层干部来往,也会通过合法正确的渠道进行维权。但是青年农民却不热衷于农村基层投票和村干部竞选行为。

(四)青年农民的政治评价和权威认同感

政治评价是青年农民对国家政府政治机构、人员、政策法规的一种态度。青年农民的政治评价态度影响着政治权威认同,而且是正比例的影响关系。政治评价和权威认同感是一种观念的体现,它深藏于认同者的内心深处。本部分主要从国家政策、基层政府、干群关系和对农村社会评价四个方面来分析。

1. 青年农民对国家政策的评价和认同

青年农民对国家政策的评价和认同,其实质就是对国家的评价和认同,是通过政策层面的考察来判断青年农民对国家权威的认同感。在图9-19中,77.5%的青年农民认为国家关心百姓疾苦,57.8%的青年农民认为干部比法律、政策更能为农民服务。青年农民对国家整体概念的认识是积极向上的,认为国家是为民服务的,对国家整体权威的认同感是较高的。和政策法规相比,青年农民更加认同干部的权威,这是因为国家政策实施的好与不好直接与干部的执政能力和态度有关。中国目前这种上有政策下有对策的不良现象主要是由基层干部的乱作为造成的。由于干部与群众之间的交往联系更加直接、具体,农村青年对干部的评价判断也更容易些。对政策法规的了解则需要更高的认知能力,而这对于知识文化水平在全国整体教育水平中不占优势的青年农民来说是很困难的。

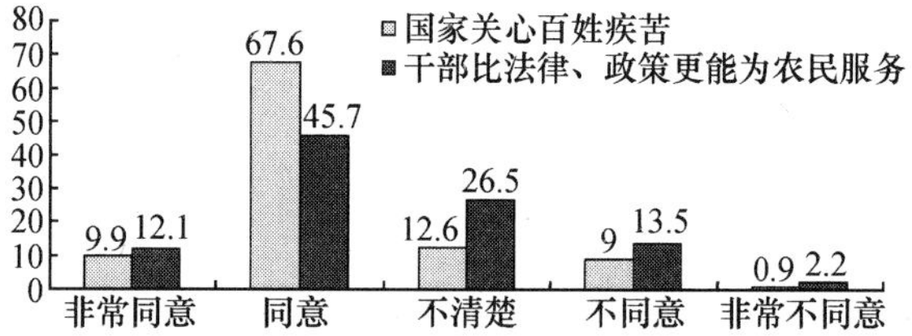

图9-19 青年农民对国家的评价和认同(单位:%)

可见,青年农民对国家权威有着高度的认同感,但是更偏向于认同国家干部的权威。这与中国几千年的人治社会传统分不开,这种权威认同趋势对国家的民主法治建设是不利的。

2. 青年农民对基层政府的评价和认同

基层政府是青年农民接触联系比较多的政治权力机构。青年农民对基层政府的评价和认同包括对基层政府和基层政府干部的评价和认同。

对基层政府的评价。在图 9-20 中,29.6% 青年农民承认基层政府办事效率提高了,24.7% 的青年农民对基层政府的办事效率不清楚,45.7% 的青年农民认为基层政府的办事效率没有提高。从这一数据中,我们可以看出,将近一半的青年农民不认同基层政府办事效率提高,还有一部分青年农民根本不了解基层政府的办事效率,只有小部分的青年农民认为基层政府的办事效率提高了。

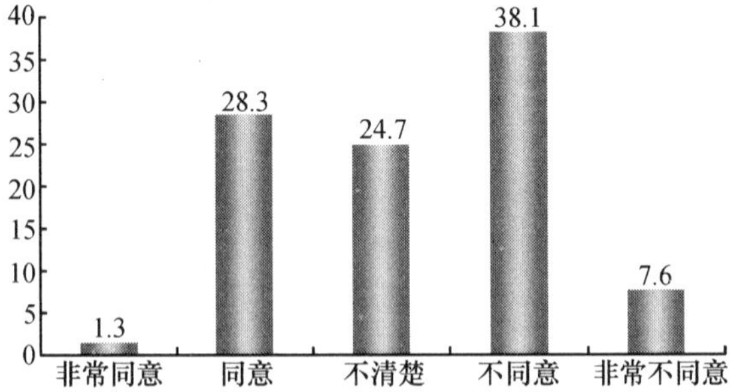

图 9-20 对基层政府机构办事效率提高的评价(单位:%)

我国行政体制改革推行时间比较短,政府机构在短时间内很难达到精简、高效率的要求,这就使青年农民会认为政府机构的办事效率并没有提高。由于农村社会是相对简单、政治社会化较低的社会,农民和基层政府打交道的机会也比较少,这使很多农民根本不能体会到基层政府与他们生活的紧密度。

对基层政府干部的评价。基层政府干部是基层政府机构运转的载体,他们的行为直接影响着农民对基层政府的评价和认同。从图 9-21 中,我们可以看出,46.2% 的青年农民同意大多数基层干部是好的,24.2% 的青年农民不同意这一说法,29.6% 的青年农民对基层干部没有任何评价。从这可以看出,青年农民对基层干部的评价区别不是很清晰,三种看法都没有占据绝对优势,青年农民对基层干部权威的认同仍然很弱。只有相对较多一点的青年农民认为大多数基层干部是好的,这是因为基层干部实际掌握的职权变少了,乱作为现象减少了。

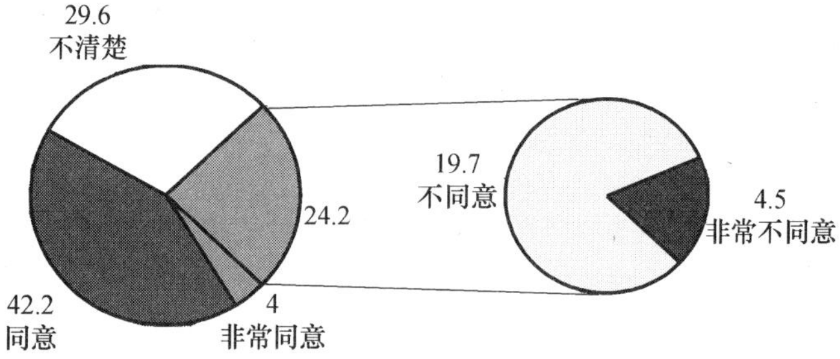

图 9-21 青年农民对基层干部的评价(单位:%)

3. 对干群关系的评价和认同

政府干部工作能不能很好地开展很大程度上依赖于干群关系。良好的干群关系有利于基层工作的开展,增强群众对干部的信任感。在图 9-22 中,43.0% 的青年农民认为村干部与农民之间的关系变好了,29.2% 的青年农民认为县乡干部与农民之间的关系变好了;27.8% 的青年农民不了解村干部和农民之间的关系,37.2% 的青年农民不了解县乡干部与农民之间的关系;29.2% 的青年农民认为村干部与农民之间的关系没有得到改善;33.6% 的青年农民认为县乡干部与农民之间的关系没有得到改善。从数据对比中我们可以看出,青年农民更认同与村干部之间良好关系的建立,而对县乡干部与农民之间的关系不是很了解,因此也就不会意识到县乡干部与农民之间的关系有着怎样的发展变化。

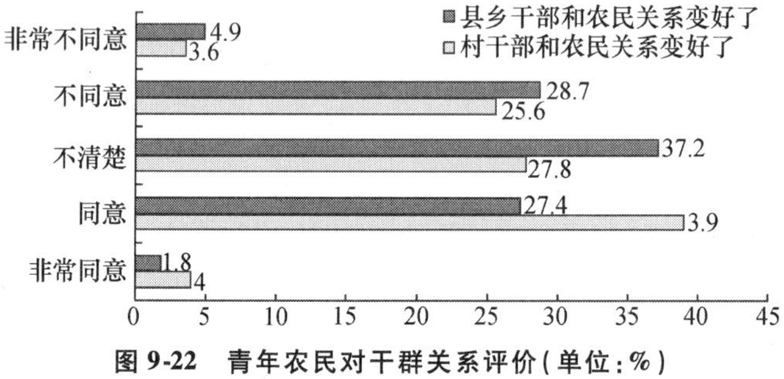

图 9-22 青年农民对干群关系评价(单位:%)

通过分析,我们可以看出,青年农民更倾向于认同村组基层干群关系得到了改善。县乡政府与农民之间仍然是一种间接联系,青年农民对其的认同感较低。

4. 青年农民对农村社会状况的评价和认同

从图 9-23 中我们可以看出,76.9% 的青年农民对农村社会生活满意,23.1% 的青年农民对农村生活不是很满意。从这一数据中我们可以得知,绝大部分的青年农民对农村社会是满意的。主要由以下原因造成：首先我国农村社会生活水平得到了很大提高，大部分青年农民的出生年代和他们父辈相比较，他们生活在一个相对幸运的年代。到了21世纪，国家政治经济文化得到了很大发展，国家整体经济水平都得到了很大提高，因此，青年农民对农村社会生活状况有着较高的满意度，这与国家政权建设的不断完善密切相关。较少部分的青年农民对农村社会生活状况不是很满意，这与现阶段农村社会出现的矛盾问题有关，但我们要认识到问题只是暂时的，会得到解决的。其次，除了青年农民整体的社会生活环境之外，更重要的是青年农民是农村自立自强的一代，他们有着致富的头脑，这就使青年农民在农村社会中处于中等偏上的生活水平。青年农民的这种收入状况直接决定了青年农民对目前农村社会生活状况的判断。

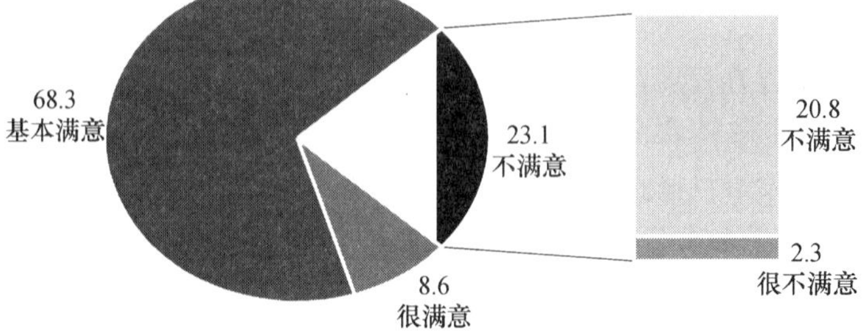

(*N* = 223)

图 9-23　青年农民对农村社会生活的满意度(单位:%)

通过上面的分析，我们看以看出，青年农民对国家政权的评价和判断呈现出以下特点：首先，青年农民对国家权威有着高度的认同感，但是偏于对国家干部的认同。其次，青年农民对基层政府政权的认同感较低，对基层政府干部认同的认识很模糊。第三，青年农民在基层干群关系中，更倾向于认同村组干群关系得到了很大的提高，而不太认同县乡干群关系得到了改善。第四，青年农民对农村社会生活状况有着高度的满意度，他们对社会生活状况的满意更多来自于自身的努力和中央政府实施的民生建设政策。

三、结论与建议

通过对青年农民基本政治结构、政治意识、政治参与和政治评价与权威认同感四个方面的分析，可以得出：青年农民的受教育程度、收入水平得到了较大提高,但其发展仍存在制约因素;青年农民有着基本的政治权利意识和法律意识,但实际生活运用较少;对国家整体有着高度的认同感,对国家的认同主要来自于国家农村民生建设,对基层政府的满意度不高;青年农民的政治参与行为受各种因素影响,总体有所提高,但仍存在很多问题。

在完成了对青年农民政治发展状况的基本了解之后,我们知道青年农民的政治发展遇到了各种各样的障碍。这些障碍有历史社会环境造成的,也有人为原因造成的。现在就从以下几个方面对加强和促进青年农民政治发展提出建议。

1. 完善国家教育法规,提高青年农民的知识文化水平

21 世纪是知识的时代,21 世纪最稀缺的资源是人才。新中国建立以来,国家大力实施科教兴国战略。科教兴国战略的确提升了我国民众整体的受教育程度。但科教兴国战略在具体的实施中也出现了很多问题:教育资源的失衡,城乡受教育机会的不平等,这些对农村教育有着严重的影响。青年农民作为农民群体的主力军,他们的受教育程度影响着我国公民整体的知识文化水平。只有青年农民的受教育程度提高了,国家的科教兴国战略才能更好地进行下去。

首先,国家要继续坚持义务教育制度,保证农村青年基本的受教育权。国家要加大对农村基层教育资源的投入,完善农村师资队伍建设,使青年农民与城市青年处于平等的起跑线。其次,国家要提高青年农民的高等教育比例。在高等教育政策制定和实施中,要多偏向于高校的农村青年,减轻农村青年的经济负担。

2. 拓宽农民的增收渠道,增加青年农民收入

经济基础决定上层建筑,青年农民的经济地位直接决定了青年居民的政治发展状况,因此,国家需要不断扩宽青年农民的收入渠道。在上述分析中,我们知道,青年农民的收入水平在农村社会中属于中等偏上水平,青年农民的收入主要包括务农收入和务工收入,但这仅仅只是在农村社会中。随着最近几年农村生活成本、农业耕作成本的上涨以及自然灾害的不断发生,农民的农业收入并没有增长太多。青年农民是农民工的主体,其收入还来自于外出务工所得。由此可以看出,青年农民的家庭收入主要由两种方式构成,是比较单一的。农业收入较不稳定,务工收入风险性较大,这不利于青年农民提高收入。这就需要国家制定各项政策来扩宽青年农民增收渠道,使农民的收入来源既稳定又安全。

3. 加强国家普法宣传教育,增强青年农民的法律意识

我国的社会主义民主法治建设要求我们每一个青年都要知法懂法,青年农民也必须是知法懂法的公民。绝大部分青年农民有着基本的法律常识,基本了解法律的用途。但是当问到法治和人治的关系,仍有不少青年农民认为人情大于国

法。国家在对青年农民进行普法教育时,不仅要注意基本常识的宣传教育,还要使青年农民真正掌握法律的精髓,认识到法律权威。

4. 重视基层民主政治建设,增强青年农民的权利意识

大部分青年农民知道自己所拥有的基本政治权利,这说明青年农民有着基本的政治权利意识,但对民主权利的认知和行使水平有限。国家要完善基层民主政治建设,增强青年农民的权利意识。

5. 缩小城乡差距,提高青年农民对自身身份的认同感

在上世纪经济建设中,我国农村为城市经济的发展做出了巨大的牺牲,才有了城市今天的繁荣。在农村为城市发展付出了巨大代价的同时,城乡间的差距越来越大。农民对自己作为农民的自卑感正是来自于城乡间的差距,青年农民不同于农村中的老年农民,这种自卑意识更加强烈。青年农民较多并长期地流动于城市中,更加明显地感受到差别。如果青年农民不能在心理上克服对自己身份的自卑感,将会影响青年农民的生活态度。因此,国家要给予青年农民在城市中更多的机会和平等的待遇。在农村社会中,国家要加大对农村基础设施建设的投入,使农民平等地享受国家改革开放和新农村建设发展成果。

6. 优化国家干部队伍建设,增强青年农民对国家干部的认同

青年农民对国家权威的认同主要依靠对政府干部的认同。政府干部为人民群众办实事了,人民群众就拥护和认同。青年农民是有着一定法律和权利意识的群体,对政府干部行为有着自己基本的价值判断。青年农民对中央干部的认同度要高于对基层干部的认同度。他们对政府干部判断就是看政府干部能不能为他们带来收入,能不能提高他们的生活水平。基层政府干部与他们经济利益需求的获得有着直接紧密的联系。因此,国家要注重加强基层政府干部队伍建设,增强基层政府干部的为民服务意识,加大对基层政府干部的监督力度,加大惩治基层政府干部的不作为和乱作为行为。

7. 减少社会不安定因素,增强青年农民的社会安全感

青年农民的社会不安全感更多地是来自于人际交往活动中的风险因素。现在中国社会是一个多元化、开放的社会,这也就使人与人之间的交往关系更加复杂多变。青年农民作为生活在城市社会中的弱势群体,抵御社会风险的意识和能力也是最弱的。现在社会经济发展速度之快、环境变化之快都远远超出了青年农民的适应能力,例如现在经济交往活动中的诚信缺失、欺诈行为越来越多,市场经济秩序的混乱和不规范现象也越来越多。青年农民在人际交往和经济交往活动中,自我保护意识不够使青年农民易成为受害对象。因此,国家要规范市场经济

秩序,增强国家应对危机风险的能力,建立一个稳定的社会生存环境。

8. 建立健全青年农民政治参与机制,提高青年农民的政治参与积极性

基层政治民主建设提高了青年农民的权利意识。青年农民政治发展仅仅有基本的权利意识是不够的,更重要的是要把意识转换为具体的实践行动即青年农民的政治参与。青年农民基层政治参与是政治参与行为的主要构成部分,体现在在村庄事务中行使选举权与被选举权,参与村庄事务的治理,为村庄发展献言献策等。中国复杂的地域环境和社会环境使中国农村政治民主发展有很大差异。中国农村整体的政治民主发展水平不高,民主发展机制不规范和不完善,尤其是农村的强权势力影响着青年农民的政治参与。比如农村宗族势力和农村恶霸强权势力严重影响着青年农民的政治参与积极性和参与渠道。国家要规范农村基层政治参与机制,促进青年农民积极主动地参与村庄事务治理,充分发挥自己的主人翁地位。

只有国家能健全和完善青年的政治发展机制,青年农民自身也不断努力,我们就可以预测出青年农民未来的政治发展会沿着正确的轨道继续发展下去。青年农民的政治发展水平随着国家经济发展水平的提高和国家民主法治建设的不断完善,也将会得到极大的提高。

第十章　上访农民政治发展状况

“天下可忧在民穷，天下可畏在民怨。”随着改革开放的深入，城市化进程加快，乡村社会结构也面临着冲击，新的主体进入打破乡村原有的利益格局，农民的利益受到侵害的事情常常发生，在利益表达受困的情况下，部分农民被迫采取上访的形式来维护自己的合法权益。

所谓上访，就是指公民、法人或其他组织通过各种合法途径向上级政府反映情况和提出意见、建议，寻求问题达到解决的一种行为，申诉对象是与自身密切相关的基层政府，寻求帮助的对象往往是上一级政府。作为我国特有的一种政治表达形式，上访是人们对自身利益的一种诉求方式。上访农民就是指参与主体是农民所产生的一种上访行为，上访农民作为一个特殊的群体，既有通过上访来维护自己权利的行为，也有通过上访来保护自己利益的行为，同时也有通过上访来谋求自身利益的行为。上访农民作为一个特殊的群体，他们普遍被视作社会的弱者，因为他们在上访过程中大都采取体制外的手段，是一种非制度化参与。

农民上访成为影响农村稳定的重要因素，而单纯以维稳思维处理农民上访事件不但激化了基层政府与农民的矛盾，而且也催生了以上访为生的新的上访群体。因此，必须以新的思维处理农民上访，将利益表达同社会稳定作为同等目标，强化基层政府治权，加强制度建设，以制度保障农民的政治参与，坚持公平正义，以法治为核心建设利益表达的平衡机制，完善基层民主制度，将农民上访问题化解在底层，建设一个公正和谐的社会。

一、既有的关于上访农民的研究

当前，学界主流的研究都将农民的上访称作为“维权”，这一语境对政府以及大众都产生了重大而又深远的影响，在这一话语主导下，主流的社会意识形态几乎一边倒地偏向于居于“弱势地位”的上访者，而对地方和基层政府的“胡作非为”则强烈谴责。他们普遍被视作社会的弱者，因为他们的行为大都是采取体制外的手段，是一种非制度性参与。个别学者对此类研究提出质疑，裴宜理认为，中国人的权利概念不同于盎格鲁—撒克逊的天赋人权和市民社会的观念,在中国,权利往往被理解为由国家认可的旨在增进国家统一和社会繁荣的手段,而非自然赋予的旨在对抗国家干预的保护机制。裴宜理将当代中国的抗议活动的框架模式称为"规则意识"而不是权利意识,民众对行使自身权利的诉求很可能是对国家权力的强化而非挑战①。

农民上访行为的出现与基层民主的发展、农民权利意识的觉醒、基层政权的弱化、信访制度的困境和农民维利观念的加强有关,而农民上访主要是因为自身的合法利益或权益受到损害,在与基层政府的交涉无效后,不得不采取的越级上访。农民上访是对基层政府的不信任,也是在制度参与无效的情况下,无奈采取的非制度参与方式,这与地方政府一贯的维稳的社会管理理念有关。一方面,基层政府为了基层社会稳定,将农民的正常利益表达看做是影响社会稳定的因素而加以压制;另一方面,基层政府以维护社会稳定为由,逐渐将部门利益凌驾于社会公共利益之上,对农民的利益表达看作是对部门利益的侵犯而进行压制,农民的正当利益失去了合理的表达渠道。这就造成基层政权与农民之间的信任缺失,农民将基层政府作为申诉的对象,它成为"依法抗争"与"以法抗争"的控诉对象。同时,农民的制度参与渠道缺失,只能采取非制度参与的方式,而这势必会对基层政府的维稳目标形成挑战,基层政府就容易与上访农民达成息访的协议。农民合理上访行为就容易蜕化成缠访、闹访等不合理行为,基层政府处理上访行为的方法将会给农民这样的信息:"大闹大解决、小闹小解决、不闹不解决"的息访逻辑。

农民上访行为的出现,说明基层社会治理出现了问题,当前我国的社会矛盾依然可以通过协商解决。目前我国已经是一个社会结构高度分化的社会,不同的群体和阶层的利益开始出现明显差异。这些利益本身往往并无"对与错"的差别,只要是合法的利益都是正当的。农民作为我国最大的社会群体,这个阶层不稳定必然会影响整个社会的稳定,应当重视农民的利益表达,只有给农民提供一个合法的表达渠道,使农民的利益得到维护,才能真正实现社会的长治久安。

二、当前关于农民上访的研究成果

当前,学界关于农民上访的研究都是在维权语境下展开,将农民上访看做是农民的维权表现,在这样的情况下,政府处理不当便会被看做是对农民权利的侵

① 〔美〕裴宜理:《中国人的权利观念》,余锎译,《国外理论动态》2008 年第 3 期。

犯，甚至是以公权侵犯农民的权利。“民主”、“权利”、“抗争”、“谋利”等时常是当前学界对上访农民进行研究时所贴的标签。

1. 维权话语体系的研究

李连江、欧博文（Kevin J. O'Brien）认为，农民上访作为一种“依法抗争”（rightful resistance）行为，是“以政策为依据的抗争”（policy based resistance），在这种政治活动中，农民积极运用国家法律和中央政策维护其政治权利和经济利益不受地方政府和地方官员侵害。他们还进一步推论出，以上访为主要内容的维权行为可能有助于农民公民权意识的培育，从而实现从农民到公民的转变，推动中国民主政治的发展①。于建嵘进一步提出了“以法抗争”的模式，他指出，“以法抗争”是抗争者以直接挑战抗争对象为主，诉诸“立法者”为辅；“依法抗争”则是直接诉诸“立法者”为主，直接挑战立法者为辅甚至避免直接挑战立法对象。“以法抗争”以具有明确政治信仰的农民利益代言人为核心，通过各种社会关系建设相对稳定的社会动员网络，抗争者以其他农民为诉求对象，直接挑战基层政府特别是乡政府。他们将包括自己在内的农民作为解决问题的主体，将基层政府作为诉求对象，是一种旨在宣示和确立农民这一社会群体抽象的“合法权益”和“公民权利”的政治性抗争②。

不论是“依法抗争”还是“以法抗争”都持的是农民上访是为了维护自己的合法权益的视角，两者均以法律政策作为抗争的手段，只是后者更加强调上访的组织性，特别是行动中的政治性。此外，应星从草根动员的角度出发，试图超越西方社会运动研究范式与印度底层社会研究范式在有组织精英场域和无组织的底层场域之间的简单对立，从而深入了解农民底层政治的复杂性。他发现，草根行动者所进行的草根动员，使农民群体利益表达机制在表达方式的选择上具有权宜性，在组织上具有双重性，在政治上具有模糊性，而造成这一状况的重要原因就是农民维权行动中的“合法性困境”的障碍③。吴毅从农村“权力—利益结构网”分析农民维权的困境，他认为农民利益表达机制难以形成，从场域而非结构的角度看，可能更加直接来源于乡村社会生活中既存的各种“权力—利益结构网”的阻碍④。

---

① 李连江、欧博文：《当代中国农民的依法抗争》，《乡村中国评论》（第三辑），山东人民出版社 2008 年版。

② 于建嵘：《当代中国农民的维权抗争——湖南衡阳考察》，中国文化出版社 2007 年版，第 123—125 页。

③ 应星：《草根动员与农民利益表达机制——四个个案的比较研究》，《社会学研究》2007 年第 5 期。

④ 吴毅：《“权力—利益的结构之网”与农民利益表达的困境》，《社会学研究》2007 年第 5 期。

2. 谋利型的研究视角

申端峰认为，上访者并不是从西方式的个人权利出发，而是借助于社会主义理念和意识形态来强调人民政府的责任，从人民政府的责任出发，通过明确责任来实现上访者的权利[①]。农民试图通过上访这样的施压方式，使政府感觉到问题的严重性，从而促使自己的问题得到解决。在维稳的政治环境中，上级政府在压力型体制中通过权力迫使基层政府消除上访，将矛盾消解在基层，从而实现社会稳定。在此背景下，谋利型上访农民产生，他们利用基层政府维持社会稳定的心理，以上访为要挟，达到自己的目的。

在当前的农村，尽管维权型上访依然存在，但已经不再占据主导地位，长期的上访产生了一些以上访为生的农民。谋利型上访的凸显，不仅改变了农民上访的行为结构，而且极为深刻地影响着基层信访治理的状况和逻辑[②]。董海军通过对塘镇上访农民的研究，提出了"依势博弈"新理论解释框架，试图整合学界流行的关于农民上访的"日常抵抗、依法抗争、以法抗争"等关于农民利益博弈和维权抗争的解释框架，突破传统的研究中关于利益博弈主体强势与弱势的简单两分法定义，并进一步提出了"作为武器的弱者"等新概念用于解释农民上访行为[③]。在他看来，税费改革后的乡村社会，国家的乡村治理方式发生了极大的变化，乡村利益主体也发生了变化，随着乡村利益分化的加剧，利益博弈和利益协调便成为一个值得关注的新主题。

在最初的农民上访中，大都是与利益相关，不论是维权范式还是治权范式的研究，其背后都是农民对利益的诉求。农民都是在自身利益受到损害的情况下，在向基层政府诉求无效的情况下而采取上访来维护自身的利益，国家权威弱化以及基层政府权力弱化致使农民的利益无法得到有效保证，引起农民在利益受损后不得不采取上访这一行为。税费改革之前农民的上访主要是针对繁重的农业税而进行的，基层政府在征税时采取摊派等形式获取财源，加重了农民的负担，从而引发了农民上访。税费改革后，国家为了达到控制治理乡村基层代理人、消灭"赢利性经纪人"的目的，同步推行乡镇机构改革，试图推动基层政府由管理型政府向服务型政府转变[④]。在乡镇机构改革后，乡镇政权由原来的汲取型政权向"悬浮型政权"的转变，出现了乡镇财政的"空壳化"和乡镇政府的"空壳化"，基层政权

① 申端峰：《治权与维权：和平乡村民上访与乡村治理1978—2008》，华中科技大学博士论文2009年。
② 田先红：《从维权到谋利：农民上访行为逻辑变迁的一个解释框架》，《开放时代》2010年第6期。
③ 董海军：《塘镇：乡镇社会的利益博弈与协调》，社会科学文献出版社2008年版，第215—216页。
④ 田先红：《乡村治理转型与基层信访治理困境》，《古今农业》2011年第3期。

成为有名无权也无钱的“悬浮”政府[①]。国家减免农业税初期，乡镇机构基本上处于无事可做的状态，成为传达上级政府指令、完成指标的机构，承担着原有的计划生育及维护地方治安等简单职责。随着城市化进程加快，农村因与城市的远近被分为城中村、城郊村和偏远村。城市化进程中对土地的需求，使得基层政府获得新的财源，通过将土地从农民手中征收过来再转手卖给房地产商的途径，使基层政府的财政获得极大的补充。农民在这一过程中并没有享受到城市化所带来的发展成果，而且在同地方政府商谈土地价格时也处于劣势地位，国家公权的强大凸显了个人权利的弱小。

3. 其他研究视角

在“依法抗争”的维权范式启发下，许多学者对民众的抗争策略进行了大量的研究，形成了“以关系网络抗争”、“以死抗争”、“以弱者身份抗争”等结构类似的概念。维权抗争者在“依法抗争”失效时，会使用其他策略和利用其他资源进行抗争[②]。董海军根据自己在塘镇的调查研究，提出来“依势博弈”的概念，指出随着利益要求发生变化，诉求领袖凭借的资源由“权利的文化网络”转到“权力的利益网络”，利用弱者，以弱者作为武器，即“作为武器的弱者”来组织实行博弈；诉求对象由基层政府转移到各利益主体，呈现多元化的倾向；作为博弈凭借的资源的“法”面临着十分尴尬的局面，而“势”却成为博弈背后的潜在资源[③]。在维权抗争范式下，基层政府扭曲了中央政府的政策而侵害了群众的利益，或者基层政府不作为、失范行为损害了群众的利益，作为农民上访的原因，农民希望自上而下给予压力来迫使地方政府解决问题。近年来发生的一些民事纠纷中，农民在争议无法达成一致的情况下不选择法律途径，而是通过上访、缠访和闹访给政府部门施加压力或胁迫基层政府尽快满足其利益诉求。在这些事件中，乡镇政府甚至是县级政府改变了以往的强势态度，在同农民的谈判中处于被动地位，甚至答应农民的不合理要求，这种情况被一些学者称为“要挟型上访”。它的产生是由于压力型信访制度、乡镇政府权威下降、村落权势阶层兴起以及农民利益纠纷解决机制不畅所导致的[④]。在维权抗争下的农民上访是基于基层政府侵害了农民的利

① 周飞舟：《从汲取型政权到“悬浮型”政权——税费改革对国家与农民关系之影响》，《社会学研究》2006 年第 3 期。

② 饶静、叶敬忠、谭思：《“要挟型上访”——底层政治逻辑下的农民上访分析框架》，《中国农村观察》2011 年第 3 期。

③ 董海军：《塘镇：乡镇社会的利益博弈与协调》，社会科学出版社 2008 年版，第 215—216 页。

④ 饶静等：《“要挟型上访”——底层政治逻辑下的农民上访分析框架》，《中国农村观察》2011 年第 3 期。

益,农民为了保护自身权益而采取上访行为的抗争,而在"要挟型上访"中,基层政府并没有损害农民的利益,农民上访是抓住了基层政府在某项任务检查中怕上级批评的心理,而在此期间采取上访,来实现自己的利益诉求。正是基于政府维稳方式的研究,有的学者提出了"谋利型上访",一些农民通过上访来实现自己的目的,而他们上访并没有任何的依据,就是抓住了地方政府的维稳心态,甚至出现了上访专业户,即以上访谋生的农民①。

根据学者的研究,从上访目的分析,可以将上访农民分为维权型上访农民、维利型上访农民、谋利型上访农民、道义型上访农民和要挟型上访农民;从上访的合理性,将上访农民分为合理上访农民和不合理上访农民;从上访的人数,可以分为单个上访农民与集体上访农民;从上访的组织程度上,可以分为有组织上访农民与无组织上访农民。对农民上访原因的分析,贺雪峰认为有三个方面的原因:(1)受到不公正对待。一是来自政府权力的压迫,二是来自地方强势力量的压迫。农民希望通过上访改变自己的处境。(2)经济上出现困难,生产、生活难以延续,希望通过上访获得国家救助。(3)要求国家介入农民内部事务的处理与解决,因为农村社会基本秩序无法维持,社会治安不好,公共品供给不足等②。随着社会的发展,农村也经历了极大的变化,并且产生了新的利益主体,乡村社会结构也有了新的态势。利益分化和冲突及基层党政行为失范造成农村权威结构失衡,是农村社会政治性冲突中的基础性根源,而制度错位使民间权威膨胀在体制外造就的一批农民利益代言人,是这些事件中的中坚力量③。近年来,随着城市化的进程加快,农民向城市集中、土地向工业集中的趋势明显,土地问题日益成为农民上访的主要问题。

上述学者将农民上访行为归结于农民政治权利意识的觉醒与基层政权权威的弱化,借用西方的话语来研究农民上访行为,必然会脱离中国农民的具体情况。张厚安、徐勇从农民的习惯出发,指出农民缺乏制度化参与的习惯,而导致非制度化参与大量增多④。申端锋则进一步指出,当前农民上访问题并非简单的维权话语所能解释,而与乡村治权的弱化紧密相关。学界其他许多研究也同样表明,农

---

① 对于"谋利型上访"农民的研究,可以参照田先红:《从维权到谋利:农民上访行为逻辑变迁的一个解释框架》,《开放时代》2010年第6期。

② 贺雪峰:《国家与农民关系的三层分析——以农民上访为问题意识之来源》,《天津社会科学》2011年第4期。

③ 于建嵘:《利益、权威与秩序:对村民对抗基层政府的群体性事件的分析》,《中国农村观察》2004年第4期。

④ 张厚安、徐勇:《中国农村政治稳定与发展》,武汉出版社1995年版,第583—589页。

民上访的行为逻辑很大程度上并不同于政治学中一般意义上的政治参与，切不可用民主权利和政治化之类的大话语对上访问题进行切割。中国农民上访问题是十分复杂的、多维度的，它不同于西方意义上的社会运动，更迥异于西方视角下的民主政治参与。虽然有的农民上访涉及具体的利益诉求，但它依然显著区别于政治学意义上的权利概念。如果单单基于维权的角度来对农民上访行为进行解读，必然会遮蔽农民上访问题的复杂性和多维性。

本报告从农民出发，分析上访农民的政治发展状况，将上访农民作为研究主体。本报告的数据主要有两个来源：一是依靠华中师范大学中国农村研究院“百村十年”观察项目做的关于“农民政治发展状况”的专题调查（简称“百村政治专题数据”）；二是我们课题组于 2011 年 7、8 月进行的“农民政治状况”专项调查（简称“千户调查数据”）。本报告中除特别说明外，使用的数据均来自“百村政治专题数据”。

三、上访农民政治状况的实证分析

针对以上的分析，本报告提出如下假设：农民上访具有地理区位上的差异性；土地问题成为农民上访的主要因素，村干部腐败也成为农民上访的重要原因；农民利益表达渠道缺失，农民的合法利益不能够有效地表达出来，是导致农民上访的制度性困境；农民对法律知识的缺乏，对法院的信任因学历和年龄的不同而具有一定的差异性，但都相信法律的作用；维稳的要求使得上访行为异化，农民在上访过程中对基层政府的权威更加不信任；农民上访出现了针对公共利益的上访和集体上访，上访行为组织化、非制度化趋势加强；基层政府对农民上访不处理或缓处理，使得农民越级上访的趋势更加明显；上访不是农民的首要选择，只有在现有途径无效的情况下，他们才会采取上访行为。

（一）上访农民存在着区域性和村庄地形上的差异

调查发现，农民上访在地理区域分布上呈现较大的差别。在调查村庄样本中，西部地区有 23 个村庄存在农民上访现象，超过西部样本村庄总数的四成，达到 35.4%；中部地区有 17 个村庄存在农民上访现象，但由于中部样本村庄较多，其出现农民上访村庄的比重相对西部较低，为 20.7%；相比中西部地区，东部地区农民上访的现象相对较少，存在上访现象的村庄有 14 个，占东部样本村庄数的比例略近两成，为 18.4%（见表 10-1、图 10-1）。总体来看，我国农民上访现象存在显著的区域差异，从东到西，上访村庄的比例逐级提高，呈“阶梯状”分布，西部地区农民上访现象要明显高于中部和东部地区。西部地区农民上访频繁的原因可能与当地经济发展水平落后，农民生活水平不高有关。

表 10-1 不同地区上访情况统计

区域	存在村民上访的村庄数(个)	有效样本(个)	比重(%)
东部	14	76	18.4
中部	17	82	20.7
西部	23	65	35.4
合计	54	223	24.2

($N=223$)

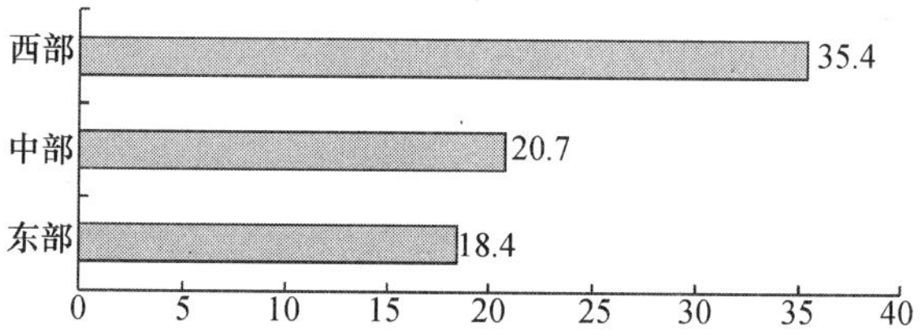

图 10-1 不同地区上访情况统计(单位:%)

在调查中发现，上访不仅在东中西部地区表现出一些差异性，同时南北地区也具有一定的差异性。在54个出现上访村庄的样本分析中，南方出现上访的村庄样本数为30个，总上访人次124次，村均上访人次为4.2人次/村；北方出现上访村庄样本数为24个，总上访人次49次，村均上访人次为2.1人次/村；全国村庄样本总数54个，总上访人次173次，村均上访人次为3.1人次/村(见表10-2、图10-2)。总的来说，南方地区农村农民上访的规模为北方地区的2倍。可见，南方地区农民上访问题更为突出，社会矛盾相对更加尖锐，北方地区农民上访频次相对较小。

表 10-2 农民出现上访村庄的南北区域分析

区域	村庄样本数(个)	总上访人次(人次)	村均上访规模(人次/村)
南方	30	124	4.2
北方	24	49	2.1
全国	54	173	3.1

($N=173$)

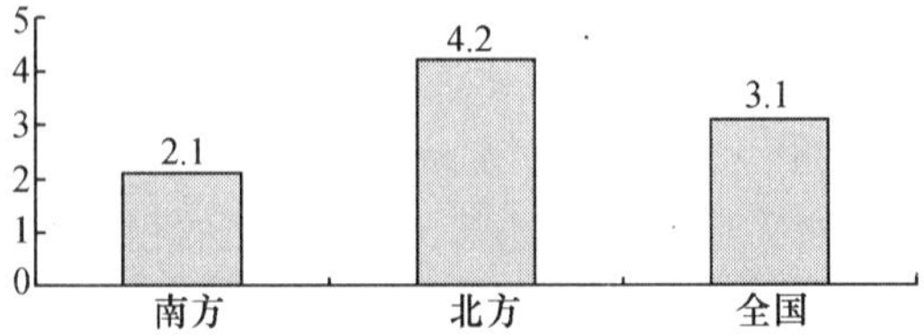

图 10-2 农民出现上访村庄的南北区域分析(单位:%)

在 223 个有效村庄样本中,高原地区村庄农民村均上访规模最大,达到 6.3 人次/村,远高于其他地形村庄;平原地区村庄农民村均上访规模显著下降,为 2.5 人次/村;丘陵地区村庄农民村均上访规模处于中等水平,为 1.4 人次/村;山地地区村庄农民村均上访规模最小,仅有 0.8 人次/村(见表 10-3、图 10-3)。由此可见,高原地区是目前农民上访多发地区,平原、丘陵地区居中,山地地区上访问题相对较少。

表 10-3 不同地形地貌条件下农民村均上访情况

村庄地形	村庄数(个)	村均上访规模(人次/村)
平原	19	2.5
丘陵	15	1.4
山地	13	0.8
高原	7	6.3
合计	54	3.1

($N=54$)

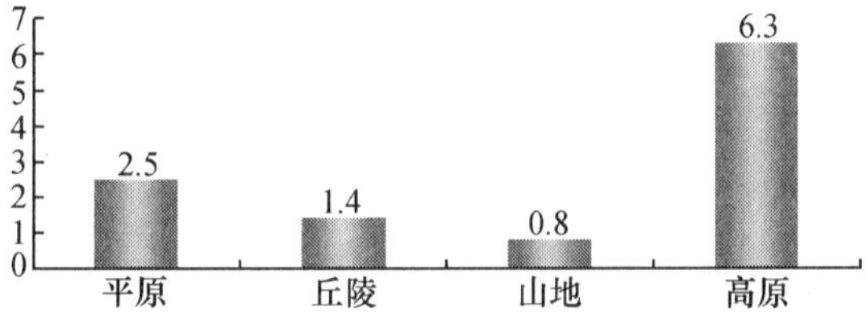

图 10-3 不同地形地貌条件下农民村均上访情况分析(单位:%)

(二) 土地问题成为农民上访的主要原因

目前,农民的意愿要求在村级自治中并不能得到合理地表达,村民自治主要是对农村公共事务的管理,而目前发生的农村上访大都是农民对个人利益的保护。在被调查的全国 270 个村庄中,出现过上访的村庄 54 个,占调查村庄的 20%。

在出现上访的村庄中,土地问题是引起上访的主要原因(见表10-4、图10-4),将近占到上访总数量的一半。由于城市化进程加快,城市向农村扩张,对农村土地的要求增加;同时,农业生产走向专业化、规模化、市场化,不少农业公司在农村承包土地,流转农民的土地实行集约化经营,在对农民的租地过程中因为合同期限过长或租金较低,这成为当前农村出现上访情况的主要原因。

表10-4 对出现上访村庄的上访原因数据统计

上访原因	上访村数量(个)	所占比例(%)
拆迁纠纷	2	3.7
村干部腐败	3	5.6
劳资纠纷	2	3.7
土地纠纷	25	46.2
水源纠纷	2	3.7
其他	20	36.1
合计	54	100.0

($N=54$)

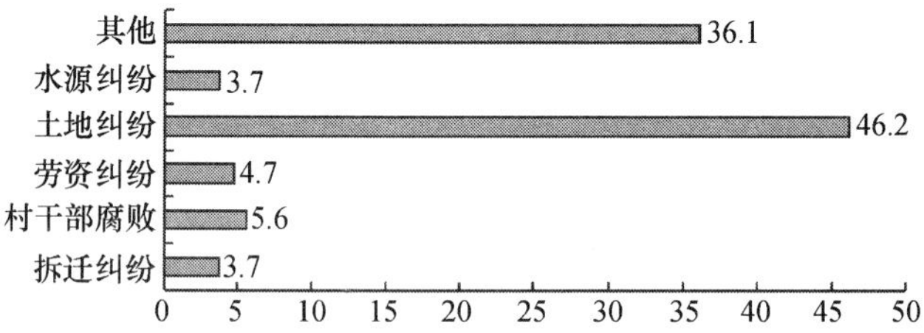

图10-4 对出现上访村庄的上访原因数据统计(单位:%)

土地权益是农民最为核心的利益,事关农民的生存与发展。然而,近年来,由于农村集体产权权属不清、土地制度规范不健全等原因,我国农村地区围绕土地的矛盾纠纷时有发生。特别是在城镇化、工业化加速背景下,农村土地占用现象更为普遍,农民土地权益受损日趋严重。在此次调查中我们发现,农村土地占用与农民上访密切相关。表10-5所示反映的是耕地占用与农民上访之间的关系。调查显示,在耕地占用村庄中发生农民上访事件的比率超过有效样本村庄总数的三成,达到46.2%,村均农民上访规模则为2.8人次/村;在耕地未被占用村庄中发生农民上访事件的比率不足有效村庄样本的两成,为18.4%,其农民村均上访人次为0.2人次/村。也就是说,占用耕地村庄发生农民上访的比率要高出未占用耕地村庄27.8个百分点,前者村均农民上访规模要高出后者14倍(见表10-5、

图 10-5)。由此可见,土地占用与农民上访密切相关,只要被占用了土地的村庄,其发生农民上访的比率都要远远高于未被占用土地的村庄。

表 10-5　土地占用与农民上访的影响关系

村庄类型	发生农民上访的村庄比重(%)	村均上访人次(人次/村)
耕地占用村庄	46.2	2.8
耕地未占用村庄	18.4	0.2

($N=54$)

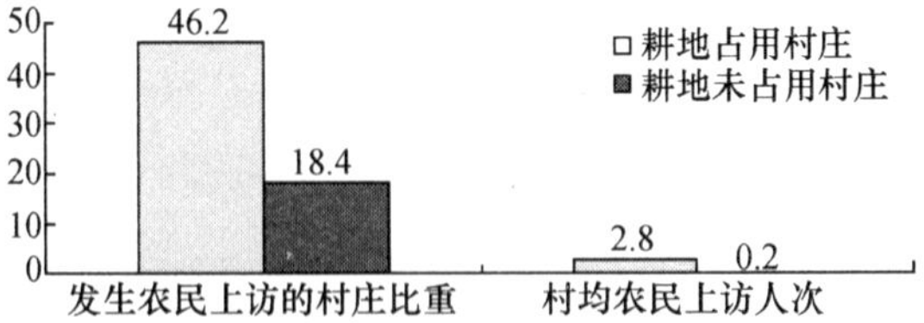

图 10-5　土地占用与农民上访的影响关系(单位:%)

农民将土地视为自己的命根子,土地作为农民的不动财富,是他们生活的安全保障。随着市场化的进行,越来越多的农民被卷入市场经济中,经受市场的剥夺,正如黄宗智所说,市场在丰年能够给农民额外的收入,但在灾年却能置农民于破产境地,农民由于缺乏经济保障,不得不承受地主和市场的双重剥削[①]。在向现代化转型的过程中,农村也在经受着由传统向现代社会的转变,原有的利益结构因为外来主体的加入而呈现多样化、多元化的格局。在对农民上访原因的调查中,农民因为土地纠纷而采取上访的占到上访总数的一半以上,说明土地问题日益成为不稳定的主要因素(见表 10-6、图 10-6)。在对农民上访原因调查中,因为土地而上访的有 52.6%,但同时因为村干部腐败而采取上访的有 15.6%,说明在现在的农村,村干部日益成为了寻租阶层,因为村干部的腐败而采取上访的行为表明当前农民的权利观念已经觉醒,而这不仅仅是被学者称为"规则意识"的权利观念,更是农民维护自身利益的表现。

① 〔美〕黄宗智:《华北的小农经济与社会变迁》,中华书局 2000 年版,第 137—141 页。

表 10-6　农民上访原因的数据统计

上访原因	上访次数(人/次)	所占比例(%)
拆迁纠纷	8	4.6
村干部腐败	27	15.6
劳资纠纷	6	3.5
土地纠纷	91	52.7
水源纠纷	4	2.2
其他	37	21.4
合计	173	100.0

($N = 173$)

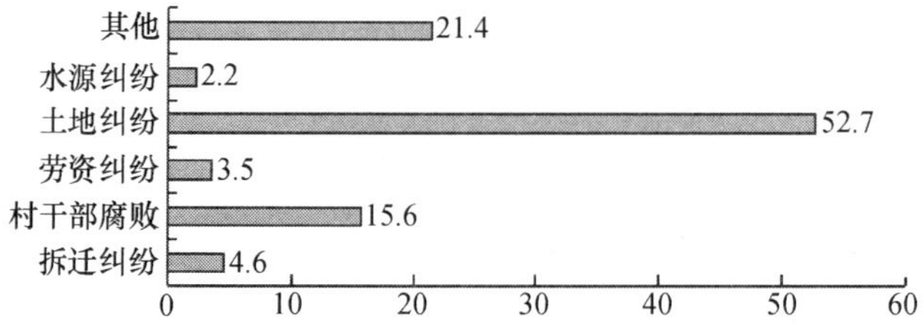

图 10-6　农民上访原因的数据统计(单位:%)

从上访问题的严重程度来看,在发生了农民上访的村庄中,未占用耕地村庄中发生规模在5人次以内的农民上访的村庄比重为90.1%,发生规模在5—10人次农民上访的村庄比重为8.7%,发生规模在10人次以上农民上访的村庄比重为1.2%;相比而言,耕地被占用村庄中发生规模5人次以内的农民上访的村庄比重为72.1%,发生规模5—10人次的农民上访的村庄比重为14.3%,发生规模为10人次以上的农民上访的村庄比重为13.6%(见表10-7、图10-7)。由此可见,耕地被占村庄不仅发生农民上访的可能性更大,而且上访的严重程度也更高。

表 10-7　土地占用与农民上访严重程度情况统计　　(单位:%)

上访规模	耕地未占用村庄	耕地占用村庄
0—5人次	90.1	72.1
5—10人次	8.7	14.3
10人次以上	1.2	13.6
合计	100.0	100.0

($N = 54$)

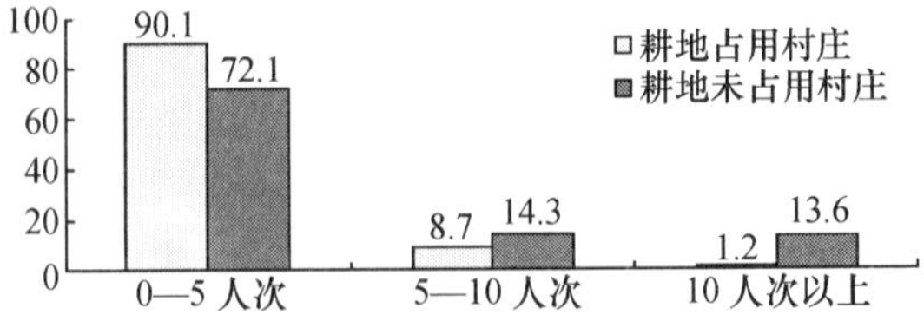

图 10-7　土地占用与农民上访严重程度情况统计(单位:%)

(三) 农民上访与政府权威弱化存在一定的联系

乡镇机构的改革使乡镇减少了财政来源,削弱了乡镇机构管理作用,特别是对农村的公共服务职能。国家的乡镇机构改革弱化了乡村的职权,使乡镇一级成为独立的利益主体。在农村,村干部是代表村集体与其他外来经营主体签订土地流转合同的人,作为村庄利益的代表,村干部难以对村民的利益进行融合,对部分村民利益的侵犯使得村干部的工作难以开展,只得依赖行政权力处理村庄事务,这就进一步弱化了村干部与村民的关系,加速了他们的对立。根据"千户调查数据"统计,在一项对村干部工作的满意度调查中,村民对村干部的工作满意度只有56.5%,有21.4%的人对村干部的工作明显不满意,有22.1%的村民对村干部的工作满意度表示不清楚(见表10-8、图10-8),表明村干部的威信降低。同时,村民对村干部工作不满意,在有纠纷的时候容易绕过村干部直接找乡镇干部解决,在出现不可协调的问题时,便会走上上访的道路,干群关系的弱化也是导致当前农村上访增加的原因。

表 10-8　村民对村干部的工作满意度数据调查统计

满意度	人数(位)	所占比例(%)
非常满意	57	5.1
满意	571	51.4
不清楚	246	22.1
不满意	203	18.3
非常不满意	34	3.1
合计	1111	100.0

($N=1111$)

国家对农民而言既有保护的义务也有照顾的责任,以人为本的执政理念已经深入人心,得到了农民群众的拥护,近年来国家推行的一系列惠农政策更加强化了其在乡村社会中的权威。根据"千户调查数据",在针对农民对党和国家的信

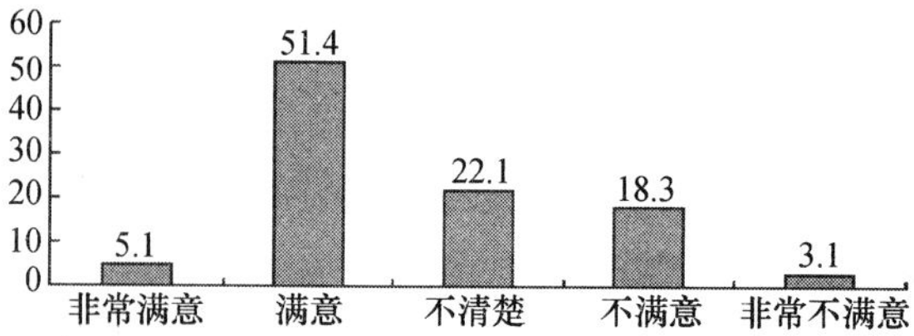

图 10-8 村民对村干部的工作满意度数据调查统计(单位:%)

任度调查中,有 66.3% 的人对党和国家信任,有 20.5% 的人对党和国家非常信任,而对党和国家不信任的人只有 3.5%,仅有 0.6% 的人对国家非常不信任(见表 10-9、图 10-9)。国家试图通过信访制度来实现乡村动员,以达到对基层的控制,当农民被动员起来后,中央政府无法采取有效的措施应对,只能将矛盾转移到地方和基层,试图通过行政压力将矛盾化解在基层。基层政权处于权力与责任不相称的地位,面对行政压力只能钻国家制度的空隙来解决。农民对中央政府有着天然的依赖情结,使得农民都将最后的希望寄托在中央,用农民的话说"中央是好的、省市是可以的、下面就是坏的了"。对中央信任,部分农民采取进京上访,因为只有那样才能解决自己的问题,这是农民上访的一个逻辑体现。

表 10-9 对党和国家的信任度调查数据统计

信任度	人数(位)	所占比例(%)
非常信任	228	20.5
信任	737	66.3
不清楚	101	9.1
不信任	39	3.5
非常不信任	6	0.6
合计	1111	100.0

($N=1111$)

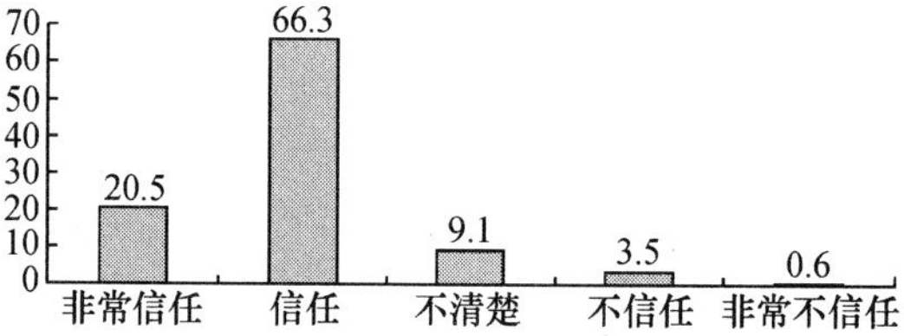

图 10-9 对党和国家的信任度调查数据统计(单位:%)

“县在整个国家政治运行中具有特殊的地位。国家的大政方针不仅要通过县一级加以贯彻,而且县要根据地方情况作出决定。县可以说是整个国家政治运作的枢纽,只有通过县,治理国家的机器才可以运转起来。也正因为如此,从上往下看,县距中央最远,往往成为中央权力鞭长莫及之处;从下往上看,县的主政者又执掌着当地人的命运,对于一般平民百姓来说又极具威严和神秘性。”①所以,县政是县域社会利益的集中反映,也是县域社会矛盾的集聚点,直接关系到地方治理的成败,也往往成为群体性事件的多发部位。在对农民上访的调查中发现,县城成为农民上访的主要集中地,占到了79.8%(见表10-10、图10-10)。县城处于农民与国家的结合点上,在农民看来县政府就代表了中央,有问题就找国家,这是国家对人民的责任。因此,农民就自己利益被侵害问题等就找县政府,只有在没有被解决的情况下,才会选择继续上访寻求问题得到重视并能够被解决。

表10-10　对农民上访地点的数据统计

上访地点	上访次数(人/次)	比重(%)
县城	138	79.8
省市	21	12.1
中央	14	8.1
合计	173	100.0

($N=173$)

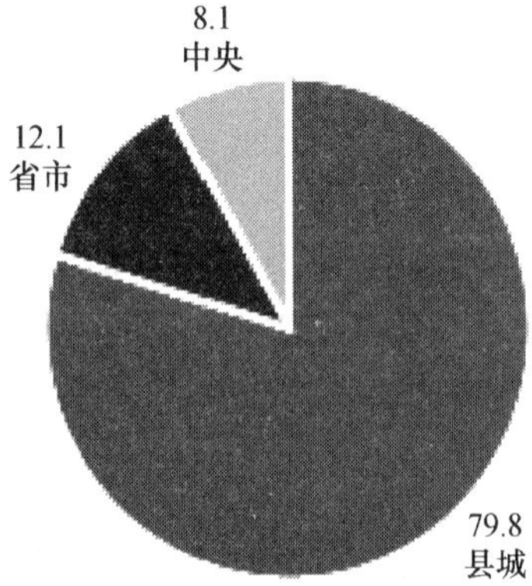

图10-10　对农民上访地点的数据统计(单位:%)

① 徐勇:《接点政治:农村群体性事件的县域分析——一个分析框架及以若干个案为例》,《华中师范大学学报》(人文社会科学版)2009年第6期。

农民上访日益成为影响社会稳定的重要因素,在上访过程中,部分农民成为以上访为生的人,转变成上访专业户。乡镇政府机构弱化造成了农民上访增加,而上访专业户的形成又进一步弱化了基层政权的权威。国家推进制度改革抑制了基层干部的权力、提高了农民的权利意识,在改变乡村社会干群关系的同时也削弱了基层政权的治理能力,而治理能力的降低不但削弱了基层政权应对农民上访的能力,也因为财力有限而减少农村公共物品供给,进而引发新的农民上访。在维稳工作的要求下,基层政权不得不将大量资源用在化解农民上访的工作上,使本来就紧缺的资源显得更加稀少。在农民上访的事例中,不少事件因为基层政府自身能力有限而不能进行处理,进而引起农民的继续上访。在发生农民上访的村庄中,只有63.6%的上访得到解决(见表10-11、图10-11)。农民上访的要求得不到解决,就会采取继续上访的形式,在农民看来,中央总会关心自己的问题,同时只有将事情闹大才会得到解决,正是“大闹大好处、小闹小好处、不闹没好处”的逻辑,支撑着农民的上访行为。

表10-11 对上访结果处理情况调查数据统计

上访结果	数量(件)	所占比例(%)
处理了	110	63.6
未处理	38	21.9
不清楚	25	14.5
合计	173	100.0

($N=173$)

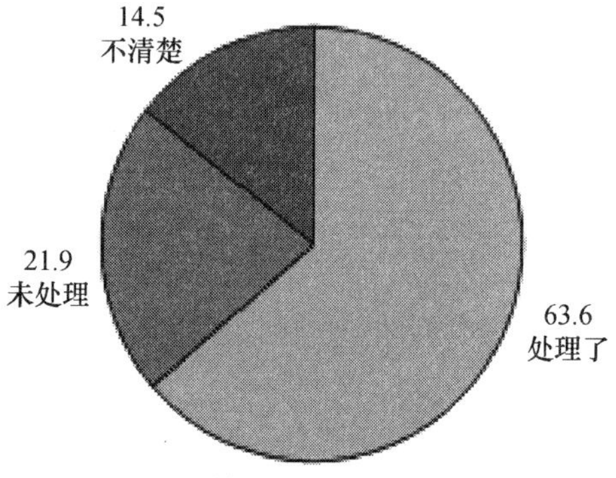

图10-11 对上访结果处理情况调查数据统计(单位:%)

（四）农民法律意识淡薄和对法院不信任，导致农民不愿通过法律途径来维护权益

在维护自身合法权益的时候，农民本应该先通过司法途径寻求帮助，而不是寻求行政帮助。根据“千户调查数据”对农民的法律观念的调查发现，农民不愿意通过司法途径解决，在他们看来法院都是官官相护的，不会把老百姓的事情放在心上（见表 10-12、图 10-12）。根据图表可知，只有 50.4% 的农民相信法律是公正的，但他们也不愿意通过司法途径解决和自己相关的纠纷问题。在农民看来，打官司的代价太大，时间比较长，没有上访快速，因此都愿意采取上访而不愿意通过司法途径解决自己的问题。

表 10-12　农民对法律的信任态度调查统计

对法律维权的认识态度	样本数（人）	比重（%）
能，法律是公正的	560	50.4
不能，法院官官相护	288	25.9
不清楚	263	23.7
合计	1111	100.0

（$N=1111$）

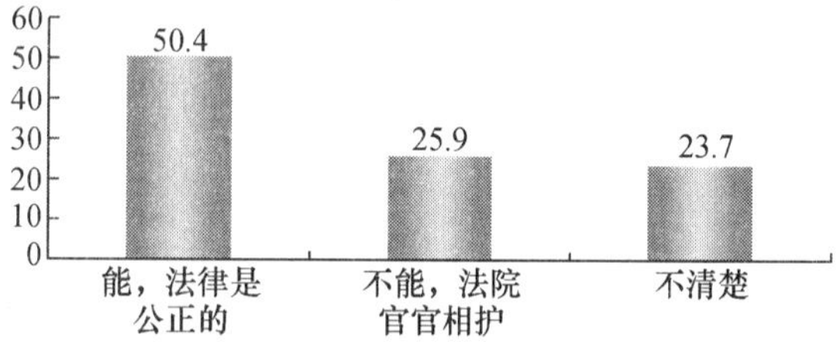

图 10-12　农民对法律的信任态度调查统计（单位：%）

“千户调查数据”显示，在一项“人情大于国法”的认知调查中，有一半的农民赞成这个观点，占到 45.1%，非常赞同这个观点的人数是 11.0%，非常不赞同这个观点人数是 10.3%，不赞同“人情大于国法”的农民只有 33.7%，还有 21.2% 的农民持不清楚态度。这说明农民比较认同人情的作用，而对法律的不信任致使农民在寻求帮助的时候不是将法律置于首要位置（见表 10-13、图 10-13）。通过调查，我们发现，生活在农村的农民仍然看重人情，而这样的观点会对农民解决问题时的路径选择产生一定的影响，他们往往不倾向于首选法律程序，而是其他途径。

表 10-13　农民对“人情大于国法”的赞成度调查统计

认识态度	样本数(人)	比重(%)
非常赞同	122	11.0
基本赞同	379	34.1
不清楚	236	21.2
不太赞同	260	23.4
非常不赞同	114	10.3
合计	1111	100.0

($N=1111$)

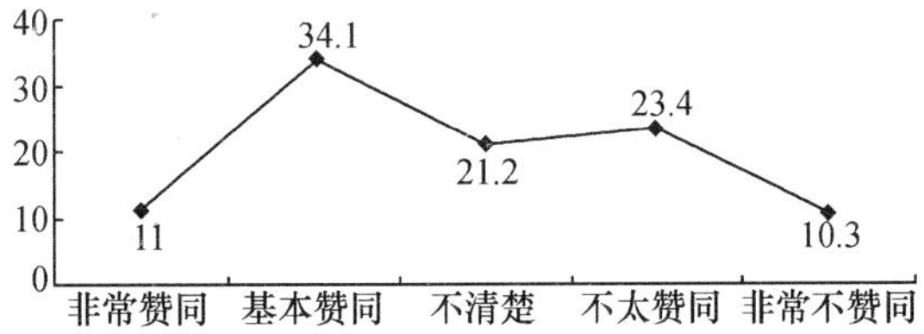

图 10-13　农民对“人情大于国法”的赞成度调查统计(单位:%)

农民对法律不信任也就不愿意去通过打官司来解决自己的问题,在调查中发现,农民对打官司取胜的原因也有不同的看法。根据“千户调查数据”统计,在一项关于打官司取胜的原因调查中发现,认为事情本身的道理和公道是取胜的原因的农民有 615 人,占到被调查人数的 55.4%,仅略超过一半,而对认为谁与法院的关系硬是胜诉的农民有 296 人,占到被调查人数的 26.6%,另外有 10.5% 的农民认为谁送的礼多就能够打赢官司,还有 7.5% 的农民认为胜诉的关键是比谁的家族势力大(见表 10-14、图 10-14)。农民对打官司的胜诉原因的认识,会影响他们采取法律途径来维护自己权益的决策,如果他们觉得打官司是公平的,那么就会通过司法途径来维护自己的权益。

表 10-14　农民对打官司胜诉的原因调查数据统计

对打官司的认识	样本数(人)	比重(%)
谁在法院的关系硬	296	26.6
事情本身的道理和公道	615	55.4
谁能给法官好处多	117	10.5
谁的家族势力大	83	7.5
合计	1111	100.0

($N=1111$)

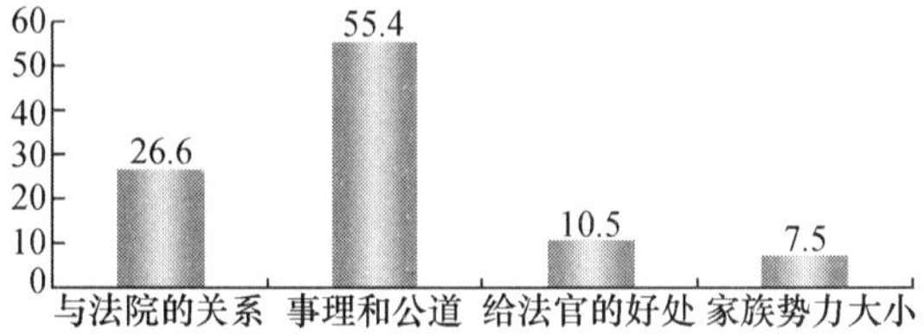

图 10-14　农民对打官司胜诉的原因调查数据统计(单位:%)

根据"千户调查数据"统计,在对"人情大于国法"的调查中,农民因学历的不同而对法律的认识也具有一定的差异性。一般学历越高的农民越能相信法律能够维护自己的权益,也更愿意采取法律途径来解决纠纷,具有大专及以上学历的农民最相信法律公正性,占 66.1%,而小学及以下学历的农民最不相信法律的公正,占比 36.2%(见表 10-15、图 10-15,根据 Pearson 卡方检验可知,卡方值为 0.028,小于 0.05,说明受教育水平与法律信任度之间具有一定的相关性)。调查发现,学历高的农民对法律认识更加清晰,也更加相信法律。农民因为学历的不同而对法律具有不一样的态度,受教育水平的高低会影响农民是否选择法律途径来维权。

表 10-15　不同学历的农民对法律信任度调查统计　　(单位:%)

学历层次	能,法律是公正的	不能,法官会官官相护	不清楚	合计
小学及以下	36.2	26.7	37.1	100.0
初中	56.3	24.6	19.1	100.0
高中或中专	56.1	28.2	15.7	100.0
大专及以上	66.1	22.6	11.3	100.0

($N = 1111$)

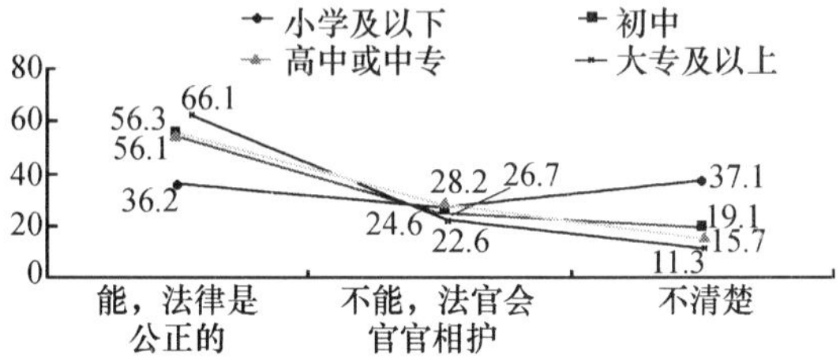

图 10-15　不同学历的农民对法律信任度调查统计(单位:%)

根据"千户调查数据"统计,在调查中发现,不同年龄层次的农民对与法律的信任度也不一样(见表 10-16、图 10-16,根据 Pearson 卡方检验可知,卡方值

$p=0.031<0.05$,说明不同的年龄与法律的信任度之间具有一定的相关性)。年龄在30岁以下的农民,相信法律是公正的比例最高,达到了50.0%。在农村,30—59岁之间的农民是个特殊的群体,因为这部分农民在村里人数不多,但却是治理农村需要依靠的力量,在该部分农民中,相信法律是公正的比例最低,只有39.8%,甚至低于老年人群体的42.5%;同时,这部分群体对法律的认识模糊比例最高,达到了35.8%,是30岁以下农民的2倍多。这表明,农民因年龄的不同而对法律的认识具有一些差异,作为农村治理的主要主体,30—59岁的农民对法律的信任度反而最低。

表10-16 不同年龄的农民对法律信任度调查统计 (单位:%)

不同年龄	能,法律是公正的	不能,法官会官官相护	不清楚	合计
30岁以下	50.0	35.0	15.0	100.0
30—59岁	39.8	24.4	35.8	100.0
60岁以上	42.5	26.7	30.8	100.0

($N=1111$)

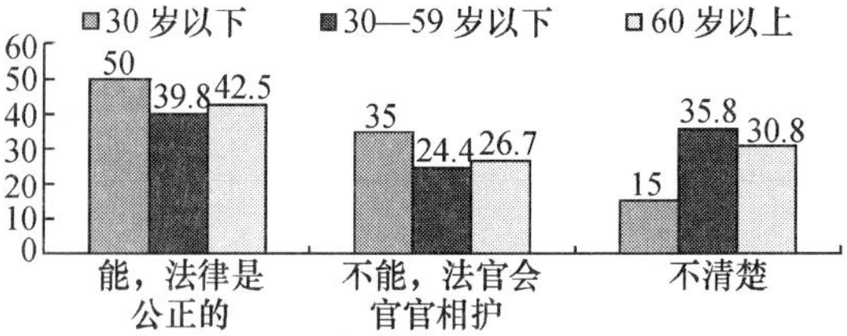

图10-16 不同年龄的农民对法律信任度调查统计(单位:%)

来自“千户调查数据”统计,在对人情与国法哪个最重要的调查中,不同学历层次的农民表现出一定的差异,值得注意的是,不论是什么层次的农民,赞成人情大于国法的比例都接近一半,而小学及以下学历的农民持赞同态度的达到49.1%,是受访人群中最高的(见表10-17、图10-17,根据Pearson卡方检验可知,卡方值$p=0.028<0.05$,不同学历的农民在人情与国法的关系上具有一定的差异性)。根据调查可知,农民因学历层次的不同,在对人情和法律的重要程度上也具有不同看法。

表 10-17　不同学历层次的农民对"人情大于国法"的赞同态度调查　(单位:%)

学历层次	非常赞同	基本赞同	不清楚	不太赞同	非常不赞同	合计
小学及以下	12.9	36.2	25.3	19.5	6.1	100.0(348)
初中	11.1	31.4	20.1	24.2	13.2	100.0(487)
高中或中专	8.1	36.8	16.1	26.9	12.1	100.0(223)
大专及以上	9.4	37.7	20.8	28.3	3.8	100.0(53)

($N=1111$)

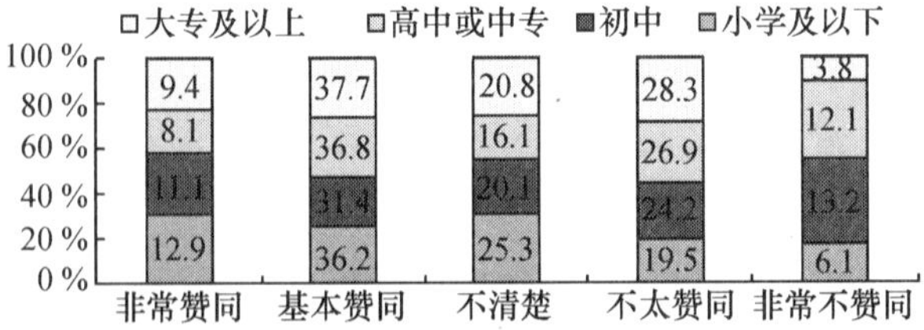

图 10-17　不同学历层次的农民对"人情大于国法"的赞同态度调查(单位:%)

根据"千户调查数据"统计,在对打官司胜诉的原因调查中,农民因为学历的不同而具一定的差异性,在受访农民中,随着学历的提高,农民认为打官司胜诉是因为事情本身的道理和公道的比例越高,而觉得胜诉是因为给法官送礼多的农民所占比例越低(见表 10-18、图 10-18,根据 Pearson 卡方检验可知,卡方值 $p=0.04<0.05$,表明不同学历的农民对胜诉原因的看法具有一定的差异性)。在被调查农民里,不同学历的农民都觉得打官司胜诉的首要原因是事情本身的道理和公道,而家族势力的大小成为影响官司胜败最弱的因素。分析表明,农民对官司胜诉的看法因学历的不同而具有一定的差异性。

表 10-18　不同学历的村民对打官司胜诉的原因调查统计　(统计:%)

学历程度	与法院的关系	事情本身的道理和公道	谁给法官送的礼多	谁的家族势力大	合计
小学及以下	34.2	44.5	12.6	8.7	100.0(348)
初中	24.4	58.8	9.3	7.5	100.0(487)
高中或中专	19.9	62.7	8.7	8.7	100.0(223)
大专及以上	24.7	64.1	5.6	5.6	100.0(53)

($N=1111$)

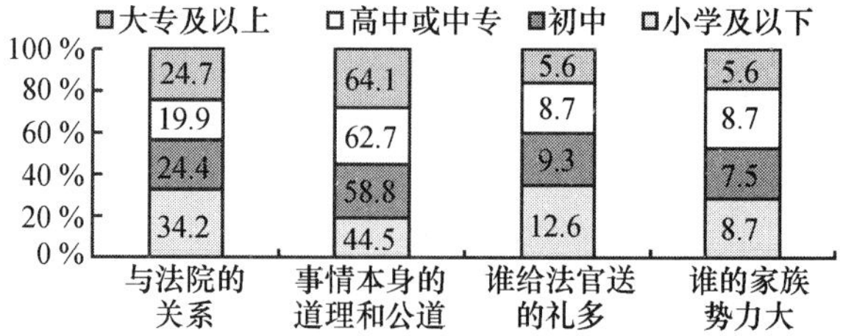

图 10-18 不同学历的村民对打官司胜诉的原因调查统计(统计:%)

(五)农民上访案例分析

1. 农民上访原因由个人利益向公共利益转变,存在着由维护生存权向发展权转移的趋势

2010 年 7 月 3 日,广西灵川约 800 村民集体上访,反对在当地建立垃圾填埋场①。广西桂林市人民政府 7 月 3 日晚间向媒体通报,桂林市灵川县灵田乡北山、绍田等村队部分村民 7 月 3 日先后到灵川县人民政府和桂林市人民政府上访,原因为村民担心生产生活环境受影响,不同意将灵川县生活垃圾填埋场的建设地点设在灵川县灵田乡四联村委北山村。② 据介绍,经过有关专家一年多在灵川县范围内现场勘察和桂林市发改委、环保局等部门及环保专家的现场踏勘考察,认为在灵田乡四联村委北山自然村东南部的盖头坪建垃圾填埋场符合规范要求,是较为理想的场所。2009 年 5 月,该址被确定为灵川县生活垃圾无害化卫生处理项目场址。该项目的立项、环评、可行性报告、建设用地报批、报建手续等均已严格按照有关规定经有关部门审核批准。项目用地共 176 亩,于 2010 年 2 月征地 81.89 亩,涉及灵田乡四联村委的绍田村民小组和北山一、二队。清苗补偿、征地补偿等费用已发放到位。据了解,2010 年 4 月项目正准备开工建设时,由于灵田乡四联村委部分村民以水源、空气等环境污染为由反对该项目的建设。为了化解矛盾,推进项目建设,灵川县本着以人为本的原则,于 6 月 18 日印发了《关于加强灵川县生活垃圾无害化卫生处理项目建设管理的决定》,对项目的建设和处理工艺、运行管理等方面对群众作出了郑重承诺,确保群众提出的问题得到解决和落实。

① 新闻来源于中国新闻网,2010 年 7 月 4 日。

② 中新网桂林 7 月 4 日电(记者 周利朔 欧惠兰)。

2. 农民上访出现了由个体上访向群体上访的趋势

2011年11月24日，广东省陆丰市东海镇乌坎村约四百村民聚集市政府上访，表达诉求；当地党政及时介入，开展接访及相关工作。11时26分上访村民平和离开，整个过程未出现过激行为。2011年9月21日，陆丰市东海镇乌坎村村民因不满土地出让及村民选举等问题引发少数村民聚众滋事事件。事件发生后，汕尾、陆丰两级党政高度重视，及时组织力量进行处置。陆丰迅速成立了三个专项工作组针对村民提出的诉求开展调查处理。经过一个多月的调查，已基本查清村民反映的土地出让、村民选举等相关情况，并于11月1日，决定免去村支部书记薛昌和支部副书记陈舜意职务，同意陈舜意辞去村委会主任职务；同时，由东海镇一名副镇长兼任乌坎村党支部书记职务，缓解干群关系紧张的局面。11月18日上午，该市专门工作组领导与乌坎村临时村民代表会面，向村民代表通报了进驻乌坎村一个多月来的调查情况，表明市委、市政府对处理村民诉求的重视，提出了解决问题的办法和工作措施，并现场答复了村民代表提出的一些合理诉求。然而，乌坎村少数村民对该市工作组一个多月来的工作不满意，认为没有实质性进展。后来，少数村民发动选举了妇女代表联合会，声援村民代表工作。针对乌坎村出现的新动态，汕尾市、陆丰市两级党政高度重视，郑雁雄书记、吴紫骊代市长亲自到陆丰做了有关指示，由汕尾市委常委、政法委书记陈增新同志带队进驻指导陆丰开展乌坎事件后续处置工作。陆丰市委书记杨来发多次主持召开会议处理此事，杨来发书记和邱晋雄市长等领导组织联合工作组并带头进村入户做工作，发动社会各界力量做好村民疏导工作。但仍有少数村民认为政府不能满足其诉求，继续组织了这次聚集上访。根据村民的诉求，汕尾、陆丰两级工作组随即开会，研究部署下一步的处置工作，并提出五点工作要求：一是继续组织工作组进村入户做乌坎村村民的思想工作，特别是要做好13个村民代表的工作，发动东海镇及其他村有威望的人士做好乌坎村村民的劝说解释工作；二是落实责任，尽快解决村民合理诉求；三是加强宣传力度，把握正确舆论导向；四是依法依规，严厉查处违纪的人和事；五是做好预案，防止事态进一步扩大。[①]

当前农民存在着维权渠道有限、维权途径受困的情况，致使出现了2010年辽宁庄河“千人下跪”事件，而农民上访的原因则是征地补偿款不分配和村干部腐败问题。2010年11月10日，河北肥乡县大西韩乡杜汤堡村许多男女老少集体跪在杜汤堡村委会（大西韩乡政府临时办公点）大院内，村民们声泪俱下，长跪不

① 新闻来源于“中国社会稳定研究网”，2011年11月24日。

起,恳求乡政府停止拆除他们的家园。根据调查得知,农民在选择上访之前试图通过其他途径来实现自己的诉求,而上访是在现有合理选择失效的情况下做出的选择;同时,农民的上访行为在由合理上访向不合理上访转变的过程中,基层政府的不作为或作为少,是推动转变的内在重要因素。

四、结论与政策建议

通过对当前上访农民的分析得知,农民上访大多是对利益进行维护,土地问题成为农民上访的主要因素,村干部腐败也成为农民上访的重要原因;农民利益表达渠道缺失,农民的合法利益不能够有效地表达出来,是导致农民上访的制度性困境;农民对法律知识的缺乏,对法院的信任因学历和年龄的不同而具有一定的差异性,但都相信法律的作用;维稳的要求使得上访行为异化,农民在上访过程中对基层政府的权威更加不信任;农民上访出现了针对公共利益的上访和集体上访,上访行为组织化、非制度化趋势加强;基层政府对农民上访不处理或缓处理,使得农民越级上访的趋势更加明显;上访不是农民的首要选择,只有在现有途径无效的情况下,他们才会采取上访行为。

伴随着城市化的进程,农村原有的社会格局日益被打破,农民的国家观念、权利观念、法制观念得到加强,当改革进入到深水阶段,也将是矛盾的集中爆发阶段,现在我国已经进入了社会矛盾集中爆发时期,群体性事件每年呈递增的趋势,危及到社会稳定,不少地方爆发的群体性事件引起基层政权权威弱化,与此同时,农村传统权威有恢复的趋势。征地、拆迁、村干部腐败以及农村公共服务滞后等一系列问题在近几年将会成为农民上访的主要原因,而土地纠纷将会成为影响地方稳定的首要因素。土地是农民的命根,是农民生活的安全保障,在单纯追求地方工业发展或者农业现代化政绩前提下,侵害农民的利益将会引起农民的上访甚至是过激行为。送法下乡并没有塑造出依法农民,普法也并没有加强农民法制观念,在国家政权对乡村的渗入过程中,传统道德观念沦丧,乡村社会以人情为纽带变成以利益为支撑。在对基层干部的工作评定中,农民评判的标准以及是否危及了自己的利益,越界则上访。而面对国家制定的信访条例,农民采取的是踩线而不越线的策略,寻求有利于自己的规则。国家力图保证社会稳定,为发展经济创造一个良好的社会环境,因此“维稳”便成为地方政府的重要目标,而在重要节日时期,维稳更成为了地方政府的首要目标。一方面,少数地方政府为了部门利益,容易借“维稳”的名义,压制农民合理的利益表达,加重了农民心中的不满,为更大的矛盾埋下了隐患；另一方面，少数农民借地方政府为达到“维稳”的目标而害怕出事的心理，专门在重大节日期间上访，甚至是越级上访，以求达到自己的目标，而地方政府为了让他们息访不得不接受要求，如此下去不但消耗了地方的财力也催生了新的食利群体。农村被纳入到城市化的规划中，随着土地向种植大户集中、农民向城市集中、工业向园区集中的趋势加快，农民长期为生的土地将被征收、流转，而就目前来讲，不论是征收还是流转都没有考虑到农民失去土地以后的生活，随着社会生活成本的提高，失地农民的生活困境便会凸显出来，那时农村矛盾将会激化。所以，在未来几年，伴随着城市化进程，我国社会也将进入矛盾多发期，而农民上访也将成为影响社会稳定的重要因素。

社会阶层多级化是一个国家经济发展的必然，经济发展并不是各地区同等发展，随着经济发展步伐的加快，我国也成为了一个多元社会，目前正处于社会转型的重要时期，如果对社会矛盾处理不当便会引起社会不安。农村的社会冲突不是传统意义上的阶级斗争或社会革命，而是在目前中国农村出现的政权失范、政治权威丧失的基础上，农民基于法定权利而进行的以地方公共权力机构为直接抗争目标的政治行为。[①] 我们应当看到，农民上访是我们社会的一种政治生活表达形式，是农民政治参与的提高，是农民对自身利益的一种表达，也是农民对国家权威认同的一种表现。信访给农民提供了政治参与的一种途径，当前农民上访不是因为信访制度的缘故，而是与地方政府处理上访的方式、基层政权治权弱化、农民利益表达受困等因素相关。亨廷顿指出，“制度化是组织和程序获得价值和稳定的一种进程”。“社会动员与政治动荡的关系是直接的。在缺少强有力的和灵活的政治制度情况下，这种参与的增加意味着动乱和暴力。”[②]国家试图通过信访制度来了解民意，并加强对基层治理人的控制，在政治制度不健全的情况下，农民被动员起来了，而国家在面临大面积农民上访疲于处理时，只能将矛盾转移到地方，这加深了基层矛盾，引发了再次上访。在维稳目标的要求下，也出现了“越维越不稳”的怪圈，而大量资源被浪费在维稳上，使得本来就少的农民公共服务资源显得更加稀少，这也成了农民上访的原因之一。

针对农民上访的政策建议：

第一，建立农民利益表达机制，拓宽利益表达渠道。农民上访是对国家社会管理职能的挑战，如果处理不当便会酿成群体性事件，加速农民和基层政权的对

① 于建嵘：《抗争性政治：中国政治社会学基本问题》，人民出版社 2010 年版，第 10—13 页。

② 〔美〕塞缪尔·亨廷顿：《变化社会中的政治秩序》，王冠华等译，上海世纪出版集团 2008 年版，第 10、31—32 页。

立,进而影响国家在乡村社会中的权威。在这个主体多元化、利益多样化的社会转型时期,应当允许各主体合法地表达意见,严禁地方借维稳压制农民的利益表达。国家可以在各级人大中设置信访机构,专门接待群众的上访,将信访监督与人大监督相结合,加强对行政权力机关的监督,充分发挥人大代表在代表群众利益、化解基层矛盾和维持社会团结方面应有的作用。在乡镇政权设置信访接待员,专门记录农民的信访事件,允许农民表达自己的合理观点,争取将农民上访的问题在乡镇一级解决,避免越级上访影响社会稳定。同时,完善村民自治制度,加强民主管理,扩大农民参与村庄事务面,加强村务财务公开,建立干群利益联结机制,努力使村民内部矛盾不出村。

第二,建立上访鉴别机制,区分合理上访和不合理上访。当维稳工作成为压倒一切的首要任务的时候,一些地方政府对社会矛盾和社会不稳定的局势估计得过于严重,那些短期内可能带来一定利益冲突、造成一定社会波动,但从长远看能有利于理顺社会中利益关系的政策和措施往往被搁置,一些必要的改革措施因此错失出台时机,导致不均衡的利益格局迟迟得不到有效调整。废除"零指标"和"一票否决制"之类衡量地方政府绩效的指标,农民上访是农民利益表达的需要,不能一概而论地否定基层政权的功绩。在巨大的行政压力下,基层政府单纯地为了维稳需要消耗不少的资源,浪费不必要的财力和物力;同时,在上级政府的压制下,基层政府容易为了获得暂时的息访,而与上访农民达成协议,从而出现正式权力的非正式运用,也产生了以上访为生的上访专业户。

第三,加大对乡镇政府的专项资金转移力度,扩大以工代赈的覆盖面。完善农村基础设施特别是农业基础设施,减少"求援型"上访的数量。同时,国家应当加大对农村的财政投入,实现城乡公共服务均等化,减少农民因为生活保障的问题而产生的上访行为。国家对农民而言既有保护的义务也有照顾的责任,以人为本的执政理念已经深入人心,得到了农民群众的拥护,近年来国家推行的一系列惠农政策更加强化了其在乡村社会中的权威。

第四,明确权责,加强对基层政权的监督。基层政权特别是乡镇政府,处于与国家政权与农民的结点地带,行使对民众的直接管辖权。随着国家乡镇机构改革的完成,乡镇一级政权的权力被削弱,而承接上面的任务并没有相应减少,处于权力和责任不对等的地位。国家推行的乡镇机构改革使乡镇政府财政收入减少,在对农村公共服务提供上显得力不从心,国家试图通过削弱基层政权的权力减少农民上访的数量,缓解干群关系,推动基层政权由管理型政府向服务型转政府转变。乡镇治权的弱化减少了对农村公共产品的提供,引起了新的农民上访,而乡镇权威的弱化，使得基层政权在处理农民上访时显得力不从心。国家对农民上访也显得难以应付时，就将矛盾向地方转移，在维稳作为首要工作的时候，基层政府不得不将有限的财力花在对农民的息访上，进而更加减少了对农村公共产品的提供，形成了恶性循环。基层政权在处理农民上访时，囿于权力的监督较小，在面临信访压力时，容易动用司法和公安这类强力机关强行压制农民上访，将农民的利益诉求作为影响社会安定的因素，引起了农民与基层政权的对立。国家应当确立合理的绩效评定标准，不能以“一票制”来监管信访工作，基层政权由于本身的权力有限，承担着化解农民上访最重要的任务，在处理上访问题时容易采取正式权力的非正式运用以达到维稳的目标。同时，基层政权各部门在面临上级压力时会采取部门合作，形成“共同利益”，出现司法部门与行政部门共同维稳的现象。

对于农民上访，不能一味责求地方，农民上访表明农民权利意识加强与维权观念提升，对于侵犯自己利益的行为不再是容忍而是选择维护，这是社会的进步。经过三十多年的改革开放，市场经济已经初步形成，讲求效率和收益的市场经济在成为我国经济发展的新动力时也成为产生社会问题的原因，强调效率使得地方政府在处理农民上访事件时要么采取强制措施对上访人员进行监控甚至打压，要么就是与上访者达成协议而实现息访，不论是哪种息访措施都不能从根源解决农民上访问题，反而会造成基层政权的权威弱化，使本来就孱弱的基层政权显得更加危急，同时也会导致基层政府在处理上访时采取正式权力的非正式运用，这会造成国家权威在乡村的弱化。

建立上访鉴别机制，消除基层政府视农民上访为猛虎的忧虑，减轻基层政府工作压力。应当看到，农民上访不能完全责怪基层政府，这是农民表达自己利益的一种形式，这是属于人民内部矛盾，并不涉及到大是大非，如果处理得当完全可以实现社会安定。我们应当加强制度建设，拓宽农民利益表达渠道，强化基层政府，完善民主法制，充分发挥村民自治制度在乡村治理的作用。发扬民主，将利益表达制度化，用制度化的利益表达平衡社会中的利益关系。加强法治，坚持公平正义，维护民众尊严，让每个人充分享受经济发展成果。加强制度建设，以制度保障农民的政治参与，建设一个公正有序的和谐社会。

下　篇
专题报告

第十一章　农村房屋和集体土地拆迁征用中的农民政治反应

费孝通认为，“从基层上看去，中国社会是乡土性的”，生活在乡村社会中的农民与土地有着天然的联系，土地就不单单是农民最基本的生产生活资料。此外，住房也是农民赖以栖生的场所。然而，中国是一个处在现代化和城市化浪潮下的大国，在这个过程中，伴随的是乡村逐步纳入城市、农民变为市民，而征地拆迁就是作为在城市化和现代化过程中的农村所面临的经常性现象。

所谓集体土地征用，通常意义上是指国家为了公共利益的需要，依据法律规定程序和批准权限，以补偿为条件，将农村集体所有的土地强制性地变为国家所有的土地的行为。它涉及国家、用地单位、农民集体和农民个人等多个权利主体的利益，体现了土地权利在不同主体之间的分割与变换，本报告中的土地征用包括农村耕地和农村宅基地的征用。房屋拆迁则指国家因公共利益需要，经依法批准将集体所有的土地征为国有后，对原有集体土地上的建筑物、构筑物进行强制拆迁，并给予补偿的行为，又称为“征收、征用集体所有土地房屋拆迁”。由于在实际征地时，不仅农田被征用，而且很多时候还涉及农民的宅基地以及土地上的建筑物，即房屋的拆迁。因此，在本文的研究中，将农村房屋和集体土地拆迁征用合并简称为“征地拆迁”。

征地拆迁的发生涉及农民的根本利益，由此引发的矛盾和冲突已经成为影响农村社会稳定的主要因素。系统分析当前农村征地拆迁问题的现状，研究农民在征地拆迁过程中的政治反应状况，探究农村征地拆迁冲突频发的原因并提出相应的应对策略，是更好地推进工业化和城市化的现实需要，更是加强和创新社会管理、维护社会大局稳定、构建和谐社会的必然要求。

一、既有研究总结和研究方法

当前对农村房屋和集体土地拆迁征用的研究主要关注以下几个方面：

其一,关于农村土地产权问题的研究。陈明认为我国农村土地家庭承包经营制度的产权结构存在如下缺陷:一是产权主体不清;二是产权权能残缺;三是产权稳定性差;四是产权流动性弱;五是土地权属转移中农民利益受损;六是土地经营效率不高;七是土地产权的法律制度不完善。[①] 关于我国农地产权制度改革的方向,杨小凯、周其仁等主张农地私有化;迟福林等认为必须坚持完善集体所有制;杜润生、邓大才等主张农地国有制;蔡继明等主张混合所有制。除此之外,还有学者主张弱化所有权,强化使用权。

其二,关于失地农民的研究。王国林采用"微型社会学的方法",通过实地调查发现只有小部分农民赞同征地,绝大多数农民持反对态度,农民的护地行动相当普遍。廖小军认为深化土地制度改革是解决失地农民问题的前提,完善土地征用补偿机制是解决失地农民问题的关键,健全社会保障体系是解决失地农民问题的基础。[②] 陈映芳指出征地补偿更应体现出对被征地人员生存权利的保障,在经济和人口城市化基础上,最终实现社会的城市化和农民的市民化。陈传锋强调要加快制度改革步伐,改革现行土地征收制度。张海波、童星的调查分析则表明,经济生存边缘化、社会交往双重性、心理不认同是当前失地农民社会适应存在的主要问题,失地农民已成为城市中的边缘人,强调要使他们尽快适应城市生活,必须加强就业、提高收入、强化社会保障。

其三,关于征地补偿的研究。国土资源部"征地制度改革研究"课题组研究认为我国征地补偿标准不合理,具体表现在以下几个方面:第一,征地补偿标准偏低;第二,征地补偿测算方法不科学;第三,对土地所有权的补偿缺乏依据,并指出征地补偿应实行相当补偿原则,并以农地地价为依据确定征用土地费和征购土地费的标准。[③] 刘慧芳认为农地转用价格应包括农地质量价格和农地社会价值,农地社会价值包括农地对农民所具有的社会保障价值和农地为社会提供粮食安全所具有的社会稳定价值,并对这三部分价值在各产权主体之间进行分配。[④] 陈江龙、曲福田主张按土地市场价格确定征地费并建议采取多元化的土地补偿方式。[⑤] 孟祥舟建议实行"征用"和"征购"并举的"土地征用补偿"新机制,对非公益性建设用地的征地价格可通过有资质的评估机构进行估价后,由征地主体和相

① 陈明:《农地产权制度创新与农民土地财产权利保护》,湖北人民出版社2006年版,第155页。

② 廖小军:《中国失地农民研究》,社会科学文献出版社2005年版,第2—3页。

③ 国土资源部"征地制度改革研究"课题组:《征地制度改革的初步设想》,《中国土地》2000年第4期。

④ 刘慧芳:《论我国农地地价的构成与量化》,《中国土地科学》2000年第5期。

⑤ 陈江龙、曲福田:《土地征用的理论分析及我国征地制度改革》,《江苏社会科学》2002年第2期。

对人双方确定。陈波种和郝寿义认为征地补偿应该包括土地持续性收益、失地农民规避风险成本和人力资本提升成本三个方面,失地农民还应该分享因土地用途变更而产生的增值收益。[①] 付时鸣和王勇认为对征地双方都更有利的是混合补偿的形式,其能够在保障农民利益的同时解决他们的生存就业问题。王瑞雪和颜廷武认为现行征地补偿标准不合理性主要表现在两个方面:第一,未能准确反映私人物品基础之上的耕地价值;第二,对于耕地公共物品属性认识不足。[②] 杨永芳和艾少伟认为应从观念、制度、方法等层面完善和确立土地补偿制度。[③]

其四,关于农民维权行动的研究。张厚安、徐勇认为非制度化参与虽然可能产生一些积极后果,但会弱化基层政权组织的权威性、妨碍政治的制度化进程、破坏正常的社会秩序、不利于培育农民的公民意识,从而影响国家政治生活的民主化和法制化进程。[④] 美国著名的农民研究专家詹姆斯·斯科特用"生存伦理"这一重要概念来强调生存规则的道德涵义,并提出了农民"日常抵抗"这一维权方式。他认为,"贫困本身不是农民反叛的原因;只有当农民的生存道德和社会公正感受到侵犯时,他们才会奋起反抗,甚至铤而走险。"[⑤]斯科特指出这些日常形式的反抗通常包括:偷懒、装糊涂、开小差、假装顺从、偷盗、装傻卖呆、诽谤、纵火、怠工等。李连江和欧博文提出了"依法抗争"的观点,他们认为,"依法抗争"即"以政策为依据的抗争",是农民积极运用国家法律和中央政策维护其政治权利和经济利益不受地方政府和地方官员侵害的政治活动,这种反抗形式是一种公开的、准制度化或半制度化的形式,采用的方式主要是上访。[⑥] 此外,受李连江、欧博文"依法抗争"概念的启发,董海军提出了"依弱者身份抗争"、"依势抗争",石发勇提出了"依关系网络抗争"等观点。于建嵘提出了"以法抗争"的观点,这里说的"法",仍然泛指国家法律和中央的政策,"以法"是直接意义上的以法律为抗争武器,抗争的方式主要有上访、宣传、阻收、逼退、静坐和示威等。"以法抗争"具有政治性和组织性特征。[⑦] 应星提出了"草根动员"的观点,他认为:"草根动员"是

---

① 陈波种、郝寿义:《征地补偿标准的经济学分析》,《中国农村观察》2004 年第 6 期。

② 王瑞雪、颜廷武:《现行征地补偿标准不合理性分析——基于资源环境经济学视角》,《中国土地科学》2007 年第 6 期。

③ 杨永芳、艾少伟:《生态补偿在征地补偿中的缺失及路径选择》,《中国土地科学》2007 年第 6 期。

④ 张厚安、徐勇等:《中国农村政治稳定与发展》,武汉出版社 1995 年版,第 452 页。

⑤ 〔美〕詹姆斯·斯科特:《农民的道义经济学:东南亚的反抗与生存》,译林出版社 2001 年版,第 43 页。

⑥ 李连江、欧博文:《当代中国农民的依法抗争》,吴国光编:《九七效应》,太平洋世纪研究所 1997 年版。

⑦ 于建嵘:《当代中国农民的以法抗争——关于农民维权活动的一个解释框架》,《文史博览》2008 年第 12 期。

底层民众中对某些问题高度投入的积极分子自发地把周围具有同样利益,但却不如他们投入的人动员起来,加入群体利益表达行动的过程,底层民众即那些发起动员的积极分子就是所谓的"草根行动者"。应星认为草根行动者是一个既不完全认同于精英、也不完全代表底层,而是有着自身独特行动目标和逻辑的行动者。草根行动者所进行的草根动员,使农民群体利益表达机制在表达方式的选择上具有权宜性,在组织上具有双重性,在政治上具有模糊性。草根动员既是一个动员参与的过程,同时也是一个进行理性控制并适时结束群体行动的过程。[①]

从以上分析不难发现,目前学界对农村征地拆迁的研究主要集中在以下几个方面:一是制度层面,主要强调当前农村土地产权主体不明晰;二是失地农民问题,主要强调如何实现农民到市民的转化;三是如何实现农村征地拆迁补偿的合理化;四是农民利益受损时的维权行动研究。从既有研究我们可以看出,学界对农民在征地拆迁中的政治反应状况的研究较为不足,尤其是在现代互联网及信息技术发达的条件下,在社会急剧转型、利益冲突加剧的情况下,农民对征地拆迁的反应及维权的方式又有哪些新的变化,笔者正是基于这样的思考而展开本文的研究。

本报告对农村房屋拆迁和集体土地征用中的农民政治反应状况的研究综合采用案例分析与数据分析相结合的研究方法,其中以案例分析为主,数据分析为辅。案例主要是通过网络手段,精心搜集了近三年(2009—2011年)来发生在农村地区具有重大影响的征地拆迁事件案例,着重从案例解读出参与农民的政治反应状况,数据分析建基于课题组对全国14个省38个村庄的1134个农户的调查数据资料,从实证数据上进一步发掘农民政治反应状况特点。

二、农村征地拆迁的实证分析

研究发现,大部分农民不愿意土地被征用、征地补偿费用仅能够维持农民的基本生活、农民缺乏参与权与知情权、镇村两级是征地拆迁的执行主体、征地拆迁矛盾和冲突进一步加剧是当前农村征地拆迁的基本现状;农民在征地拆迁中的反应形式主要有突栽突建、上访、寻求法律援助、暴力反抗、媒体呼吁、以死抗争等形式。

---

① 应星:《草根动员与农民群体利益的表达机制——四个个案的比较研究》,《社会学研究》2007年第2期。

(一) 当前农村征地拆迁现状分析

1. 大部分农民不愿意土地被征用

数据显示,76.7%的农民不愿意土地被征用,仅有16.5%和6.8%的农民表示愿意或无所谓。农民不愿意土地被征用的原因主要是土地被征后失去生活保障。调研表明,年龄越大、受教育程度越低、家庭收入越低的农户越不愿意土地被征用。这是因为农民受教育程度越低,其非农行业的就业能力就越差,从事农业生产的几率就越大,因此就不愿意土地被征用。调研发现,市场经济条件下,家庭收入低的农户更多地依赖于农业生产,土地被征用后,他们面临着就业和生活保障双重困难,他们就更加不愿意土地被征用,因此,对绝大部分农民特别是年龄较大、文化程度较低以及家庭收入较少的农民来说,土地承担着较重的就业和社会保障功能。调查中,57.9%的农民认为现阶段土地对其家庭起到的主要作用是生活和养老保障,33.5%的农民认为土地是其家庭收入的基本来源,由此可见,在农民的潜意识中,依靠土地虽然不能发家致富但却能保证基本生活。这一研究结果验证了陈剑波的判断。陈剑波认为,土地通常具备生产要素、财产以及社会保障三种职能。在不同的经济发展阶段,土地对于农民的主要作用有所不同:当食品供给严重不足时,土地经营是农户经济的全部,这一时期土地是农户维持生计和获得收入的主要来源;当农户经济结构发生变化,其主要的生存依赖已经不再是土地的时候,这一时期土地的保障功能就凸现出来;当农民完全进入城市或者已经具有完善的社会保障的时候,土地财富功能的实现就成为土地所有者或使用者最为关心的问题。目前,中国绝大多数的农户经济仍然处于需要土地作为其维持生存、提供生活保障的阶段。[①] 由此可见,在现阶段如果土地的社会保障功能没有得到有效的替代,如果土地征用补偿政策没有很好地体现土地的非生产性收益价值,农民不会轻易放弃自己拥有的土地权利。此外,中国农民具有较为浓厚的土地情结,这一点在老年农民身上表现得更为突出,调研中,58.6%的身体硬朗、仍然可以下地干活的老年农民表示不愿土地被征用,他们愿意自己种地的原因一是靠土地养老,二是和土地产生了感情,对他辛勤耕作了一辈子的那片土地爱的深沉。调研中,有位60岁出头的农民这样说道:“我一年四季,几乎每天都到地里去转一转、看一看,也不是说地里每天都有那么多的活要干,我就想看看,一下子把地征用了,我反而会感到不习惯,觉得失去什么了来着。”

---

① 陈剑波:《农地制度:所有权问题还是委托—代理问题》,《经济研究》2006年第7期。

2. 补偿费仅能保证基本生活

《土地管理法》规定的征地补偿费包括土地补偿费、安置补助费及地上附着物和青苗补偿费,前两项的补偿标准分别为该耕地前三年平均产值的6—10倍和4—6倍的两项之和,低限是10倍,高限为16倍,特殊情况最高不能超过30倍。笔者在皖南某村调研时了解到,2009年由于修建205国道,该村被征地232亩,当时的补偿标准是5000元/亩,一次给付;2010年,出于招商引资的需要,当地又开始大面积征地,这次该村被征土地总计约600亩,补偿标准是17490元/亩,同样采用一次给付的方式。据统计,截止2010年底,该村有492户农民的土地被全部征用,有1638人成为名副其实的失地农民。数据显示,2009年全国农村居民人均纯收入为5158元,农村居民人均生活消费支出为3993元,农村家庭平均人口为3.98人,农村居民家庭恩格尔系数为41.0%。[①] 按照这个标准,扣除价格因素,4人规模的农民家庭平均每年的日常生活消费支出为15892元,即一亩地一次性补偿17490元基本上可以维持全家人一年的日常生活消费支出,如果遇上子女上学、医疗、盖房、嫁娶等方面的大额支出,农民生活极易陷入困难境地。如果再按照东部以及中部农村居民人均生活消费总支出和农村居民家庭人均纯收入计算,农民能够维持生活的时间更短。过低的征地补偿费无法维持农民长久生活,导致征地矛盾日趋突出。尽管按照国家政策规定以及国际通行规则的要求,征地补偿费要能确保维持被征地农民现有生活水平不变,但调查数据显示,60.8%的农民反映征地后其生活水平下降或明显下降,其主要原因是土地被征用农民生活在实物方面的支出普遍增加。失地前,农民的粮食、蔬菜一般都能自给自足,征地后这些东西都需要花钱购买,日常生活消费开支加大,并且征地后收入来源减少且不固定。这表明现行的征地补偿水平难以保障失地农民在失去土地后赚取与从前经营土地相当的收入,提高生活水平的难度加大,最多能够保证基本生活。笔者在河南某地调研时发现,同属一个市辖的两个县都大力发展蔬菜种植,都通过招商引资使企业落户,都涉及了大规模的土地征用,但两个企业的征地补偿标准却差别巨大,一个是900元/亩·年(其中企业出资750元,镇政府补贴150元),另一个却是500元/亩·年,但前者所在地村民对900元/亩·年的补偿标准怨声载道,后者所在地村民却对500元/亩·年的补偿没有多大意见,两地不同的是前者属于城郊县,后者较为偏远。

---

① 国家统计局:《中国统计年鉴2010》,中国统计出版社2010年版,第205页。

3. 农民缺乏参与权和知情权

农民是土地征用的利益主体,但却被排斥在征地活动之外,难以真正参与到征地拆迁活动中去,缺乏必要的参与权与知情权。调研中,农民表示对征地范围、征地规模、征地补偿费的构成及计算标准都不甚了解。笔者在河南某地调研时发现,85.6%的农民表示征地补偿费的确定没有征询他们的意见,53.3%农民表示征地时没有经过村民大会的讨论,13.6%的农民表示征地前没有接到征地通知,一些农民反映,即使接到征地通知,也大多是口头通知,而非书面通知,而这种口头告知实际上是征地的最后通牒,并不具有任何让农民"参与"征地过程的意义。调研中,农民普遍反映,土地征用谈判权大多被村干部代为行使,但村干部并没有在土地征用的谈判中有效维护农民的权益。以河南某地为例,当地政府通过招商引资引进国内某大型绿色无公害蔬菜企业落户,并在土地征用过程中大力支持,确定的征地补偿标准是900元/亩·年,以后每3年上浮10%,合同期限为30年,其中企业出资为750元/亩·年,政府补贴150元/亩·年,2008开始实施。但农民普遍反映900元/亩·年的补偿标准太低,按小麦亩产1000斤、收购价1元的标准计算,每亩地的收入至少也在1000元,当时没有人愿意签订合同,但当地村委会在没有经过村民同意、在村民不知情的情况下擅自与该企业签订了合同。该村党支部书记表示,当时他也拖着不签,镇政府不断施压并放话"你不签换了人之后还得签"。法律规定,我国农村土地属集体所有,广大农民对土地享有使用权。土地征用涉及农民的根本利益,任何关于土地的征用、流转的行为都必须有农民的切身参与,但从全国近几年发生的土地纠纷来看,土地征用将农民排斥在外的不是个案,这具有极大的普遍性。

4. 镇村两级是征地拆迁的执行主体

在我国,乡镇政府是最基层的政权组织,承担着基层社会管理的重要职能。乡镇政府是农村征地拆迁任务的实施者,任务重、压力大。乡镇土管所受市、区土管部门委托和督促,直接进行农村征地拆迁的政策宣传、调查登记、安置告示、产权确认、签订协议、支付补偿等具体工作。这些具体工作涉及每个农民的切身利益,任何疏漏都不允许发生,否则农民轻则不签协议,重则殴打拆迁人,围攻乡镇政府,上访区、市、省政府,上诉法院。而且农村征地拆迁又是在一个熟人社会里开展的工作,工作压力、熟人关系、自身利益交织在一起,完成征地与拆迁任务的压力和难度便可想而知。虽然乡镇土管所在对农地与农户房屋的合法补偿面积、房屋用途性质、其他构筑物的补偿等方面具有较大的自由裁量权,但对自由裁量权的任何使用不当,又会引发农民的攀比和毁约。村干部承担部分政府农村征地与拆迁职能。虽然,村委组织不是基层政府,村干部不是国家公务员,与政府拆迁无关。但一方面,村委组织选举是在乡镇指导、协调、监督下进行的,村委组织的工作也在一定程度上受乡镇的指导,另一方面,村干部尤其是村长是农民民主选举产生,在农民中具有较高威望,不少村干部自然而然地成为农民的“意见领袖”。所以村干部在农村征地与拆迁中能起到很好的桥梁作用。

5. 矛盾和冲突进一步加剧

上个世纪90年代后期及本世纪初,各种税费摊派曾导致当时党群、干群关系极度紧张,也就是在那个年代,李昌平发出了“农民真苦、农村真穷、农业真危险”的呼喊,那个时期,税费征收是农村社会矛盾和冲突的焦点。随后,中央决定从2004年开始免征除烟叶税外的农业特产税,同时进行免征农业税改革试点工作。2004年,农业税占各项税收的比例进一步降至1%。2005年12月29日,十届全国人大常委会第十九次会议高票通过决定,自2006年1月1日起废止《农业税条例》,取消除烟叶以外的农业特产税、全部免征农业税,自此,中国农民结束了2600多年缴纳皇粮国税的历史。随着工业化、城镇化及新农村建设的不断推进,农村征地拆迁规模不断扩大。根据于建嵘的调查,65%的农村群体性事件是由征地拆迁矛盾引起的,征地拆迁领域的矛盾成为农村社会冲突的主要诱因。更为严重的是,农村征地拆迁引发冲突后,广大农民极易将其作为发泄不满的机会,往往从众参与,这样就很容易演化为大规模的群体性事件,严重影响了农村社会稳定。

(二)农民在征地拆迁中的政治反应状况

1. 突栽突建

土地是农民的命根子,房子是农民栖息的场所,农民有时候将这两样东西看得比自己的生命还重要。中国农民喜欢攀比、爱面子,每年收成完了之后,总喜欢议论“谁家的粮食今年打得多”、“谁家地里的苹果今年卖得最好”、“谁家今年的收成最差”等。同时,农民也将房子看成自己毕生的心血。笔者在调研过程中听到这样一句话,“我们农民一生就为四件事奋斗,一是尽自己赡养老人的义务,使父母安度晚年;二是抚养和教育孩子,供孩子读书,盼望子女早日成才;三是盖房子,住在用自己挣来的钱修建的房子里面;四是为子女完婚,盼望子女成家立业。”中国农民将房子看成一种地位的象征,家里房子盖得很漂亮,农民就觉得很有面子。面对土地被征收、房子被拆迁,农民都有一种难以割舍的感情,但农民并不是一个消极被动的群体,他们是一个能动的主体,在多重秩序的影响下,农民出于各种动机和目的,利用各种资源,以各种形式,表达自身的诉求,以争取更多的利益。

笔者在陕西调研时听到这样一句话,“国家只要想干,就没有干不成的事情,说要征你的土地、拆你的房子,那是肯定能干成的。”遇到征地拆迁,农民的首选就是拖,因为农民明白,只要拖着不达成协议、不签字、不签合同,政府是不会轻易强制执行的。但农民心里也非常清楚,土地被征用、房子被拆迁是迟早的事情,只是个时间问题。农民会充分利用拖着的时间采取行动,以争取更多的补偿。征地方面,农民普遍在征地前有突击栽种的行为。在陕西,农民的主要收入来源是种植苹果,笔者2011年在陕西咸阳某村调研时了解到,当地2009年引进一大型果汁生产企业落户该村,当时需要征地300亩,当地政府为了减少征地的成本和矛盾,选择征用农民的麦地(即地里未种植苹果树),但该村村民一直拖着不签合同,到了来年春季,竟然纷纷在麦地里栽上了苹果树,而且栽种的密度很大。面对房屋拆迁,农民采取的行动则是突击建房。2010年,陕西省宝鸡市出于修建新火车站的需要,必须对城郊18个村进行整体拆迁,笔者作为某测量公司的兼职人员参与了对农民房屋的丈量。农民知道房屋要被拆迁,就是拖着不丈量,而且农民似乎也形成了“权力的文化网络”,谁家丈量房子、谁家签合同,其他村民(以农村妇女为主)集体谴责,然后关起大门搞建设、关起房门搞装修,平房的变成楼房,两层楼房的变成三层、四层,房子内部未装修的加紧装修,以求获得更多的补偿,当然突击建房和装修都是低成本的,村委会全当没看见,政府也显得很无奈。

2. 上访

“信访”是当代中国各级党政机关、人民团体和企事业单位在处理人民来信来访工作的实践中逐步形成的新词汇。从广义上说,信访“指的是古今中外的社会成员通过写信、访问等形式向社会组织及其负责人反映个人或集体意愿的社会政治交往活动;狭义的信访指的是我国人民群众通过写信、访问等形式向党和政府的各级领导机关、人民团体、企事业单位及其负责人反映个人或集体意愿(主要是反映情况,陈述意见,解决问题等)的社会政治交往活动。”①2005年5月1日新修订实行的《信访条例》对于信访是这样界定的,信访是指“公民、法人或者其他组织采用书信、电子邮件、传真、电话、走访等形式,向各级人民政府、县级以上人民政府工作部门反映情况,提出建议、意见或者投诉请求,依法由有关行政机关处理的活动。”在更广泛的意义上,“信访”一词更多地被“上访”一词所取代,农民自己将向上级领导和部门反映情况和问题称之为上访,政府官员一般也将农民的信访活动称为“农民上访”,社会上也更多地习惯使用“上访”一词来概括民众的信

① 中央办公厅信访局、国务院办公厅信访局:《信访学概论》,华夏出版社1991年版,第6页。

访活动。因此,从法理上分析,信访制度应该能在农民的利益表达欲求与政府洞察民情需要之间达成完美无缺的契合。然而,信访制度“属地管理、分级管理”,国务院旧的《信访条例》规定了办理信访总的原则是“分级负责、分级管理、归口办理,谁主管、谁负责”。2005年新《信访条例》又强调了“属地管理、分级管理”的原则等规定和“转信不办信”的行动取向,以及上级政府需要的“了解普遍性情况”与上访者渴求的“解决具体问题”之间的诸多矛盾和问题,导致上访能够解决的问题其实非常有限。[①] 但是,即便如此,广大农民在征地拆迁中利益受损时,仍然首选通过信访的途径寻求解决。不幸的是,农民上访要么中途夭折,要么反映的问题迟迟得不到解决。2009年10月9日,辽宁省抚顺市小瓦村两百多村民集体到小石镇开发区上访,其原因是村民质疑拆迁补偿款分配不合理,并怀疑当时担任村支书的臧玉泉,担任村主任的刘凤桐侵吞了部分款项,亦有村民是为未分到地的孩子争取补偿权利,村民在赶往小石镇的途中遭到村支书的臧玉泉纠集的黑社会团伙的堵截,后发生冲突,上访召集者赵俊华的儿子赵明阳不慎将其中一名截访者李小龙刺死。[②] 2010年4月29日,黑龙江省富锦市向阳川乡长春岭村500多村民驾驶50多辆四轮农用车到富锦市政府上访,其原因是政府圈占土地、补偿不到位、村干部在征地补偿中存在贪污等问题,途中遭到向阳川乡干部和派出所所长劝阻,之后发生冲突。[③] 2010年3月25日,贵州省黔西南州贞丰县珉谷镇塔山村发生警民冲突事件,其背后是当地村民为了收回被征用的土地而先后到国家信访局、贵州省委省政府及相关部门递交信访材料,但均未获解决。[④] 辽宁“千人下跪”事件中,海洋村村民因征地补偿款等问题曾多次到镇政府、市信访局等相关部门反映未果,最后上市政府门前请愿也是迫不得已。[⑤] 云南省昆明市西山区福海社区韩家湾村征地,1700亩耕地被征用,房屋也被限期拆除,政府却没有出示征地手续,征地款未发放,安置房也未见踪影,村民们上访过80多次,毫无进展,才上演了原政协副主席用公车为农民开道上访的一幕。[⑥]

---

① 据于建嵘的调查,上访实际解决的问题只有千分之二。见赵凌:《国内首份信访报告获高层重视》,《南方周末》2004年11月4日。

② 齐鲁晚报:《截访命案背后的北欧里因子》,2010年8月6日,第A18版。

③ 中原网,《黑龙江富锦事件始末》:http://www.zynews.com/news/2010-06/02/content_721961.htm。

④ 新浪网,《贵州贞丰因征地引发警民冲突》:http://news.sina.com.cn/c/2010-04-02/021619990864.shtml。

⑤ 新华网,《辽宁庄河千人下跪事件内幕调查》:http://news.xinhuanet.com/local/2010-05/08/c_1280830.htm。

⑥ 新浪网,《政协副主席用公车为村民上访开道》:http://finance.sina.com.cn/roll/20101221/11389139340.shtml。

3. 寻求法律援助

在对当下中国农民诉讼观念的分析中，基于下述几方面因素的考虑，学界普遍存在着农民“怯讼、惧讼或轻讼”的判断。一是传统“厌讼”文化让农民“不会讼”。传统中国“和合”文化中，法律所具有的“否定价值”自不待言，因此争讼乃是绝对的坏事。历史是无法割断的，“一切已死的先辈们的传统，像梦魇一样纠缠着活人的头脑”。“轻讼”意识在中国延续了几千年，在民族心理中的深刻和稳定程度远远超出了人们的一般想象，要将它从农民心理中消除，绝非朝夕之事。二是“乡土社会”的生活压力令农民“不选讼”。在乡土“熟人社会”[①]中，依循“礼治”所建构的“价值判断体系”仍然是村民行为的规范。在这种体系中，行为人出于对“被流放”的恐惧，诉讼乃是“欲私了而不能”的“下下之选”。三是诉讼成本的高昂让农民“不敢讼”。耗时费钱的求诉过程、说不懂道不明的法律文本、屡禁不止的司法腐败，让农民拿起法律“打官司”真的是“想说爱你不容易”。从当前农民解决纠纷方式的选择上来看，大量的实证案例都表明“诉讼”的确还处于一种非常边缘化的地位，因此，这在一定程度上再次印证了农民“轻讼”这一结论。然而，农民“轻讼”并不等于农民就彻底放弃了借助法律来维持自己“常识性的正义平衡感”[②]，一方面，恰如应星所分析的那样，农民之间的争执与农民与国家力量之间的争执具有很不相同的性质。如果说农民之间的关系还罩着“面子”或“人情”的面纱的话，那么，那些贫困的、没有社会地位的、没有社会关系的村民在那些与他们非亲非故、拉扯不上什么关系、吃着公家粮的国家干部面前有什么“面子”或“人情”可言呢?[③] 正是没了这层“面子”或“人情”的葛扯，面对国家强力介入而造成的生存困境，农民向官员提起诉讼时也就也少了迪厄凯姆所谓“集体良知”的拷问。另一方面，持续不懈的农村普法运动和广播、报纸、电视等媒体传递的法律信息，帮助农民建构起了朴素的法治理念，农民从羞于人前言打官司，到勇于喊出法庭上见，上法庭参与诉讼被看成是必要时维护或者争取自身权益的一种手段。[④] 越来越强的权利和利益意识、官民平等意识和公民意识，[⑤]让农民在侵犯自己的利益的政府和官员面前，敢于拿起法律武器表达自己的愤慨与不满。征地拆迁纠纷中，广大农民也开始寻求法律援助，通过司法途径维护自己的合法权益。

① 费孝通:《乡土中国·生育制度》,北京大学出版社 1998 年版,第 58 页。
② 朱苏力:《法治及其本土资源》,中国政法大学出版社 1996 年版,第 185 页。
③ 应星:《大河移民的上访故事》,生活·读书·新知三联书店 2001 年版,第 364—365 页。
④ 郑杭生:《当代中国农村社会转型的实证研究》,中国人民大学出版社 1996 年版,第 113 页。
⑤ 程同顺:《当代中国农村政治发展研究》,天津人民出版社 2000 年版,第 269—272 页。

例如,从2008年8月开始,出于修建成(都)绵(阳)乐(山)高铁的需要,四川省双流县黄水镇板桥社区面临集体拆迁,但镇政府一直未与黄文伟一家就拆迁达成协议,原因是黄文伟认为镇政府给予的500元/平方米的补偿标准太低,自家的房屋建构结实、质量好,在汶川地震中都未受损,要求按照铁道部的标准进行赔偿,后来多次协商仍未达成一致。2010年8月2日,黄文伟家的房屋遭遇强拆。强拆发生后,黄文伟一家对黄水镇政府提起行政诉讼,请求法院确认被告的强制拆迁违法。庭审期间,黄水镇政府辩称,在给原告多次做工作无效后,镇政府最终对其房屋进行了"帮助拆迁",政府纯属做好事。在判决未果的情况下,黄文伟的岳父岳母在被拆迁的废墟上搭建了临时窝篷,2011年3月30日,黄水镇政府又对废墟上的窝棚进行强拆,黄文伟情急之下驾车冲撞拆迁人员,然后挥刀劈刺,致使九人受伤,2011年6月23日,双流县法院一审判决认定黄水镇政府"帮助拆迁"行政行为违法。①

4. *暴力反抗*

在传统"臣属型"政治文化与民间"清官意识"的影响下,中国农民对国家的态度大体上可用"爱恨交加"来概括。在"臣属型"文化影响下,政治乃"肉食者谋之",下层民众"又何间焉"?农民既惧怕权力,又极力想亲近权力。在"清官意识"影响下,柔弱无权的农民将一切希望都寄托于"清官"的"仁政"。然而却出现了这样一个问题:有着自身利益的官吏阶层,"总是企图追求超额的剥削,而皇权的威严不足以遏止他们这种利益欲望。"②当农民看到寄予"厚望"的"清官"非但未施行"仁政",相反屡屡剥削、任意践踏自己的利益时,他们极易实施某种过激行为。所谓"捧得越高,摔得越重"也正是这个道理。改革开放以来,随着农村经济社会的发展和民主政治的进步,虽然"当代农民的权利和利益意识、官民平等意识和公民意识有所增强",③但农民"无权者"的地位却没有随着权益意识的高涨而发生根本性的改变。④ 当农民的合法权益和利益遭受到用金钱或权力编织的利益集团任意践踏时,哭诉无路、求告无门的他们,极易采取暴力反抗的形式维护自身合法权益。纵观近几年农村发生的暴力冲突事件,征地拆迁矛盾是其主要诱因。例如,2010年10月13日,广西梧州市苍梧县龙圩镇三千农民因为土地被强征没有得到合理安置赔偿,阻止工程人员施工,并要求公安局释放前一天冲突中

---

① 新浪网,《村民驾车冲撞刀砍强拆者》:http://news.sina.com.cn/s/sd/2011-08-12/102422979710.shtml。
② 王亚南:《中国官僚政治研究》,中国社会科学出版社1981年版,第122页。
③ 程同顺:《当代中国农村政治发展研究》,天津人民出版社2000年版,第269—272页。
④ 周作翰、张英洪:《论当代中国农民的政治权利》,《湖南师范大学社会科学学报》2005年第1期。

被抓的村民，遭到乡政府的拒绝后，引发激烈冲突，其中8辆警车被掀翻被砸，并有几位政府人员和警察受伤。其中有村民被特警扔的催泪弹击中受伤。当局派了增援的特警和附近的武警，但由于村民人数众多，武警和特警及公安不敢向农民动手，二次以催泪弹来驱散愤怒的人群。① 江苏邳州征地血案中，200多名男子手持棍棒、砍刀，欲强行征用该村耕地，与前来护地的百余村民发生冲突，村民一死一伤，之后还发生了公安与当地村民的抢尸事件；②苏州通安事件中，村民们向镇政府领导索要“被克扣的”动迁补偿款遭到拒绝后，打砸镇政府，挟持了镇党委书记王军，走上马路，封堵公路交通。③ 2010年6月21日发生的山东省潍坊暴力拆迁事件中，围子镇政府派出60多辆车组成庞大的拆迁车队，浩浩荡荡开进前陶埠村，准备实施强制拆迁。当村民发现这些人进村后，用自制的信号弹，放炮叫来村民，全体村民自发前来保卫家园，抵制暴力拆迁。④ 2010年6月1日，河南省郑州市管城区十八里河镇南刘庄村村民刘大孬因对拆迁不满，驾驶一辆白色厢式货车停在南刘庄村路口阻拦拆迁工作人员进村，在拆迁工作人员劝说村民及刘大孬离开现场的过程中，刘驾车向南驶向人群，先后将刘浩杰等人撞倒，最终造成刘浩杰、刘国民、刘建礼、李青岭等4人死亡，另有2人重伤、5人轻伤。⑤

5. 媒体呼吁

当前中国的地方政府都实行土地财政，依靠土地贸易增加财政收入，征地拆迁其实是政府与农民之间的一场利益博弈。面对强势的政府，农民弱势群体的地位显得更弱，农民对政府征地拆迁行为的监督、对自身合法权益的维护就显得力不从心。农民通过上访、司法等正常途径反映补偿标准太低，镇村干部克扣、挪用、贪污补偿款，安置不到位，强征强拆等损害农民切身利益的问题迟迟得不到解决。在信息技术发达的现代社会，有的农民借助网络媒体的力量及时曝出事实真相，通过互联网的传播使一些地域性的个人事件迅速引起广大网民的关注，成为社会普遍关注的热点事件。例如2010年9月宜黄事件发生后，面对大伯叶忠诚的自焚死亡，钟家姐妹到省、市上访均遭宜黄县的阻拦，随着自焚视频的曝光和媒体的报道，此事引起全国网民的极大关注。随着事态的发展，钟家姐妹觉得媒体成为她们能唯一借助的外力，随后，钟家姐妹准备到北京参加凤凰卫视的节目，在

① 新浪网，《广西苍梧征地纠纷引发冲突》：http://news.sina.com.cn/c/2010-10-14/022418227365s.shtml

② 新华网，《江苏邳州征地引发血案》：http://news.xinhuanet.com/legal/2010-01/18/content_12827682.htm

③ 网易网，《通安事件善后》：http://news.163.com/10/0819/04/6EE3R30A00014AED.html

④ 齐鲁网，《潍坊暴力拆迁》：http://minsheng.iqilu.com/thread/view/5910/

⑤ 凤凰网，《河南农民撞死拆迁者案一审》：http://news.ifeng.com/mainland/detail_2011_07/08/7570568_0.shtml。

机场又遭到宜黄县有关人员的阻挠。在机场洗手间,钟家姐妹向报道此事的记者求救,通过微博将她们的境况实时发布出去,引起了更大的关注。① 同样引起媒体极大关注的还有钱云会事件,2010 年 12 月 25 日,浙江省温州市乐清蒲岐镇寨桥村村主任钱云会被一辆大型工程车压断脖颈。当地村民称,"村主任是被 4 个人抬起,扔在工程车前轮下压死"的,很快,人们在当地网络论坛上发出了"蒲岐一苦难的村主任为民办事的好村主任今早被杀"、"乐清寨桥千古奇冤"等为题的帖子。5 年来钱云会为征地的事情不断上访,先后 3 次被投入看守所。经过媒体报道,此事引起全国网民的关注,乐清县、温州市、浙江省领导高度重视,批示要求公开公正处理,接受媒体及社会的监督。虽然最终查明钱云会确实死于交通肇事,但此事充分显示了媒体表达社会利益诉求、监督公共权力的强大力量。② 2010 年 11 月 5 日,一则"16 户村民不满农田被征,相约集体自杀"的帖子在网上传播,吁请有关部门关注,而当事人正是浙江省宁波市宁海县深甽镇深甽村 16 户失地农民。在帖子中,16 户村民表示,他们已商议,如有关部门在 11 月 20 日前没有答复、制止农田被非法侵占,便"集体自杀"。这一网帖最初于 11 月 5 日前后出现在宁海在线、天涯论坛、凯迪论坛等网站,随后迅速传播。由于该帖子还附有数张在 11 月 3 日签名、印有身份证复印件、按有手印的照片,这一"以命相搏"的态度,引起当地政府的高度关注,当地最后成立专门工作组介入调查。③

6. *以死抗争*

作为对人类自身终极关怀的一个重大问题,死亡乃是任何一个生命个体都无法逃避的"劫难"。对于务本求实、以现世乐趣而非虚无缥缈的彼岸为目标诉求的中国人来说,虽然我们并不惧怕死亡,但我们更重视当下的存在,这也即是马克斯·韦伯所说的"入世精神","中国人对一切事物的'评价'都具有一种普遍的倾向,即重视自然生命本身,故而重视长寿,以及相信死是一种罪恶。"④近年来,我们却遭遇到这样一种问题:对于置身社会底层,以对各种苦难具有很强耐受性著称的农民,却成了当前我国自杀率较高的群体,是什么原因让他们如此轻率地抛弃了自己的生命呢? 任何自杀都不是无来由的。对自杀这一极端自残行为,在强

① 新浪网,《江西宜黄拆迁自焚事件始末》:http://news.sina.com.cn/c/sd/2010-10-01/232721209417.shtml。

② 腾讯网,《浙江乐清村主任被工程车压死事件回顾》:http://news.qq.com/a/20101228/000028.htm。

③ 新华网,《农民因征地发帖相约自杀》:http://www.nmg.xinhuanet.com/xwzx/2010-11/15/content213902921.htm。

④ 马克斯·韦伯:《儒教与道教》,洪天富译,江苏人民出版社 1993 年版,第 216 页。

调从社会大环境中去探寻行为发生根源的社会学者看来,它并非仅仅由于施行者心理、生理或精神障碍引起,社会整合与调节功能失调才是其发生的根本原因。近几年来,以牺牲生命为代价抵抗强拆强征的事件屡见不鲜。2009 年 3 月 27 日上午,江苏连云港市东海县黄川镇一户村民为阻拦镇政府强拆自家的养猪场,二人浇汽油自焚,68 岁的男子陶会西死亡,其 92 岁的父亲陶兴尧被大面积烧伤。[①] 2010 年 3 月 3 日上午 10 时许,武汉市黄陂区政府组织挖土机到王翠云家进行拆迁,在房子的三面强行挖沟。王翠云老人见状上前阻止,与施工人员发生拉扯。在冲突中,一名男子持木棍重击王翠云的后脑,致使王翠云摔入沟内,此时挖土机刚好将土填入沟内,将王翠云掩埋,老人的儿子、丈夫和儿媳迅速跳到沟内,徒手挖掘,挖了半个小时才将老人从土中刨出来,然而因被埋太久,最终送到医院不治身亡。[②] 2010 年 9 月 10 日,江西宜黄县凤冈镇发生拆迁自焚事件,3 人被烧成重伤,其中村民叶忠诚抢救无效死亡。[③] 2009 年 12 月 14 日,北京市海淀区北坞村,村民席新柱为抵制强拆点燃身上汽油自焚。[④] 2009 年 10 月 28 日,山东省胶州市(县级市)拆迁现场,村民张永霞在一辆要拆掉她房子的挖掘机前浇下汽油自焚。[⑤]

三、当前农村征地拆迁冲突的原因及应对策略

(一) 农村征地拆迁冲突产生的原因

1. 土地征收制度不健全

我国的土地征收制度在 20 世纪 50 年代起便开始立法,80 年代开始逐渐完善起来,但总体上我国的土地征收制度还不够健全,具体表现在:首先,对于征收目的的法律制度不完善。我国《宪法》第 10 条第 3 款规定:“国家为了公共利益需要,可以依照法律规定对土地实行征用。”但规范土地征收目的的具体法律制度仍存在缺陷或规范不周,尤其是对土地征用缺乏明确的标准,致使现行土地法律制

① 凤凰网,《江苏父子阻强拆自焚 1 死 1 伤》:http://finance.ifeng.com/city/cskx/20100328/1975742.shtml。

② 人民网,《武汉黄陂七旬老妇阻止拆迁被活埋》:http://society.people.com.cn/GB/11077462.html。

③ 新浪网,《江西宜黄拆迁自焚事件始末》:http://news.sina.com.cn/c/sd/2010-10-01/232721209417.shtml。

④ 人民网,《海淀区政府回应拆迁户自焚事件》:http://house.people.com.cn/GB/164296/10603093.html。

⑤ 华商网,《青岛胶州女子因暴力拆迁自焚》:http://news.hsw.cn/system/2009/12/04/050379649_01.shtml。

度存在相当大的法律漏洞。从实践中来看,我国的土地征收工作存在的突出问题就是土地征用权的滥用和非法行使,其大部分都超出了公共利益需要的范围,形成原因就是现行法律对“公共利益”的规定十分模糊,具有极大的弹性,有着可随意解释的法律漏洞。其次,土地征收补偿制度不规范。我国土地征收采取的是补偿制度而非赔偿制度,其补偿价格远远低于土地的市场价格。现行的土地征收适当补偿原则是派生于计划经济时代的产物,难以适应当今市场经济的要求,特别是当土地征收用于房地产开发等营利性用地,基于土地本身往往会产生超额垄断利润,由此可能导致各方无法分享利益而产生冲突。同时,土地征收中不规范的操作行为也是产生冲突的重要原因。《土地管理法》第48条要求,征地补偿安置方案确定后,有关地方人民政府应当公告,并听取被征地的农村集体经济组织和农民的意见。市、县人民政府土地行政主管部门根据经批准的征用土地方案,会同有关部门拟订征地补偿、安置方案,在被征用土地所在地的乡(镇)、村予以公告,听取被征用土地的农村集体经济组织和农民的意见。然而,一些地方并不依照法定的程序行事,只要有用地需要提出,不管土地征收方案是否经过批准、是否经过公告程序,也不管土地征收补偿安置方案是否获得批准、是否经过公告程序、是否为被征土地的利益相关者所接受,就擅自征收土地。再次,土地征收权的滥用与走私。在实践中常常出现土地征收权的滥用和“走私”,最突出的问题存在如下两个方面:第一,越级批地,批多报少。现行《土地管理法》已经改变了过去的用地分级限额审批制度,确立了新的土地用途管理制度,但许多地方政府,尤其是县一级地方政府,从本地区短期经济利益最大化或为当权者一己私利出发,滥用职权,越级批地,批多报少,以达到多批多占土地的目的。结果导致耕地大量流失,农民利益严重受损,国有资产大量流失,贪污受贿等腐败现象屡禁不止。第二,征而不用,多征少用,早征晚用,由此造成了国有资产的流失和农民利益的受损。

2. 集体土地产权模糊

产权的存在常通过其交易来实现,在征地拆迁过程中,特别是征收土地的拆迁工作中,经常涉及的便是集体产权的模糊问题,这一因素使得无论是在征收中权属的确定还是征地补偿标准上,都会出现不明确的情况。这样的不明确便是导致各种冲突产生的根源。按照我国的宪法规定,集体土地产权是由农村经济组织作为代理人,而这一代理人的缺失和模糊不清,使得在执行代理权的过程中发生各种寻租行为,特别是代理人群体之一的村干部,极易出现为自身谋利益的情形。在当前爆发的各种征地拆迁冲突中,反映出来的大部分情况都是针对村干部行为失范而发生的。因此,集体土地产权的模糊以及其产生的一系列连带影响是当前征地拆迁冲突的重要因素之一。

3. 征地拆迁配套政策不完善

征地拆迁的配套政策具体包括征地补偿体系、失地农民的社会保障体系、再就业教育培训体系等,这一系列体系的不完善使得当前农民失去土地后生活发生了巨大变化,而这种变化在某种程度上又无法达到他们的预期,再加上许多外界因素的影响,引发了抵抗征地行为。国土资源部调查数据显示:2009 年上半年,群众反映的征地纠纷、违法占地问题占信访接待部门受理总量的 73%。在这些上访人中间,40% 诉说的是征地纠纷,其中 87% 反映的是征地补偿安置问题。在这些上访事件的背后,其产生原因包括如下内容:(1) 征地方不听取利益相关者的意见,按照自身的需求单方面决定征地补偿和安置方案;(2) 当前有关征地补偿和安置标准的制定本身不能令人满意,再加上实际操作时走样,便更有可能产生强烈的抵抗行为甚至冲突;(3) 政府机关、征地机构、开发建设单位,挪用、截留、拖欠土地征收补偿款现象普遍,使得土地补偿款都不能及时、足额到位,由此侵害了失地农民的利益;(4) 失地农民的社会保障体系不完善使得农民既丧失了原先赖以生存的土地,又无法重新获得新的社会依靠,其心理落差骤然变大,对未来极易产生恐惧、不安,从而造成抵制征地的行为或产生各种冲突;(5) 失地农民再就业教育培训体系不完善使得农民无法迅速适应新的生活方式。原先拥有的技能无法在新的环境中实施,而新的技能又没有完全学会,在这样的尴尬境地中,许多失地农民选择闲置在家,靠政府的补偿金生活,完全丧失了人生目标和方向。这样的情况会导致其在消耗掉征地所获得补偿后,重新向政府寻求"帮助",以各种形式要求追加或者提高补偿标准,或以其他形式和政府对抗,这是在某些区域征地拆迁后的若干年后仍能爆发大规模冲突的原因之一。

4. 农民权利意识增强

中国农民自古以来受到儒家传统思想的影响,都是非常忠厚、实在,政府说什么就是什么,因此,在土地征收的初期阶段,对于失去土地后即使得到了只是微薄的补偿金,农民仍能满足,并听从政府的安排,即使心有怨言,但都是相信政府,并完全服从政府的领导,其维权意识还没有真正形成。随着我国社会经济的不断发展,农民的维权意识开始逐渐增强,遇事开始抗争,甚至据理不让,从而引发土地征收环节的众多冲突,甚至还向前追溯,重提一些久拖未决或者已经平息的土地纠纷,进而发展成严重的冲突。同时,农民开始走向联合,现在经常会发生农民联合上场、群体出动的事件,在捍卫农民权利的同时,也使原本可能避免的冲突最终爆发,并扩大了冲突的影响和后果。哪怕是通过法律途径解决征地纠纷,农民们也往往走联合之路。这一方面说明了社会进步对农民这一保守群体的影响,同时也说明政府在对待农民的问题上,要更加慎重,不仅要严格按照法律法规来征地,还要在执行方面,不能仅仅考虑政府自身或与之相联系的利益群体,还要充分考虑失地农民的利益。

5. 政府对冲突管理缺乏成效

《土地管理法实施条例》规定县级以上地方人民政府负责协调有关补偿标准的争议,协调不成的,由批准征用土地的人民政府裁决。其明确了化解征地纠纷、避免征地冲突的责任在县级以上地方人民政府。然而,有些地方政府特别是一些领导干部,对业已暴露的征地矛盾并未给予足够的重视,对群众反映的征地矛盾、纠纷也不积极处理,采取消极态度,互相推诿,致使原本可以化解的矛盾、纠纷最终演化为冲突。整体上来讲,当前我国的冲突管理体制建设还不够完善,许多冲突在萌芽阶段没有进行疏导,致使后来愈演愈烈。而对于征地过程中的冲突问题的管理应当属于所有管理体系中的一个重要内容。

(二)应对农村征地拆迁冲突的建议

1. 进一步完善土地征收制度

土地征收制度的完善对于缓解和调整其间所可能发生的冲突能起到本质性的改善作用。很多时候,农民和农村集体经济组织、地方政府之间发生冲突都是由于利益的分配无法达成一致造成的,即无法达到利益的均衡分配。而土地征收制度的完善,不仅包括对征收过程中公共利益的确定和规范,还包括补偿制度的规范、拆迁管理的规范等等。

2. 建立合理的征地拆迁补偿和利益分享机制

征地补偿是失地农民在城市化进程中能获得的最直接的经济效益,是他们最重要的生活来源,同时也是最容易引发征地矛盾的焦点。因此,寻找政府、征用地主体、失地农民间最佳的利益联结,建立合理的征地补偿和利益分享机制,是解决失地农民问题的关键。一是逐步提高土地征用补偿费标准。土地征用补偿应该以将农民征地补偿费全部进入社保测算能领到城区最低生活保障金作为参照系,提高现行补偿标准。政府要适当降低税、费,调整土地出让收益分配比例,提高征地补偿标准。二是在统一征地中逐步推行土地“片区综合价”。坚持市场化方向,根据城市发展总体规划,按地段、地类等将城市土地划分成若干个区片,每一区片确定一个相对合理的基准地价,在统一征地时,实行统一的补偿标准。三是研究实施分类征占补偿办法,兼顾国家、市场征占主体和农民利益,针对不同性质的用地采用不同的方法。四是为集体经济组织保留部分财产,在征地过程中应划出或置换部分土地、资产。由集体经济组织严格按照城市规划要求,兴办二、三产业,发展集体经济,解决失地农民的就业和生活问题,并为以后农村社区向城镇社区过渡创造条件。五是加快"城中村"农民建房制度的配套改革。

3. 完善征地拆迁的配套政策体系

完善征地拆迁的配套政策体系有利于解决农民的后顾之忧,从而将一些纠纷、冲突扼杀在萌芽状态,这将有利于解决当前各种因征地拆迁引发的各类问题,其具体包括,完善医疗、养老等社会保障体系,完善再就业培训保障体系等内容。一是完善医疗、养老社会保障体系。国家最新出台了关于医疗、社保等一系列政策,其从很大程度上关注了失地农民的利益。建立和完善医疗、养老社会保障体系可通过与城镇社保体系相衔接的操作方式来进行,先养老保险,后进行医疗保险和失业保险,在资金筹措方面应按国家、集体、个人及市场征地主体"四个一点"的思路解决。首先覆盖失地农民,社保标准要逐步提高,失地农民享受低保的标准应等同城镇居民;其次,建立家庭养老和社会养老保险相结合的机制,提高养老保障成效,依托集体经济组织或社区,建立完善互助的医疗合作制度;建立失地农民养老和医疗保险制度,政府应规范明确各类征地主体无论是进行何种用途的土地征用,均应在土地收益中留出一块作为农民失地后的社会保障资金,并专户储存、专门机构管理。鉴于目前农民理财能力差和货币化安置存在一些弊端,应引导农民在土地补偿中拿出部分资金,购买基本医疗和养老保险,有条件的集体经济组织出资补贴一点,政府从经营土地收益中拿出一点。二是完善再就业教育培训保障体系。缓解和解决因农民无法再就业而发生冲突的有效途径之一是建立和完善教育培训保障机制,因为顺利实现就业是解决失地农民生活来源,加快其生产生活方式转变的重要保证。要引导和教育失地农民转变观念,破除"等、靠、要"思想,提高自谋职业、竞争就业的自觉性和能力,积极主动地参与市场化就业;鼓励、扶持失地农民自谋职业,自谋职业的失地农民应享受城镇下岗人员自谋职业的有关税费优惠政策;鼓励征(用)地单位和其他工商企业尽量消化失地农民,对吸收失地农民的企业,应享受安排城镇下岗人员的有关税费优惠政策;建立以市、县两级劳动力市场为中心,以街道、乡镇劳动力管理服务站为网点的就业服务网络;打破城乡"藩篱"和所有制界限,取消对土地被征用劳动力在城镇就业的种种不合理限制,变"户籍门槛"为"素质门槛"。

4. 建立集体经济组织的经营管理和收益分配机制

当前的土地纠纷中,很多都由集体经济组织的代理人对于利益的经营管理和利益独占而引起,应建立集体经济组织的经营管理和收益分配机制,其中应包括监督机制的同步建设。具体内容包括:第一,对村集体资产特别是历年土地征用的补偿费要单独建账、专款专用,优先用于办理村民的养老保险等社会保障。对于土地已基本征完或全部征完的"城中村",在撤村建居时可按村集体资产的多少进行分类改革,按照资产总量的大小分类管理;适时组建转型的社区合作经济组织。第二,社区合作经济组织应接管原村集体资产并实行股份合作制改造,允许其成为法人实体,给予一定年限的过渡期,在过渡期内税收、信贷和工商登记等方面给予政策优惠,以稳定合作经济组织的收入来源,提高失地农转非人员的生活保障。第三,完善社区合作经济组织的运作机制,明确社区合作经济组织的地位,制定规范的章程范本,加快产权制度创新,允许股权内、外部自由转让,促进资产的社会化。可以借鉴有的地方搞股份合作制的经验,将征占的村集体土地收益以股金方式分配给村民,通过动员村民自愿入股,再筹措部分资金,建立股份合作经济组织。通过在村外建立特色农产品生产基地,在村内发展二、三产业,安置人员就业,将集体经济组织的收益与每个村民(股民)紧密地联系在一起;以征地补偿费置换标准厂房给农民发展集体经济;实行"街辖村"的"托管"过渡等做法,保证农民对集体经济财产拥有的所有权,保证集体资产保值增值,保证集体经济持续发展给失地农民提供的就业和生活保障。此外,在征地过程中,对集体经济资产不能搞平调。

5. 建立有效应对冲突的管理体系

征地拆迁过程中许多简单的纠纷演变成大规模冲突的现象警示着我们,在当前的管理体系中,一定要建立一种有效应对冲突的管理体系。我国的《土地管理法》规定县级以上政府要对冲突的产生负责,而现实却总是在冲突的萌芽阶段没有进行有效地疏导。建立这样的冲突管理体系,首先可以从最基层的管理阶层做起,包括在农村集体经济组织处设立一个专门的部门,在冲突发生时能迅速将信息传达给上一级的领导,对冲突的应急反应要非常迅速和灵敏。当冲突还处于萌芽阶段时,该部门要进行合理的引导和调解,采用各种可控制的手段来进行调节。

第十二章　国家重大惠农政策实施中的农民政治反应

"三农"问题一直是国家关注的重点,20 世纪 90 年代末期,李昌平喊出了"农民真苦,农村真穷,农业真危险",这引起了国家对农村的高度关注。进入 21 世纪后,随着经济发展水平的提高和综合国力的增强,国家越来越有能力来支持和扶持农村的发展、促进农民增收,也越来越关注民生的发展,中国进入了"以工补农、以城带乡"的战略发展时期。

自 2004 年起,以税费改革为开端,国家的一系列支农惠农政策开始实行,为了落实好这一系列国家重大惠农政策,各省市各级政府各部门都在认真研究部署,积极贯彻落实,取得了较大成效。农业和农村经济得到发展,农民生产生活条件得到极大改善,生产积极性得以充分调动。国家惠农政策受到广大农民群众的普遍欢迎,体现出强大的生命力。但是这些重大的惠农政策在实施过程中,农民的享受度和满意度究竟如何?农民怎样看待基层农村政府的基层治理?如果在这个过程中出现侵占农民合法权益的现象,农民的政治反应如何?他们会不会采取实际行动维护自身权益?如果会,他们又将采取何种方式去维权?这些问题值得进一步研究与思考,以更好地推动支农惠农富农政策的完善和"三农"的发展,走出一条有中国特色的惠农道路。

一、既有的研究概述

随着惠农政策的深入开展,对惠农政策的研究呈现出热点。当前对惠农政策的研究主要着重于探讨其成效,可从以下几个方面进行梳理:

第一,从解决"三农"问题的视角梳理惠农政策成效。徐勇认为,国家将进一步加大强农惠农政策力度,积极支持粮食和农业生产,将大大提升农民生产积极性,同时也为拉动内需推波助澜。[①] 于建嵘通过调查发现农民比较看好目前的惠

---

① 2008 年 10 月 20 日发改委网站公布《国家将进一步加大强农惠农政策力度积极支持粮食和农业生产》时,徐勇接受和讯网采访时表达的意见。

农政策，不但不收农业税，还给补贴，这是很多农民称道的，解决了他们很多生活问题。[①] 陈锡文认为，随着国家一系列强农惠农政策的全面实施，政策效果逐步显现，大大加强了农村各项社会事业的发展，农民从中得到不少实惠。张永军认为十项加强农业生产的扶持政策，首先一个突出的特点就是直接惠农。吴敏先认为国家实行取消农业税和对种粮农民给予直接补贴等一系列惠农政策，在促进农村生产发展和农民生活提高等方面发挥了积极作用。[②] 刘吉红、王昕、李淑香认为党的惠农政策为农民提供了就业培训，扶持农民创业，拓展了就业渠道，提高农民增收能力，扩大致富途径。冯久先、晏萍认为惠农政策使农民的心态行为发生积极变化，主要是种粮效益明显回升，种田积极性明显提高，耕地吸引力明显增强，农民收入明显提高。[③] 同时刘川认为惠农政策年年有新举措，农民年年有新盼头，实实在在的补贴给种粮农民吃了“定心丸”。[④] 尹德挺、苏杨、陈可认为惠农政策有三方功能，即“授利于民”、“造福于民”、“方便于民”，分别覆盖了农民增收、改善公共服务和社会管理等相关领域。[⑤] 哈斯、马微、郭世霞认为随着惠农政策的落实，农村生产活力得到释放，是可解决“三农”问题的长效机制，充分发挥了金融在农村中的作用，以及促进农民经济合作组织和产业协会的发展壮大，提高农民自主化程度。[⑥] 李贵文、郝俊生认为小额贷款渗透了“三农”发展，大额联保贷款的规模效应推动农村产业结构的调整，惠农政策可促进农村经济建设的持续发展。[⑦] 田思梅认为随着国家补贴资金力度的加大，农户补贴额度增加，同时改善农业生产条件，促进农业增效和提高农业机械化水平。[⑧] 刘吉红认为惠农政策的深化与持续可使中国坚持走农业现代化的道路。

第二，从维护粮食安全和社会安定团结的视角梳理惠农政策成效。张永军认为惠农政策体现了国家抑制粮食价格上涨与保护农民利益相结合，其意在稳定粮

---

① 于建嵘在做客“新浪嘉宾访谈”时，就十七届三中全会后国家再次出现新惠农政策所谈。

② 吴敏先：《惠农政策的成效》，中国乡村网，http://www.zgxc.org.cn/html，2009-08-17。

③ 冯久先、晏萍：《惠农政策使农民的心态行为发生积极变化》，《调研世界》2005年第7期。

④ 刘川：《山西实施惠农政策调查研究》，《山西农经》2009年第1期。

⑤ 尹德挺、苏杨、陈可：《论“惠农政策连带人口效应”及其破解》，《重庆工商大学学报》（西部论坛）2008年第9期。

⑥ 哈斯、马微、郭世霞：《边远地区惠农政策的实施调查效果分析》，《内蒙古金融研究》2008年第3期。

⑦ 李贵文、郝俊生：《惠农政策影响下欠发达地区金融支农效应分析及存在的问题》，《经济师》2009年第12期。

⑧ 田思梅：《浅谈湟中县实施惠农政策的利与弊——对湟中县实施农机具购置补贴政策的调查分析》，《农业机械》2009年第18期。

食生产。[①] 胡学群则认为国家惠农政策对促进粮食生产具有稳定作用，即使在农资涨价时，种粮仍有较好的经济效益。还有农业专家认为这些政策措施不仅仅着眼于短期内稳定粮食价格，抑制通货膨胀。从长远看，这更有利于加强农业基础设施建设，增加农产品储备，维护国家粮食安全。[②] 孙勇、田玉慧认为惠农政策能够调动农民积极性，保证了国家粮食安全。[③] 李萍认为我国实行的惠农政策收到成效，使得粮食连年丰收，粮价相对稳定，持续的惠农政策是国家粮食安全的保障。刘吉红认为改革开放以来的惠农政策体现了我党执政为民的理念，密切了干群关系。[④] 刘川认为惠农资金的现金发放方式使农民切实感受到政府关怀，使国家与农民之间"距离"缩短，促进农民主人翁意识的提升和心理满足感的增强。还有学者认为陆续颁布出台的多项惠农政策，旨在减轻农民负担，增加农民收入，努力解决实施过程中的难题，在这过程中既推动了农村基层民主建设、密切联系群众，又促进了城乡和谐与社会和谐。吴敏先认为国家惠农政策提高了农民的生活质量，改变了农民的思想观念和行为方式，促进了农村的发展和社会稳定。

第三，从扩大消费市场的角度梳理惠农政策成效。时雪松认为国家加大惠农政策，提高粮食收购价格，增加农民直补，建立化肥等农资价格上涨与提高农资综合直补联动机制等，目的是为了保证农民收入的提升，从农民购买力和化肥直补机制来看，将有利于提升化肥需求。[⑤] 吴敏先认为惠农政策增加了农民收入，提高了农民消费能力，推动了城乡市场繁荣。[⑥] 郭田勇认为最低收购价等惠农政策可提高农民收入，拉动农村内需，促进国家产业结构调整。[⑦] 王小映认为支农惠农政策使得农村社会经济快速发展，增加了农民收入，农村消费市场的巨大潜力逐步释放。[⑧]

还有一些学者从政策的结构角度阐述了各自的观点：邓大才认为，经济类政策成效较好，如家电下乡，汽车摩托车、农机下乡，建材下乡等政策以及以旧换新

① 张永军：《专家点评国务院惠农政策有利于稳定粮食价格》，http://news.xinhuanet.com/fortune/2008-03/28/.htm。

② 胡学群：《国家惠农政策对促进水稻生产的作用》，《安徽农学通报》2008 年第 13 期。

③ 孙勇、田玉慧：《对于孙吴县惠农政策的调查与分析》，《黑河学刊》2009 年第 1 期。

④ 刘吉红：《党的支农惠农政策的延续与深化》，《经济研究导刊》2009 年第 19 期。

⑤ 时雪松：《政府惠农政策将提升化肥需求》，《证券导刊》2008 年第 39 期。

⑥ 吴敏先：《实施惠农政策的成效》，http://www.zgxc.org.cn/html，2009 年 8 月 17 日。

⑦ 刘春、王保东、郭田勇：《惠农政策不会推高通胀》，http://news.xinhuanet.com/fortune/2008。

⑧ 韩俊、王小映、秦中春、黄国雄：《惠农政策初见成效，消费需求待释放》，http://blog.ce.cn/html/14/115014-307376.html。

政策不管是从民心还是扩大内需角度都是比较成功的。[①] 还有人从政策的供给特点角度认为扩大收入类农业税减免、农资综合直补、粮食直补等使农民手中增加了现金收入,增强了农民的即期消费能力和愿望;促进消费类政策包括家电下乡、汽车摩托车下乡等,更多的是一次性措施,农民手中没有即期收入增加的感觉,对农民长期消费意愿有一定的促进作用;提供保障类如五保供养、合作医疗、农村低保等增强了农民的生活稳定感、收入和消费预期,是国家政策出台的趋势和方向。[②]

可见,虽然既有的对惠农政策成效的研究较为全面,但大多注重的是从政策的视角出发来检视政策的实施效果,没有很好地阐明作为惠农政策接受主体的农民的想法。本报告将从农民的视角出发来考察农民对惠农政策的看法以及在政策实施中的政治社会反应,以更好地维护农村社会的政治稳定,推进新农村建设和和谐社会的建设。

报告将通过实证的数据来进行分析,数据主要来源于两个方面:

一是依靠华中师范大学中国农村研究院“百村十年”观察项目做的关于“农民政治发展状况”的专题调查(简称“百村政治专题数据”),针对本研究,共获得有效的问卷数据4797份;二是我们课题组于2011年7、8月对全国14个省38个村庄1134户进行的“农民政治状况”专项调查(简称“千户调查数据”),共获得有效问卷1111份。本报告的研究中除特别说明外,使用的数据均来自“百村政治专题数据”。

二、惠农政策实施中农民政治反应的实证分析

对惠农政策实施中农民政治反应的研究,本报告提出如下假设:第一,农民对国家的各项惠农政策享受度比较高,但对一些政策的满意程度不高;第二,党和国家出台的一些重大惠农政策符合农村生产力发展的要求,也符合广大农民的根本利益,农民对惠农政策持欢迎和感恩的心态,但对农村基层政府的基层治理仍不满,对村两委的评价不高;第三,当前我国正处于全面建设小康社会的关键时期、改革发展的攻坚时期,同时也处于经济转型、社会矛盾突发时期,在这一时期农民的政治反应也出现暂时的“过渡性”、“两面性”的特点。一方面在思想意识上农民仍然是传统、保守群体,容易知足感恩,不会轻易采取闹事骚乱的偏激行为。但

① 邓大才:《惠农政策要适时调整和优化》,《中国合作经济》2010年第6期。

② 赵莎莎:《惠农政策成效的梳理与反思》,《农村观察》2011年第1期。

是另一方面,他们的维权意识也在不断增强,如果发生严重侵犯农民切身利益的现象,势必导致农民的不满和上访,容易引发农村地区的群体性事件;第四,农村老年人作为农村地区的"高龄群体",也是新型农村养老保险的受益主体,对党和国家的政治认同程度比其他年龄段的农民群体要高。

为了对这些假设进行验证,本报告将设定从三个方面进行考察:第一,当前国家出台的惠农政策主要有哪些;第二,农民对这些惠农政策的享受情况评价;第三,政策实施中农民的政治行为方式,主要是指对政策不满的行为选择。

(一)当前的主要惠农政策的出台及其状况

当前国家出台的一系列惠农政策是以税费改革为开端,本文将从农业政策层面、社会保障层面、消费性层面和基础服务层面进行简要总结梳理:

1. 农业政策层面

税费改革:2000年3月3日,为了贯彻党的十五大和十五届三中全会精神,探索建立规范的农村税费制度、从根本上减轻农民负担,党中央、国务院决定开始进行农村税费改革试点,并发布了《中共中央、国务院关于进行农村税费改革试点工作的通知》(中发[2000]7号)。根据文件的规定,农村税费改革试点的主要内容可概括为"三取消、两调整、一改革"以及相关的配套改革。农村税费改革试点工作的指导思想是:贯彻党的十五大和十五届三中全会精神,根据社会主义市场经济发展和推进农村民主法制建设的要求,规范农村税费制度,从根本上消除对农民的各种乱收费现象,切实减轻农民负担,进一步巩固农村基层政权,促进农村经济健康发展和农村社会长期稳定。2001年3月24日,国务院发布《国务院关于进一步做好农村税费改革试点工作的通知》(国发[2001]5号),要在总结安徽等地试点经验的基础上,进一步做好农村税费改革试点工作。总的要求和方针是:加强领导,完善政策;扩大试点,积累经验;配套推进,稳步实施,切实减轻农民负担,确保农村税费改革取得成功。2002年3月27日,国务院办公厅发布了《国务院办公厅关于做好2002年扩大农村税费改革试点工作的通知》(国办发[2002]25号),按照中央提出的积极稳妥、量力而行、分步实施的原则,根据2002年中央财政对扩大改革试点的财力安排和近年来各地的试点情况,国务院确定河北、内蒙古、黑龙江、吉林、江西、山东、河南、湖北、湖南、重庆、四川、贵州、陕西、甘肃、青海、宁夏等16个省(自治区、直辖市)为2002年扩大农村税费改革试点省。2003年中共中央一号文件《国务院关于全面推进农村税费改革试点的意见》(国发[2003]12号),根据文件的规定,国务院提出十点意见,全面推进农村税费改革,统筹城乡经济社会协调发展。2004年7月21日，国务院发布《国务院关于做好2004年深化农村税费改革试点工作的通知》（国发［2004］21号），深化农村税费改革试点工作总的要求是，以“三个代表”重要思想为指导，全面贯彻落实科学发展观，继续坚持“多予、少取、放活”的方针，认真落实今年减免农业税改革政策，注意妥善处理好农村税费改革与其他农村相关改革的关系，进一步减轻农民负担，稳步推进各项配套改革，切实防止农民负担反弹，改善农村生产生活条件，促进城乡经济社会协调发展。2005年12月29日，十届全国人大常委会第十九次会议高票通过决定，自2006年1月1日起废止《农业税条例》，取消除烟叶以外的农业特产税，全部免征牧业税，中国延续了2600多年的“皇粮国税”走进了历史博物馆。它标志着中国的政治文明发展到了一个新的阶段，立法机关真正意识到法律的终极价值所在，废止农业税条例，充分体现了党和国家尊重农民意愿，保护了农民的利益。

粮食直补：2004年中央一号文件《关于促进农民增加收入若干政策的意见》（中发［2004］1号），为保护种粮农民利益，中央开始建立对农民的直接补贴制度。国家从粮食风险基金中拿出部分资金，用于主产区种粮农民的直接补贴。其他地区也要对本省（区、市）粮食主产县（市）的种粮农民实行直接补贴。要本着调动农民种粮积极性的原则，制定便于操作和监督的实施办法，确保补贴资金真正落实到农民手中。加强主产区粮食生产能力建设，提高农业机械化水平，对农民个人、农场职工、农机专业户和直接从事农业生产的农机服务组织购置和更新大型农机具给予一定补贴。

良种补贴和农机具购置补贴：2005年中央一号文件《关于进一步加强农村工作提高农业综合生产能力若干政策的意见》（中发［2005］1号），继续加大“两减免、三补贴”等政策实施力度。减免农业税、取消除烟叶以外的农业特产税，对种粮农民实行直接补贴，对部分地区农民实行良种补贴和农机具购置补贴。中央财政继续增加良种补贴和农机具购置补贴资金，地方财政也要根据当地财力和农业发展实际安排一定的良种补贴和农机具购置补贴资金。

2006年中央一号文件《关于推进社会主义新农村建设的若干意见》（中发［2006］1号），稳定、完善、强化对农业和农民的直接补贴政策。要加强国家对农业和农民的支持保护体系，对农民实行的“三减免、三补贴”和退耕还林补贴等政策，增加良种补贴和农机具购置补贴。2008年中央一号文件《关于切实加强农业基础建设进一步促进农业发展农民增收的若干意见》（中发［2008］1号），继续加大对农民的直接补贴力度，增加粮食直补、良种补贴、农机具购置补贴和农资综合直补，扩大良种补贴范围。增加农机具购置补贴种类，提高补贴标准，将农机具购置补贴覆盖到所有农业县。

2009年中央一号文件《关于促进农业稳定发展农民持续增收的若干意见》（中发[2009]1号），根据文件的规定，2009年要在上年较大幅度增加补贴的基础上，进一步增加补贴资金，增加对种粮农民直接补贴，加大良种补贴力度，提高补贴标准，实现水稻、小麦、玉米、棉花全覆盖，扩大油菜和大豆良种补贴范围，大规模增加农机具购置补贴。

农资综合补贴：2007年中央一号文件《关于积极发展现代农业扎实推进社会主义新农村建设的若干意见》（中发[2007]1号），提出要不断巩固、完善和加强，逐步形成目标清晰、受益直接、类型多样、操作简便的农业补贴制度。各地用于种粮农民直接补贴的资金要达到粮食风险基金的50%以上。加大良种补贴力度，扩大补贴范围和品种。扩大农机具购置补贴规模、补贴机型和范围，实行农业生产资料综合补贴。中央财政要加大对产粮大县的奖励力度，增加对财政困难县乡增收节支的补助。

农业保险：2003年，中共十六届三中全会明确提出，要探索建立政策性农业保险制度，开启了新一轮农业保险试点。2004年中央一号文件《关于促进农民增加收入若干政策的意见》（中发[2004]1号）出台，提出要加快建立政策性农业保险制度，选择部分产品和部分地区率先试点，有条件的地方可对参加种养业保险的农户给予一定的保费补贴，农业保险纳入了国家战略考虑。2004年至2010年是我国政策性农业保险蓬勃发展的阶段，连续七年的中央一号文件都强调要发展农业保险，要求各地探索和完善政策性农业保险的经营体制和发展模式，建立健全农业再保险体系并逐步形成农业巨灾风险转移分担机制。这些文件构成了我国农业保险的正式制度，为其发展提供了制度约束和方向指导。2011年3月，温家宝总理在第十一届全国人民代表大会第四次会议上所作《政府工作报告》中，强调“健全政策性农业保险制度，建立农业再保险和巨灾风险分散机制”。政策性农业保险的实行对转移农业风险、减轻政府负担、引导农民积极参保等方面起到了四两拨千斤的作用。

2. 社会保障层面

新型农村合作医疗保险制度：2002年10月，中共中央、国务院发布《关于进一步加强农村卫生工作的决定》（中发[2002]13号），明确提出，要建立与农村经济发展水平、农民承受能力、医疗消费水平相适应的新型农村合作医疗保险制度，逐步建立以大病统筹为主的新型农村合作医疗制度，到2010年，新型农村合作医疗制度要基本覆盖农村居民。文件规定从2003年起，各地进行新型农村合作医疗的试点工作。

作为农村社会保障重要组成部分,新型农村合作医疗保险制度的建立和完善,是解决农民"因病致贫、因病返贫"问题的重要举措。它是指由政府组织、引导、支持,农民自愿参加,个人、集体和政府多方筹资,以大病统筹为主的农民医疗互助共济制度。采取个人缴费、集体扶持和政府资助的方式筹集资金。从2003年起,中央财政对中西部地区除市区以外的参加新型合作医疗的农民每年按人均10元安排合作医疗补助资金,地方财政对参加新型合作医疗的农民补助每年不低于人均10元,农民为参加合作医疗、抵御疾病风险而履行缴费义务不能视为增加农民负担。这是我国政府历史上第一次为解决农民的基本医疗卫生问题进行大规模的投入。从2003年开始,本着多方筹资,农民自愿参加的原则,新型农村合作医疗的试点地区正在不断地增加,通过试点地区的经验总结,为将来新型农村合作医疗在全国的全面开展创造了坚实的理论与实践基础。2011年2月17日中国政府网发布了《医药卫生体制五项重点改革2011年度主要工作安排》。这份文件明确,2011年政府对新农合和城镇居民医保补助标准均由上一年每人每年120元提高到200元;城镇居民医保、新农合政策范围内住院费用支付比例力争达到70%左右。

新型农村养老保险:2009年9月1日,国务院发布《国务院关于开展新型农村社会养老保险试点的指导意见》(国发[2009]32号),根据党的十七大和十七届三中全会精神,国务院决定,从2009年起开展新型农村社会养老保险试点。新型农村养老保险制度,是由政府组织引导,建立以个人缴费、集体补助和政府补贴相结合,实行社会统筹与个人账户相结合,以保障农民年老后基本生活的一种新型农村社会养老保险制度。任务目标是,探索建立个人缴费、集体补助、政府补贴相结合的新农保制度,实行社会统筹与个人账户相结合,与家庭养老、土地保障、社会救助等其他社会保障政策措施相配套,保障农村居民老年基本生活。2009年试点覆盖面为全国10%的县(市、区、旗),以后逐步扩大试点,在全国普遍实施,2020年之前基本实现对农村适龄居民的全覆盖。

农村最低生活保障制度:2007年8月,国务院发布《关于在全国建立农村最低生活保障制度的通知》(国发[2007]19号),为贯彻落实党的十六届六中全会精神,切实解决农村贫困人口的生活困难,国务院决定,当年在全国建立农村最低生活保障制度。建立农村最低生活保障制度的目标是,通过在全国范围建立农村最低生活保障制度,将符合条件的农村贫困人口全部纳入保障范围,稳定、持久、有效地解决全国农村贫困人口的温饱问题。

3. 消费性层面

家电下乡:2008 年 11 月,财政部、商务部、工业和信息化部印发了《关于全国推广家电下乡工作的通知》(财建[2008]862 号)。根据国务院第 36 次常务会议精神,为了进一步发挥家电下乡政策在扩大内需特别是农村消费中的作用,国务院决定尽快在全国推广家电下乡工作。自 2007 年 12 月起在山东、河南、四川、青岛三省一市进行了家电下乡试点,对彩电、冰箱(含冰柜)、手机三大类产品给予产品销售价格 13% 的财政资金直补,试点取得了显著成效,农民得实惠、企业得市场、政府得民心。

家电下乡政策是深入贯彻落实科学发展观、积极扩大内需的重要举措,是财政和贸易政策的创新突破。主要内容是,顺应农民消费升级的新趋势,运用财政、贸易政策,引导和组织工商联手,开发、生产适合农村消费特点、性能可靠、质量保证、物美价廉的家电产品,并提供满足农民需求的流通和售后服务;对农民购买纳入补贴范围的家电产品给予一定比例的财政补贴,以激活农民购买能力,扩大农村消费,促进内需和外需协调发展。

4. 基础服务层面

农村基础设施建设主要包括农村饮水安全工程、农村路网建设、农村电网建设、农村沼气工程四个领域。2006 年 2 月 21 日,《中共中央国务院关于推进社会主义新农村建设的若干意见》(中发[2006]1 号)下发,文件指出,要加强农村基础设施建设,改善社会主义新农村建设的物质条件。在巩固人畜饮水解困成果基础上,加快农村饮水安全工程建设,优先解决高氟、高砷、苦咸、污染水及血吸虫病区的饮水安全问题。有条件的地方可发展集中式供水,提倡饮用水和其他生活用水分质供水。同时,要加快农村能源建设步伐,在适宜地区积极推广沼气、秸秆气化、小水电、太阳能、风力发电等清洁能源技术。文件强调,尽快完成农村电网改造的续建配套工程,加强小水电开发规划和管理,扩大小水电代燃料试点规模。此外,要进一步加强农村公路建设,到"十一五"期末基本实现全国所有乡镇通油(水泥)路,东、中部地区所有具备条件的建制村通油(水泥)路,西部地区基本实现具备条件的建制村通公路。按照建管并重的原则,逐步把农村公路等公益性基础设施的管护纳入国家支持范围。

从 2006 年起,国家大幅度增加农村沼气建设投资规模。安排资金支持编制村庄规划和开展村庄治理试点,可从各地实际出发制定村庄建设和人居环境治理的指导性目录,重点解决农民在饮水、行路、用电和燃料等方面的困难,引导和帮助农民切实解决住宅与畜禽圈舍混杂问题。

总的来说,国家出台的惠农政策涉及的面相当广泛,包含了农村社会发展、农民生活改善和农业生产提高等诸多方面,那么施诸于“三农”的惠农政策为农民的享受情况如何呢?如表12-1所示,农民对税费改革和粮食直补的享受比例分别为84.7%和88.4%。此外,调查得出农民对良种补贴和农资综合补贴的享受率较高,分别为55.4%和45.7%,而对农业保险、农机具购置补贴的享受比例都较低,分别为17.4%、6.7%。可见,农民在享受农业层面的政策上呈现出一定程度的差异。

表12-1 农民对各种惠农政策的享受情况 (单位:%)

		享受过	没享受过	不清楚	合计
农业层面的政策	税费改革	84.7	11.7	3.6	100.0(4709)
	粮食直补	88.4	10.5	1.1	100.0(4726)
	农资综合补贴	45.7	49.1	5.2	100.0(4522)
	良种补贴	55.4	40.5	4.1	100.0(4607)
	农机具购置补贴	6.7	89.4	3.9	100.0(4354)
	农业保险	17.4	78.5	4.1	100.0(4366)
社会保障政策	农村合作医疗政策	91.6	7.7	0.7	100.0(4673)
	新型农村养老保险	30.9	66.7	2.4	100.0(4535)
	农村最低生活保障制度	14.4	83.3	2.3	100.0(4425)
	农村危房改造	8.1	88.0	3.9	100.0(4350)
消费性政策	家电下乡	26.2	71.7	2.1	100.0(4462)
	汽摩下乡	6.2	90.7	3.1	100.0(4362)
基础服务政策	新型农村社区建设	17.5	75.9	6.6	100.0(4362)
	农村饮水安全工程	43.5	49.8	6.7	100.0(4446)
	农村路网建设	54.7	39.1	6.2	100.0(4489)
	农村电网建设	59.5	34.3	6.2	100.0(4516)
	农村沼气建设	19.8	73.3	6.9	100.0(4423)

(注:括号内为有效样本频数。)

在社会保障政策层面,呈现出农民对农村合作医疗政策的高位享受情况,享受过的比例高达91.6%,而新型农村养老保险的调查享受比例仅为30.9%,这与试点推行的进度有关。对于最低生活保障制度的享受情况,调查有效样本中有17.4%的农民表示享受过,农村危房改造工程受惠的农民也占比8.1%,可见,国家的保障性惠农政策对于提高农民的生活水平具有一定的作用。

家电下乡和汽摩下乡政策是国家为了拉动内需和满足农民的日常生活需求

而出台的，调查显示，在相应的有效样本数据中，分别有占比 26.2% 和 6.2% 的农民表示享受过消费性政策的实惠，总体比例较低。

农村的基础公共服务，从饮水安全、路网建设和电网建设等基本设施来看，农民的享受情况分别占比 43.5%、54.7% 和 59.5%，调查还显示，农民对沼气建设和新型农村社区建设的享受比例较低，分别为 19.9% 和 17.5%。

分政策内容来考察农民对是否享受过惠农政策的感受可知，惠农政策也定位于基础层面，农民对基础性政策的享受率相对要高一些。

（二）农民对惠农政策的态度

农民对国家惠农政策的态度如何，直接反映着惠农政策的实施效果，本部分将从农民对惠农政策的总体评价、对各项惠农政策的看法和对惠农政策的未来期待三个方面进行分析。

1. 农民对惠农政策的总体评价

考察农民对国家惠农政策的满意度状况，如表 12-2 和图 12-1 所示，在有效的 4754 份有效数据中，选择非常好、比较好的农民人数分别为 1475 人、2495 人，占比分别为 31.0%、52.5%，比例合计为 83.5%；对惠农政策总体评价一般、不太好和很不好的比例分别为 13.9%、2.4% 和 0.2%。可见，总体来说，八成以上的农民对国家的惠农政策的评价很高，从占比 2.6% 认为惠农政策不太好和很不好来看，惠农政策得到了农民的高度赞赏。

表 12-2　农民对国家惠农政策的满意度

	非常好	比较好	一般	不太好	很不好
频数	1475	2495	658	116	10
占比（%）	31.0	52.5	13.9	2.4	0.2

（$N=4754$）

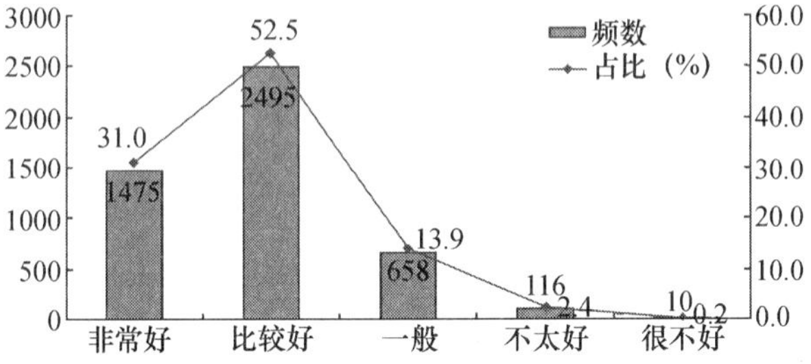

图 12-1　农民对国家惠农政策的满意度对比

进一步考察不同年龄段的农民对惠农政策的差异,根据 Pearson 卡方检验可知,分年龄段的农民在对惠农政策的评价上存在显著差异($p=0.00<0.05$),如表 12-3 和图 12-2 所示,以态度为非常好和比较好的比例来看,30 岁以下的年轻农民对国家的惠农政策表示非常好和比较好的比例分别为 25.8% 和 43.7%,比例合计为 79.5%;30—39 岁、40—49 岁、50—59 岁、59 岁以上等不同年龄段的农民对国家的惠农政策表示非常好和比较好的比例分别为 79.8%、82.8%、86.0% 和 85.8%,大致呈现一种随着年龄的增长,对国家惠农政策的满意度不断提高的趋势。

表 12-3　分年龄的农民对国家惠农政策的满意度评价　(单位:%)

年龄	对国家惠农政策的满意度					合计
	非常好	比较好	一般	不太好	很不好	
30 岁以下	25.8	43.7	26.3	3.0	1.2	100.0(167)
30—39 岁	27.7	52.1	17.0	3.2	0.0	100.0(593)
40—49 岁	30.1	52.7	14.5	2.5	0.2	100.0(1556)
50—59 岁	31.8	54.2	11.6	2.4	0.0	100.0(1392)
59 岁以上	34.1	51.7	12.0	1.8	0.4	100.0(1037)

($N=4745$)

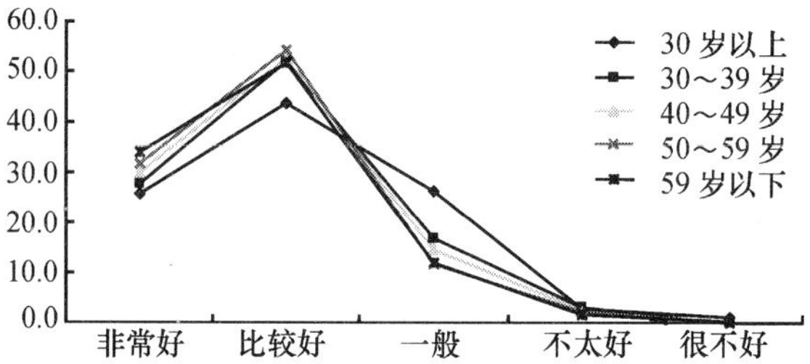

图 12-2　分年龄的农民对国家惠农政策的满意度评价(单位:%)

2. 农民对惠农政策执行情况及效果的认识评价

考察国家惠农政策在当地落实情况一项时,在 4740 份有效样本中,17.4% 和 46.9% 的受访农民认为惠农政策在当地落实得很好和比较好,总计占比例 64.3%。此外有 25.8% 的受访农民认为落实得一般,另有总计 9.9% 的受访农民认为落实得不够好(见表 12-4、图 12-3 所示)。可见,国家的惠农政策在落实过程中仍然存在打折扣的现象。尽管有超过六成的农民比较认可惠农政策的执行情况,但仍有将近四成的农民认为国家惠农政策的落实不够到位,农民并不满意惠农政策的执行情况。

表 12-4　农民对惠农政策执行情况的评价

	很好	比较好	一般	不太好	很不好
频数	825	2223	1221	395	76
占比(%)	17.4	46.9	25.8	8.3	1.6

(N = 4740)

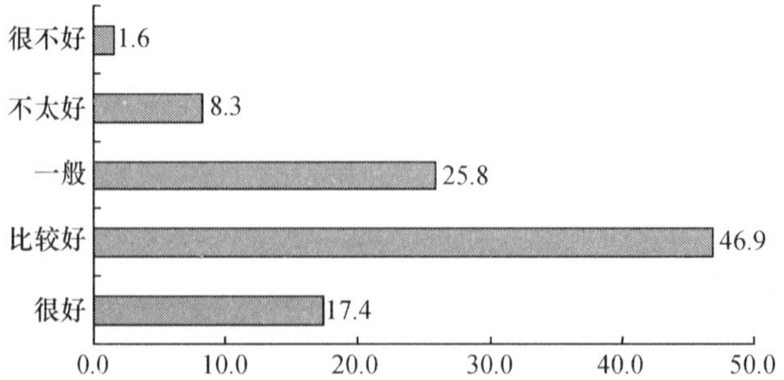

图 12-3　农民对惠农政策执行情况的评价(单位:%)

进一步考察不同区域农民对惠农政策执行情况的认知,其中东部地区有16.1%和52.1%的受访农民认为国家的惠农政策在当地落实得很好和比较好,总计为68.2%的受访农民认为惠农政策在当地落实得比较到位,有24.0%的受访农民认为落实得一般,仅有总计7.8%的农民认为落实得不够好。在中部地区有18.0%和47.2%的受访农民认为惠农政策在当地落实得很好和比较好,总计为65.2%的中部地区农民认可国家的惠农政策落实情况,另有25.9%的农民认为落实得一般,总计8.9%的农民认为落实得不够好。在西部地区有17.7%和42.9%的受访农民认为惠农政策在当地落实得很好和比较好,有26.9%的农民认为落实得一般,有总计12.4%的受访农民认为落实得不够好(见表12-5、图12-4)。可见,国家的惠农政策在落实过程中,在不同区域的落实情况存在显著差异,惠农政策在东部地区的落实情况明显好于中西部地区。由于东中西部区域经济发展程度的差异,导致地方政府财政状况差异,中西部省份在执行惠农政策过程中财力相对薄弱,捉襟见肘,惠农政策的执行不免出现打折扣。

分区域考察农民对惠农政策执行情况的认知,如表12-5和图12-4所示,从农民评价很好和比较好的比例合计来看,东部、中部和西部地区的农民的比例分别为67.2%、65.2%和60.6%,可见,农民对惠农政策执行情况的评价呈现出从东部到西部的递减趋势。

表 12-5　不同区域对惠农政策在村庄执行情况的评价　(单位:%)

区域	很好	比较好	一般	不太好	很不好	合计
东部地区	16.1	52.1	24.0	6.7	1.1	100.0(1229)
中部地区	18.0	47.2	25.9	7.6	1.3	100.0(1771)
西部地区	17.7	42.9	26.9	10.2	2.3	100.0(1740)

($N=4740$)

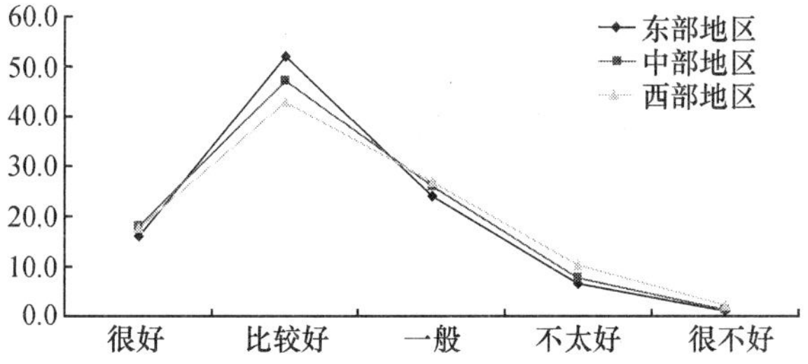

图 12-4　不同区域对惠农政策在村庄执行情况的评价(单位:%)

在考察"如要落实好惠农政策,谁应该发挥主要作用"这一项中,4618 份有效数据中,总计有 66.6% 的受访农民认为村两委和乡镇政府应该发挥主要作用,其中有将近 37.3% 的受访农民认为村两委应该发挥主要作用。从这一项数据分析中可以看出农民的心态,他们认为落实好惠农政策的主要责任应该是在村两委肩上,如果哪一项惠农政策没有落实到位,他们认为村干部和乡镇干部是难辞其咎的,特别是对村干部还是有比较大的意见的(见表 12-6、图 12-5)。

表 12-6　落实好惠农政策,谁应该发挥主要作用

	村两委	乡镇政府	县市政府	省级政府	中央政府
频数	1722	1353	758	96	689
占比(%)	37.3	29.3	16.4	2.1	14.9

($N=4618$)

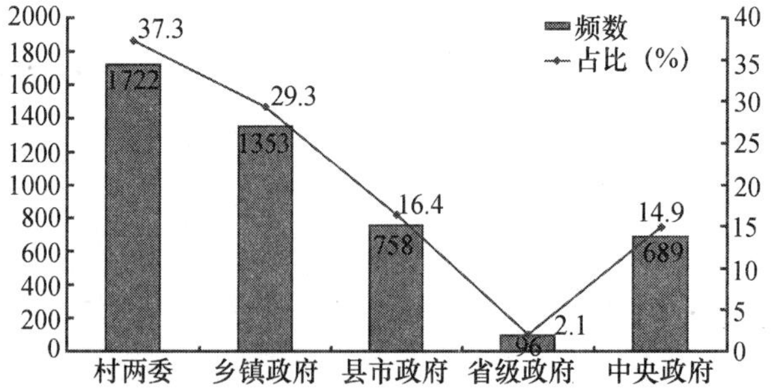

图 12-5　落实好惠农政策,谁应该发挥主要作用

按政治面貌分类，进一步考察不同政治面貌的农民对"如要落实好惠农政策，谁应该发挥主要作用"的认知，如表12-7和图12-6所示，其中32.5%的党员农民认为，落实好惠农政策，村两委应该发挥主要作用，另有17.4%的党员农民认为，落实好惠农政策，中央政府应该发挥主要作用。政治面貌为群众的农民则有比例38.3%认为要落实好惠农政策，村两委应该发挥主要作用，仅有14.4%的群众农民认为中央政府应该发挥主要作用。可见，在落实好惠农政策过程中，农村党员干部更多倾向于中央政府应该发挥主要作用，大多数群众农民却认为，村两委和乡镇政府应该发挥主要作用，如果惠农政策没有落实好，村两委和乡镇政府应该承担主要责任。

表12-7　农民对惠农政策发挥作用的主体的认识　（单位：%）

政治面貌	落实好惠农政策，谁应该发挥主要作用					合计
	村两委	乡镇政府	县市政府	省级政府	中央政府	
党员	32.5	29.4	18.7	2.0	17.4	100.0(889)
非党员	38.3	29.3	15.9	2.1	14.4	100.0(3707)

（N = 4596）

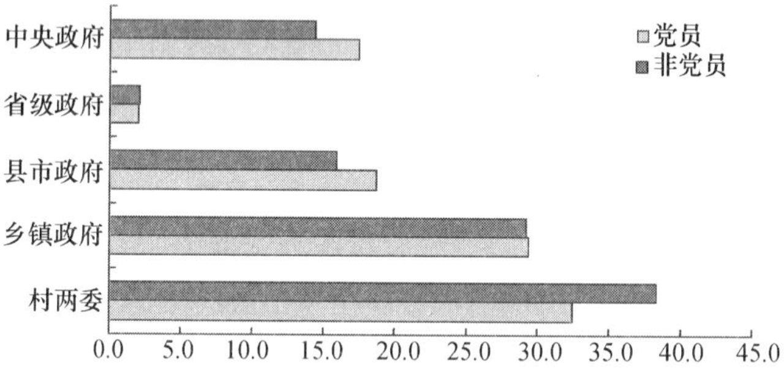

图12-6　落实好惠农政策，谁应该发挥主要作用（单位：%）

在考察"惠农政策给您带来的最大实惠是什么"一项中，有52.3%的受访农民认为国家惠农政策带给他们最大的实惠是收入增加，有23.4%的受访农民认为国家惠农政策让他们的生活变得安稳，有12.5%的受访农民认为惠农政策带来的最大实惠是改善了农村环境，有7.6%的受访农民认为生产提高是惠农政策带来的最大实惠（见表12-8、图12-7）。"三农"问题的核心是农民收入，收入增加的感觉最实在。这说明国家惠农政策的实施让农民的日子过得更安稳，心里变得更踏实。

表 12-8 您认为惠农政策给您带来的最大实惠是什么

	环境改善	生产提高	生活安稳	收入增加	其他
频数	568	344	1060	2371	194
占比(%)	12.4	7.6	23.4	52.3	4.3

($N=4537$)

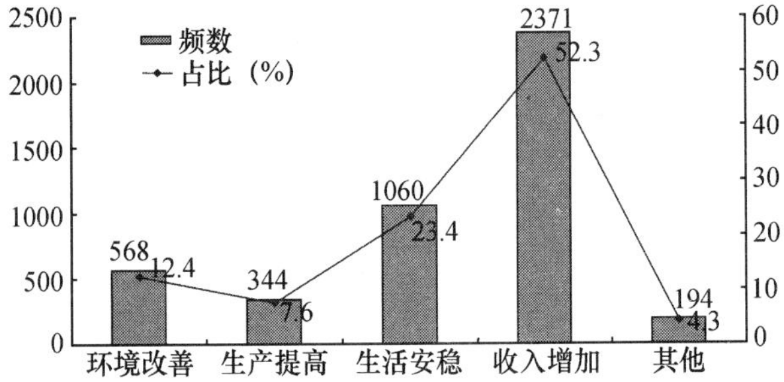

图 12-7 您认为惠农政策给您带来的最大实惠是什么

进一步考察不同年龄段的农民对惠农政策带来的最大实惠的认知差异，根据 Pearson 卡方检验可知，分年龄段的农民在对惠农政策带来的最大实惠的认知上存在显著差异($p=0.00<0.05$)，如表 12-9 和图 12-8 所示，不论任何年龄段的农民，均有超出 50.0% 的农民认为惠农政策带来的最大实惠是收入增加，但除这一项外，我们发现，30 岁以下和 30—39 岁的年轻农民还认为惠农政策带来的最大实惠是环境改善和生产提高，比例都高于老年农民。青年农民和中年农民更多的认为惠农政策促进了农业生产提高，带来粮食收入增加。50—59 岁和 59 岁以上的老年农民则认为生活安稳才是惠农政策带来的最大实惠，特别是 59 岁以上的老年农民，比例更是高达 27.0%。在农村的老年人看来，除了收入增加，生活安稳才是惠农政策带来的最大实效。

表 12-9 农民对惠农政策的最大实惠的认识 (单位:%)

年龄	农民认为当前惠农政策带来的最大实惠					合计
	环境改善	生产提高	生活安稳	收入增加	其他	
30 岁以下	16.9	8.1	19.4	53.7	1.9	100.0(160)
30—39 岁	13.8	8.5	20.7	53.4	3.6	100.0(556)
40—49 岁	12.5	7.6	22.9	52.4	4.6	100.0(1499)
50—59 岁	12.6	8.0	22.8	52.0	4.6	100.0(1317)
59 岁以上	10.9	6.5	27.0	51.6	4.0	100.0(997)

($N=4529$)

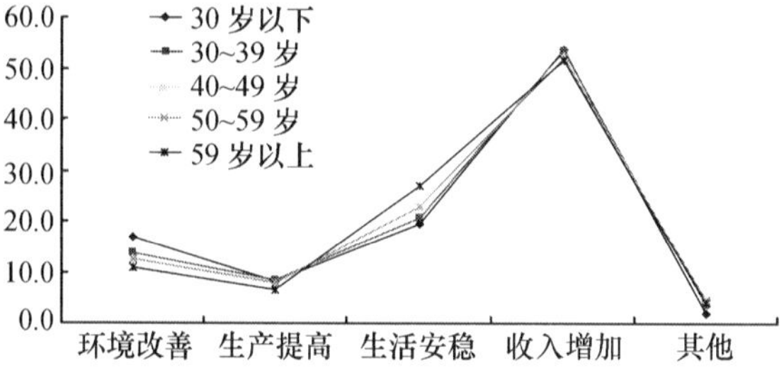

图12-8　不同年龄段的农民对惠农政策带来的最大实惠的认知(单位:%)

3. 农民对惠农政策的看法

通过表12-10的统计我们容易发现,农民对国家的部分惠农政策满意度并不高,特别是国家的刺激消费性政策(家电下乡和汽摩下乡),尽管有超过半数的受访农民比较认可,但仍有四成左右的农民并不认为这项政策给农民带来多大实惠。在社会保障政策中,国家的农村低保政策和农村危房改造政策目前仍不能赢

表12-10　农民对各项惠农政策的满意程度　(单位:%)

		满意	一般	不满意	合计
农业层面的政策	税费改革	90.6	8.1	1.3	100.0(4115)
	粮食直补	89.0	8.9	2.1	100.0(4282)
	农资综合补贴	73.2	20.6	6.2	100.0(2741)
	良种补贴	78.3	16.5	5.2	100.0(3082)
	农机具购置补贴	66.4	22.2	11.4	100.0(1124)
	农业保险	47.3	39.1	13.7	100.0(1626)
社会保障政策	农村合作医疗政策	83.5	11.6	4.9	100.0(4283)
	新型农村养老保险	87.6	8.3	4.1	100.0(3752)
	农村最低生活保障制度	59.4	29.6	11.0	100.0(1456)
	农村危房改造	55.3	30.1	14.6	100.0(1256)
消费性政策	家电下乡	64.6	29.0	6.4	100.0(1941)
	汽摩下乡	58.2	24.3	17.5	100.0(1078)
基础服务政策	新型农村社区建设	65.1	20.5	14.4	100.0(1782)
	农村饮水安全工程	73.7	14.7	11.6	100.0(2381)
	农村路网建设	76.4	10.3	13.3	100.0(3142)
	农村电网建设	80.1	7.2	12.7	100.0(2962)
	农村沼气建设	64.1	17.3	18.6	100.0(1103)

(注:括号内为有效样本频数。)

得农民的满意,特别是在当前的物价水平下,农村低保户的生活压力依旧很大。此外,在国家实施的扶持农业层面的惠农政策中,农民对农资综合补贴、农机具购置补贴、农业保险三项政策满意度相对较低,由于目前农村的化肥、农药、种子、机耕费等一系列生产资料费用价格不断攀升,种粮农民的投入成本也随之不断攀升,造成农民满意度相对较低。

4. 农民对惠农政策的期待

分析农民对惠农政策的期待,我们发现,技术下乡和农资下乡成了农民最渴望出台的新惠农政策,如表12-11和图12-9所示,所占比例分别高达38.9%和22.7%;然后是金融下乡和教育下乡,占比例分别是18.0%和11.8%;最后是文化娱乐下乡和法律下乡,所占比例分别为2.3%和2.5%。可见,农民更多的是需要农业技术和农业生产资料两方面的扶持帮助,以维护农业生产的稳定,促进粮食收入的增加,而教育、文化娱乐、法律等丰富农民精神生活的惠农政策在现阶段则需求度不高。所以,现阶段国家的惠农政策首先应该以保障和改善农民的物质生活为着眼点,在此基础上,下一个阶段再出台一些满足农民精神文化生活的惠农政策。

表12-11 农民对惠农政策的期待选择

	技术下乡	金融下乡	教育下乡	农资下乡	娱乐下乡	法律下乡	其他
频数	1795	832	542	1044	107	117	176
占比(%)	38.9	18.0	11.8	22.7	2.3	2.5	3.8

($N=4613$)

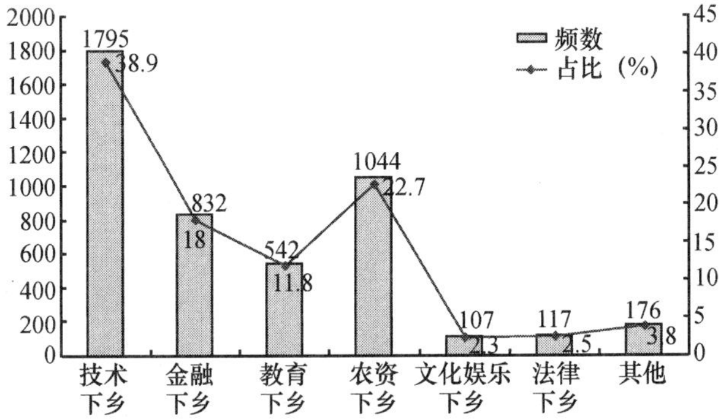

图12-9 农民对惠农政策的期待选择差异

进一步考察不同年龄段的农民对最期待出台的惠农政策的差异,根据Pearson 卡方检验可知,分年龄段的农民在对最期待出台的惠农政策的认知上存在显著差异($p=0.00<0.05$),如表 12-12 和图 12-10 所示,30 岁以下的年轻农民期待技术下乡和金融下乡的比例相对较高,分别为 41.2% 和 27.9%,现在更多的年轻农民希望自己掌握农业技术和一些手艺技术,或者创业开办养殖、种植农副业公司,以增加家庭收入。而 59 岁以上老年农民比较期待的是技术下乡和农资下乡,占比分别为 34.9% 和 26.6%,这与老年农民更多地从事于农业生产有着密切的关系,相对而言,其对文化娱乐下乡的期待比例明显高于其他年龄段的农民,虽然总体占比仍然有限,仅为 5.0%。这说明农村老年人对文化娱乐的渴望,更多期待国家出台文化、娱乐下乡的惠农政策,以满足老年农民的精神文化需要。另外,技术下乡成为各个年龄段的农民的普遍最高期待。

表 12-12　不同年龄段的农民对新惠农政策的期待　　(单位:%)

年龄	农民最期待出台的新惠农政策							合计
	技术下乡	金融下乡	教育下乡	农资下乡	娱乐下乡	法律下乡	其他	
30 岁以下	41.2	27.9	12.1	17.0	1.2	0.6	0.0	100.0(165)
30—39 岁	40.3	20.4	14.7	20.2	1.0	1.9	1.5	100.0(585)
40—49 岁	41.0	20.1	10.9	21.3	1.5	3.1	2.1	100.0(1515)
50—59 岁	38.6	17.1	11.7	23.1	2.0	2.5	5.0	100.0(1343)
59 岁以上	34.9	13.1	11.2	26.6	5.0	2.5	6.7	100.0(996)

($N=4604$)

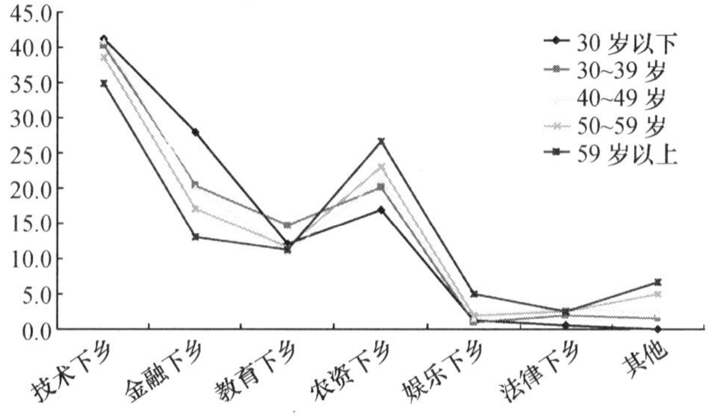

图 12-10　农民最期待出台的新惠农政策(单位:%)

(三)惠农政策实施中农民的政治行为方式

惠农政策是国家为了农民、农村社会的发展而出台的,但是作为国家政策,需要得到地方各级政府的支持和执行才能真正发挥效力,使农民得到实惠。在4259份有效样本数据中,有62.7%的受访农民表示当惠农政策落实得不好时,不会找相关部门反映意见(见表12-13、图12-11)。可见,惠农政策虽然与农民的利益密切相关,但有超过六成的农民的政治反应更倾向于政治冷漠,而不是选择采取措施维护争取自己的合法权益。

表12-13 如果惠农政策落实不好,你会不会找相关部门反映

	会	不会
频数	1588	2671
占比(%)	37.3	62.7

($N=4259$)

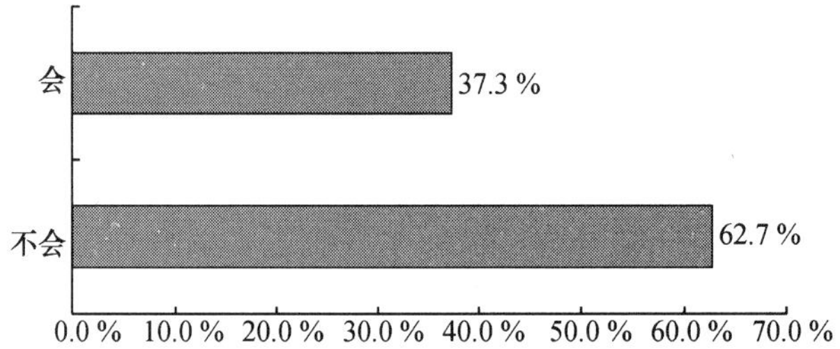

图12-11 如果惠农政策落实不好,你会不会找相关部门反映(单位:%)

进一步考察不同政治面貌的农民对惠农政策落实不到位的反应,根据Pearson卡方检验可知,分政治面貌的农民在对惠农政策落实不好的反应上存在显著差异($p=0.00<0.05$),如表12-14所示,如果惠农政策落实得不好,有52.3%的党员农民会找相关部门反映,而仅有33.7%的非党员农民会去找相关部门反映情况。可见,相比于非党员农民来说,党员农民更可能在政策落实不好时行动起来,但两者的比例均不是很高。

表12-14 不同政治面貌的农民惠农政策的反映意愿 (单位:%)

政治面貌	如果惠农政策落实不好,你会不会找相关部门反映		合计
	不会	会	
党员	47.7	52.3	100.0(807)
非党员	66.3	33.7	100.0(3432)

($N=4239$)

考察"如果乡镇干部扣压农民种粮补贴,你会怎么做"一项,根据"千户调查数据",我们发现农民的政治反应存在很大差异(见表12-15、图12-12)。如果乡镇干部把国家本来要补贴给农民的钱款克扣下来不发，会有总计 15.1% 的受访农民会采取不关心和无所谓的态度，认为受损害的反正不是自己一个人。此外，有 27.5% 的受访农民会积极说服动员村干部索要回来，另有 27.6% 的受访农民会说服动员熟悉的邻居朋友一起向上级反映意见，总计 55.1% 的受访农民会采取行动争取索要国家发给的补贴。可见如果乡镇干部侵犯了农民的合法利益，绝大多数农民的政治反应是强烈的、过激的，即使有 29.9% 的农民不会采取过激行动，但他们内心也是十分气愤，充满不满和对抗的。

表 12-15　如果乡镇干部扣压国家发给农民的种粮补贴，你会怎么做

	频数	占比(%)
不关心，反正受损害的不是我一个人	93	8.5
十分气愤，但只是找邻居说说算了	328	29.9
积极说服动员村干部去要回来	302	27.5
说服动员邻居朋友一起向上级反映意见	303	27.6
无所谓，国家的事和我没有关系	72	6.6

($N = 1098$)

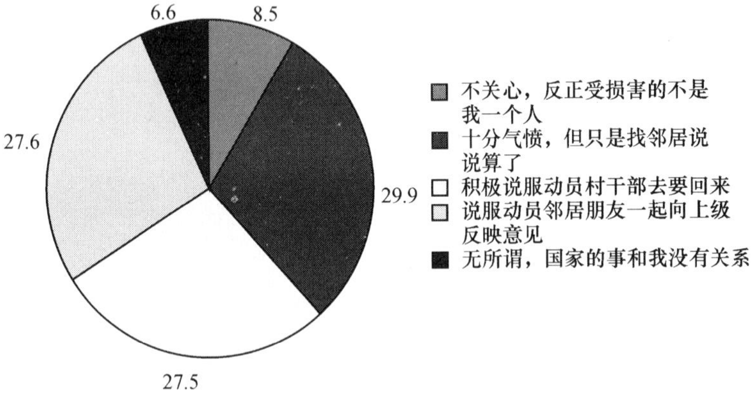

图 12-12　如果乡镇干部扣压国家发给农民的种粮补贴，你会怎么做(单位:%)

进一步考察不同学历的农民在乡镇干部扣压种粮补贴时政治反应的差异，根据 Pearson 卡方检验可知，不同学历段的农民在乡镇干部扣压种粮补贴的政治反应方面存在显著差异($p = 0.00 < 0.05$)，如表 12-16 和图 12-13 所示，学历为小学及以下的农民群体中，13.7% 不关心，33.7% 只是气愤，找邻居说说算了，7.8% 持无所谓态度，总计 55.2% 的农民的反应为不关心、无所谓或只是气愤。在学历为初中的农民群体中，有 31.8% 的农民会去积极说服动员村干部去要回来，28.0%

的农民会说服动员熟悉的邻居朋友一起向上级反映意见,有总计59.8%的农民会采取实际行动索要种粮补贴。学历为高中或中专的农民群体中,则有27.1%的农民会积极说服动员村干部去要回来,35.8%的农民则会说服动员熟悉的邻居朋友一起向上级反映意见,有总计62.9%的农民会采取实际行动向乡镇干部索要种粮补贴,维护自身的合法权益。进入新世纪以来,我国现阶段农民的主要学历为初中、高中或中专两个层次。在1098份有效样本数据中,481户为初中学历的农民,221户为高中或中专学历的农民,总计为702户,占样本总量的63.9%。由此可见,进入新世纪以来,我国现阶段的农民学历已有明显提高,绝大多数为初中、高中或中专学历,伴随着自身学历的提高,农民的维权意识不断增强,如果乡镇干部扣压国家发给农民的种粮补贴,损害农民的利益,势必导致农民的不满和上访,容易引发农村地区的群体性事件。

表12-16 如果乡镇干部扣压国家发给农民的种粮补贴,你会怎么做 (单位:%)

学历	如果乡镇干部扣压国家发给农民的种田补贴,你会怎么做					合计
	不关心	只是气愤	动员村干部	向上反映	无所谓	
小学及以下	13.7	33.7	22.1	22.7	7.8	100.0(344)
初中	6.9	28.1	31.8	28.0	5.2	100.0(481)
高中或中专	4.1	25.3	27.1	35.8	7.7	100.0(221)
大专及以上	7.7	40.4	25.0	21.2	5.7	100.0(52)

($N=1098$)

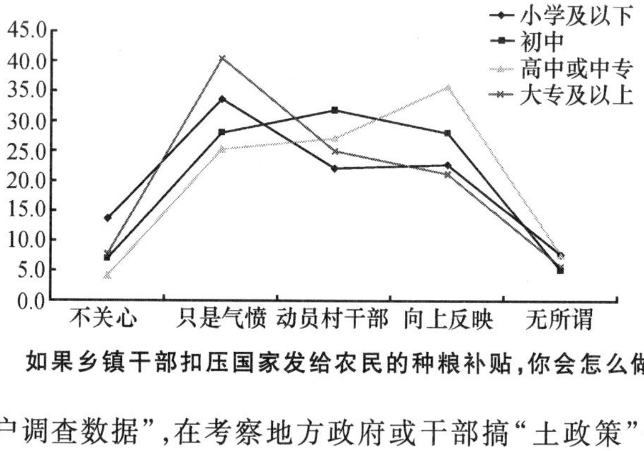

图12-13 如果乡镇干部扣压国家发给农民的种粮补贴,你会怎么做(单位:%)

根据“千户调查数据”,在考察地方政府或干部搞“土政策”会引发农民怎样的政治反应一项时,也呈现出一些差异。如果地方政府或干部搞了违背国家政策的“土政策”,有9.4%的受访农民会选择上访,50.5%的受访农民会选择集合村民一起提意见,8.2%的受访农民会选择向电视台、报纸等新闻媒体反映情况,另有2.4%的受访农民会选择到法院打官司,用法律手段抵制"土政策"。可见如果基层政府或干部违背了国家的政策,不与中央保持一致,会有总计71.5%的受访农民不满,并会采取实际行动进行纠正和制止(见表12-17、图12-14)。

表12-17 如果当地政府或干部搞了违背国家政策的"土政策",你会怎么做

	频数	占比(%)
上访	104	9.4
集合一些村民一起提意见	558	50.5
打电话或者写信给电视台、报纸反映情况	90	8.2
到法院打官司	26	2.4
反正不是我一个人这样,委曲求全算了	138	12.5
贿赂干部,让他给我优待就行了	12	1.1
不关心这种事	176	15.9

($N=1104$)

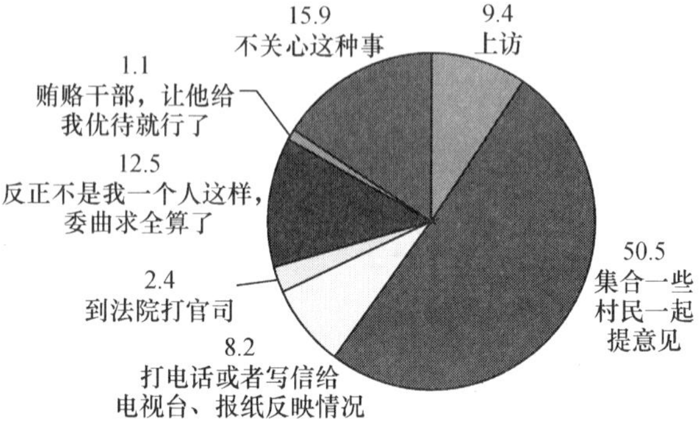

图12-14 如果当地政府或干部搞了违背国家政策的"土政策",你会怎么做(单位:%)

进一步考察不同学历的农民在地方政府搞"土政策"时出现的政治反应差异,根据Pearson卡方检验可知,不同学历段的农民在地方干部搞"土政策"时出现的政治反应存在显著差异($p=0.00<0.05$),如表12-18和图12-15所示,在学历为小学及以下的农民群体中,有15.7%的农民会觉得反正不是自己一个人这样,委曲求全算了,甚至有高达24.6%的农民根本不关心这种事情。在学历为初中的农民群体中,有12.6%的农民会委曲求全,13.2%的农民不关心这种事,比例明显下降。学历为高中或中专的农民群体中,仅有8.1%的农民委曲求全,10.4%的农民不关心,却有高达58.1%的农民会选择集合村民一起提意见,10.4%的农民选择上访,8.5%的农民会选择打电话或者写信给电视台、报纸等媒

体反映情况,甚至有2.7%的农民去法院打官司,总计79.7%的农民会采取实际行动制止基层政府或干部的"土政策"。可见,由于现阶段农民的学历主要为初中、高中或中专,如果基层政府或干部搞了违背国家政策的"土政策",引发上访、集合村民提意见、到法院打官司等过激反应等不稳定因素,甚至导致群体性事件的可能性较大,不利于农村社会的稳定和长治久安。

表12-18 不同学历层次的农民对基层政府或干部搞"土政策"的行为反应

(单位:%)

学历	如果基层政府或干部搞了违背国家的"土政策",农民会怎么做							合计
	上访	集合村民提意见	向媒体反映	打官司	委曲求全	贿赂干部	不关心	
小学及以下	7.2	44.1	5.5	2.3	15.7	0.6	24.6	100.0(345)
初中	9.1	51.9	9.7	2.3	12.6	1.2	13.2	100.0(484)
高中或中专	10.4	58.1	8.5	2.7	8.1	1.8	10.4	100.0(222)
大专及以上	22.7	49.1	9.4	1.9	9.4	0.0	7.5	100.0(53)

($N=1104$)

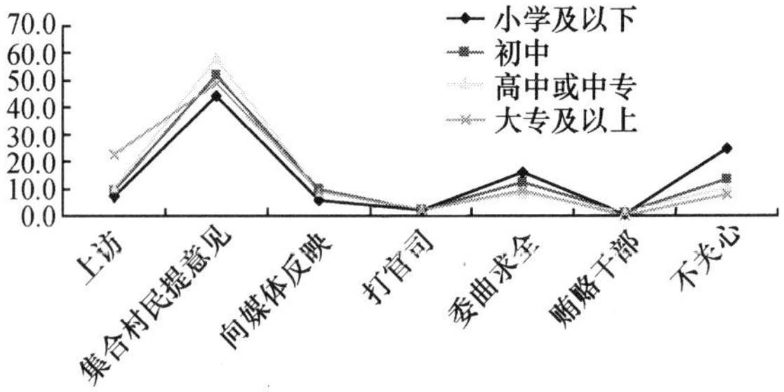

图12-15 不同学历层次的农民对基层政府或干部搞"土政策"的行为反应(单位:%)

通过上述对农民政治反应的研究分析,我们发现:一方面,在国家惠农政策落实过程中如果出现打折扣的现象时,超过六成的农民不会去找相关部门反映情况,特别是政治面貌为群众的农民,作为思想意识比较保守的群体,他们几乎完全是政治冷漠。但是另一方面,我们也发现,进入新世纪以来,随着义务教育的普及,我国现阶段农民的主要学历为初中、高中或中专两个层次,农民自身的知识文化程度有显著提升。例如在样本1098份有效数据中,481户为初中学历的农民,221户为高中或中专学历的农民,总计为702户,占样本总量的63.9%。一旦乡镇基层政府和村两委扣压或者挪用农民的粮食补贴,抑或是搞违背国家政策的"土政策"等严重侵犯农民自身利益时,农民则会选择寻求媒体、法院、上访等舆论和法律程序的帮助，甚至会做出集会、闹事等偏向极端的政治选择。由此可见，进入新世纪以来，伴随着自身学历的提高，农民的维权意识不断增强，如果乡镇干部扣压国家发给农民的种粮补贴，损害农民的利益，势必导致农民的不满和上访，容易引发农村地区的群体性事件。

总之，在当前我国全面建设小康社会、努力夺取现代化建设新胜利的过程中，农民的政治反应也出现暂时的“过渡性”、“两面性”的特点。一方面，农民作为一种职业，仍然处于国家产业链条的低端，作为一种身份，仍然处于社会的底层，他们在思想意识上仍然是保守群体，容易知足感恩，不会轻易采取闹事骚乱的偏激行为，这有利于农村地区的长治久安；另一方面，我们也应看到，随着义务教育的普及，进入新世纪以来，我国现阶段的农民学历已有明显提高，特别是“80后农民”，绝大多数为初中、高中或中专学历，伴随着自身学历的提高，他们对幸福有了更新的定义，对生活有了更高层次的追求。他们的维权意识不断增强，如果乡镇干部扣压国家发给农民的种粮补贴，损害农民的利益，势必导致农民的不满和上访，容易引发农村地区的群体性事件。这些因素极易引发农村地区的不稳，不利于巩固党在农村地区的执政基础。所以国家的惠农政策能否落实到位，农村基层政府在执行惠农政策过程中是否不折不扣，是否代表了、维护了、发展了农民的切身利益至关重要。

三、结论与建议

根据上述的实证分析，我们可以得出以下结论：第一，广大农民对国家的各项惠农政策享受度比较高，参与热情比较高，但对一些政策的满意程度不高，如农业保险政策、农资综合补贴政策、农村最低生活保障政策、家电下乡政策仍低于农民的期望值；第二，党和国家出台的一些重大惠农政策符合农村生产力发展的要求，也符合广大农民的根本利益，农民对惠农政策持欢迎和感恩的心态，但对农村基层政府的基层治理仍不满，对村两委的评价不高。在绝大多数农民眼里，他们认为落实好惠农政策主要取决于乡镇政府和村两委的执行情况，特别是村两委。而农村基层政府依然停留在选择性治理方式上，农村治理表现出很强的选择性特点，农村税费改革之后，人们期望农村基层政府职能能够从过往的汲取式管治转变到供给式服务上来，成为一个为农民服务的基层政府组织，但从实际的工作表现来看，在很多地方，基层政府并未及时转变为这样一个服务“三农”的行动主体。可是，在某些跟自身利益紧密相关的工作上，譬如招商引资或者被上级定为一票否决的工作任务中,农村基层政府却保持着超乎寻常的行动能力。这是一种比较典型的选择性治理。所谓选择性治理,就是以农村基层政府为本位,对那些于己有利的事就去管、去做,对那些于己不利或者吃力不讨好的事就尽量不去管、不去做,有选择性地展开行政作为[①];第三,在当前我国社会转型这个特殊的历史阶段,农民的政治反应也出现暂时的"过渡性"、"两面性"的特点。一方面大多数农民仍然属于保守群体,在没有享受到国家惠农政策好处的时候,他们不是选择采取合法行动去争取自身的合法权益,而是选择政治冷漠的态度。但是另一方面,进入新世纪以来,我国现阶段的农民学历已有明显提高,绝大多数为初中、高中或中专学历,伴随着自身学历的提高,农民的维权意识不断增强,如果乡镇干部扣压国家发给农民的种粮补贴,严重损害农民的利益时,势必导致农民的不满和上访,容易引发农村地区的群体性事件;第四,农村老年人作为农村地区的"高龄群体",也是新型农村养老保险的受益主体,对党和国家的政治认同程度比其他年龄段的农民群体要高。农村老人作为农村地区的一个特殊群体,由于年事已高,劳动力衰竭,晚年亟须养老保障,对于国家出台的新型农村养老保险政策,如甘霖滋润旱地一般,解除了农村老人的后顾之忧,为他们晚年的生活提供了安稳的保障。因此,农村老人对党和国家的政治认同程度非常高,他们的政治反应主要表现为对国家的感恩戴德。

"十二五"时期,是全面建设小康社会的关键时期,是深化改革开放、加快转变经济发展方式的攻坚时期,也是农业农村发展再上新台阶的重要机遇期。惠农政策不仅是一项强农政策,更是一项民心工程。针对惠农政策实施过程中农民的政治反应,我们从以下视角进行试析,提出一些简单建议:

第一,改善政策执行环境。重视惠农政策执行环境的改善,切实将政府、农民以及市场三方有机结合起来,拓宽信息沟通渠道,加强服务型政府建设,提高农民素质,完善市场机制,避免信息的不对称,降低政策执行成本,提高政策运行效率。[②]

第二,消除农村基层政府选择性治理的问题。当下最紧要最关键的工作莫过于建立相应的民众参与制度和公共需求有效表达机制,减少并逐步消除乡镇政府的选择性治理行为。首先,民众更加了解自身的利益需求,政府和官员不能简单地代替民众做出需求选择;其次,如果没有民众的参与及公共需求表达机制,政府

① 吴理财:《应注意农村基层的选择性治理》,《学习时报》2009年1月12日。

② 赵莎莎:《惠农政策成效的梳理与反思》,《农村观察》2011年第1期。

公共服务缺乏有效的外在动力,势必导致政府公共服务的"缺位"问题;第三,如果没有建立相应的民主参与制度和公共需求表达机制,不能有效吸纳民意并将之转换为政府的科学决策,政府即便愿意提供公共服务往往也与公共需求不一致,导致政府公共服务的"错位"问题。所谓服务型政府实际上是一个有效回应民众公共需求的政府。无疑地,建构以民众需求为导向的服务型政府,必须以建立有效的民众参与制度和公共需求表达机制为前提,巩固和加强党在农村的执政基础,必然要求建构民众需求为导向的服务型政府。

第三,完善惠农政策的监督机制。惠农政策是否能够按照要求得到有力贯彻落实,惠农资金是否能够按时足额发放到农民手中,关系到我国农村的发展和稳定,也关系到党和政府在广大农民群众中的地位,因此惠农政策的监督机制是惠农政策实施过程中十分重要的一环,不可忽视。目前,我国惠农政策实施的监督制度不健全,措施不力,管理不严,使惠农政策的监督流于形式。为促进我国惠农政策的有效有力贯彻落实,减少和控制乃至杜绝违规违法现象发生,让广大农民群众切实从惠农政策中得到实惠,必须进一步加大督查力度,加大各类专项资金的监管力度。

第四,克服与淡化基层政府的"经济人"角色[①]。作为一个相对独立的社会行为组织,惠农政策的执行主体——基层政府也是市场经济条件下的多元利益主体之一,也要寻求自身的最大利益。正是由于对政策执行者的利益需求的忽视或激励的欠缺,他们在政策执行中比较容易出现敷衍了事、思想涣散等现象,甚至导致公共权力异化以及客观性腐败的行为和心理倾向的产生。政府机构应当遵守的角色是行政管理者、公共服务者与社会援助者,而不是"经济人"的角色。基层政府在角色定位上的回归,有助于建立与维护政府诚信,也有利于推进惠农政策的贯彻落实。

近些年来,为了适应全面建设小康社会时期新的形势和任务,我们党坚持从农民的利益出发,制定了一系列国家重大惠农政策,这些重大惠农政策符合农村地区先进生产力的发展要求,符合基层农村先进文化的前进方向,符合广大农民兄弟的根本利益,极大地促进了农村生产力的发展,促进了农村社会主义物质文明和精神文明建设。由于这些政策的颁布和实施,农业和农村发展出现了积极变化,迎来了新的发展机遇。粮食连续两年较大幅度增产,农业结构调整向纵深推进,农民收入较快增长,农村税费改革取得重大成果,社会事业进一步发展,农村

① 程亿:《现阶段我国惠农政策研究》,南京师范大学硕士学位论文 2007 年。

基层组织建设得到加强,干群关系明显改善。农业和农村发展的好形势,对保持国民经济平稳较快增长和社会稳定,发挥了重要的支撑作用。但必须看到,当前农业和农村发展仍然处在艰难的爬坡阶段,农业基础设施脆弱、农村社会事业发展滞后、城乡居民收入差距扩大的矛盾依然突出,而要真正地解决好这些问题,使农业得到发展,农村社会实现稳定,农民生活水平提高,需要进一步把这些惠农政策真正地落到实处。另外,能否坚定地落实好党的现阶段惠农政策,是关系到党和国家能否真正解决好"三农"问题、能否真正实现人民利益的问题,也是一个涉及政府执行能力的问题,关系到党和政府的权威性。要把惠农政策落到实处,最关键的就是在政策执行这一环。

农村是我国社会的主体,农村的稳定直接关系到全国的稳定。当前我国农业和农村经济正处于新的发展阶段。国家惠农问题的形势依然严峻,惠农政策的贯彻落实依然不尽如人意,这不利于农村社会的政治稳定,进而也不利于农村发展。本文通过对国家重大惠农政策实施中农民政治反应的研究,为基层政府不断改善惠农政策的执行方式提出一定的意见和建议,因为政府是惠农政策执行的主体,是政策执行中的重要角色,他们的所作所为关系到整个惠农政策落实的成功与否,更关系到党和国家在农村地区的民心向背。

第十三章　农村典型群体性事件中的农民政治反应

当前，中国社会仍然处在由传统的农业社会向工业社会、由计划经济体制向市场经济体制的转型过程中，在这个过程中，社会结构深刻变动，经济体制深刻变革，利益格局深刻调整，思想观念深刻变化，如果缺乏有效的社会规范体系，极容易引起社会矛盾和冲突，群体性事件就是一种常见的社会冲突形式。

所谓群体性事件是指在我国社会转型时期，因人民内部矛盾引发的，由 5 人或 5 人以上构成的具有共同意识的群体，为表达某种利益诉求或宣泄某种不满情绪，采取集体上访、阻塞交通、静坐请愿、围堵党政机关、聚众闹事等极端方式，并对政府管理和社会秩序造成一定负面影响的违法违规事件。农村群体性事件则是指发生在农村地区、群众有组织地表达利益需求或者维护其受侵害利益的集体性政治行为，它具有如下要素：第一，参与主体是农民；第二，群体性事件是一个连续甚至循环的过程；第三，它表现为有组织的政治行为，但却是一种处于制度边缘的政治行为；第四，群体性事件是政府公共政策和行政行为的一种后果，是农村地域性治理过程中存在问题的反应。

农村群体性事件的发生是对农村民主法制建设和基层社会稳定的重大挑战，分析农村群体性事件的参与主体——农民的政治反应状况是有效防止和妥善处理群体性事件的客观需要，是进一步加强和创新社会管理、维护社会大局稳定的必然要求，也必然对和谐社会建设和新农村建设具有重大意义。

本报告对农村群体性事件中农民的政治反应状况的研究共分为三部分：第一部分，对农村群体性事件的既有研究进行简要梳理，并根据既有的成果提出研究的问题和基本假定；第二部分，充分运用近三年发生在农村的典型性、具有重大影响的群体性事件案例和调研的第一手数据对农民的政治反应状况进行分析，总结出农村群体性事件的特征和原因，以及农民在群体性事件中的政治反应状况等；第三部分，对农民在群体性事件中的政治反应状况进行总结，并简要分析农村群体性事件的发展趋势，从而提出预防和化解农村群体性事件发生的建议。

一、既有研究总结及研究方法

当前对群体性事件的研究是与处在转型中大量群体性事件的涌现相关的,这也就决定了对群体性事件的讨论和研究尚处在初始阶段,尚未形成系统的研究体系,对农村群体性事件的研究就更为欠缺。当前学者对群体性事件的研究都强调对群体性事件的综合性界定,如概念、特点、原因和后果、对策等,本报告将摒弃宽泛的研究视野,以农民为主体讨论在农村典型群体性事件中农民的政治反应状况和方式。

为了对农民在群体性事件中的政治反应状况进行系统的研究,本报告对农民政治发展状况的考察将采用以下的研究方法:以二手资料为主,精心搜集近三年(2009—2011年)来发生在农村地区的典型性、具有重大影响的群体性事件的案例,着重从案例中解读出参与农民的政治反应状况;以一手资料为辅,综合运用课题组对全国14个省38个村庄的1134个农户的调查数据资料,从实证数据上进一步发掘农民政治反应状况特点。

二、农村群体性事件的实证分析

(一)农村群体性事件的特征

1. 官民性

官民性成为现阶段农村群体性事件的一个显著特征。可以从两个角度来理解官民性:冲突的双方和冲突的起因。虽然各地农村群体性事件表现形式多种多样,但现阶段农村群体性事件冲突的双方往往是农民和基层政府、警察,即成为官民冲突。这种类型的冲突一般规模比较大,往往是数百人甚至上千人之间的对峙,极易受偶然因素的刺激而进一步激化酿成重大伤亡事件。例如2009年发生的海南感城事件①、2010年发生的黑龙江富锦事件②、苏州通安事件③、江西修水事件④、山东潍坊事件⑤等都是官民、警民之间的直接冲突。农村群体性事件的发

① 网易网,《海南感城事件幕后》:http://news.163.com/09/0410/10/56HGQ5TE00011SM9.html。

② 中原网,《黑龙江富锦事件始末》:http://www.zynews.com/news/2010-06/02/content_721961.htm。

③ 网易网,《通安事件善后》:http://news.163.com/10/0819/04/6EE3R30A00014AED.html。

④ 腾讯网,《江西修水百余人不满搬迁补助打砸派出所》:http://news.qq.com/a/20100709/000137.htm。

⑤ 齐鲁网,《潍坊暴力拆迁》:http://minsheng.iqilu.com/thread/view/5910/。

生,多是由农民与基层政府之间的矛盾激化而引起。由于基层政府在农村社会中所处的权力垄断地位,促使其逐渐脱离农村社会,形成独立的阶层利益,因此产生与普通农民群体不同的思维模式和行为方式。这种阶层利益指导下所形成的思维模式和行为方式是建立在对农民利益的无视甚至侵犯基础上的,必然导致基层政府官员与农民之间的利益对峙和冲突,进一步加深社会阶层断裂现象,导致其关系更加恶化,农村基层政府的社会关系网络受到进一步破坏。这也就是为什么在农村群体性事件中,农村基层政府往往不能较好地扮演解决矛盾、化解冲突的角色,有时甚至会导致事件进一步恶化的原因。

2. 对抗性

农村群体性事件的对抗性,指的是矛盾冲突爆发形式的对抗性,具体表现为农民被迫与基层政府之间的对抗。农民与基层政府之间的矛盾本身在性质上是非对抗性的,农民与基层政府在根本利益上是一致的,是可以调和的。这种对抗性的行为只是在"相对自发的、组织的和不稳定的情况下,因为某种普遍的影响和鼓舞而发生的行为",是一种没有明确纲领指导的乌合行为。农村群体性事件在性质上是非对抗性的,但其外在表现形式却是对抗性的,这进一步加大了农村群体性事件的处理难度。一些经验不足、认识不到位的基层干部往往将其作为阶级对抗性矛盾加以处理,人为地将人民内部矛盾上升为敌对矛盾,结果加剧了矛盾程度,导致事件的进一步扩大和恶化,同时也将基层政府陷于孤立,得不到人民群众的支持。群体性事件爆发后,当地政府往往随意动用警力平息并维持秩序,造成了村民与政府之间的对抗;一些地方政府在强制征地拆迁过程中,往往动用警力强制进入,有的甚至借助黑社会的力量强行推进,这都在很大程度上将非对抗性的矛盾升级为对抗性的矛盾,增加了处理的难度。非对抗性矛盾以对抗性形式表现,主要还是由于正常途径无法解决矛盾,迫使农民选择非正常方式表达需求。农民在找相关政府部门解决问题或上访无效的情况下,往往不再忍耐性地被动等待,也放弃了与相关基层政府协商对话的温和方式,而是采取静坐示威、阻塞交通,围堵党政机关、武力冲突、打砸抢等更不理智更具对抗性的方式,试图能够达到维护自身利益的目的。

3. 破坏性

农村群体性事件的破坏性,指的是农村群体性事件造成的破坏力和影响力。其一,农村群体性事件会造成财产损失和人员伤亡。最近几年发生的农村群体性事件,往往都伴随着村民对政府机关、企业的打、砸、烧行为,村民与警察及其他人员的冲突,往往造成了重大财产损失和人员伤亡。例如,2009 年 10 月 12 日发生的山西临县矿权纠纷群体性事件造成4人死亡,14人受伤;[①]2010年10月13日广西苍梧事件8辆警车被掀翻被砸,并有几位政府人员和警察受伤;[②]江西铜鼓县山林纠纷事件,造成12名林农和3名警察受伤,办公设施遭打砸,另有一间近千平米的车间被点燃;[③]另外,环境污染引发的农村群体性事件往往会造成生产设备被砸毁烧毁。其二,农村群体性事件严重破坏了当地正常的生产生活秩序。增城事件造成当地的企业正常的生产一度中断。其三,农村群体性事件会造成历史资料的损毁。群体性事件爆发后,村民的打、砸、抢、烧行为都是非理性的,这会造成一些珍贵资料的损毁。例如瓮安事件中,瓮安县43万人口的户籍资料被全部烧光,电脑存储的资料全部丢失。[④]

4. 偶然性

群体性事件的发生具有偶然性,这种偶然性是指群体性事件都是由某一偶然事件引发的,这些偶然事件的发生又常常使人难以预测、始料未及。例如2009年发生的甘肃会宁事件则是由交通民警和协管员处理交通违章不当而引起的;[⑤]湖北石首事件是由一名厨师的坠楼身亡引起的;[⑥]海南感城事件是由一名感城村籍学生与邻村村民发生纠纷引起的;2010年发生的浙江钱云会事件是由一起交通肇事事故引起的;[⑦]2011发生的广东古巷事件则是由欠薪讨款引起的;[⑧]广东增城事件是由路边摆摊的外来民工与治保队员发生冲突引起的。[⑨]

5. 必然性

农村群体性事件是由偶然因素引起的,但仔细分析,偶然性背后隐藏着必然性,长期积累的一些深层次矛盾得不到有效解决,农民通过上访、检举等正常的途径反映的问题迟迟得不到明确和满意的回复,多数人平时迫于种种因素的考虑只

---

① 凤凰网,《山西临县矿权纠纷群体事件》:http://news.ifeng.com/mainland/200910/1021_17_1397124.shtml。

② 新浪网,《广西苍梧征地纠纷引发冲突》:http://news.sina.com.cn/c/2010-10-14/022418227365s.shtml。

③ 财经网,《江西铜鼓林权纠纷引发群体性事件》:http://www.caijing.com.cn/2008-10-27/110023495.html。

④ 人民网,《贵州6.28瓮安事件》:http://society.people.com.cn/GB/8217/126097/。

⑤ 新浪网,《甘肃会宁因交通违章引发群体性事件》:http://news.sina.com.cn/c/2009-05-20/100217853195.shtml。

⑥ 网易网,《湖北石首群体性事件》:http://news.163.com/special/00013FJU/shishou.html。

⑦ 腾讯网,《浙江乐清村主任被工程车压死事件回顾》:http://news.qq.com/a/20101228/000028.htm。

⑧ 新浪网,《广东处置一起因欠薪引发的聚集事件》:http://news.sina.com.cn/c/2011-06-07/104822598301.shtml。

⑨ 新华网,《广东增城市长通报新塘事件情况》:http://news.xinhuanet.com/politics/2011-06/13/c_121527268.htm。

能选择沉默，而一旦受偶然因素的影响有机会发泄，便会从众参与，进而导致大规模的冲突，酿成大规模群体性事件。例如，四川内江事件发生的深层次原因则是当地城管在强制拆迁、社会管理过程中工作方式粗暴简单，与当地群众长期结怨；海南感城事件的背后则是当地基层政权弱化，基层政府行政不作为，矛盾化解不及时；广东增城事件发生的背后则是当地经济发展和社会管理脱节，劳动密集型产业迅速发展，乡村与城市割裂，财富膨胀，但管理滞后，外地人在感情上难以融入当地；一系列环境污染引发的群体性事件背后则是当地领导盲目追求 GDP 指标，重经济增长，轻环境保护，发展方式粗放，无视群众的生命健康。

（二）农村群体性事件的原因

当前农村群体性事件是我国农村社会内部矛盾经过长期积淀，通过差异、对立，达到局部对抗、激化的表现。笔者对近几年发生在农村的大规模典型性群体性事件作了梳理，发现社会矛盾突出，利益表达渠道不畅；城乡差距过大，农民收入增长缓慢；基层政权弱化，社会管理能力不足；政府信用受损，信任危机日益凸显；发展理念错位，农村生态破坏严重等因素是引发农村群体性事件的深层次原因。

1. 社会矛盾突出，利益表达渠道不畅

随着社会转型的逐步深入，市场化进程的进一步加快，各种深层次的矛盾和问题开始显现，农民的合法权益受损，数据显示，43.3% 的农民认为当前农村社会矛盾很严重（见表 13-1、图 13-1）。一方面，农地征用损害了农民的根本利益。土地是农民的命根子，在我国农村社会保障制度还不完善的情况下，土地对农民具有社保的作用。随着城市化及工业化进程的深入推进，城市规模迅速扩大，大规模土地征用导致农民失地问题严重，“赶农民上楼”、农民“被城市化”问题突出，造成了“对农民的剥夺”。土地征用补偿机制不健全，农民就业能力差，农民对土地征用抵触情绪大，抵触行为和方式更加激烈，维权型农村群体性事件增多。数据显示，65% 的农村群体性事件是由征地拆迁引发的。例如，2010 年发生的影响较大的山东潍坊事件[①]、广西苍梧事件[②]、黑龙江富锦事件[③]、辽宁庄河千人下跪事件[④]、

① 齐鲁网，《潍坊暴力拆迁》：http://minsheng.iqilu.com/thread/view/5910/。

② 新浪网，《广西苍梧征地纠纷引发冲突》：http://news.sina.com.cn/c/2010-10-14/022418227365s.shtml。

③ 中原网，《黑龙江富锦事件始末》：http://www.zynews.com/news/2010-06/02/content_721961.htm。

④ 新华网，《辽宁庄河千人下跪事件内幕调查》：http://news.xinhuanet.com/local/2010-05/08/c_1280830.htm。

苏州通安事件[①]、江苏邳州事件[②]等都是由于农民土地被征用但得不到合理补偿而引起的。另一方面,市场经济的穿透力极大地激发了人们的趋利性,传统的价值观念受到挑战,贫富差距进一步加大,基层政权腐败现象更加严重,造成了"市场对农民的剥夺",农民作为弱势群体的地位更弱,农民的不满情绪日益增加,泄愤型群体性事件频发。

表13-1 农民对"现在农村的社会矛盾越来越严重了"的态度

	样本数	占比(%)
非常同意	54	4.9
同意	481	43.3
不清楚	218	19.6
不同意	335	30.1
非常不同意	23	2.1
合计	1111	100.0

($N=1111$)

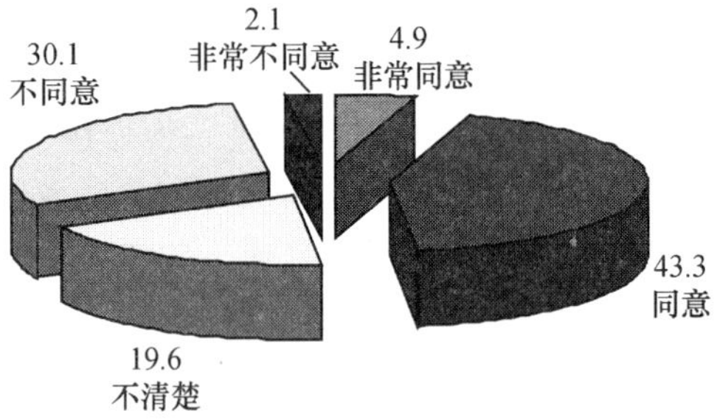

图13-1 农民对"现在农村的社会矛盾越来越严重了"的态度(单位:%)

农民的利益表达机制不健全是引发农村群体性事件的体制性原因。农民利益表达机制是指广大农民通过合法、正当的途径和方式,把自己的态度、情绪、想法和意见向社会、政府表达出来,以实现和维护自身的政治、经济、文化等各方面权利和利益的机制。在现行体制下,农民的利益表达方式主要有信访、向领导直接提意见、检举、投诉、行政诉讼、投票等。但是,在当前中国民主化进程缓慢以及信息不对称的情况下,农民作为弱势群体本身掌握的资源较少,他们通过上访、检举、司法等正常的"体制内参与"的方式表达利益诉求、维护合法权益的渠道严重

① 网易网,《通安事件善后》:http://news.163.com/10/0819/04/6EE3R30A00014AED.html。

② 新华网,《江苏邳州征地引发血案》:http://news.xinhuanet.com/legal/2010-01/18/content_12827682.htm。

受阻（见表 13-2、图 13-2）。在这种情况下，农民就选择用“体制外”的拉关系、行贿、静坐、请愿、抗议、游行、罢工、暴力冲突等方式表达利益诉求，以求得到有关部门及领导的重视，进而推动问题的解决，农民已经形成了“不闹不解决，小闹小解决，大闹大解决”的心理。例如辽宁庄河“千人下跪事件”中，农民因征地补偿、村务公开及部分村委领导涉嫌贪腐等问题曾多次向市政府、信访局、土地局等相关部门反映，但迟迟得不到明确的答复，最后去市政府门前请愿并集体下跪也是不得已而为之。从近二十余年间农民向政府表达意见和不满的方式看，上个世纪 90 年代中期以前，主要是以和平性的“沟通性”方式为主，如信访（其中又以个人访为主），即向政府部门反映情况（沟通），以此求得问题的解决。自 90 年代中期以后，农民的行动越来越带有“逼迫性”的特点，如大规模的、情绪激烈的集体上访，以及集体围攻基层组织、“闹事”的增多；与此同时，暴力围攻、武力抗争类的“敌视性”方式也已经出现。①

表 13-2　我们农民很多时候都是有理没处说

	样本数	占比（%）
非常同意	120	10.8
同意	541	48.8
不清楚	168	15.2
不同意	252	22.7
非常不同意	27	2.5
合计	1108	100.0

（N = 1108）

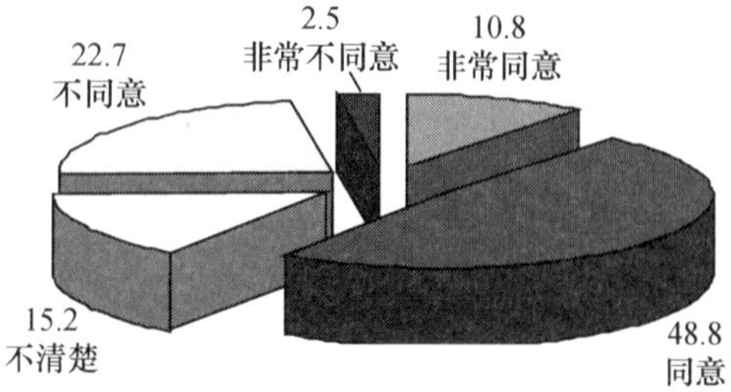

图 13-2　我们农民很多时候都是有理没处说（单位：%）

① 肖唐镖：《二十年来大陆农村的政治稳定状——以农民行动的变化为视角》，该文曾在中国人民大学国际关系学院、中山大学政治学与公共管理学院联合主办的“转型中的中国政治与政治学发展国际学术研讨会”（2002.7，北京）上发表。

2. 城乡差距过大,农民收入增长缓慢

中国长期以来形成的城乡二元社会结构①是制约农村经济社会发展的根本因素。中国的城乡二元社会结构是由内部制度安排的,是为了实施城市偏向的赶超型工业化发展战略,为了最大限度地从农村抽取城市工业化原始积累,而制定的一套城乡隔离制度。它人为地从制度上将社会划分为城市、乡村两个社会,通过户籍制度将公民划分为农民和市民、“农业”和“非农业”两种户口,两种身份,两种福利待遇和就业方式,市民享有一系列国家福利,而农民则只能享有“贡献精神”。城乡二元制在我国存在几十年,形成了两大既得利益集团,并有很大的惯性,短期内很难完全打破。按照经济社会发展的一般规律,正常的社会发展过程中城市和乡村之间应为互动关系,因为农业劳动生产力的提高会引起社会分工的出现和新工业的发展,从而孕育出具有规模效应和聚集效应的新城市,城市的发展又反过来促进乡村经济和社会发展。我国二元结构形式破坏了正常的城乡关系,导致形成了利于城市发展,抑制农村发展的局面。正常秩序一旦被打破,城市必将畸形发展,而农村更加贫穷落后,最终城乡之间差距扩大,形成所谓的“马太效应”。从社会制度上来观察,户籍制度在城乡之间筑起了一道屏障,二元福利制度使城乡居民享受不同的福利,扩大了城乡差距。另外城乡隔离的二元户籍制度固化了二元经济社会结构,挡住了劳动力流动的通道,阻碍农村剩余劳动力的转移。孙立平教授指出,“城乡二元结构”已经成为目前中国经济和社会发展的一个严重障碍,这似乎已经成为一种共识。因为“城乡二元结构”的问题不解决,不但会造成一个城乡断裂的社会,甚至连城市本身的发展也会失去支撑和依托。②城乡二元结构格局还造成了大量农村剩余劳动力滞留在农村,拥挤在狭小的土地上,农业劳动生产率难以提高,造成农民增收困难,城乡发展失衡,贫富差距扩大(见表13-3、图13-3),这也引起了农民心理上的失衡。

---

① 最早提出二元社会结构概念的是我国学者郭书田、刘纯彬,1988年第9期《经济研究参考资料》发表了由郭书田主持完成的农业部政策研究中心农村工业化、城市化课题组研究报告《二元社会结构——城乡关系、工业化、城市化》。这篇报告提出了一个后来在理论界引起多方关注的新概念——二元社会结构,即指把城市社会作为一元,农村社会作为另一元的城乡分割状态。随后郭书田、刘纯彬专著《失衡的中国》问世,指出我国国情的根本特征为二元社会结构,并从实证角度论述了户籍制度、粮食供应制度、副食品与燃料供给制度、教育制度、就业制度、医疗制度、养老保险制度、劳动保护制度、人才制度、兵役制度、婚姻制度、生育制度等十几种制度对城乡居民的差别性待遇,分析了二元结构与工业化、城市化的关系。

② 孙立平:《转型与断裂:改革以来中国社会结构变迁》,清华大学出版社2004年版,第57页。

表 13-3 农民对"当前的贫富差距问题严重"的判断

	样本数	占比(%)
比较轻微	519	11.8
比较严重	2388	49.9
非常轻微	69	1.5
非常严重	816	17.1
一般	939	19.7
合计	4794	100.0

(*N* = 4794)

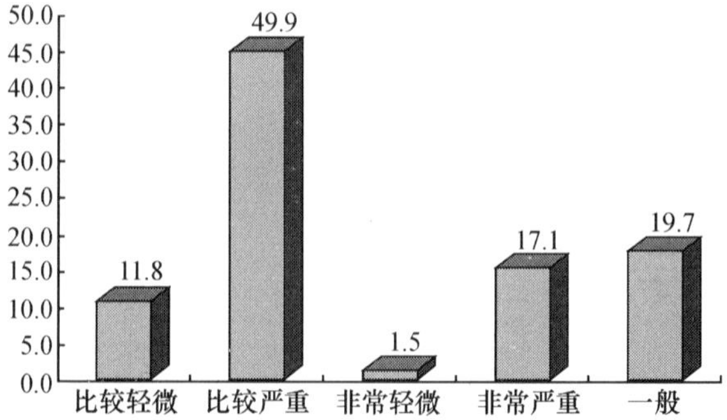

图 13-3 农民对"当前的贫富差距问题严重"的判断(单位:%)

农业是一个弱质产业,在市场经济中处于劣势地位,农业的弱质性决定了农民增收的艰难。主要表现在:一是我国农业虽有了长足的发展,但还不是一个真正意义上的现代产业,产前和产后部分仍被其他产业所控制,农产品生产在市场竞争中处于相对被动地位,农民收入风险大,尽管农业产业化在尽力化解这一矛盾,但目前成效甚微。二是市场经济的风险性再加之国际金融危机的影响,近几年农产品市场价格波动较大,农民很难在价格波动中把握市场规律,农民承受市场波动的能力很弱。如美国经济学会前会长、芝加哥大学经济系教授盖尔约翰逊指出的那样:"随着经济的发展,农业在整个国民总产出和就业中的比例必将是下降的,这首先是由于真实收入增加而导致的对农产品需求的增加远小于对非农产品需求的增加。"①长期以来,政府靠提高农产品收购价格来提高农民收入水平,调动农民的生产积极性,但从目前各方面情况看,农产品价格上涨的余地几乎没有了。三是大部分农产品是不耐久储,保管费用高。同时,农业生产受自然气候

① 孙立平:《转型与断裂:改革以来中国社会结构的变迁》,清华大学出版社 2004 年版,第 273 页。

影响很大,我国许多落后地区仍然改变不了“靠天吃饭”的现状。

3. 基层政权弱化,社会管理能力不足

县、乡(镇)两级基层政权与农民的联系最多,其与百姓对话和协调的方式、处理突发事件的能力直接决定着基层政治和社会的稳定状况。但是,随着农村改革的不断深入,基层政权弱化的问题逐渐凸显,一些基层组织对群众的凝聚力大大减弱,乡(镇)基层组织对村一级的政治力和统筹力日益减弱。其一,农村税费改革后,农业税、农业特产税等直接针对农民的税收项目取消,基层政府与农民的直接性利益联系减少,乡村基层组织对农民的行政控制严重弱化,成为引发农村矛盾纠纷的重要因素。由于基层政权的权威受到民众的怀疑,更高层的政府权威就很自然地进入人民的视野,民众的利益一旦受损或者遭受侵害,就会寻求国家权威的保护。单个社会成员意识到集体行动的重要性,体制外的对抗性力量就会产生,在一定的因素诱发下,就会出现集体上访、越级上访乃至形成群体性事件。其二,基层政府对农民问题和农村危机事件的认识不足。随着市场经济的深入,受理性人个人利益最大化的驱使,某些基层政府无视农民利益,对农民问题采取漠不关心的态度,这种对待农民问题和农村群体性事件的态度导致工作方法上的失误,激化了农民的不满情绪;其三,基层政府处理突发事件的能力不足,对农村群体性事件的应对缺乏理论指导,方法不科学。现阶段农村基层政府领导的文化素质、危机意识和法律意识淡薄,没有形成危机事件的防范应对机制,在出现危机时只是盲目地被动应对,往往使矛盾激化,事态升级,最终造成更大规模的冲突。① 例如 2009 年 3 月 23 日发生的海南感城事件,表面上看似乎是感城籍学生与邻村村民的纠纷引起的,但实质问题则是当地基层政权严重弱化,管理不到位,矛盾化解不及时,导致两个村子长期积怨,事件发生后,当地政府处理不当,3 月 24 日平静一天后,25 日又出现了反复,最终导致事态进一步扩大;②2011 年发生的增城事件,一方面是由于外来务工人员与当地群众感情的隔阂,但最主要的是当地政府面对复杂的人口结构,管理不到位,治安混乱。③ 其四,部分基层政府的权力运作呈现出个人化的特点。政府在正式权力的运作中越来越多地采取了非正式化的运作方式——依靠个人关系和权威,这在一定程度上导致了基层政权的

① 中国行政管理学会课题组:《中国群体性突发事件:成因及对策》,国家行政学院出版社 2009 年版,第 167 页。

② 网易网,《海南感城事件幕后》:http://news.163.com/09/0410/10/56HGQ5TE00011SM9.html。

③ 新华网,《广东增城市长通报新塘事件情况》:http://news.xinhuanet.com/politics/2011-06/13/c_121527268.htm。

衰败。进一步地,在少数地区和某个时期,竟然出现了基层政府黑社会化和行为暴力化的倾向,其结果使得基层政府处于农民的对立面,成为农民仇恨和反抗的对象。[①] 如2010年1月7日发生在江苏省邳州市河湾村的征地血案,持刀棍殴打群众的社会不法分子带头者居然是该村的村党支部书记。

4. 政府信用受损,信任危机日益凸显

"政府信用是政府的生命线, 也是政府构筑善政的资本。"[②]政府信用关系到政府在公众心目中的形象,中国农民对政府的依赖和信任由来已久,以往的农民之间的矛盾都希望政府出面调解,主持公道,"有困难找政府"已成为中国农民的信条。但近几年来,由于基层政府对农民问题的重视程度不够、解决能力不强,政府的短期行为已经严重影响到群众信任的建立,加之农民自主意识的增强,农民对政府的信任度逐渐降低,在这种信任危机的主导下,许多农民不再寄希望于政府来解决问题,而多半认为政府只为那些处于强势地位的群体帮忙,并不会为老百姓做主。于是,遇到不公或者不满时,他们往往采取"体制外参与"的方式,甚至用暴力与政府对话。

此外,有些地方政府对待群众问题、处理突发情况往往采取"拖、躲、捂、推"的办法,进而导致事态扩大,最终演化成群体性事件。一是拖。很多事件都是"拖"出来的,部分政府部门和领导干部遇到群体性事件时,不是积极面对,而是采取"拖"的策略。在他们看来,一些矛盾是前任领导干部留下的,到了自己这一任不想去管,他们认为,多一事不如少一事,反正自己是有任期的,拖过几年,自己一走了之,于是一些长达很多年都没有解决的矛盾就这样一拖再拖,最后累积成一个炸弹,一触即发,酿成群体性事件。例如苏州通安征地事件中,面对群众对动迁补偿款的质问,通安镇党委书记王军态度强硬,当众声称,拆迁款问题是前一任领导的问题,不应该由他来负责,最终导致村民情绪失控,致使事态升级。[③] 二是躲。有的地方领导面对集体上访的群众,首选就是从后门溜之大吉,躲开群众、躲避矛盾、躲避难听的话、躲避麻烦。辽宁庄河"千人下跪"事件中,数千村民集体跪倒在市政府门前要求面见庄河市市长孙明,孙明当时就在政府办公楼内,却始终未现身。[④] 三是捂。有的地方领导为了绩效考核达标、评奖评优,为了谋求政

---

① 于建嵘:《岳村政治》,商务印书馆2001年版,第479页。

② 石本惠:《现代政府信用建设研究》,《社会科学研究》2004年第3期。

③ 网易网,《通安事件善后》:http://news.163.com/10/0819/04/6EE3R30A00014AED.html。

④ 新华网,《辽宁庄河千人下跪事件调查》:http://news.xinhuanet.com/local/2010-05/08/c_1280830.htm。

绩,习惯于捂盖子,隐瞒事实真相。一些涉及法律和诉讼的矛盾,本来只要情况属实,基层司法机关就应该启动纠错机制予以纠正,但一些部门为了怕考核丢分,就硬捂着矛盾不予办理,导致一些群众频繁上访,甚至导致过激行为的产生。四是推。一些群众反映,他们最怕是涉及多个部门的诉求,通常情况是,哪个部门都沾边,哪个部门都不愿意去牵头解决,导致问题在几个部门之间推来推去,得不到很好的解决,有些问题一推就是几年,导致情况变得复杂化。还有一些部门的思维是,无论发生什么事情都奉行先内部调查,待调查结果出来后再选择性地向社会发布,导致在各类信息公开过程中,应急信息公开的内容不全面,应急信息报道的渠道不畅通,应急信息反馈不及时,公众的表达权、监督权、参与权、知情权得不到保障,公众处于无休止的等待与猜测状态,社会上谣言肆意扩散,事态激化,与事件有直接关联的公众利益受到损害。随着政府处置的事态愈来愈棘手,公众对政府的有效治理失去了信心,对政府失去了信任和支持,政府公信力下降。

5. 发展理念错位,农村生态破坏严重

近年来,随着环境问题的日益严重,国家加大了环境保护整治的力度,城市对企业准入的环保要求更高、制度更严。在这种情况下,一些高耗能、高污染的企业便开始落户农村,农村生态环境遭到破坏,由于环境污染而引发的农村群体性事件迅速增加。调研发现,环境污染已经成为农村群体性事件的第二大诱因。例如2009年发生的陕西凤翔血铅超标事件①、湖南浏阳群众上街示威事件②、2011年发生的广东紫金山拦车堵路事件③、浙江海宁事件④等都是由农村环境污染,农民的生产生活受到影响、身体健康受到威胁而引起的。造成这种结果的原因是一些当地领导政绩观错位,盲目追求GDP,大规模招商引资,秉承先发展后治理的原则,环境保护技术不成熟,环保经费投入不足,进而引发一系列环境污染事件。这严重破坏了当地的生态环境,损害了当地群众的身体健康,引起当地群众的强烈不满,企业与群众的关系高度紧张,冲突不断,进而演化为群体性事件。

① 新华网,《陕西凤翔发生血铅超标事件》:http://news.xinhuanet.com/society/2009-08/13/content_11878185.htm。

② 网易网,《湖南浏阳上千群众上街抗议污染》:http://news.163.com/09/0801/03/5FJO6JP20001124J.html。

③ 广东新闻网,《紫金县发生村民拦路堵车事件》:http://www.gd.chinanews.com/2011/2011-06-19/2/119752.shtml。

④ 新华网,《浙江海宁因污染引发群体性事件》:http://news.xinhuanet.com/legal/2011-09/20/c_122060185.htm。

（三）农民在群体性事件中的政治反应状况

调研发现，广大农民对群体性事件的反应在许多方面存在差异，具体表现在：农民对群体性事件的反应方式呈现多样化，不同年龄层的农民在群体性事件中的反应不同，农民对不同诱因的群体性事件的反应不同。

1. 农民对群体性事件的反应方式呈现多样化

一是集体上访。集体上访是群体性事件发生初期的主要表现形式。所谓集体上访是指5人以上集体向党政机关或主管部门反映共同意见、建议和要求的走访活动。目前中国正处在上访高峰期，数据显示，2005—2010年集体上访的比例占到全国总上访量的56.5%，其中农民集体上访占的比重较大。从上访的时间上来看，重大国事活动，农闲季节成为上访频发的时段，2008年奥运会、纪念改革开放30周年，2009年庆祝建国60周年，2010年上海世博会，2011年纪念建党90周年及每年“两会”召开期间都是上访的高峰期，有的地方出现了所谓的上访钉子户。此外，近几年，越级集体上访逐渐成为农民采用较多的参与方式。有些地方上访农民统一行动，集体越级上访，片面地认为人员越多，规模越大，上访级别越高，解决问题就会越快，得到的效果越好，形成了“闹而大则胜”、“不找乡长找中央”的心理，各级政府为维护社会大局稳定，投入巨大的人力财力物力截访，由此引发了一系列群体性事件。例如2010年发生的江西修水事件中，九江市修水县港口镇洞下村因为钨矿开采导致当地环境严重污染，并引起地形塌陷，给当地村民的生命财产安全造成巨大隐患，洞下村为此上访不断。2010年7月5日，港口镇洞下村村民再次集体到北京上访，当地政府为了阻止村民上访，派出警车及100多公安威胁客车司机，不许村民坐车，一百多村民不得不徒步50公里绕道湖北去北京，最后当地公安出动30辆警车将村民拦截回镇政府，最终因为当地政府没有兑现截访时的承诺而引发群众与当地警方的大规模冲突。[①] 二是静坐、示威和游行。静坐、示威、游行作为具有胁迫性的参政行为，一般是在发生了较为严重的事件得不到处理时才会发生。近年来，随着土地征用、环境污染等事件增多，农民在党政机关门口、交通要道等地静坐、上街游行示威的行为逐渐增多，以扩大影响，引起更高一级政府、社会各界特别是新闻媒体的重视，求得问题的解决。湖南浏阳事件中，浏阳市镇头镇数千群众因抗议当地一家化工厂的镉污染而上街游

① 搜狐网，《江西修水发生群体性纠纷》：http://news.sohu.com/20100708/n273379898.shtml。

行。[①] 三是打砸烧等暴力行为。打砸烧等暴力行为主要是指群众在群体性事件对基层党政机关、公安干警、村干部、基层政府工作人员等进行的围攻、打砸、殴打行为,这是近几年农村群体性事件中农民最主要、最普遍的反应形式,分析近几年发生在农村的群体性事件,大多数都伴随着打砸烧等暴力行为,这种形式的反应具有突发性、损失大、影响深远的特点。海南感城事件中,数百人对感城边防派出所的打砸烧事件持续约 1 小时 20 分钟;[②]广西苍梧事件中,三千多村民砸毁警车 8 辆,几位政府人员和警察受伤;[③]苏州通安事件中,上万民众打砸镇政府,挟持了镇党委书记王军,封堵 312 国道。[④]

2. 不同年龄层的农民在群体性事件中的反应不同

青少年行为激进,在群体性事件中极易采取打砸烧等非理性的行为方式,老年人较为理性,一般采取上访、静坐等较为温和的行为方式。贵州瓮安事件中,参与游行及后来打砸烧的多为十三四岁的少年和一些社会青年;感城事件中,参与打砸烧的主要是十六七岁的社会青年;广东增城事件中,冲在队伍前面的大都是些十六七岁的小伙子和无业青年;广东古巷事件中,9 名参与打砸烧人员也为来当地务工的青年。此外,青年人由于掌握现代通讯技术的较多,群体性事件爆发后还往往采用互联网、手机短信等方式进行信息的传播,对事件的升级起到了推波助澜的作用。瓮安事件中,正是一些少年学生利用 QQ、论坛等形式散播"凶手是当地干部的亲属,公安局只拘留了 5 个小时就将其释放"、"死者李树芬的叔叔李秀忠被公安唆使黑社会毒打致死"、"瓮安县公安局要给家属 2 万块钱私了,强制性要掩埋尸体,并曾多次抢夺尸体,企图破坏现场掩盖事实"等谣言,直接促使事态的发展迅速升级。相反,老年人在群体性事件中的反应显得较为理性,反应和表现形式主要是群体阻碍交通,或者在政府静坐示威,不会轻易采取过激行为。例如辽宁庄河"千人下跪"事件中,下跪的大多为老年农民。

3. 农民对不同诱因的群体性事件的反应不同

纵观近几年发生的农村的群体性事件,其诱因主要集中在征地拆迁、环境污染、矿产资源权属纠纷、村干部腐败、村务不公开等方面。分析发现,农民在不同诱因的群体性事件中的反应不同。

---

① 网易网,《湖南浏阳上千群众上街抗议污染》:http://news.163.com/09/0801/03/5FJO6JP20001124J.html。

② 网易网,《海南感城事件幕后》:http://news.163.com/09/0410/10/56HGQ5TE00011SM9.html。

③ 新浪网,《广西苍梧征地纠纷引发冲突》:http://news.sina.com.cn/c/2010-10-14/022418227365s.shtml。

④ 网易网,《通安事件善后》:http://news.163.com/10/0819/04/6EE3R30A00014AED.html。

对于征地拆迁矛盾、征地补偿少、补偿款发放不到位而引起的群体性事件，广大农民大多是被迫进行自卫性反抗。从近几年由征地拆迁引发的农村群体性事件来看，基本的表现形式为政府或者企业没有就征地与农民达成协议强制进行土地征收，遭到农民的阻拦进而引发大规模的冲突，并且有的事件中还伴有黑社会势力的渗入。例如2010年10月13日广西苍梧事件中，当地抗议征地的几位农民被抓，在其他村民的强烈要求下政府仍然拒不放人并且强行开进施工，遭到村民的阻拦，工程机械、政府车辆被砸毁；2010年4月29日发生的黑龙江富锦事件中，指责政府圈占农民土地的长春岭村近500名村民，驾驶50多台农用四轮车到富锦市政府上访，在同三公路和佳木斯至前进镇的铁路交会地带形成聚集，造成交通阻断，佳木斯通往前进镇的铁路也被村民占据，村民与前来处置的公安干警、武警和消防官兵发生冲突，现场防暴指挥车等车辆被砸，有多名公安干警、武警和群众不同程度受伤；[①]江苏邳州征地血案中，200多名男子手持棍棒、砍刀，欲强行征用该村耕地，与前来护地的百余村民发生冲突，村民一死一伤，之后还发生了公安与当地村民的抢尸事件；山东潍坊暴力拆迁事件中，300多名手无寸铁的村民和围子镇委组织的强拆队伍展开对抗，最后将强拆队伍赶出村庄，此案有黑社会势力的参与；[②]苏州通安事件中，村民们向镇政府领导索要“被克扣的”动迁补偿款遭到拒绝后，打砸镇政府，挟持了镇党委书记王军，走上马路，封堵公路交通。

对于环境污染引发的群体性事件中，农民首先是将矛头指向造成污染的企业、打砸企业设备。2009年发生的陕西凤翔血铅事件中，村民围堵东岭集团冶炼公司的大门，致使该公司不能正常生产，并且砸烂了前来送煤的货车挡风玻璃和停在厂区的工程车，十多辆大货车受损；广西靖西事件中，当地村民上街游行，堵塞国道和县城交通，并进入造成水源污染、并流进地表下陷的信发铝厂和恒信铝业公司，砸坏了部分设备；湖南浏阳镉污染事件中群众则选择上街游行抗议，没有发生过激行为；浙江海宁事件中，海宁市袁花镇红晓村500余名群众聚集在浙江晶科能源公司门前，就环境污染问题讨要说法，后部分人员冲入浙江晶科能源公司，将停放在公司内的8辆汽车掀翻，造成部分办公用品及财物受损。

对于基层政府工作人员管理方式及工作方法不当直接引起的群体性事件，农民的反应首先是打砸基层党政机关，尤其是基层派出所。例如增城事件的直接诱

① 网易网，《黑龙江富锦村民因征地与武警冲突》：http://news.163.com/10/0602/10/685TB7 A60001124J.html。

② 新华网，《江苏邳州征地引发血案》：http://news.xinhuanet.com/legal/2010-01/18/content_12827682.htm。

因是当地的治保队员为了整治占道经营而要没收外地摆摊者王联梅的货,双方争执之下,治保队员打了已经怀孕 8 个月的王联梅两个巴掌,导致其长时间倒地不起,事态升级后,当地外来务工人员先后两次冲击新塘镇派出所,砸毁车辆、砸坏银行取款机、袭击公安民警;四川内江事件中,一对夫妻因摩托车停放问题与当地城管及警察发生纠纷,执法者殴打事故当事人流血致重伤,随后引发当地大规模民愤,打砸派出所,推翻警车,警方出动上千防暴警察镇压,造成严重暴力冲突事件。

对于矿产资源权属纠纷引起的群体性事件,农民最初会通过信访、司法等正当的途径积极争取落实争执资源而确定权属问题,在正当途径无效的情况下,农民便会自发组织起来集体维权。例如山西临县矿权纠纷事件中,面对与山西三兴煤焦有限公司存在的矿权纠纷,白家峁村的村民为了保护村集体所有的煤矿,自发组成了护矿队,日夜轮班进行守护,后与山西三兴煤焦有限公司组织的护矿人员、社会闲杂人员等发生冲突,村民郝兔照被汽车当场碾轧身亡,3 名受重伤的村民抢救无效死亡,另有 14 人受伤。①

对于村干部腐败、村务不公开、民主权益受损等原因引发的群体性事件,农民的反应首先是上访,正常途径难以解决的情况下就采取其他方式,以求问题的解决。例如辽宁庄河"千人下跪"事件中,村民就村干部腐败、村务不公开、征地补偿款不分配等问题曾多次向庄河市政府相关部门反映。最先是去了市信访局,信访局答复让回家等,后来村民就去不同的部门上访反映,都是说"先回家等去吧"。无奈之下,村民只好集体前往市政府要求市长出面解决,求见市长未果,村民选择在市政府门前集体下跪,最终还是未见到市长。

四、农村群体性事件的发展趋势及应对策略

(一)农村群体性事件的发展趋势

1. 规模呈逐渐扩大态势

在农村经济社会快速发展和工农城乡互动不断加深的背景下,农村经济社会形态和结构正在发生重大变迁,农民的价值观念和行为方式正在发生重大转变,整个农村正经历着一场广泛而深刻的变革。各种新情况、新问题不断出现,影响

① 凤凰网,《山西临县矿权纠纷群体事件》:http://news.ifeng.com/mainland/200910/1021_17_1397124.shtml。

农村经济社会发展的一些不稳定因素仍然存在，一些带有普遍性、倾向性的社会矛盾时有发生，再加之农民民主、权利意识不断觉醒，使我国农村群体性事件规模有扩大的趋势。如湖南衡阳事件中，针对基层政府的农民群体在减负代表的组织下实现了跨村、跨镇、跨县甚至省域内的联合，每次事件参与者动辄几十人、上百甚至上千上万人。①

2. 维权型事件不断增加

数据显示，自上个世纪 90 年代中期始，农民针对基层政府和基层干部的"维权型"群体事件日益增多。这些事件尽管具体诱因各有不同，但都有一个共同的特征，就是村民们是以基层党政机关这些公共权力机关作为集体行动诉诸的对象，并提出相应的具有公共性目标的维权行动口号。②

3. 组织性和法律性趋向明显

农村群体性事件已由过去的较松散型向相对有组织的群体性转化。早期发生的农村群体性事件，主要是自发参与为主，这种参与的背后可能受到少数人或某个社会团体的挑唆和策动，但绝大多数参与者并没有收到什么明确的指令，而是受他人的影响，抱"凑热闹"和"法不责众"的社会心理，短时间内聚集在一起，是自愿加入群体行动当中的，具有很大的盲目性、松散性和随意性。纵观近年来爆发的农村群体性事件，组织性已开始呈现不断加强的趋势。具体表现为：在开展群体行动之前，一般都由一个或几个带头人（通常是社会经验丰富且有一定知识水平和组织号召能力的村干部或村民）动员召集有共同利益的相关人员，通过召开社员大会或代表会等形式，在综合统筹各种资源的基础上（如支持行动的资金、社会关系等），对相关问题展开充分讨论，并结合相关法律条文，制订出一套可行的行动方案，同利益对立方展开有理有据的"斗争"。另一方面，农村群体性事件的法律性趋势也在不断加强。改革开放后，农村地区经济社会发展迅速，工业化和城市化大大开阔了农民阶层的眼界。受现代民主自由思想和权利意识的影响，农民阶层在面对各种侵权行为时，倾向于采取法律途径进行维权的人数比例逐渐增多，而以往惯用的暴力维权行为则明显减少。农民阶层在进行维权行为时法律性不断提高，这是今后我国农村群体性事件发展的新趋势。

4. 行为激烈，对抗性加剧

由于目前发生的农村群体性事件，一般都是以农村普遍存在的问题如土地征

---

① 新华网，《辽宁庄河千人下跪事件调查》：http://news.xinhuanet.com/local/2010-05/08/c_1280830.htm。

② 于建嵘：《我国农村群体性事件研究》，《山东科技大学学报》2002 年第 4 期。

用、环境污染、资源权属纠纷等问题引起的,而这些问题与广大农民的生产和生活密切相关,所以很容易引起群众的共鸣。群体性事件的参与者在从众心理影响下,行为容易失控,加之受到少数滋事分子偏激言论和行为的影响,情绪激动,往往偏向采取过激行为来表达内心的不满,随着矛盾激化和冲突升级,场面开始变得混乱,矛盾双方被迫陷入一定强度的对峙状态。此外,农民权利意识的不断增强,也使农村群体性事件的对抗性呈加剧趋势。

(二)农村群体性事件的应对策略

1. 畅通利益表达渠道,健全利益表达机制

一是建立专门服务农民的利益表达组织。中国有许多针对不同群体的利益表达组织和权益维护机构,比如说妇联、工会、残联等,唯独缺少针对性的农民的利益表达组织,这是农民利益表达受阻的主要原因。现在一些地区的农业合作组织也只是在农业生产中给予信息、生产技术、市场销售等方面指导和帮助,不能从根本上反映和维护农民的切身利益。英国、比利时等西方发达国家很早以前就拥有全国性的农民合作组织。比利时农民联合会成立于1878年,60%的比利时农民加入了该联合会,20%的农民加入了其他联合组织。1958年正式成立欧盟农民联合会(COPA),该联合会目前发展到15个成员国的29个团体,联合会作为农民的利益代言人,其主要职责是检查欧盟农业政策有关的事宜,影响政府政策的制定和执行,维护农民的合法权益,保持并发展与欧盟以及欧洲其他农业组织的联系,同时,美国、法国、日本等国家也均有农民自己的组织。这些组织在农民的意愿表达和利益诉求方面发挥着重要的作用。因此,借鉴发达国家农会发展的经验,成立符合中国国情的农民组织,把农民按省、市、县的不同分级囊括进来,搭建专门针对农民的利益表达平台,切实提高农民在政策制定、利益分配过程中的话语权和影响力,保证和维护农民的切身利益,是预防和减少农村群体性事件的有效途径。二是完善农民政治参与机制。其一,完善人民代表大会和政治协商制度。要大幅提高农民在各级人大代表和政协委员中的比例,增加“面”上的优势,使农民有职有权地参与国事,享受实实在在的政治权益;要增加“点”上的优势,改善各级人大及政协中农民代表和委员的组成结构,改变农民中成功人士、种粮大户、商业巨头独享政治资源的局面,吸纳具有一定文化素质、最基层、经济困难的普通老百姓积极参政议政,切实维护底层群众的利益。其二,完善信访制度。信访是具有中国特色的利益表达形式,但在实际政治架构中,信访部门并无实权,没有能力调动行政资源,面对群众诉求,信访部门只能作原则性的答复或层层批

转，群众反映的问题最终还是回到了基层政府，仍然无法解决。因此，完善信访制度关键要进一步深化行政管理体制改革，优化权力配置，切实增强信访部门的实际权力，改变其批转、反映和回复问题的现状，提高解决实际问题的能力；要深入推进领导干部接访工作。要以市县两级领导干部和与群众切身利益密切相关的职能部门领导干部为重点，以解决群众合理诉求、维护群众合法权益为核心，通过定点接访、重点约访、专题接访、带案下访、领导包案等方式，在解决信访突出问题和信访积案上下工夫。要加强群众引导，做好解疑释惑、宣传教育、疏导情绪的工作。要发挥示范效应，带动各级干部转变作风，深入基层和群众，把矛盾问题及时有效地解决在基层和当地。三是完善政务公开、决策听证制度。要通过公推直选、民主评议基层党组织负责人等形式，为农民群众利益表达创造更多的途径。要通过电子屏幕、新闻媒体、政府官方网站、手机短信等群众喜闻乐见的形式推进基层政务公开，促使政府行为公开、透明，确保权力在阳光下运行。要完善决策听证制度，对涉及农民切身利益、群众普遍关心的事项，政府要及时组织召开听证会，商讨并分析论证可行性和约束条件，重大事情让群众知道，重大决策让群众满意。要建立听证会后的意见反馈机制，使农民能够有效地参与政治、表达利益。①

2. 打破城乡二元结构，拓宽农民增收渠道

一是树立平等公正的社会理念。阿瑟·奥肯在《平等与效率》一书中指出："源于机会不均等的经济不平等，比机会均等时出现的经济不平等更加令人不能忍受。"②解决农民收入低下问题，必须正视农民的权利和待遇问题，树立平等公正的社会理念，彻底改革二元社会结构，给农民以平等的国民待遇，保障农民平等参与各项生产经营活动的权利，赋予农民自由进入其他部门和行业的权利，保障农民的迁徙自由，消除对农民进城务工的歧视，让农民获得公平的就业机会。机会公平并不最终保证收入的公平，但这并不能成为否认机会均等价值的理由。人人机会平等，有利于扩展农民的经济活动的空间，激发农民创造活力，为农民增收奠定基础，有利于促进国家经济繁荣，有利于提高公众对收入差异的容忍度，保持社会稳定。二是推进农业和农村经济结构战略性调整。城乡产业链条联系紧密、依存度高，统筹城乡产业协调发展，要面向市场，发挥优势，大力培育主导产业，优化产业布局，提高农产品质量水平，提高农业经济效益。要围绕农业发展二三产业，形成城乡一、二、三产业互动的发展格局。要加快产业升级换代的步伐，按照

---

① 任中平、陈冕：《农村改革发展进程中农民利益表达机制的重构》，《云南社会科学》2009年第3期。
② 〔美〕阿瑟·奥肯：《平等与效率：重大的抉择》，王奔洲译，华夏出版社1987年版，第68页。

城乡统筹、合理分工的要求,将技术成熟、产品成型的劳动密集型、资源密集型的产业,采取技术转移、设备转移、兼并联合、设立子公司等形式逐步向农村转移,加快培植农村新的产业优势。要尽快清理不平等或带有歧视性的产业发展政策,在城乡之间逐步淡化差别意识,在市场准入、财政金融支持、劳动就业、人才引进等方面采取一种政策,一种待遇。三是促进城乡资源合理流动。土地、资金、技术、劳动力是支撑市场经济发展的重要因素,市场主体应该平等享用这些要素。但长期以来,由于二元结构的障碍,农村资源被无偿剥夺用以城市经济的发展,资源的短缺严重限制了农业和农村的发展。因此,必须坚持市场化改革的趋向,减少政府对市场不合理的干预和管制,建立城乡统一有序的产品和要素市场,实现城乡市场对接,使农村也能享受市场化改革的成果,提高农民应对市场风险的能力,增加农民收入。四是促进农民充分就业。农民就业事关千家万户的利益,事关农村稳定。要打破计划经济体制下"城乡分割"的就业管理体制,实现农村富余劳动力的转移。各级政府要充分利用农村市场信息体系,拓宽就业服务领域,做好信息服务工作,要进一步完善政策,清除体制障碍,使农村富余劳动力享受与城镇劳动力相同的就业服务和政策,着力清理针对农民工的歧视性政策和各种乱收费行为,鼓励多部门、多渠道、多形式为农民工提供法律服务。

3. 加强基层政权建设,创新社会管理模式

一是合理设置乡(镇)村机构。乡(镇)级政府是最基层的政权组织,是党和政府联系群众的桥梁和纽带,对农村经济社会发展起着重要作用,乡级机构设置和运行体制是否科学、合理,决定着国家政策能否落实到位。随着市场经济的深入发展,民主法制建设步伐的加快,以及农村税费改革等因素,乡(镇)级职能从过去的行政管理转变成了现在的行政服务,由过去的"向农民收钱"变为现在"给农民发钱"。面对新形势,要进一步推进农村综合改革,深化乡(镇)级机构改革,合理撤并相邻或较小的乡镇,使小乡变大镇,调整优化乡镇布局。要减少乡镇内部机构和人员编制,合理设置职能和岗位,优化乡镇资源配备。探索乡镇党政合一制,乡(镇)级实行党委、政府两块牌子、一套人马、一个机构。要建立议事监督机制,规范权力运行。在当前基层社会矛盾突出的情况下,建议乡(镇)政府设立社会管理综合治理办公室,赋予协调和指导社会管理工作的重要职能。二是完善农村基层政权服务机制。要适应新时期农村工作的发展需要,建立健全贴近农村实际工作的乡(镇)村服务考核机制,进一步完善乡村干部考核标准,改变过去层层定任务、层层压担子的考核办法,把为群众服务、服务的效果如何作为考核的一个重要方面,将考核权交给群众,让群众评价乡村干部。要在社会上形成导向,把

群众拥护和满意的程度作为考核干部的重要依据，对服务意识不强、服务水平不高、服务质量较差、群众不满意的干部严肃处理，增强乡（镇）村干部的责任意识、服务意识和危机意识。要建立"一站式"服务机制，成立便民利民服务代理站，公开服务内容，规范服务流程，提升服务水平，密切党群干群关系。要建立"定向联系"服务机制，按照谁主管、谁负责、谁落实的原则，确定服务目标，增加服务的针对性，最大限度地为农民群众办好事、办实事，确保农村社会稳定。三是增强风险管理意识。要按照分类管理、分级负责、条块结合、属地为主的原则建立突发事件的应对管理机制。建立社情民意汇总机制，及时掌握基层群众思想动态，确保群众合理的利益诉求及时实现，矛盾及时化解。基层干部尤其是领导干部要居安思危，增强忧患意识，加强学习，提高应对紧急情况、驾驭突发事件的能力。

4. 完善政府信用体系，提高政府的公信力

一是处理好危机管理行为中正当性与合法性关系。[①] 正当性与合法性的统一既是法治国家的应然目标，也是衡量政府行为的基本视角。一个强有力的政府不仅能够运用法律维护正常的社会秩序，有效地保障公民权利，而且能够有效处理非常状态下的紧急事件，做到依法办事，不滥用权力。非常时期地方政府行为的正当性与合法性，关系到政权的合法性。正确处理地方政府危机治理行为的正当性和合法性关系，首先要做到治理行为目的正当性，即政府行为符合正义原则，地方政府的危机治理行为必须以保护人民群众切身利益、减少对群众的损害、维护社会稳定、促进经济社会发展为目的；其次，地方政府危机治理行为的正当性应由其合法性来保证。要加强行政法律体系建设，坚持依法行政，增强行政行为的效力和权威，促进正义的实现，进而提升政府的公信力。二是树立行政为民的服务理念。农村居民对个别地方政府公信力质疑的事件说明，这些地方政府与人民群众满意和要求存在着差距。政府是人民的政府，但"人民的政府"并不必然就是"人民满意的政府"。"人民的政府"是从政府权力的来源和政府权力的归属角度说的，而"人民满意的政府"则要在此基础上更多从政府的绩效角度来看。一个来自于人民、属于人民的政府，如果不能很好地履行人民赋予的职责，或者说在履行职责的时候不能满足人民的要求与愿望，就不是一个人民满意的政府。人民满意的政府必须坚持以人为本，一切为了人民，并把它作为政府工作的根本出发点和归宿。所以，人民满意的政府必须是服务型的政府，要把人民的需要放在

① 何显明、汪水波：《地方政府公信力与政府运作成本相关制度分析》，《国家行政学院学报》2002 年专刊。

政府工作的首位,确立"服务至上"的思想。[①] 三是加强行政道德建设。行政道德作为一种政治道德,是行政机关及其工作人员在行政活动中形成并应遵循的道德准则的总和。它渗透在国家治理与公共行政的各个方面,体现于行政工作的整个过程之中。行政道德与政府公信力有直接的因果关系,行政道德建设是政府公信力建设的基础。加强行政道德建设,要从以下几方面做起:其一是增强自律意识,使行政机关工作人员树立国家利益和社会公共利益至上的理念,增强荣誉感和使命感,为提高政府公信力创造良好的思想文化条件;其二是加强公共监督,通过公众舆论压力促使行政机关工作人员遵循行政道德;其三是实现行政道德法律化,将那些需要借助于法律强制力来维系的行政道德规范转化为行政法律规范,并建立健全相应的管理机构与运行机制。

5. 转变经济发展方式,保护农村生态环境

一是切实转变济发展方式,走新型工业化道路。地方领导要树立保护环境就是保护生产力、就是促发展、就是政绩的观念,要站在以人为本、执政为民的高度,高度重视涉及群众切身利益的环境污染问题。坚决取消高能耗、高污染的生产企业,推进经济发展方式由粗放型向集约型转变,促进经济发展同资源环境相协调,走科技含量高、经济效益好、资源消耗低、环境污染少、人力资源优势得到充分发挥的新型工业化道路。要推进节能减排,加快污染防治,建立资源节约型生产体系。加快实施生态工程,推动农村社会走上生产发展、生活富裕、生态良好的文明发展道路,消除引发群体性事件的根源,维护农村社会稳定。二是强化环境保护法定主体责任。《环境保护法》明确规定,各级地方政府对辖区环境保护负有主体责任,这既是环境法治的基本要求,也是环境治理的客观必然。县乡(镇)政府要增强环境管理责任,充分关注由于环境污染引发的群体性事件,维护群众的合法权益,认真解决群众环境诉求,切实解决环境污染问题,有效化解群众内部矛盾,预防由于环境问题引发农村群体性事件,维护农村社会稳定,保障农村地区经济社会平稳较快发展。要加强环保法律的宣传与执行,我国已经制定了 9 部环境保护法律、15 部自然资源法律,50 余项环境保护行政法规,近 200 件部门规章和规范性文件。但从执行的效果和作用来看,有些法律、法规等文件与实际的要求相差甚远,普遍存在着规定软、权力小、手段弱等问题。因此,要加强环境保护法律的修改和完善,确保其与环境的发展状况相适应。环保部门要充分发挥职能作

① 邹毅:《群体性事件的原因与防范——基于政府公信力视角的解读》,《研究与探索》2011 年第 5 期。

用，坚持依法办事，严格审批程序，加大环境监管和环境执法的工作力度。把严农村新建项目的准入关，加强污染源头控制，强化环保验收措施，实施全程监督，防止城市污染企业向农村地区转移和新建。及时妥善处理农村企业事故造成的田地污染、水源污染、群众受害造成的纠纷处理工作，充分保障农村群众的各项合法权益。三是加强对重点企业的监管。切实加大对建立在农村地区的重点企业、重点行业的监管力度，从源头上解决环境污染问题。加强农村已经被污染的重点流域、重点区域的污染整治力度，确保有污必治、治污必清，防止"灯下黑"效应——重点企业为县乡（镇）财政作贡献大，而检查不到位、不严格，麻痹大意，从而造成重大污染，导致农村群众身体健康、生存环境受到威胁，从而引发群众不满，甚至引发农村群体性事件。四是落实环境污染群体性事件责任制。基层党政主要领导要对环境污染纠纷的协调工作以及由此引发的群体性事件的预防处置负总责，坚持和贯彻落实"属地管理、谁主管谁负责"的原则，政府各有关部门要切实履行职责，做到"守土有责"、"净土有方"；环保部门要切实履行对环境保护管理监督和执法职能，及时调查处理环境污染纠纷，努力当好党委政府的参谋助手。要坚决打击环境领域的腐败行为，实行环境问责制度，对没有履行好职责、放任环境污染的部门和工作人员依法从重从快处理。

主要参考文献

〔德〕马克思:《资本论》(第一卷),郭大力、王亚南译,上海三联书店 2009 年版。

〔美〕阿尔温·托夫勒:《权力的转移》,吴迎春等译,中共中央党校出版社 1991 年版。

〔美〕阿瑟·奥肯:《平等与效率:重大的抉择》,王奔洲译,华夏出版社 1987 年版。

〔美〕布劳:《变迁社会与老年》,朱岑楼译,世界图书出版公司 1992 年版。

〔美〕戴维·S. 兰德斯:《国富国穷》,门洪华译,新华出版社 2010 年版。

〔美〕盖尔·约翰逊:《在农村创造非农工作职位转移农业劳动力》,张鹏飞译,《城市研究》2004 年第 12 期。

〔美〕黄宗智:《华北的小农经济与社会变迁》,中华书局 2000 年版。

〔美〕莫里斯·梅斯纳:《毛泽东的中国及其发展——中华人民共和国史》,张瑛等译,社会科学文献出版社 1992 年版。

〔美〕塞缪尔·P. 亨廷顿:《变化社会中的政治秩序》,王冠华译,上海世纪出版集团 2008 年版。

〔美〕塞缪尔·P. 亨廷顿:《难以抉择——发展中国家的政治参与》,汪晓寿等译,华夏出版社 1988 年版。

〔美〕詹姆斯·R. 汤森、布莱特利·沃马克:《中国政治》,董方、顾速译,江苏人民出版社 2005 年版。

〔美〕詹姆斯·斯科特:《农民的道义经济学:东南亚的反抗与生存》,程立显等译,译林出版社 2001 年版。

〔印〕阿马蒂亚·森:《贫困与饥荒——论权利与剥夺》,王宇译,商务印书馆 2001 年版。

北京大学中国社会科学调查中心:《中国报告·民生(2011)》,北京大学出版社 2011 年版。

程同顺:《当代中国农村政治发展研究》,天津人民出版社 2000 年版。

邓正来、〔英〕J. C. 亚历山大编:《国家与市民社会》,中央编译出版社 1999 年版。

董海军:《塘镇:乡镇社会的利益博弈与协调》,社会科学文献出版社 2008 年版。

费孝通:《乡土中国·生育制度》,北京大学出版社 1998 年版。

黄辉祥:《村民自治的成长:国家建构与社会发育》,西北大学出版社 2008 年版。

黄锟:《中国农民工市民化制度分析》,中国人民大学出版社 2011 年版。

孔德元:《政治社会学导论》,人民出版社 2001 年版。

李连江、欧博文:《当代中国农民的依法抗争》,《乡村中国评论》(第三辑),山东人民出版社 2008 年版。

廖小军:《中国失地农民研究》,社会科学文献出版社 2005 年版。

罗平汉:《村民自治史书》,福建人民出版社 2006 年版。

孙立平:《转型与断裂:改革以来中国社会结构变迁》,清华大学出版社 2004 年版。

谭琳、刘伯红:《中国妇女研究十年(1995—2005)》,社会科学文献出版社 2005 年版。

邬沧萍:《人口老龄化过程中的中国老年人》,华东师范大学出版社 1996 年版。

徐勇:《中国农村村民自治》,华中师范大学出版社 1997 年版。

徐勇、徐增阳:《流动中的乡村治理》,中国社会科学出版社 2003 年版。

杨凤:《当代中国女性发展研究》,人民出版社 2007 年版。

杨善华、沈崇麟:《城乡家庭——市场经济与非农化背景下的变迁》,浙江人民出版社 2000 年版。

应星:《大河移民的上访故事》,生活·读书·新知三联书店 2001 年版。

于洪生:《城郊村:城市化背景下的村务管理调研》,社会科学文献出版社 2006 年版。

于洪生:《城郊村——城市化背景下的村务管理调研》,社会科学文献出版社 2005 年版。

于建嵘:《当代中国农民的维权抗争——湖南衡阳考察》,中国文化出版社 2007 年版。

于建嵘:《抗争性政治:中国政治社会学基本问题》,人民出版社 2010 年版。

于建嵘:《岳村政治》,商务印书馆 2001 年版。

张纯元:《中国老年人口研究》,北京大学出版社 1990 年版。

张厚安、徐勇:《中国农村政治稳定与发展》,武汉出版社 1995 年版。

甄砚:《中国农村妇女状况调查》,社会科学文献出版社 2008 年版。

郑杭生:《当代中国农村社会转型的实证研究》,中国人民大学出版社 1996 年版。

郑永年:《地方民主、国家建设与中国民主发展模式》,陈明通、郑永年主编:《两岸基础选举与政治变迁》,台湾日月潭出版社 1998 年版。

朱光磊等:《当代中国社会各阶层分析》,天津人民出版社 1998 年版。

朱苏力:《法治及其本土资源》,中国政法大学出版社 1996 年版。

〔美〕裴宜理:《中国人的权利观念》,余钢译,《国外理论动态》2008 年第 3 期。

蔡昉:《"民工荒"现象:成因及政策涵义分析》,《开放导报》2010 年第 2 期。

陈波种、郝寿义:《征地补偿标准的经济学分析》,《中国农村观察》2004 年第 6 期。

陈剑波:《农地制度:所有权问题还是委托一代理问题》,《经济研究》2006 年第 7 期。

陈江龙、曲福田:《土地征用的理论分析及我国征地制度改革》,《江苏社会科学》2002 年第 2 期。

陈映芳:《征地农民的市民化——上海市的调查》,《华东师范大学学报》(哲学社会科学版)2003 年第 3 期。

邓秀华:《湖南农民工政治参与权益保障问题研究》,《湖湘论坛》2005 年第 6 期。

邓秀华:《美国移民公共参与对中国农民工政治参与的启示》,《当代世界》2010年第4期。

邓秀华:《社会转型期农民工的政治参与效能评估——以广州、长沙两市农民为例》,《湖南社会科学》2010年第3期。

邓秀华:《社会转型期农民工的政治参与效能评估——以广州、长沙两市农民为例》,《湖南社会科学》2010年第3期。

杜洪生:《城市化进程中城郊农民融入城市社会问题研究》,《社会科学》2004年第7期。

冯久先、晏萍:《惠农政策使农民的心态行为发生积极变化》,《调研世界》2005年第7期。

高旺:《农村青年在村民自治中地位和作用——从政治意识与政治参与状况所作的分析》,该文为共青团中央2002—2003年度青少年和青少年工作研究重点课题——"农村青年在村民自治中的地位和作用"的研究成果。

国土资源部"征地制度改革研究"课题组:《征地制度改革的初步设想》,《中国土地》2000年第4期。

何显明、汪水波:《地方政府公信力与政府运作成本相关制度分析》,《国家行政学院学报》2002年专刊。

贺雪峰:《国家与农民关系的三层分析——以农民上访为问题意识之来源》,《天津社会科学》2011年第4期。

贺雪峰、苏明华:《乡村关系研究的视角和进路》,《社会科学研究》2006年第1期。

胡莹:《城中村的文化冲融——以广州市石牌村为例》,《城市问题》2002年第2期。

李炟、汤云刚:《关注城郊农民市民化过程中的社会问题》,《法制与经济》2009年第6期。

李连江、欧博文:《当代中国农民的依法抗争》,吴国光编:《九七效应》,太平洋世纪研究所1997年版。

李培林:《巨变:村落的终结——都市里的村庄研究》,《中国社会科学》2002年第1期。

李韧:《老年人社会参与的意义》,《学术探索》1999年第5期。

李桃、王志刚:《农民工政治参与研究综述》,《宜宾学院学报》2006年第10期。

李一平:《城郊农民集体维权行动的缘起、方式与机理分析》,《中共中央党校学报》2005年第8期。

李宇峰:《村干部角色定位的历史演进》,《内蒙古农业大学学报》(社会科学版)2007年第6期。

廖艺萍:《农民工政治参与的困境与出路——基于和谐社会视角的分析》,《探索》2006第1期。

刘慧芳:《论我国农地地价的构成与量化》,《中国土地科学》2000年第5期。

刘婷、杨敏、周尚万:《论转型期农民工政治参与与和谐社会构建——以广州市为例》,《社会主义研究》2008年第4期。

刘祖华:《村头官僚、政策变通与乡村政策的实践逻辑》,《甘肃行政学院学报》2008年第

2 期。

毛丹:《赋权、互动与认同:角色视角中的城郊农民市民化问题》,《社会学研究》2009 年第 4 期。

毛丹、王燕锋:《J 市农民为什么不愿做市民——城郊农民的安全经济学》,《社会学研究》2006 年第 6 期。

聂月岩、宋菊芳:《农民工政治参与存在的问题及解决途径》,《城市问题》2010 年第 6 期。

宁泽逵、柳海亮等:《村干部向何处去——关于村干部"公职化"的可能性分析》,《中国农村观察》2005 年第 1 期。

欧博文:《村民、选举及公民权》,2001 年香港中文大学大学服务中心、香港浸会大学政府与国际研究系合办"第二届大陆村级政治建设学术讨论会"。

饶静、叶敬忠、谭思:《"要挟型上访"——底层政治逻辑下的农民上访分析框架》,《中国农村观察》2011 年第 3 期。

任中平:《论构建和谐社会进程中的农民工政治参与——不可忽视的四农问题》,《云南社会科学》2006 年第 2 期。

任中平、陈冕:《农村改革发展进程中农民利益表达机制的重构》,《云南社会科学》2009 年 3 期。

桑玉成:《发达地区城郊村的村民自治——以嘉定区江桥镇太平村为例的研究》,复旦大学硕士学位论文 2008 年。

邵德兴:《城市外来人口政治参与:现实障碍与对策思考》,《南京社会科学》2005 年第 3 期。

佘纪国:《后税时代乡村干部关系》,《调研世界》2009 年第 2 期。

申端峰:《治权与维权:和平乡村民上访与乡村治理 1978—2008》,华中科技大学博士论文 2009 年。

申静、陈静:《村庄的"弱监护人":对村干部角色的大众视角分析》,《中国农村观察》2001 年第 5 期。

深圳市总工会:《深圳新生代农民工生存状况调查报告》2010 年 7 月 15 日。

孙秀林:《村庄民主、村干部角色及其行为模式》,《社会》2009 年第 1 期。

田先红:《从维权到谋利:农民上访行为逻辑变迁的一个解释框架》,《开放时代》2010 年第 6 期。

田先红:《乡村治理转型与基层信访治理困境》,《古今农业》2011 年第 3 期。

田雨:《新农村建设中青年农民素质状况研究》,《黑龙江社会科学》2007 年第 2 期。

田原史起、武萌等:《中国农村的政治参与》,《国外理论动态》2008 年第 7 期。

汪勇:《从自发走向自觉:农民工政治参与的嬗变》,《中国青年研究》2008 年第 7 期。

王春光:《新生代农村流动人口的社会认同与城乡融合的关系》,《社会学研究》2001 年第 3 期。

王荣武、王思斌:《乡村干部之间的交往结构分析》,《社会学研究》1995年第3期。

王瑞雪、颜廷武:《现行征地补偿标准不合理性分析——基于资源环境经济学视角》,《中国土地科学》2007年第6期。

文军:《农民市民化:从农民到市民的角色转型——以上海郊区农民市民化为例》,《华东师范大学学报》(哲学社会科学版)2004年第3期。

吴毅:《"权力—利益的结构之网"与农民利益表达的困境》,《社会学研究》2007年第5期。

吴毅:《"双重角色"、"经纪模式"与"守夜人"和"撞钟者"——来自田野的学术札记》,《开放时代》2001年第12期。

吴毅:《双重边缘化:村干部角色和行为的类型学分析》,《管理世界》2002年第11期。

肖唐镖:《什么人在当村干部?——对村干部社会政治资本的初步分析》,《管理世界》(月刊)2006年第9期。

徐德信:《国家与村民教义的替代机制:中国农村干部的一个经济分析》,《学习与探索》1996年第2期。

徐勇:《"接点政治"——农村群体性事件的县域分析》,《华中师范大学学报》(人文社会科学版)2009年第6期。

徐勇:《村干部的双重角色:代理人与当家人》,《二十一世纪》1997年第4期。

徐勇:《对中国村民自治的反思》,《中国老区建设》2006年第5期。

徐勇:《现代国家的建构与村民自治的成长——对中国村民自治发生与发展的一种阐述》,《学习与探索》2006年第6期。

徐志达:《论新生代农民工非制度化政治参与的原因及其治理》,《四川行政学院学报》2010年第6期。

严荣:《当代农村青年的政治心理》,《青年研究》2002年第2期。

杨善华:《家庭政治与农村基层政治精英的选拔、角色定位和精英更替——一个分析框架》,《社会学研究》2000年第3期。

杨永芳、艾少伟:《生态补偿在征地补偿中的缺失及路径选择》,《中国土地科学》2007年第6期。

杨宗传:《再论老年人口的社会参与》,《武汉大学学报》(人文社会科学版)2000年第1期。

姚远:《老有所为与社会发展:理论、模式与政策》,《老年人才资源开发学术研讨论文集》2003年版。

叶笑云:《浅谈当前中国农民政治心理现代化》,《理论与现代化》2001第12期。

应星:《草根动员与农民利益表达机制——四个个案的比较研究》,《社会学研究》2007年第5期。

应星:《草根动员与农民群体利益的表达机制——四个个案的比较研究》,《社会学研究》2007年第2期。

于建嵘:《当代中国农民的以法抗争——关于农民维权活动的一个解释框架》,《文史博览》2008 年第 12 期。

于建嵘:《利益、权威与秩序:对村民对抗基层政府的群体性事件的分析》,《中国农村观察》2004 年第 4 期。

于孙姆、刘艳飞:《城中村村民城市适应问题研究——以福州市为例》,《山西师大学报研究生论文专刊》(社会科学版)2006 年第 9 期。

俞歌春:《对农民工追薪潮的政治参与透析》,《中共福建省委党校学报》2005 年第 10 期。

虞崇胜:《论政治文明的内在灵魂》,《湖北行政学院学报》2002 年第 10 期。

赵社民:《农村青年宗教信仰状况调查——以河南省为例》,《当代青年研究》2004 年第 6 期。

赵文正:《城镇化过程中农民工政治意识考察——以孝感市 1000 个案的调查为例》,《湖北社会科学》2006 年第 6 期。

郑杭生:《农民市民化:当代中国社会学的重要研究主题》,《甘肃社会科学》2005 年第 4 期。

郑慧:《政治文明:涵义、特征与战略目标》,《政治学研究》2002 年第 3 期。

郑明怀:《乡村干部博弈的张力:"逆保护"的分析框架》,《湖北社会科学》2008 年第 2 期。

郑庆昌、钱鼎伟:《城中村:农村城市化的困境与出路》,《东南学术》2004 年增刊。

周飞舟:《从汲取型政权到"悬浮型"政权——税费改革对国家与农民关系之影响》,《社会学研究》2006 年第 3 期。

周兆安:《从日常对抗到集体行动:城郊农民维权的一个分析框架》,《新疆社科论坛》2010 年第 5 期。

周作翰、张英洪:《论当代中国农民的政治权利》,《湖南师范大学社会科学学报》2005 年第 10 期。

邹毅:《群体性事件的原因与防范——基于政府公信力视角的解读》,《研究与探索》2011 年第 5 期。

Richard Madsen, *Morality and Power in a Chinese Village*, Berkeley: University of California Press, 1984.

后　记

农民和农村的现代转型是中国顺利渡过"历史三峡"的最惊险部分之一。我们有幸参与其中,并自豪于成为一名波澜壮阔的历史进程的记录员和分析员。然而,完成本报告之后,我们也不得不承认,面对纷繁复杂的农民政治发展问题,我们只是勉强捕捉住了冰山之一角。美国著名政治学家塞缪尔·亨廷顿曾言,在现代化之中的社会,农村扮演着政治稳定的决定性角色,农民能否被现代化的政权和政党有效吸纳和组织,是决定现代化成败的关键变量。我们承担的这个即将持续下去的研究报告系列,是当代中国农村和农民研究学者努力在解决这个历史问题上尽自己绵薄之力的体现。

首先感谢教育部启动的人文社会科学研究报告资助项目的支持,它为我们长期以来一直试图启动的研究计划注入了强大的推动力。研究项目的开展得到国内外相关专家学者的关注和支持,华中师范大学社会科学主管部门,尤其是石挺处长、李华中副处长更是为项目研究提供了经费、人力和政策等方面的扶持,确保项目能够顺利开展。

其次要感谢各位参加研究报告项目研究的专家和报告写作的具体承担者。摆在眼前的报告是一个团队合作的产物,充分体现了中国农村研究院长期以来的团队合作攻关的研究风格。其中徐勇和刘义强负责报告的研究设计、问卷调查执行、研究内容和框架设计以及最终的审定修改工作;中国农村研究院研究生胡军作为编者的项目工作助手不仅承担大量的日常行政协调工作,还参与撰写了第一章"中国农民政治发展状况综合分析"、第三章"农村干部政治发展状况"和第七章"城郊农民政治发展状况";蔡玻参与撰写了第一章"中国农民政治发展状况综合分析"、第二章"村民自治中的农民政治发展状况"和第十章"上访农民政治发展状况";王宇参与撰写了第一章"中国农民政治发展状况综合分析"和第四章"农民工政治发展状况";吴亮参与撰写了第五章"贫困农民政治发展状况"和第八章"老年农民政治发展状况";刘韵怡参与撰写了第六章"女性农民政治发展状况";韩丽娟参与撰写了第一章"中国农民政治发展状况综合分析"和第九章"青年农民政治发展状况";许晓龙参与撰写了第十一章"农村房屋和集体土地拆迁征用中的农民政治反应”和第十三章“农村典型群体性事件中的农民政治反应”；王臣参与撰写了第十二章“国家重大惠农政策实施中的农民政治反应”。

我们期待这本研究报告起到抛砖引玉的作用，引发实务部门和理论界更加关注农民发展问题。

徐勇

2012 年 5 月 8 日